高振霄三部曲
史迹

高中自　裴高才　王琪珉　编著

知识产权出版社

全国百佳图书出版单位

图书在版编目(CIP)数据

高振霄三部曲.史迹/高中自,裴高才,王琪珉编著.—北京:知识产权出版社,2015.7
ISBN 978 - 7 - 5130 - 3390 - 9

Ⅰ.①高… Ⅱ.①高… ②裴… ③王… Ⅲ.①高振霄(1881~1945)—生平事迹 Ⅳ.
①K827 = 7

中国版本图书馆 CIP 数据核字(2015)第 051149 号

内容提要

《高振霄三部曲》是一套献礼于中国人民抗日战争暨世界反法西斯战争胜利 70 周年的
《史迹》《文集》《传记》三卷本图书。本书文史兼具、图文并茂、三位一体,记载了高振
霄为"振兴中华,福利民众"奋斗的一生。《史迹》通过辛亥革命以来各种报刊、地方志
等文献的记载及辛亥革命志士、国共两党人士打捞的关于高振霄的历史记忆,还原了高振
霄"首义金刚""护法中坚""抗日英烈"三个历史丰碑;《文集》则是高振霄不同时期的
文稿结集,有的篇章还是尘封百年的孤本,反映了主人公对诸多重大历史事件的关切、立
场和主张;《传记》以《史迹》《文集》及海峡两岸官方档案与民间原始资料为文学素材,
以传主的手稿为依据,描绘了高振霄公忠体国的丰功伟绩和悲壮凄美的传奇人生。《高振
霄三部曲》是一部弘扬民族精神的宣传篇、激发爱国主义的教育篇、实现中华民族伟大复
兴的励志篇,是一部传承历史、传播文化、亦史亦文的文学佳作。

责任编辑:王 辉　　　　　　　　　　**责任出版:刘译文**

高振霄三部曲——史迹
GAOZHENXIAO SANBUQU SHIJI
高中自　裴高才　王琪珉　编著

出版发行:	知识产权出版社有限责任公司	网　址:	http://www.ipph.cn
电　话:	010 - 82004826		http://www.laichushu.com
社　址:	北京市海淀区马甸南村 1 号	邮　编:	100088
责编电话:	010 - 82000860 转 8381	责编邮箱:	wanghui@cnipr.com
发行电话:	010 - 82000860 转 8101/8029	发行传真:	010 - 82000893/82003279
印　刷:	三河市国英印务有限公司	经　销:	各大网上书店、新华书店及相关专业书店
开　本:	787 mm×1092 mm　1/16	印　张:	27.25
版　次:	2015 年 7 月第 1 版	印　次:	2015 年 7 月第 1 次印刷
字　数:	500 千字	定　价:	52.00 元

ISBN 978 - 7 - 5130 - 3390 - 9

献给

中国人民抗日战争胜利70周年

世界反法西斯战争胜利70周年

（1945—2015 年）

高振霄全身像

智者光风，勇者足印

冯天瑜

　　读者案头的《高振霄三部曲》，记述了近代一位传奇性人物曲折多致的生平。

　　高振霄，字汉声，出生于湖北房县一个士人家族。房县古来即是流放之地，高振霄自幼感受民间疾苦，怀抱着对专制政治的愤懑，走出大山、来到省垣武昌接受革命洗礼，并相继在《湖北日报》《政学日报》《长江日报》与《夏报》中发表宣传革命的文章。武昌首义成功，他会同吴醒汉等主持湖北军政府招纳处（复更名"集贤馆"），广纳贤才；又充任"总稽查"，多有建树。其时报刊以《八大金刚》章回小说表彰高氏诸君之功。后来，他历任民国总统府高等顾问、国会候补参议员、非常国会参议员、洪帮大佬、抗日策反委员等，最后血染于上海滩，是一位"忠贞体国"的英烈。

　　出入帮会，是高振霄身世的一大特色，因此他曾被认为是"黑社会"人物。"三部曲"对此有所辨正。作者旁征博引，系统解读洪帮的来龙去脉，叙介孙中山通过"洪棍"（洪帮元帅）身份，推动帮会参加辛亥革命、策应北伐，进而诠释后来高振霄等作为青、洪帮大佬投身抗日的义举。作者还引述马超俊、瞿秋白等国共两党人士的说法，证明帮会在五四运动、工人运动中所发挥的作用，从而复归高振霄等洪帮"五圣山"兄弟的历史原生态。

　　这是一套由作家与辛亥革命后裔合作的丛书，文史兼具，史迹、文集与传记三位一体。《史迹》打捞中外报刊及辛亥革命志士、国共两党人士关于高振霄的片段回忆。《文集》是高振霄不同时期的文稿结集，其中不少篇章是尘封百年后首次曝光。而《传记》则是以史实为依据，以讲故事方式，生动反映这位从辛亥首义走出的抗战英烈的可歌可泣一生。

　　"三部曲"在史料开掘方面多有用力。作者在台湾国民党党史馆找到孙中山给高振霄的信函原件，孙中山称赞高氏"间关流离，不堕初志，至可钦佩"，再现了传主在护法运动中的忠贞耿介。又如高振霄的国会议员身份，史书与辛亥志士回忆没有详细叙介，民国国会议员名单中也没有记载。为此，作者找到

1913 年 4 月 16 日《申报》刊登的消息:《鄂省候补参议员已产出矣》。上面清楚记载,高振霄与张知本等十人当选为首届国会候补参议员。终于考订出高振霄的国会议员身份:民国首届国会候补参议员、广州非常国会参议员。

作者披露当年《湖北日报》《政学日报》的原始报道,披露辛亥革命前夕讽刺清湖广总督陈夔龙"似龙非龙",鄂军统制张彪"似虎非虎",皆是该报编辑高振霄参与策划、亲手编辑的。

《传记》与《史迹》中回放高氏参与创办德育会的宗旨:"应修私德以完人格,重公德以结团体。"《文集》披露,民国十四年(1925 年),高振霄在《几莳提》上发表《我之大同观》,申言"欲达大同,先除异小,以个人进步,来互助精神、排除障碍、改造环境、脚踏实地、再接再励,行见人同此心、心同此理"等,几近建设"和谐社会"的构想,可见一位辛亥先贤与思想者愿景的远大。

(冯天瑜:武汉大学人文社科资深教授、中国传统文化研究中心主任)

史海泛舟，"汉声"铿锵

皮明庥

文人见面一本书。我与辛亥革命甲种功臣高振霄后裔相识的机缘，可追溯到 2010 年武汉举行的"辛亥革命百年论坛"上。那天，自北京赶来的高振霄之孙高中自、外孙王琪珉，送我四十余万言的书稿《辛亥功臣高振霄史迹录》，并嘱作序，我愉快地接受了。没想到，这部专著绣梓后四年来，他们表兄弟一道，又经过不断地在海内外搜罗史料，并经过认真考订，再次汇编成史料更充实、内容更丰富、范围更广泛的《高振霄三部曲》之《史迹》。此时此刻，手捧煌煌十二章四十余万言的巨著，我不禁感慨万端。

湖北是辛亥革命武昌首义的策源地，武汉是首义之都，涌现出了一批为推翻帝制，缔造亚洲第一个共和国的辛亥革命功臣。从湖北房县走出的高振霄（字汉声）先生就是其中的杰出代表之一。高氏一生，跌宕起伏，跨越了清末民初两个朝代，经历了辛亥革命、民国开国、护国护法、第一次国共合作、抗日战争诸时段。他尤其是在开创民主共和的新纪元、立法护法与英勇抗日等方面厥功甚伟。

楚风汉韵铸就了高振霄的铁血精神。他早年出生于书香世家，后考入张之洞创办的两湖总师范学堂和湖北公立法政专门学校。继而，他参加中国同盟会、共进会，创建德育会，创办《扬子江小说报》（月刊）、《夏报》，襄办《政学日报》《湖北日报》《长江日报》等革命进步刊物。

辛亥首义成功后，百废待举，高振霄出任湖北军政府都督府参议和"总稽查"，参与主持招纳处，广罗天下贤才报效共和。他被时人称为"八大金刚"之一，荣膺民国政府嘉奖的辛亥革命"甲种功臣"，还历任孙中山先生的高等顾问、中华民国国会候补参议员。接着，他追随孙中山，参加护国护法斗争，被推为非常国会参议员。粤军将领叶举炮轰广州总统府时，高振霄虽然与孙中山同在广州蒙难，但他愈挫愈勇，仍矢志不渝，护法到底。孙中山曾手书信函勉励道："兄等间关流离，不堕初志，至可钦佩。文力所及，自必为诸兄后盾，务期合法者战胜非法，统一乃可实现……"

书中引用多种史料证实,高振霄不论是襄助孙中山实行第一次国共合作,还是受孙中山之命,以洪帮大佬的身份策应北伐,或是团结国共两党共同抗日,以及掩护共产党人从事地下工作等,均赢得了社会各界的广泛尊敬。尤其是他只身奋战"孤岛"期间,他多次断然拒绝倭寇的高官厚禄利诱,结果惨遭日军毒害,血染上海滩。充分表现出一位爱国中国知识分子"富贵不淫、贫贱不移、威武不屈"的英雄气概。

为了让子孙传承辛亥首义精神,高振霄特地为高家亲笔题书字派"振兴中华,福利民众",后来又成为房县高氏宗亲的新字派。一时传为佳话。

幼承家学的高中自先生,为秉承祖训,探究辛亥革命文史,他特意考入北京师范大学历史学院中国史博士班研修,并且四处寻访专家学者、辛亥志士后裔,搜罗史料。身为律师的王琪珉先生,则从正史、方志、谱牒,以及口述史料等方面进行考订,力求客观、公正地再现高振霄这段被尘封百年的历史原生态。尤其值得一提的是,书中还有不少辛亥志士手稿、文物图片与报刊资料,在抹去历史的尘埃后,首次重见天日,可信可感。

在多方的襄助下,这部史料详实、图文并茂的《高振霄三部曲》之《史迹》,终于与读者见面了。我想,这部书既是史家研究辛亥史难得的文本,也是普通读者了解辛亥志士义举的好读物,更是向抗战胜利七十周年献礼的历史文献。它的出版,必将引起读者的极大兴趣。是为序。

（皮明庥:著名史学家,武汉社会科学院前副院长、研究员）

汉声高振彻九霄

陈　炜

　　《高振霄三部曲》之《史迹》即将付梓之时，高振霄嫡孙、中国金融作家协会副秘书长高中自先生以作者身份邀我作序，于他，意态诚恳；与我，首度作序不知从何下笔。思量良久，受传主名"振霄"、字"汉声"启发，谈谈高振霄精神对于当今的时代意义。

　　为先贤树碑立传，是中华文化优秀传统之一，目的是将那些为家族、宗族、乡里、国家做出贡献的人的事迹、思想、品格、精神等记录留存下来，为后世楷模，以激励后辈。以天下苍生为己任是中华民族五千年的"汉声"，在高振霄及其同代仁人志士身上传承，激荡着那个年代。今天，我们为高振霄立传，就是要把高老先生身上体现的时代信仰、家国情怀、忠贞高义和英雄气概等精神品格，接过来并在我们的身上传承下去，为今天的中华民族自立于世界民族之林，实现中华民族的伟大复兴贡献一己之力。

　　高振霄的政治信仰始终在时代的制高点。高振霄的政治信仰随中国时局发生三次重大变迁，始终如一坚守在时代的制高点。一是以"驱逐鞑虏、恢复中华"为政治信仰。早年追随孙中山参加同盟会，办《夏报》，发汉声，创建了德育会。后来推进德育会与共进会合并，促成共进会与文学社联合，成为武昌首义的发起组织和领导机关。辛亥革命爆发时，高振霄任湖北新军政府都督府参议、总稽查。他等八位总稽查的英勇事迹亦被当时百姓喜闻乐见的"章回小说"传颂，称其为"武昌首义八大金刚"之一，后被嘉奖"辛亥革命甲种功臣"。二是以建立宪政、维护共和为政治信仰。推翻满清政权后，高振霄坚定拥护孙中山三民主义建国纲领，为建立共和政体不遗余力。为确定公历十月十日为中华民国国庆日，引经据典，据理力争，被誉为"双十节首造者"；以起草委员会委员长名义组织起草讨伐徐世昌、吴佩孚檄文，一场打倒割据军阀，武装统一全中国的北伐革命在中国大地蓬勃展开；与张知本等四人为孙中山研究并起草《五权宪法》，孙中山曾在《国民政府建国大纲》中规定"国民政府本革命之三民主义、五权宪法，以建设中华民国"；1925年孙中山逝世，高振霄致唁电："孙公手造民国，启迪颐蒙劳身，焦思护法救国，扫历朝之积毒，开东亚之曙光于此……"高振霄20余年追随亚洲第一共和人、中华民国国父中山先生。三是以全民抗战、民族图存为政治信仰。1937年抗日战争爆发，南京政府考虑高振霄是同盟会、国民党元老，德高望重，又年事已高，安排他退居敌后。高振霄执意不肯，寄信给湖北家人说："无国哪有家，为拯救中华，驱逐日寇，视死如归"。他以上海洪帮头领及"抗战策反委员会"委员的特殊身份再次投入到拯救民族危亡的抗日斗争第一线。他拥护"国共合作"，拥护共产党倡导的"动员一切力量，建立抗日民族统一战线"政策主张，在上海积极参与营救"救国会""七君子"等仁人志士活动，并设法约见、游说共产党、国民党、清洪帮会党及工人、学生等各方爱国人士，配合国民党政府组织"江浙行动委员会"（下设"特别行动队"）上万人的抗日武装，配合国民党军队在上海近郊牵制阻击日军强行登陆。同时，还营救了李先念、张执一等共产党高级将领及中央派往延安学习深造的12名共产党青年干部等大批爱国志士。高振霄一生紧跟时代潮流三次迁跃，始终坚守信仰且都在时代高位并至死不渝。

高振霄的一生始终充满浓烈的家国情怀。高振霄为高氏宗谱书写"振兴中华，福利民众"八个大字，既表达了他的人生追求，又告诫高氏子孙要"牢记民众福利，努力振兴中华"。他是一介书生，集作家、记者、报人一身，博古通今、文笔畅达，颇负士大夫气节。他创办了《夏报》《扬子江小说报》《民风周刊》《惟民》等报刊，先后发表社会、经济、文化等各方面的评论、纪实、议案数十余万字。他还与章炳麟、冯自由及沈钧儒、章乃器、邹韬奋等社会贤达组织社会团体，激浊扬清、针砭时弊、开启民智、文化救国。在中国近代风云变幻、腥风血雨的近半个世纪中，从创建、联合革命团体、办报、组织发动辛亥革命，到参加改进团、二次革命、护国、护法、北伐革命，后来转入"实业救国"，与社会贤达一起内谴国贼、外争国权，最后重返抗日战争一线，献身于抗日救国战争。不论何时，终身践行"振兴中华，福利民众"之志。

高振霄的一生闪耀着忠贞高义的人格光芒。高振霄的一生经历了清朝末期、辛亥革命时期、南京临时政府时期、北方政府与南方政府对峙时期、南京国民政府时期、抗日战争时期等历史时期。他曾三次历任中华民国鄂军都督府、中华民国南京临时政府、广州南方护法政府及其国会"三府重臣""三会议员"。仅在广州南方护法政府期间我们看到：巴黎和会、太平洋会议在即，当日本勾结北方政府企图继续占领中国青岛领土并对其主权虎视眈眈之时，高振霄向国会提案拟派孙中山等南方护法政府代表赴会并再次进言："我国日受强邻之压迫，北京拍卖主权，国几不国，今此一线生机，尤为我国生死之关系，速派得力代表迅赴列席，实为至要"；当孙中山再次受排挤、护法遭破坏时，高振霄坚定地站在孙中山等少数派一边，提交《关于组织军事委员会行政委员会的提案》，与护法中坚成功推举孙中山为民国非常大总统，为促进南方政府对内取代北京政府，对外取得国际承认的合法化不遗余力；北伐成功，南京中华国民政府成立，当一些官僚、政客、学阀们纷纷讨功要晌时，高振霄功成身退，淡出政界，表现出不居功、不求赏，志洁行芳的高风亮节。高振霄始终忠义当头，忠义于自己的祖国、忠义于自己的民族、忠义于自己的人民、忠义于自己的信仰，在他的一生中，这种忠义立场从未动摇，忠义思想从未改变。中山赞其品格："不堕初志、至可钦佩"，国民政府题匾"忠贞体国""精忠报国"，《申报》赞其曰："高风硕德 足资楷模"。

高振霄表现了在国家、民族危亡时刻挺身而出的英雄气概。武昌首义爆发当日晚，高振霄与张振武、陈宏诰等革命党人当即成立"执法处"并组织"稽查队"，连夜起草并颁布《刑赏令》，后又出台"军令八条"，遍贴全城，沿街演说，维持秩序；武昌首义翌日清晨，高振霄第一时间赶赴"谘议局"组建新政府，成立了参谋部、军需部等重要政府机构；阳夏失陷，武昌危机，在"军中无首"情形下，高振霄等总稽查挺身而出，义无反顾地以刘公总监察名义守城，组织"敢死队"坚守武昌，最终迎来南北和谈及辛亥革命的最后胜利；"七七事变"后，高振霄再次投入到拯救民族危亡的抗日斗争第一线。1938 年 2 月，高振霄被日军抓捕并遭严刑拷打，逼供共产党和爱国志士的名单及其住所，高振霄坚贞不屈；1943 年冬，日军特务头目带领日本随从，赤裸裸的拿着重金，前往高振霄寓所以高官厚禄收买又遭其拒绝；1945 年春，日军再次威逼高振霄出任上海市长伪职被拒后，酒中投毒，高振霄心知肚明，却毅然端起酒杯一饮而下，三天后于 1945 年 3 月 23 日逝世。一介书生，慷慨赴死。

《列子·汤问》有曰："既去而余音绕梁櫪，三日不绝，左右以其人弗去。"高振霄离我们虽已经 70 余载，其人弗去，士人风骨承唱的中华民族五千年的"汉声"，在祖国上空回响，在人民心中缭绕，令我辈敬仰续唱。

（陈炜：中国金融文学艺术界联合会副主席、秘书长）

目　录
CONTENTS

上篇　首义金刚

中篇　护法中坚

上篇 ｜ 首义金刚

第一章　忠贞体国

振兴中华　福利民众

——高振霄百年前为高氏宗谱书写"振兴中华,福利民众"八个大字,告诫高氏子孙要"牢记民众福利,努力振兴中华"。

一、人物方志

高振霄辛亥革命前创办《夏报》等报刊、发起创立德育会、加入同盟会、组织发动武昌首义、参与建立湖北军政府、当选湖北军政府都督府参议员并任总稽查部总稽查,时称"武昌首义八大金刚"之一,被嘉奖"辛亥革命甲种功臣"。中华民国临时政府成立后,再次当选参议院议员并任孙中山高等顾问,由于制定中华民国国庆日有功,被誉称"双十节首造者"。后跟随孙中山南下广州护法,第三次当选南方护法政府非常国会参议员。抗日战争期间,居上海以洪帮头领及抗战策反委员特殊身份开展抗日活动,先后营救李先念、张执一、文强和"救国会"七君子等仁人志士,终为日伪分子所忌,1945 年 3 月被毒杀于住所。

(一)辛亥革命人物像传

高振霄(1881—1945 年)字汉声,湖北房县人。早年肄业于两湖总师范学堂。1908 年,革命党人郑江灏等创办《湖北日报》,高担任编辑,与向炳焜等题词作画,讽刺清吏,抨击时政,郑、向被捕下狱,报馆遭查封。后参与创刊《长江日报》,并独自创办《夏报》,鼓吹革命。1910 年秋,与谢石钦等发起创立德育会,嗣并入共进会。次年春,共进会、文学社为联合事意见不一,他与刘复基等斡旋于两组织之间,力促联合。10 月武昌起义,与袁国纪等首入都督府参谋战事。旋奉派与吴醒汉等主持招纳处,接待前来投效的文武志士,高负责政学界,3 天内招纳 400 余人荐府委用。时地痞趁火打劫,义军亦有擅杀旗人之行,乃与张振武等面陈都督黎元洪,以黎名义颁《刑赏令》及军令八条。军务部执法科成立,充该科调查,主办军案。汉阳失守,武昌危急,曾力反弃武昌攻南京之议,并亲率稽查队沿街日夜巡逻,维持秩序。1912 年南京临时政府成立,孙中山委以高等顾问。翌年,当选为国会议员。参加季雨霖等组织的改进团,从事讨黎反袁活动。1917 年,追随孙中山南下护法。后加入国民党。1929 年任汉冶萍公司清算委员会委员。抗日战争期间,以民族大义为重,居上海任策反委员,开展抗日活动,救助爱国人士,终为日伪分子所忌,1945 年 3 月被毒杀于住所。

Gao Zhenxiao (1881—1945), styled Hansheng, of Fang country, Hubei Province. In his early years he studied in Lianghu General Teachers School, and he was involved in the creation of The Changjiang Daily as well as the independent creation of The Xia Bao (Summer Paper), to advocate revolution. In 1910, he initiated with Xie Shiqin and others the establishment of the Association of Moral Education and then joined in the Society for Matual Progress. When the Wuchang Uprising took place, he turned to the Hubei Military Government where he was doing as an advisor on the war affairs and responsible for enrollment division. And before long he took the position as the check in the law execution branch of the army affairs department of the government to deal with army internal cases. When the general supervisory division was established over all the departments, he was made the chief supervisor. In 1912, he assumed the post as a senior advisor to the Nanjing Provisional Government and was elected to be a member of the Congress. He soon joined the Progress Organization to fight against Yuan Shikai and overthrow Li Yuanhong. In 1917 he went to the south to protect the Provisional Constitution and joined the KMT. He was killed by the puppet army of Japanese with poison in 1945.

资料来源:《辛亥革命人物像传》

高振霄在《辛亥革命人物像传》资料

附录1：刑赏令

又据访友抄示革命军之告示，文云："中华国民军鄂军都督黎示，本都督驱逐[鞑虏]，恢复汉族，凡我同胞皆宜遵守秩序，勿违军法，所有刑赏各条开列于后：藏匿[鞑虏]者斩，藏匿侦探者斩，买卖不公者斩，伤害外人者斩，扰乱商务者斩，奸掳烧杀者斩，邀约罢市者斩，违抗义师者斩。乐输粮饷者赏，接济军火者赏，保护租界者赏，守卫教堂者赏，率众投降者赏，劝导乡民者赏，报告敌情者赏，维持商务者赏。黄帝纪元四千六百零九年八月某日"。

革命军之入会愿书文云："中华国民湖北某府某县某名，今蒙□□□介绍，得悉军政府以驱逐[鞑虏]，恢复汉族，建立民国，平均人权为目的，愿人鄂部总会效力，听从派遣，所有一切规则永远遵守，不敢违背，倘有违犯，听公罚办。谨祈本会参谋长宋教仁保送，本会总理长刘公承认，本部特别员谭人凤申报。介绍人□□□，入会人□□□，通信处由□□□，黄帝纪元四千六百零九年八月某式"。

《申报》 1911年10月16日

《申报》中记载高振霄、张振武、陈宏诰等起草并通贴街市的《刑赏令》

附录2：军令八条

一、军队中上自督下至兵夫一律守纪律，违者斩。

二、无论原有及新募兵士人等，有三五成群不归编制者以及至编制内擅离所在易装私逃者斩。

三、擅入民家苛索钱财及私行纵火者斩。

四、各干部如有不遵约束者斩。

五、官兵不受调遣及违背命令者斩。

六、擅自放枪恐骇行人往来者斩。

七、兵士中如有挟私仇杀同胞者斩。

八、如在当铺强当军装物件者斩。

注：高振霄、张振武、陈宏诰等在武昌首义当夜起草并通贴街市的《军令八条》。二十五日（10月16日）复颁《军令八条》。

资料来源：杨玉如：《辛亥革命先著记》，知识产权出版社，2013年1月第1版，P78

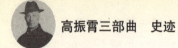

两湖书院

　　1890年4月,张之洞于武昌营坊口都司湖畔创建"两湖书院"。1903年,两湖书院改为"文高等学堂",亦称"两湖大学堂"。1904年改为"两湖总师范学堂"。高振霄与黄兴、李四光、张知本等大批革命志士均毕业于此校。

（二）辛亥武昌首义人物传

高振霄字汉声，湖北房县人。湖北公立法政专门学校毕业。共进会员。以武昌首义有功，为都督府各部总稽查部总稽查之一。1912 年为批准出洋留学生之一。因故未成行。后补护法议员，在上海从事社会活动，参与共产党革命活动。

资料来源：《辛亥武昌首义人物传》（上册），P222

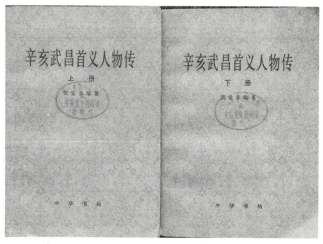

《辛亥武昌首义人物传》（上下册）

湖北公立法政专门学校校门

1908 年 5 月，湖广总督赵尔巽在武昌王府口巡抚衙门创办"法政学堂"，1911 年改名为"湖北公立法政专门学校"（武汉大学前身）。高振霄与顾敬之、董锄平、鲍佛田等大批有志青年毕业于该校。

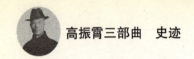

（三）湖北省志人物志稿

高振霄（1881—1945年），字汉声，房县城关镇人，幼随父读，稍长，入两湖总师范学堂肄业。1908年后，郑江灏创办《湖北日报》（后改为《政学日报》），高任编辑与向炳焜等在报上作画，嘲讽鄂督陈夔龙及统制张彪，抨击时政。郑、向等被捕下狱，高独自创办《夏报》，继续鼓吹革命。1910年秋，与谢石钦等发起创办德育会。次年春，共进会、文学社为联合事意见不一，高与刘复基等周旋于两组织之间，力促联合。武昌起义后，与袁国纪等首入都督府参谋战事。湖北军政府组建之初，事物纷乱，与袁国纪等主持筹组民政部，编写简章，颁布文告。时人才缺乏，高负责政学两界，3天内招纳文武志士400余人荐府委用。

武昌起义初，地方流氓地痞趁火打劫，高与张振武面陈黎元洪，以黎名义颁《刑赏令》及军令8条。军务部执法科成立，调充该科调查，主办军案时，阳夏狱中有禁犯百数十人，高与执法科长程汉卿亲自前往查访，狱犯多感触下泪，俱表示"使当前敌，虽死无恨"，遂挑禁犯中年青力壮有悔改之意者送往前线作战。军政府设立总稽查处，与蔡济民、牟鸿勋、谢石钦、苏成章、梅宝玑、陈宏诰、钱守范等被众人拥为总稽查，时称"八大金刚"。汉阳失守，武昌危急，有人建议放弃武昌，进攻南京，高坚决反对，并决心与城共存亡。助总监察刘公、军务部副部长张振武亲率稽查队沿街日夜巡逻，维持秩序。

中华民国临时政府成立，孙中山委其为高等顾问，后被选为国会议员。1912年夏，参加蔡济民、季雨霖组织的改进团，从事讨黎反袁活动。1917年6月，黎元洪非法解散国会，高追随孙中山南下护法，被选为非常国会参议院议员。后加入国民党，1929年任汉冶萍公司清算委员会委员。抗日战争期间，高振霄以民族大义为重，居上海任策反委员，主动帮助共产党地下工作人员开展抗日活动，保护共产党和爱国人士，终为日、伪、顽所忌，1945年3月被毒杀于住所。国民政府曾明令褒扬。

资料来源：《湖北省志人物志稿》（第一卷），P117－119

（四）武汉方志

高振霄（1881—1945年），字汉声。湖北房县人。幼随父读书，稍长，入两湖师范学堂。光绪三十四年（1908年），任郑江灏创办的《湖北日报》（后改为《政学日报》）编辑，与向炳　等在报上作画，嘲讽鄂督陈夔龙及统制张彪，抨击时政。郑、向等被捕下狱后，他独立创办《夏报》，继续鼓吹革命。宣统二年（1910年）秋，与谢石钦等发起创办德育会。次年春，共进会、文学社为联合事意见不一，他与刘复基等斡旋于两组织之间，力促联合。武昌起义后，与袁国纪等首入都督府参谋战事。湖北军政府组建之初，事务纷乱，与袁等主持筹组民政部，编写简章，颁布文告。时人才缺乏，高负责政学两界，3天内招纳文武志士400余人荐府委用。

武昌起义初，地痞趁火打劫，高与张振武面陈黎元洪，以黎名义颁《刑赏令》及军令8条。军务部执法科成立，调充该科调查。主办军案时，阳夏狱中有禁犯百数十人，高与执法科长程汉卿亲往查访，狱犯多感触下泪，俱表示"使当前敌，虽死无恨"，遂挑禁犯中年轻力壮有悔改之意者送往前线作战。军政府设立总稽查处，与蔡济民、牟鸿勋、谢石钦、苏成章、梅宝矶、陈宏诰、钱守范被拥为总稽查，时称"八大金刚"。汉阳失守，武昌危急，有人建议放弃武昌，进攻南京，高坚决反对，并决心与城共存亡。助总监察刘公、军务部副部长张振武亲率稽查队沿街日夜巡逻，维持秩序。

中华民国临时政府成立，孙中山委其为高等顾问，后被选为国会议员。1912年夏，参加蔡济民、季雨霖组织的改进团，从事讨黎反袁活动。1917年6月，高追随孙中山南下护法，被选为非常国会参议院议员。后加入中国共产党，1929年任汉冶萍公司清算委员会委员。

抗日战争期间，以民族大义为重，居上海任策反委员，主动帮助共产党地下工作人员开展抗日活动，保护共产党员和爱国人士，终为日、伪所忌，1945年3月被毒杀于住所。国民政府曾明令褒扬。

资料来源：《武汉方志》

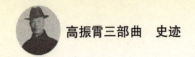

（五）房县志

高振霄(1881—1945年),字汉声,城关镇西街人,昆仲五,霄居长。世传书香家学,其父步云私塾为业,霄随父读。稍长,随父至武昌,入两湖总师范学堂肄业。

清末,内政腐败,外患频仍,革命风潮遍及全国。鄂省为革命中心,集聚革命党人甚多,霄与党人游,谈天下事,深痛朝廷腐败,决计以改造时局为己任,图推翻暴政、振兴中华之伟业。适逢季弟贤九长子出世,霄得知,喜不致胜。遂亲书"振兴中华,福利民众"八个大字为谱并家信一封寄回,希望子孙后代牢记民众福利,努力振兴中华。

乙巳(1905年)年后,鄂省党人开设报馆,鼓吹革命者甚多。霄受其影响,积极参与报刊宣传活动。1908—1911年,向炳焜、郑江灏、黄丽中等创办《湖北日报》《政学日报》,高任两报编辑。与向炳　等在报上题词作画,嘲讽鄂督陈夔龙及统制张彪,抨击时政,引起陈、张大忌,郑、向等被捕下狱,霄无所畏惧,独自创办《夏报》,继续鼓吹革命。

1910年秋,霄与谢石钦等发起创办德育会,从事反清革命活动。1911年春,共进会、文学社为联合事意见不一。霄与刘复基等斡旋于两组织之间,力促联合,终致事成。

武昌首义爆发,武昌光复,霄与袁国纪等首入都督府参谋战事。与张振武、蔡济民、李作栋等商议建立军政府。推举黎元洪为鄂军政府大都督。政府组建之初,事务纷乱,霄乃与袁国纪等主持筹组民政部,编写简章,颁布文告,日理万机,费尽心血,与吴醒汉开办招纳处,接待革命志士,高负责政学两界,3天内招纳文武志士400余人荐府委用。

首义之初,义军由于种族之恨,旗籍军民多被杀,老弱妇孺几无幸免,地方流痞亦趁火打劫,百姓受苦甚深。霄见此非常不安,谓,义军举动,以文明为要,乃与张振武、陈宏诰及执法处长程汉卿面陈黎元洪,以黎名义颁《刑赏令》及军令八条,通贴街市,郫众遵守,规定:"军队中上自都督,下至兵夫,均一律守纪律,违者斩"。并派人沿街演说,安定人心。自此义军纪律严明,秋毫无犯,人民安居乐业,秩序良好,远近称颂不绝,军务部执法科成立,霄与陈宏诰一起调充该科调查,主办军案,高以人道为本,废苛刑,申军法,惩奸治军,功勋卓著,是时阳夏狱中有禁犯百数十人,霄与执法科长程汉卿亲往查访,细心开导,狱犯多感触下泪。俱表示,"使当前敌,虽死无恨"。霄遂与程相商,挑狱犯中年轻力壮有悔改之意者送往前线作战,多立战功。江西援军来鄂,驻扎青山,霄与程汉卿不辞辛劳,代表鄂军政府亲往抚慰,军心大振。为了加强对军政府的监督,革命党人于9月4日(公历10月25日),在军政府内设立总稽查处,负稽查各部、各行政机关及各军队之责。高以资深望重,刚正不阿与蔡济民、牟鸿勋、谢石钦、苏成章、梅宝玑、陈宏诰、钱守范7人同时被众拥为总稽查,时称"八大金刚"。

11月27日(农历十月初七),汉阳失守,武昌危急,鄂军政府召开紧急会议商议对策,黄兴建议放弃武昌,进攻南京,张振武、范藤霄、高振霄等慷慨陈词,强烈反对,决心与城共存亡,其时,武昌城内语言繁兴,人心惶惶,秩序混乱。霄与张振武亲率稽查队沿街日夜巡逻,维持秩序,并举荐王安澜为奋勇军统领,招襄郧老兵坚守武昌。

南京政府成立,孙中山委霄为高等顾问,后被选为国会议员,1912年夏,参加蔡济民、季雨霖组织的改进团,从事倒黎反袁活动,1917年6月,国会被黎元洪非法解散,霄矢志不渝,追随孙中山南下护法,被选为非常国会参议院议员,后加入国民党。

抗战期间,高居上海,任策反委员,从事抗战活动。先后救护张执一,李先念等一大批党的领导干部和抗日志士脱离险境。其间日军驻上海头目,曾携带重金登门诱降,被高严辞拒绝。高的举动为日、伪、顽分子所忌,1945年3月,被毒杀于住所,年终64岁,行政院长为其亲题匾词,曰:"忠贞体国",上海各界人士将高安葬于万国公墓。

资料来源:《房县志》

附录:

高汉声。汉声是房县人。曾肄业于两湖总师范。他的官名,叫做振霄。在两湖住了半年,因为得罪了管理员,所以被黜退学。后来与张振武,同任半月学校教员,也就同时致力于革命运动。他办了一次《扬子江小说报》,停刊后又改办《夏报》。他的文笔,是非常畅达的。辛亥起义后,任各部总稽查,以后也到处流离,长度其朝不保夕的生活。他现在住在上海,以灵学治疗法,悬壶于市。其境况的窘迫,也就可想而知了。

资料来源:《中国近代报刊发展近况》,P479－480

1943 年，高振霄的四弟，高振亚（字东屏）组织整个房陵州高姓连宗会，在高东屏家召开，西片，北片，南片等各族的族长都参加了会议，等了两天，东片的一直没有人来参加，会议照常召开，连宗结果为：明（振）、传（兴）、元（中）、运（华）。后经高德安、高德明等调查了解，其它房县高姓各派语连宗为：请见附表。

房县高姓各派语连宗

城东、西山、党湾、马栏、青峰、围墙湾	长望高川羊岭口	县城西街	高家坡沈家湾桐子沟	玉提店白鸡铺高家窝子胡家坪	大阳坡老人坪代家坡	联观高家院	新读谱根据高得山等的原忌
○文子○元儒先士延德明良荣必耀永远绪芳	凤自明传元运肇昌绍宗承祖立国定帮志士向学崇善	振兴中华福利民众	杰维师为常儒启正天良兴田仁义登立志士昌明	国正天兴永忠厚继传发仁德绪保全光明熙家安振	自述云玉登攀正大光明修德传	寿荣东文明忠正友仁兴家修永庭义开相子达君	懔谋尚宪著弥卓贤乾坤清太和平吉康齐冶宇茂博进汇广万代繁

"房县高氏联宗会"上族长正式通过"振兴中华 福利民众"为高氏宗谱

《房县高姓宗谱》封面

高振霄故居:湖北省房县城关镇西街

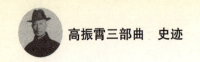
二、报界活动

高振霄1908年为《湖北日报》编辑,后创办《长江日报》;1909年5月19日创办《扬子江小说报》;1911年2月13日创办《夏报》(为当时汉口四大报之一);1911年为《政学日报》编辑;1919年为《民风周刊》主编、《惟民》主编;1920年创办《新湖北》。

(一)《湖北日报》编辑

1908年后,郑江灏创办《湖北日报》,后改为《政学日报》,高振霄任编辑,与向炳焜等在报上作画,嘲讽鄂督陈夔龙及统制张彪,抨击时政。

资料来源:《湖北省志人物志稿》(第一卷)

附录:【《湖北日报》和《政学日报》被封案】漫画事件

《湖北日报》创刊于1908年夏,创办人为革命党人郑江灏(号南溪),他是共进会参议部长。1909年春,该报因刊载漫画和评论对鄂督陈夔龙进行嘲讽,遭封禁。据《辛亥首义回忆录》第三辑引陈少武语:"1909年新春,《湖北日报》刊有插画一则,画一龙伏于石上,题词云:'这石龙,真无用,低头伏处南山洞;镇日高,拱不动,徒劳地方香烟奉。奉有王爷撑腰也是空,勿怪事事由人弄。'陈夔龙极为恼怒。接着《湖北日报》又载《中国报纸于官场有特别之利益》一文,陈更忿恨。因陈妻拜庆亲王为干父,陈是借庆亲王奥援,做到督抚的。插画、题词、论文,皆挑了陈氏之眼。适金鼎(湖北巡警道)来见,陈向金鼎说:'湖北日报讨厌得很!'金为迎合意旨,即将《湖北日报》封闭,并逮捕经理郑南溪。"《政学日报》创刊于1911年春。创办人仍为郑江灏,是他继《湖北日报》被封之后创办的报纸。但创刊不久,又因所刊漫画嘲讽湖北新军统制张彪而被封。据朱峙三《辛亥武昌起义前后记》中所记《政学日报》以漫画嘲讽张彪事云:"其骂张彪也,画一猫似虎形,刊之,题云:'似虎非虎,似彪非彪,不文不武,怪物一条。'民众争购阅之。"(见《辛亥首义回忆录》第三辑)又据该书编者注称:"谢楚珩先生谈:其下尚有四名曰'因牝而食,与獐同槽,恃洞护身,为国之妖'。又'不文不武'一作'不伦不类'。"

资料来源:《漫画会议》,P917

(二)创办《扬子江小说报》

扬子江小说报,月刊,1909 年 5 月 19 日出版,高汉声创办,胡石庵主编。

文艺刊物。1909 年 5 月 19 日(宣统元年四月初一)创刊。汉口中西日报馆出版。月刊。胡石庵主编。第一期为三十二开本,第五期为二十四开本。

主要栏目:图画、社文、小说、文苑、词林、杂录。

上海图书馆藏有第二至五期。

资料来源:《中国近代报刊名录》,P152

《扬子江小说报》封面

（三）创办《夏报》

同情革命的进步报纸。1911 年 2 月 13 日（宣统三年正月十五）创刊，在汉口出版。创办人高汉声，编辑人彭义民。编辑部设在汉口歆生路，发行所在汉口河街。

该报声称以"提倡实业、增进文化"为宗旨，强调言文化务求忠实，主张力求正确，记载要求详悉，材料尽可能丰富，消息力争敏捷。当时其他报纸评为"颇敢言，允为后起之秀"。因登载清军三十一标管带肖国斌兄妹通奸事，被肖国斌率兵捣毁。后肖怀疑该文为部下胡祖舜所写，乃派兵监视，胡遂以新闻记者名义上告鄂督瑞澄。瑞澄不得不派人查办，《夏报》得以暂时维持。不久，终因直言被禁。

资料来源：《民立报》，1911 年 10 月 8 日

附录 1：

1911 年 2 月 13 日，《夏报》在汉口创刊。留日学生彭渊恂约虞和德、李仲钰、罗饶、向瑞彝、张铭彝、何世准、高汉声等发起主办。以"敢言"闻名于时。曾以刊载清军三十一标管带肖国斌兄妹通奸丑事，被肖率兵捣毁。编辑遭到逮捕。旋以"直言"被鄂督瑞澂查封。8 月 10 日：汉口《夏报》以揭载当地驻军三十一标三营管带肖国斌虐待士兵消息，受到肖的威胁，编辑彭义民被殴。

资料来源：中国社会科学院新闻研究所《新闻研究资料》编辑室编辑：《新闻研究资料 总第二十九辑》，1985 年版，P191，P200－201

附录 2：

当时汉口之报纸，除王民朴等之《商务日报》，因向炎生之一"似龙非龙，似彪非彪"插画（讥刺鄂督陈夔龙、统制张彪者）而被封外，可得而言者，有四大报：老者为《中西日报》，次为《公论日报》，《大江报》为后起，《夏报》尤为新创。"中西"号为商业报纸，为王华轩等筹集创办。天门人胡石庵及浙人凤竹荪、赣人余慈舫先后主其笔政。"公论"为江汉关文案之黔人宦海之所主办，时有官报之目。"大江"为鄂人詹大悲、湘人何海鸣等所创办，鄂人宛思演、查光佛、梅宝玑等尝预其事，盖一革命集团也。《夏报》为谢某、蒋某等所经营，颇敢言，允为后起之秀，特未若"大江"革命色彩之浓厚耳。

资料来源：胡祖舜：《六十谈往》

（四）创办《长江日报》

君（向炳焜）富于冒险性质，愤祖国沦亡，倡为种族革命。继与刘静庵改组日知会，德育会，与谢石钦等组织铁道研究社，皆运动革命机关也。岁丙午，君为湖北日报社编辑。君故善画，清总督陈变龙，提督张彪，以所为论着图画为刺己，封闭报馆，君遂与郑江灏同被捕，旋释归。君以革命必借报馆鼓吹也，更与谢石钦、高振霄、黄丽中创办长江日报社。

资料来源：《武昌起义档案资料选编》（中卷），《向炳焜事略》，P140

（五）《政学日报》编辑

1908、1911 年间，向炳焜、郑江灏、黄丽中等创办《湖北日报》《政学日报》，高振霄任两报编辑。与向炳焜等在报上题词作画，嘲讽鄂督陈夔龙及统制张彪，抨击时政，引起陈、张大忌，郑、向等被捕下狱，高振霄无所畏惧，独自创办《夏报》，继续鼓吹革命。

资料来源：《房县志》

［政学日报］辛亥革命前湖北革命党人创办的报刊之一。是郑江灏继《湖北日报》之后创办的又一份报纸，协助他办报的有他的同学向炎生。创刊后不久，即以所刊漫画嘲讽湖北新军统制张彪被封。

资料来源：《报刊篇》，P883

（六）享有盛名的近代武汉报人

詹大悲、何海鸣、查光佛、宛思寅、高汉声等都是享有盛名的近代武汉"报人"。

资料来源：《汉口小志》

（七）《民风周刊》主编

《民风日刊》1919 年 7 月底创刊，从第 12 号开始（1919 年 8 月 10 日）改成《民风周刊》，约于 1920 年 4 月停刊。

《民风周刊》是珠江流域最早出现的新文化刊物之一。16 开本，每册 16 页，编辑发行所在广州南朝街十人团总部。从 18 号起合并《惟民周刊》，编辑发行所迁到东堤荣利新街。在这次合并前后，《民风周刊》有所变化。18 号以前由两极（即梁冰弦）主编，18 号以后改由高汉声主编；18 号以前的征文都是"不拘文言白话"，18 号以后则为"文以简当切要，白话更好"，但前后内容基本上一致。

《民风周刊》主要的负责人梁冰弦、区声白都是无政府主义者，其他担任撰述文字的如愚人、秋霖等人，也有较突出的无政府主义倾向，因此宣扬无政府主义的学说和观点的稿件占相当大的一部分。尽管如此，它在揭露旧社会的恶劣制度、旧习俗、旧礼教，以及介绍新思潮和反映社会下层人们生活疾苦等方面，起了一定的积极作用。

资料来源:《报业志》,P884－885

《民风》第十三号封面

《民风周刊》第十八号

（高振霄为《民风周刊》月捐者之一）

(八)《惟民》主编

《惟民》周刊社约

一、名称

本周刊由旅粤同志发起,每值星期日发刊,一册定名曰《惟民周刊》。

二、主旨

本周刊阐发唯民主义,以谋政治与社会之根本变革。

三、社员

本周刊社员分(甲)(乙)两组。(甲)组担任本周刊职务负完全责任者。(乙)组以经济或文字赞助本周刊者。

四、本周刊经费由社员分别担任之。关于经费收支月终由职务员报告于社员会议。

五、会议

本周刊进行事项得开全体社员会议。但关于编辑发行事件以每周之职员会决之。

六、附则

本简章有未尽规定者得随时增订之。

资料来源:《惟民》第一号,1919 年 8 月 10 日

《惟民》第一号封面

（高振霄在本期发表《息争论》《国内大事纪要》《二十七号警犬》）

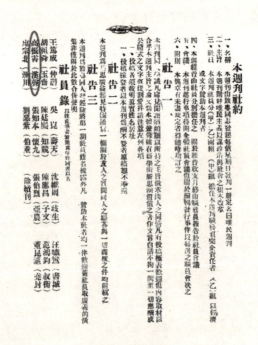

《惟民》第一号

（社员录——以姓氏笔画繁简为序姓同者以名）

本週刊登國貨廣告價格面議格外從廉

徵求貧民疾苦實況

文字以簡當
沉痛為優白話更好但必
實地調查所得不合者不
錄一經登載酬以現金五
元至十元不等

本社高漢聲啓

外埠報資
每全年四十八冊　大洋二元
每半年二十四冊　大洋一元
每月四冊　大洋二角
每週一冊　毫洋五分

不加郵費

本埠報資
每全年四十八冊　毫洋二元
每半年二十四冊　毫洋一元
每月四冊　毫洋一毫
每週一冊　毫洋五分

批發八折

分發行所
上海法界正報
香港大光報
廣州第七甫新民國報社
廣州第七甫中華書局報
外坦廣州第七甫各大書坊商報局

總發售
印刷者　廣州第八甫藝通印務局
總發行　廣州長惠三顯路五號三樓

編輯者　唯民週刊社

《惟民》第一号封底（本社高汉声启"征求贫民疾苦实况"）

《惟民》第十号封面

（高振霄在本期发表《一周纪事》）

（九）创办《新湖北》

1920 年，部分曾参加过辛亥革命的鄂籍人士掀起了地方自治运动，胡祖舜、范鸿钧、张知本、曹亚伯、白逾桓、高振霄等人，在上海成立了旅沪湖北自治协会，并出版了名为《新湖北》的刊物。

《新湖北》的出版宣言提出了八项主张：①"省民自决，不是假托鄂人治鄂的名义，拥戴一二人为地方行政的领袖"。②"联邦共和，由省民自行组织省民大会制定省宪法，自行公布施行"。③"扫除一切军阀官僚政治，不问其为鄂人与非鄂人。废督军，废省长，由省民自行组织行政委员会，以处理地方政务"。④行"直接选举制，男女均有选举及被选举权"。⑤"打破一切不自然的恶习惯、恶风俗、恶制度及崇拜偶像之思想，破除现行婚姻家族不良制度及种种迷信"。⑥"都市土地及大规模之生产事业，概归公有，以杜绝资本家垄断之弊"。⑦"刷新湖北现行制造游民的奴隶教育"。⑧"尊重约法上之自由权，但不承认一切法令之限制"。该刊在另一处则将其宗旨表述为"打破中央集权的统一主义，创造一个联省自治的局面；推翻军阀的首领政治，建设一个平民阶级的国家"。从宗旨看，这些人基本上坚持了孙中山先生的三民主义，并接受了新文化运动的某些影响。

《新湖北》反对军阀专政和督军制度，主张实行"民治"，认为军阀和督军制是民治的根本障碍，非根本铲除不可。他们说，"自从袁世凯主张武力统一中国，做了一场大梦，把所有北洋的军队分布各省驻防，设督军制以领袖之。到了后来，中央的政令不能出北京的城门一步，各省人民公意屈服在督军制的下面无从表现。有人说民国的政权'上不在政府，下不在人民，都在那些厮养马弁和强盗的督军的手中'，这真是很精确的议论。现在督军的一颦一笑，便是全国人民生死的关头。近年来扰乱民国的根本问题，就在那些万恶的军阀和督军制"。

具体谈到湖北的问题，《新湖北》认为必须反对和赶走湖北督军王占元，"因为要反对军阀政治，不能不主张废督军；因为要主张废督军，也就不能不反对王占元。"他们对王占元的揭露和批判非常激烈，列举了他种种罪状，称他为"扰乱中国、扰乱湖北的一滴祸水"。还提出要全面搜集王占元各种罪证，编写一本"王占元的祸鄂史"。

《新湖北》反对军阀独裁，也批评了欧美式的代议政治政体。他们指出，"资本主义，已被那些社会主义的学者攻击得体无完肤，哪里还有存在的价值呢，资本主义既不能存在，那么依附资本主义的代议制度，哪里还能够适用呢！"他们认为，资本主义和代议政治均以"第三阶级即中产阶级为中坚"，而中国"现在中产阶级的人实在是最少数"，力量极为薄弱，于是"号称中产阶级的政治流氓不是投降军阀,便是流入游民",所以没有"独立的中产阶级,那便是代议政治根本不能适用"。他们主张,应把中产阶级的政治流氓"与军阀、官僚、资本家同视,剥夺其选举权及被选举权",采取新式的代议政治,即"拿职业来做代议制度的单位,不是以地方做单位",就是着眼于为当时人数最多的"第四阶级和失业游民"谋权利谋幸福,首先解决他们的"生计问题"。他们所说的"第四阶级",即指城市的小资产阶级和农村的自耕农,再加上城乡的失业游民,确实是占了中国人口的极大部分,这些人的生活也没有保障。

《新湖北》的作者们认为,当时国内的南北战争,还只是"过渡战争"而非阶级斗争,但中国人民生计日艰,无产阶级队伍日益扩大,而官僚武人富商大贾拥有资产,不肯放松,故"将来阶级斗争恐不能免"。他们主张预防这种斗争的发生,"湖北若欲避此战争,只有将国民生计问题,并入此次政治问题一律解决,现在阶级斗争的原故,皆为自由竞争制度所酿成。我们有鉴于此,将来宜采用国家社会政策,如省铁路、省电车、省电灯、省水道,其他省营业,一切皆由省开办,以防私人经济的跋扈,使阶级斗争无从发生。"他们认为,只有在这样的社会里,"第四阶级"才不会沦于贫苦无告的境地,而是处于"支配"的地位。

由此可以看出,《新湖北》派的社会革命观点,基本上坚持了辛亥革命之前孙中山的理想。他们既主张打破封建的、独裁的政治制度,也认为资本主义代议政治在欧美已到末日,于中国更不适用;他们代表社会地位更低的城乡小资产阶级和失业游民说话,反对在中国发展资本主义,主张将政治革命(推翻北洋军阀统治)和社会革命(解决生产资料的所有权问题)一齐解决。他们要驱逐王占元,废除督军制,推翻军阀统治,这当然具有进步意义;其主张破除恶习惯、恶风俗、恶制度,以及崇拜偶像的思想,破除现行婚姻家族不良制度及种种迷信,批判制造游民的奴隶教育,基本上符合"五四"新文化的精神。这些都是值是肯定的。

但是,《新湖北》派对阶级状况和阶级斗争的理解不全然正确。按照他们的理解,人民大众与封建势力的斗争、农民与地主的斗争都还是阶级斗争,只有第四阶级与第三阶级(资产阶级)的斗争才是阶级斗争,而又把第四阶级主要归之为城乡小资产阶级和失业游民,没有看到正在增加壮大中的中国无产阶级的力量。所以,究竟主要依靠谁来打倒军阀政府?怎样打倒封建军阀?他们并不能明确的指出来,而以为搞联邦自治、各省自决,就能解决封建势力和军阀专制的问题;以为搞直接选举、产生行政委员会、由省级掌握各种重要的产业和公共事业,就能消除垄断、防止资本主义,这都是不切实际的空想。他们的思想主张,并不反映无产阶级的利益,而只是反映了反对封建压迫、反对资本主义、害怕因"自由竞争"而破产和失业的小资产阶级的利益。

《新湖北》派因为多是辛亥革命的参加者,所以刊物上有不少关于辛亥革命的回忆和讨论文章。但他们虽然承认辛亥革命失败了,却又不能真正总结出那场革命失败的根本原因,还是没有认识到依靠广大人民群众的重要性,也没有找到真能发动群众的方法。

概而言之,湖北的"五四"运动及其前后的新文化运动,打退了袁世凯上台以后顽固守旧思想的反扑,再度冲击了封建文化对人们的思想禁锢。在这场波澜壮阔的运动中,代表无产阶级利益和愿望的思想文化与坚持辛亥革命理想的资产阶级小资产阶级民主主义的思想文化,都十分活跃,共同构成了近现代湖北地区文化发展的第二个转折期(第一个转折期即前述辛亥革命时期)。在其后的20世纪20~40年代,这两种文化分别发展,各自出现了一批有巨大成就的代表性人物和学术文化成果。

资料来源:《湖北的几种进步刊物》,P411-414

《新湖北》第一卷第一号封面
(高振霄在本期发表《自治与自由》《爱尔兰的一少年》《汉冶萍的危机》)

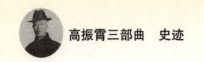

三、政党组织

高振霄1905年加入同盟会;1910年秋创办德育会,后并入共进会,为共进会骨干;1911年为辛亥革命总稽查、都督府参议;1912年为孙中山高等顾问;1912年1月16日加入民社;1912年5月9日加入共和党;1912年6月底加入共和党新派;1913年4月14日当选国会候补参议员;1913年5月29日加入进步党;1913年6月22日加入新共和党;1913年加入改进团;1917年2月为民友社中坚;1917年8月至1922年6月为非常国会参议员、护法中坚;1919年为援鄂左军代表、"改组军政府起草委员会"委员;1920年为湖北参议长;1921年为起草委员会委员长;1922年6月至1925年4月为旅沪国会议员;1929年为汉冶萍公司清算委员会委员;1940年为抗日策反委员会委员。

(一)参加同盟会

高汉声,振霄,早岁参加同盟会,辛亥首义任各部总稽查,后任总统府高等顾问及国会议员,赞襄总理从事革命有年。抗战军兴任策反委员,留沪联络伪方军警掩护后方工作人员,颇著勋劳。经行政院题颁匾"忠贞体国"。

资料来源:《武汉日报》,1947年8月22日

(二)创办德育会

1910年秋,谢石钦与郑江灏、黄丽中、董祖椿、李福昌、单家迁、高振霄、康建唐、江炳灵等发起组织德育会,其初印章程说:"天下兴亡,视民德兴替。方今外侮,日蹙百里,覆亡之祸,合四万万之众而同心同德,何忧乎异族之凭凌,西方之东渐。倘合众力而皆为救火者,则祝融不能肆其虐;合众人而皆为党锢东林,则汉明不至于亡其国。应修私德以完人格,重公德以结团体。"会章规定会长以次职员于每周开会时公举,而早在己酉年间,湖北发生保路风潮,争川、粤、汉铁路民办,各界成立湖北铁路协会,郑江灏以新闻界代表而为协会发起人,谢石钦也参与其事。谢还与郑江灏等共同发起过体育会、科学研究会等,以资联络反清志士。不久,德育会并入共进会,谢在会中任文书之责。

资料来源:《中华监察大典》,P900

(三) 共进会骨干

共进会宣言

我们这个会为什么叫做共进会呢?"共"是共同的意思,就是说在会的人,个个要同心合意,共做事业。本会以外的人,不论他叫做甚么会名,我们总要联合起来,共同去做事业;"进"字就是前进的意思,认真一个正正大大的题目去做,不许有丝毫懈怠的心。我们中国,自从盘古以来,就是汉族人居住,汉族人做皇帝。别种的人进来,是要把他赶走的。到了明朝崇祯的时候,满人趁我中国有难,就趁虚杀进来了,把我们汉人杀得尸骨成山,血流成河;杀不尽的,当他的奴隶。他到如今,朝纲紊乱,只有奉承洋人,做洋人的奴隶,拿我们给洋人做三奴隶。把我们土地,今天割一块送这个,明天割一块送那个,铁路也送给洋人,矿产也送给洋人,税关也送给洋人。他只顾请洋人来保住他做皇帝,那管得汉人的死活。再过几年,就会把我整个的中国送给洋人。所以我们革命,一来是替祖宗报仇;二来是早些准备,免得子孙绝种。所以我要劝告我们的同胞同党,不可分门别户,各存私见。要晓得我们都是汉人,都是轩辕黄帝的子孙,合中国四万万人,都是同胞。所以我们要取这"共进"二字,增进我们哥弟的智成,共拼死力,有进无退的去杀鞑子;取回中国,仍旧汉人做主人,那才算得是英雄。

至于共进会的组成内容,其本部不设总理,还是拥戴同盟会的孙中山先生为共同的总理,表明与同盟会同一渊源。用天运甲子纪年,表示不奉清朝的正朔。徽章旗帜,用十八锥角交错形,取十八省联合的意思。会员相见的时候,另有一种隐语和口号,大都以"中华民国"四字分析嵌用为准。有的时候,也用握手礼,与同盟会大致相同。它的组成内容,定为本部总理兼中华民国大总统;各省总理,兼各省军政府大都督。大都督下,有副都督、参都督、大都尉等,一律都用会员。综阅共进会的会章,与同盟会无多区别。不过有一点不同的地方,即将同盟人会原书十六字中之"平均地权",改为"平均人权",这一个字的变更,开过好几次会,是很值得注意的。后来革命胜利,无人提起民生主义问题,也就无人研究这个问题,其症结就在这里。此会成立之后,推举刘公为湖北大都督,孙武由东京回到湖北来,即资此以为号召。一时踊跃入会者,军界有杨宏胜、邓玉麟、熊炳坤、张文鼎、蔡汉卿、高尚志、陈孝芬、谢超武、李鹏瘅、江炳灵、金兆龙、程正瀛、向海睛等;学界有李作栋、周之瀚、杨玉如、牟鸿勋、苏成章、朱峙三、邢伯谦、高振霄、张振武、陈宏诰、梅宝玑等,皆为会中骨干分子。武汉军学界之革命空气,由此一天一天的紧张起来。

斯时前清咨议局议长汤化龙、副议长张国溶、夏寿康、议员阮毓崧、沈维周、

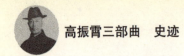

刘赓藻、胡瑞霖、秘书长石山俨等先已被邀在局。午后一时许,吴兆麟、李翊东、李作栋、蔡济民、徐达明、王文锦、吴醒汉、邓玉麟、高尚志、周定原、陈磊、陈宏诰、邢伯谦、赵学魁、苏成章、华钟、向皋谟、高振霄、方定国、李国镛与前咨议局议长议员等,拥护黎元洪,齐到会议厅开会共商大计。公推汤化龙主席。化龙首先发言谓:"革命事业,兄弟素表赞成。但是此时武昌发难,各省均不晓得,须先通电各省,请一致响应,以助成义举。鄙见瑞澂自逃走后,必有电报到京。清廷闻信,必派兵来鄂,与我们为难。此时正是军事时代,兄弟非军人,不知用兵。关于军事,请诸位筹划,兄弟无不尽力帮忙"云。吴兆麟谓:"汤济武(化龙字)先生所说极是。武昌既已首义,瑞澂弃城而逃,必回报复,此必然之势。然武昌业已光复,军政学商各界均表同情。即以军事而言,湖北兵力虽不甚大,而在中国已为先进。声威所至,清廷必闻而破胆,只要能坚持数月,全国必闻风兴起。我们财政充裕,武器甚足,从速扩充兵力,以武汉军资立足之地,努力整备,即清廷派兵来与我为难,比较上我胜算亦多。请诸君不要畏惧。此次革命非从前无根据地可比,我们既据武昌形胜,为天下中心,具有独立资格,不患不能达到目的。但首义后军民两政实繁,兄弟提请在座诸位同志先生公举黎元洪统帅为湖北都督,汤化龙先生为湖北民政总长。两公系湖北人望,如出来主持大计,号召天下,则各省必易响应。"云云。众皆赞成,拍掌之声洋溢满座。唯黎元洪答谓:"此事体太大,务须谨慎,我不能胜都督之任,请你们另举贤能吧。"会议置之不理,因都督名义已决定黎氏,渠即不承认,亦拟强制执行。

资料来源:蔡寄鸥遗著:《鄂州血史》,龙门联合书局,1958年7月第1版

（四）力促共进会文学社联合

1910年秋,（高振霄）与谢石钦等发起创立德育会,嗣并入共进会。次年春,共进会、文学社为联合事意见不一,他与刘复基等斡旋于两组织之间,力促联合。

资料来源:《辛亥革命人物像传》

《辛亥革命人物像传》封面

1910年秋,（高振霄）与谢石钦等发起创办德育会。次年春,共进会、文学社为联合事意见不一,高与刘复基等周旋于两组织之间,力促联合。

资料来源:《湖北省志人物志稿》（第一卷）,P117－119

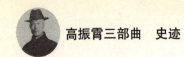

宣统二年(1910年)秋,(高振霄)与谢石钦等发起创办德育会。次年春,共进会、文学社为联合事意见不一,他与刘复基等斡旋于两组织之间,力促联合。

资料来源:《武汉方志》

1910年秋,霄与谢石钦等发起创办德育会,从事反清革命活动。1911年春,共进会、文学社为联合事意见不一。霄与刘复基等斡旋于两组织之间,力促联合,终致事成。

资料来源:《房县志》

（五）辛亥革命总稽查

高建瓴　醒吾　湖北监利　陆军中学学生　陆军中学代表　参与辛亥起事

高仲和　重源　湖北枣阳　参与辛亥起事

高振霄　汉声　湖北房县　辛亥事起任总稽查

高尚志　固群　湖北巴东　二十九标士兵　参与辛亥起事

吹　丹　仲剑　湖北安庆　陆军中学学生　陆军中学代表

秋毓英　默容　然容　湖北枣阳　参与辛亥起事

徐少斌　绍武　兆宝　工程第八营士兵辛亥　起事阵亡

徐耀枢　湖南宁乡　协助刘英起兵京山

徐达明　维汉　马队三十排排长　参与辛亥起事

徐万年　寿亭　鹤松　湖北江陵　炮队第八标士兵　炮队第八标正代表参与辛亥起事

徐必达　——　——　三十二标士兵

徐邦俊　楚衍　湖北沔阳　参与辛亥起事

徐朝桐　凤梧　湖北黄陂　军医

徐占龙　——　——　三十二标士兵

徐国钧　——　——　马队士兵　参与辛亥起事

徐国桢　——　——　马队士兵　参与辛亥起事

徐友藩　友藩　湖北应城　马队士兵　参与辛亥起事

容景芳　湖北武昌　工程第八营士兵　参与辛亥起事

凌守范　——　——　参与辛亥起事

资料来源：张玉法：《清季的革命团体》，中央研究院近代史研究所专刊(32)

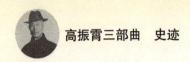

（六）中华民国鄂军都督府参议

姓名	别号	职务	籍贯	现在住所
蔡济民	幼香	军务司长		
高尚志	固群	淮盐局总理		
甘绩熙	穆卿	都督府参议	湖北利川	
蔡汉卿		第四镇统制		
牟鸿勋	猷宣	民国公报总理	湖北利川	
陈宏诰	达五	都督府参议		
高振霄	汉声	都督府参议	湖北房县	
唐牺支		第七镇统制	湖　南	
向炳焜	子南	阳夏公产局总理	湖北来凤	
梅宝玑		都督府参议	湖北黄梅	
钱芸生				
陈人杰		军务司饷粮科长		
黄中瓒	瑟宣	军事参谋官	湖北来凤	
黄理堂				
丁仁杰		都督府参议	湖北房县	
刘公	仲文			
孙武	尧卿	总统府（军）高等顾问官	湖北夏口	
邓玉麟	炳三	总统府军咨官	湖北巴东	
李作栋	春萱		湖北沔阳	
蒋翊武				
马骧云		第八协统领	河　南	
刘长庚				
邢伯谦		都督府参议		
张荫亭		震旦报总理	湖北郧县	

续表

姓名	别号	职务	籍贯	现在住所
胡石庵		大汉报总理		
徐万年				
熊秉坤				
赵楚平		第四镇副官		
黄 兴	克 强	前南京留守	湖南善化	
郑江灏		都督府参议		
居 正				
徐祝平				
时功璧		造币厂协理		

资料来源:《武昌起义档案资料选编》,《湖北革命实录馆义务调查一览表》,湖北人民出版社

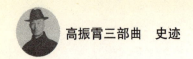
（七）参加改进团

1913年6月,袁世凯见各省有因宋案直接攻击于己的,乃先发制人,突然下令免江西李烈钧、湖南谭延闿、安徽柏文蔚、广东胡汉民等四都督之职,一时,形势顿呈极度紧张。在此时期,季雨霖、詹大悲率同志多人,由上海回返汉口。季在日本旅馆松乃家(在旧日租界),詹住大达医院(在旧英租界)。不日,蔡济民、蒋翊武、熊秉坤、刘英、王宪章、梁瑞堂、黄申芗、彭临九、温楚珩、谢超武、杨王鹏、耿毓英、丁景良、范汉民、容景芳、郭寄生、彭达五、谢石钦、高汉声、王文锦、邓贤才、苏成章、李亚东、阙龙、胡玉珍、管心源诸人,陆续会合。此次活动,是用国民党的名义,但以改进团的原有结合为基础,所以社会上和各部队中仍视为改进团的活动。季雨霖并密令刘铁在沙洋发难。一切布置正要成熟时,又被黎元洪预得消息,急电袁世凯迅速派兵相助,因有李纯先率一师南下之事。黎既得外来的武力,胆气益壮,是月下旬间,下令分途捕人,此是改进团第二次失败。诸人陆续搭日本凤阳轮、大元轮和日本兵舰往上海,未往的多避往外县,其他也有被逮捕的,也有往江西、湖南催促李烈钧、谭延闿发难的。詹大悲、丁锦良两人于凤阳轮抵九江前即以小划上岸,劝告湖口林虎首先发难。7月上、中旬间,江西李烈钧、安徽柏文蔚、湖南谭延闿、广东陈炯明(胡汉民已往上海)、福建孙道仁、四川熊克武、上海陈其美各都督纷纷树立讨袁旗帜,号"讨袁军",声势至为浩大,民国革命史上称为"二次革命"。袁世凯命段芝贵、冯国璋分统强大兵力,配合海军,以武汉为策应地,分途进击。至9月间,各省革命势力相继瓦解,二次革命的结果,又被袁世凯获得完全胜利。此乃革命党放弃领导而又预见性不够,遂致失败而不可收拾。

　　资料来源:《辛亥首义回忆录》第一辑,《辛亥革命前后我的经历》,湖北人民出版社,1979年12月第2版

（八）非常国会参议员

1917 年 6 月国会被第二次解散后，国会议员纷纷南下护法。8 月 25 日复会于广州，称"护法国会"；因不足法定出席人数，又称"非常国会"，或"国会非常会议"，为第一届国会之继续。是月 30 日，议决《军政府组织大纲》，选举孙中山为大元帅，建立军政府。1920 年 7 月后，相继迁移昆明、重庆，1921 年 1 月 12 日，复会于广州，4 月 7 日议决《中华民国政府组织大纲》七条，选举孙中山为大总统（5 月 5 日就职）。翌年 6 月 16 日陈炯明叛变，护法国会事实上宣告结束。

议　长　林　森

副议长　王正廷

参议院议员

直　隶　王法勒　郝　濯　宋　桢　王试功　王观铭　李广濂　王　田
孙品璋　江　浩　孙　芳

奉　天　袭玉昆　李绍白　孙乃祥　王秉谦　（缺六）

吉　林　娄鸿声　萧文彬　杨福洲　杨绳祖　赵成恩　何印川　李　莲
王　福　谷嘉荫　于　溥

黑龙江　刘正堃　郭相维　姚翰卿　李伯荆　沈殿叁　王宪章　于仲铨
田铭璋　战云霁　高家骥

江　苏　陶　逊　蒋曾燠　秦锡圭　杨　择　丁文莹　赵师鼎　唐浩镇
杨天骥（缺二）

安　徽　章兆鸿　张我华　丁象谦　汪律本　高荫藻　张秋白　张鸿鼎
丁铭礼　谭惟洋　谢家鸿

江　西　萧辉锦　汤　漪　蔡突灵　邹树声　朱念祖　卢式楷　刘　濂
黄缉熙　汪澄源　彭廷珍

浙　江　金兆棪　许　燊　王正廷　陈洪道　童杭时　郑际平　王文庆
沈钧儒　陈时夏　张复元

福　建　宋渊源　陈祖烈　林　森　雷焕猷　潘祖彝　黄树荣　方圣征
裘章淦　杨景文　卢初璜

湖　北　刘成禺　韩玉辰　张　汉　董昆瀛　居　正　彭介石　张知本
高振霄　关　棣　牟鸿勋

湖　南　陈焕南　彭邦栋　李汉丞　周震鳞　吴景鸿　田永正　唐支厦
熊相冕　章士钊　彭承志

山　东　揭日训　樊文耀　杜汝舟　张敬承　马荫荣　张鲁泉（缺四）

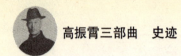

河　南　李　盘　刘绩学　谢鹏翰　万鸿图　李　瑞　毛印相　侯汝信　周维屏(缺二)

山　西　王用宾　张杜兰　张瑞玑　苗雨润　谭　正　李　素　张效翰　贾述尧(缺二)

陕　西　焦易堂　张蔚森　赵世钰　宾应昌　李述膺　范　樵　史之照　陈　毅　王觐彤　（缺一）

甘　肃　王鑫润　马良弼　文登瀛　范振绪　梁登瀛　黄金鼎　王　烜（缺叁）

新　疆　廉炳华　何海涛　张凤九　（缺七）

四　川　潘　江　王　湘　赵时钦　谢　持　刘锦孝　王　猷　周世屏　李国定　何其义　邱仲青

广　东　何士果　李自芳　彭建标　杨永泰　王鸿庞　李茂之　李英铨　符梦松　易仁善　陈子锴

广　西　马君武　曾　彦　梁士模　梁　培　黄绍侃　严　恭　郭椿森　刘景云　陈峻云　陈启棠

云　南　吕志伊　孙光庭　李文治　赵　鲸　王清瑞　陈恩阳　何　畏　杨开源　李正阳　蒋应澍

贵　州　吴作棻　万宗干　张光炜　陶礼燊　王　谟　胡庆雯　周恭寿　金镛昌　杨兆麟　张金鉴

蒙　古　王銮声　布　霖　刘新桂　宋汝梅　噶拉增　讷谟图　恩克阿穆尔　刘丕元　赵广龄　（缺十七）

西　藏　傅　谐　龚焕辰　巴达玛林沁　（缺七）

青　海　（缺三）

华　侨　刘芷芬　吴　湘　沈智夫　陈寿如　谢良牧　卢　信

资料来源：徐友春主编：《民国人物大辞典》，河北人民出版社，1991年

（九）援鄂左军代表（鄂军代表）

南北和议北方派王揖唐为总代表
高振霄等西南各军代表一致拒绝

（衔略）密。北方派王揖唐为议和总代表，我西南一致拒绝，即北方明达将领亦复严电诘责，表示反对，足见义声所播，薄海景从。值彼图穷匕见之时，正我正本清源之会，若徒拘于是王非王之争，而仍苟延不和不战之局，不惟无以解人，亦且无以自解。代表等闻见所及，特为诸公约略陈之。

窃护法军兴以来，内而国人，外而友邦，莫不协助，宜若早告成功。乃迟至今日，反奄奄无生气，推厥原因约有三种：第一，北方以和议为手段，南方则误以和议为目的。第二，北方以徐世昌为言和之傀儡，南方误认徐世昌为有统一北方能力并言和诚意。第三，北方籍某国势力压服西南，如国人誓死拒签德约，而北方当局且以去就为日人争，是其彰明较著者；南方不知此意，反认此点为外交危迫，自相顾虑。此皆已往事实无可讳言，今则"主战派"之王揖唐竟悍然派充和议总代表矣，岂惟无意言和，不啻公然宣战。徐世昌果有统一北方之能力暨言和之诚意，又何至受彼派之约束而出此诡异之行为？

至论外交，除某国外率皆协助我者，如此次拒签德约，各国悉表同情，美尤特申抗议，是某国勾结北方军阀图霸东亚久为列强所嫉视。

内政外交情势如此，是北方卖国党与某国军阀派已将陷于绝境，我西南不可不有最后之决心以筹相当之办法。旷观西南现势，突言进取、容或不易，然严陈防守，渐图发展则绰乎有余，所望诸公及时愤发，协力进行。和则必有一定之条件，战则必须共同以动作，举凡从前派往北方接洽之公私代表拟请概予撤回，一以表示决心，一以间执谗口，如此切实进行，目获最后之胜利。否则彼辈诡计百出，而我犹一筹莫展，噬脐之悔必有不堪言者。

总之，伪国会、边防军暨一切密约苟一日存在，则卖国党之势力即一日不能消灭，无论其所派代表为谁，恐终不能达我护法救国之主者。盖反对王揖唐，人的问题小计划也，取消伪国会、边防军及一切密约，国的问题大计划也。不仅与北方争胜负，实与某国争存亡。明知诸公神算在握，原无庸怀土益山，然心所谓危，不敢不告。临电神驰，伫候明教。

四川代表吴永珊、贵州代表李世荣、广西代表覃超、陕西代表赵世钰、云南临时代表徐之琛、湖北代表张伯烈、湖南代表刘彦、粤军代表黄强、福建靖国军代表王懋、湘西靖国军代表覃振、豫军代表张文超、周维屏、援鄂左军代表高振霄、四川靖国军代表张知竞、柏总指挥代表陈策、浙军代表张浩、湘西护国军代表姜玉笙同叩。阳。印。

据上海《民国日报》1919 年 9 月 21 日《西南各军代表表示决心之通电》

资料来源:汤锐祥编著:《护法运动史料汇编 3 护法各派政见篇》–《护法各省靖国军代表坚持护法救国宗旨通电》

(十)湖北参议长

国会开非常会议选三总裁引质疑
湖北参议长高振霄首先退席反对

西南自内讧发生大事,日去西林左右,又日遭国人攻击。军府残局已露不可支持之状,但政学系垄断和局之计划仍进行不懈。最近复与北方联盟团重订条件,与前唐冀赓所揭破之五条件虽大同小异,唯口头订约则重在为该系重要分子谋地盘。如果北方承认,则用几句牺牲主张勉顾大局等套语发表。但以现在军府总裁,不足法定人数恐不足以代表西南,于是改选总裁之说倡。其理由则谓:孙唐伍三公有自行辞职者,有未就职者,有不在粤者,皆不行使职权。为维持军府计,补选实为必要。国会与军府本相依为命,维持军府即以维持国会,其议论未尝不动听。但其始一部分议员以伍秩老护法南来劳苦功高,不愿为排斥之谋,近日则政系已运动成熟。今日(4日),国会在省议会开非常会议补选总裁,此案想必能成立。其候选人物为熊克武、刘显世、温宗尧,所以选熊刘者即为联络川黔以抗御滇督之计。一方并以坚北廷之信,表示川黔两省皆就范围,唐冀赓已成孤掌难鸣,庶和议易于就绪。至温宗尧为广东人,姑留一席,免广东人之缺憾而已。然最近消息,熊克武已有电致广东当道谓,滇川黔各军现集合资中,由刘成勋、石青阳、吕超联名请其交卸,彼已交卸于吕超,迫走绵阳等语,则熊氏方面已不可靠。刘显世之态度虽不甚明了,唯与滇省关系甚深,更有王文华之虎视其旁,又安敢有所举动。故今日军府现状,无论如何,改选不外岑西林之独裁而已。至于桂系实力派则唯汲汲于军事于军府之存废,不甚措意。传说粤军又有返戈势,故桂军调动日形忙迫彼国会军府之演出何剧,无暇顾问国会非当会议,为陆武鸣所最不赞成,今亦任彼弄去,其故可思矣。

粤报载称昨日(4日)开非常会议,选举熊克武、刘显世、温宗尧为总裁,是日到者百二十余人。首由吕复本其向来之态度作缓和之论调,和之者虽有人,而皆不能主张,任陈鸿钧一人宣布一切。议场外满布宪兵一大队,议员中之反对者知事已败,纷纷退席,聚于安乐园通电一切。查非常会议第三条"国会非常会议之正副议长就现任两院正副议长,推定之正副议长均有事故时得选举临时议长",今此会但由韩玉辰一人写一推定陈鸿钧为议长理由书,即由陈鸿钧一人强制执行,并未选举,非常之中又非常矣。是日,首先退席者为湖北参议长高振霄、江苏众议员陈尚裔,继之者四川、河南、奉天、安徽各省,晚间宴于安乐,决定盖印署名通电,产承认者约五十人,闻三日内去此者将近七十人。另一消息,昨

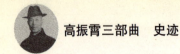

日,广州国会补选总裁,首由韩玉辰登台说明提案理由,大意谓军政府自云南撤回代表,伍秩庸出走之后,仅余总裁三人,政务会议不足法定人数,不能开会。军府陷于绝地,大家不能不设法以维持之。查前次改组军府由非常会议所选出之总裁七人,唐少川始终未肯就职,孙中山业已辞职,伍秩庸弃职赴沪,总裁已有三人缺席,应由国会补选三人云云。次由刘楚湘登台反对,大意谓,自滇军问题发生以来,西南政变迭出。国会分裂,军政府分裂,伤心惨目无逾于此。推其原因,俱由各党各派不能互相容纳、互相尊重,且各党派各图其私,皆欲以一党一派垄断政权。现在西南分裂之象虽已朕兆,然亦非绝对不可希望调和的。如唐蓂赓派缪嘉寿来粤,未尝无转圜之意。即岑西林对缪嘉寿所说之话,亦希望缪君回滇向唐总裁竭力疏通,大家言归于好,共维大局。但是一面言希望调和,一面又排斥孙中山、伍秩庸、唐少川,要另选总裁三人,岂不是言论与事实背道而驰? 故主张不能举行补选总裁,若果冥然不顾,即是破坏西南破坏护法云云。继由周之翰发言赞成韩案,而吕复则又反对之,谓"此种重大问题岂能率尔开会即行投票? 即有不得不补选之情形,亦须先征求各省各军之同意,今日之会绝对不能投票,只可做一预备会"云云。后陈嘉会更申明反对之理由,大旨与刘吕措词无甚出入。遂由政府系议员提起讨论,终局要求表决。反对者谓"表决一举今日绝对的不可能",争辩良久,秩序几乱。该系硬付表决,卒得多数.于是反对者即一哄退席,夺斗而出。查票结果,熊克武、刘显世、温宗尧俱当选为总裁。查补选总裁前已开会一次,因会场秩序骚然,毫无结果。此次卒能选出者,闻五十号石行会馆等之议员前天(3日)在南园疏通席上许列席投票者,每人得支三个月岁费云。

资料来源:《申报》,《国会开非常会议改选三总裁》,1920 年 5 月 9 日

（十一）起草委员会委员长

起草委员长高振霄拟讨伐徐吴檄文
国会开非常会议议决宣布徐吴罪状

自湘鄂战争起后，吴佩孚战胜，粤政府对之非常注意。从前北伐之声甚高，犹不过一种宣传性质。近则经已决定必将实现，日来筹备极为忙碌。前日国会开非常会议，曾议决宣布徐吴罪状，其电文已由起草委员长高振霄，理事张凤九，报告大会。广州报纸亦已将该电大意发表，但今仍未正式发出，或谓因林议长病，不能召集大会，此属揣测之词。其实因北伐之军，出发筹备尚未完全，不可过为铺张，故暂行从缓也。或又传孙陈各有意见，未能一致，此则局外借为挑拨之语，实非真相。迩来北方政客欲暗行离间者确不乏人，闻香港方面宣传吴陈暗中联合，吴佩孚派有使者到港，即由港赴桂，意欲说陈，与之相联，以图解决国事。而梁士诒又借祝父寿为名，业已回港。此君在政海中颇有策士之名，其举动每与粤局大有关系，且与陈总司令亦略有渊源，故近来谣言甚多，大抵皆由此而起。而据某机关所言，北伐之议，陈总司令亦非绝对不赞同。但以平桂之师未能结束，若骤然北伐，倘桂孽死灰复燃，非常危险，同时果发见陆荣廷作战计划，以龙州为大本营，由马济、韩彩风辈约合各部，返攻南宁。并约沈鸿英在湘联赵恒惕，派陈炳昆入鄂乞援吴佩孚，其计非常狠毒。陈氏既窥破其谋，不得不于龙州先行猛攻，以杜后患。唯粤军自围攻龙州后，虽有小胜，并未大捷，即粤报中亦无正式捷电发表。近有自桂省归来者云，武鸣之战，桂军反攻，战事非常剧烈。粤军曾大有损伤，大抵因万山交错，进攻未易得手。现在桂战方酣，陈总司令对于北伐之举，自不能不加以审慎。然在粤省方面，则总统府认定北伐为不可少之事。李烈钧一师已在桂林候命，滇黔亦已组织联军，由顾吕珍、卢焘电商北伐时应经之路线，在西南各省固已重新联合，一致行动。而两湖方面，程潜、周震鳞辈早已回湘，有所布置。湖北要人孔庚、吴醒汉、曹亚伯等，昨25日又偕居正由沪抵粤，随即入谒孙氏，面述湖北近状，催促北伐，并云蒋作宾亦将来粤。又陈树藩亦于南方援鄂，极表同情，已由国会议员凌某致电介绍某君为代表，向粤当局请示进行方略。其军队之开始输送者，则为许崇智一师，已向湘赣边境进发，刻下省出发之师，仍陆续不绝。虽无正式讨伐令，实已着着为北伐之预备，或者即如胡汉民之所谓战而不宣，唯其实现之迟早，仍在龙州方面军事得手如何耳。

资料来源：《申报》，《粤中之出师北伐声》，1921年10月3日

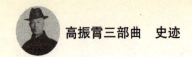

(十二) 汉冶萍公司清算委员会委员

1929 年任汉冶萍公司清算委员会委员。抗日战争期间,以民族大义为重,居上海任策反委员,主动帮助共产党地下工作人员开展抗日活动,保护共产党员和爱国人士,终为日、伪所忌,1945 年 3 月被毒杀于住所。国民政府曾明令褒扬。

资料来源:《武汉方志》

（十三）组织上海抗战策反委员会

上海沦陷为孤岛抗日反汪策反委员会成立
颇有骨气书生本色洪帮大爷高汉声任委员

1. 策委会的组织和主要人事

主任委员（少将）文强。

委员蒋群（名君养，江西人，日本留学生，）民国元年曾充任国民党元老李烈钧的秘书，是相当有名的政客）；

委员高汉声（湖北人，民初国会议员，又是有名的洪帮大爷，清高自赏，贫病交加，颇有骨气的书生本色）；

委员唐蟒，（湖南浏阳人，日本留学生，1926 年北伐军中最早的高级政工人员，是南京汪伪政府中的军事参议院院长、湖南省政府主席）；

委员（少将）罗子实（江西人，保定军校第一期毕业，历任黄埔军校各期的教官、队长，充任过忠义救国军参谋处长、代参谋长，汪伪政府的军事参议院中将参议、武汉绥靖公署参谋长）；

委员（少将）龚春圃（湖南湘阴人，充任过北洋军阀时期的监务统领，与国内洪帮头面人物有交情，也极熟悉汪伪内情）；

委员（少将）胡醉天（浙江台州人，保定军校二期毕业，历任黄埔军校各期军事教官、忠义救国军总参议等职）；

委员罗宝（号效植，湖南邵阳人，一直在上海过白相人的生活，熟悉帮会内情，也熟悉汪伪某些内情，与戴笠是黄埔第六期的同学关系）；

委员（少将）萧焕文（湖南湘乡人，警官出身，当年充任忠义救国军驻上海办事处处长）。

2. 委员会之下设办公室，组织人事安排如下

少将主任委员文强，驻会办公；少将参谋长沈忠毅（江苏人，黄埔军校第三期毕业，在国民党军队中充任政工干部多年）；上校秘书袁耿光（湖南宁乡人，新闻记者出身，充任忠义救国军《革心日报》总编辑）；上校参谋组长沈忠毅（兼）；上校宣导组长左券（湖南邵阳人，复旦大学毕业，历任忠义救国军支队政训室主任、总部政治部科长等职）；上校总务组长傅荣（湖南宁乡县人，黄埔军校第四期毕业，充任军统局各特警班政治教官、政训组长等职）；少校会计员马仁湛（江苏人，军统会计训练班毕业，充任忠义救国军军需处会计员多年）；上尉电台台长某某某（忘记姓名）；中尉副官李锡年；少尉交通顾名芳、萧淑英、张含英；少尉译

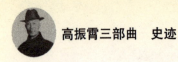

电员程秀华、陈萍、傅霞英。

3. 派出的外勤策反专员姓名、驻地

少将专员罗子实,以委员兼任,先驻南京,以后驻武汉;少将专员胡醉天,以委员兼任,驻杭州;上校专员楼亦静,驻无锡;上校专员张辛慈,驻苏州;专员朱亚雄,驻南京;专员邱仰山,驻浦东。

资料来源:《文史资料存稿选编》精选—蒋记特工揭秘,《军统与汪特在上海的一场争斗》

四、社会团体

高振霄1920年创办旅沪湖北自治学会;同年加入旅沪各省自治联合会;1921年9月27日发起成立中韩协会并为委员;1922年7月组织法统维持会;1922年12月发起成立中华民族自决会;1923年2月为中华民国国民自决会审查委员;1923年创办洪帮"五圣山",为副山主;1926年4月为国民外交协会干事;同月当选华侨教育协会会员。

(一)创建旅沪湖北自治协会

1920年,部分曾参加过辛亥革命的鄂籍人士掀起了地方自治运动,胡祖舜、范鸿钧、张知本、曹亚伯、白逾桓、高振霄等人,在上海成立了旅沪湖北自治协会,并出版了名为《新湖北》的刊物。

资料来源:《湖北的几种进步刊物》,P411－414

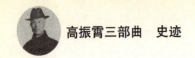

（二）筹备旅沪各省自治联合会

高振霄等假苏社开谈话会
协商自治联合会组织方法

昨日（27日）下午三时，各省旅沪人士假苏社开谈话会。先是旅京各省自治联合会成立，由江苏旅京同乡会推孙少江君到沪征集意见。曾由江苏在沪人士谈话二次推人向各省旅沪人士接洽，定于本日开会协商组织方法。兹将到会人士及谈话结果录下：到会者：刘伯昌、王汝圻、陆规亮、朱叔源、陈大猷、朱绍文、黄守孚、张福增、黄炎培、张志鹤、黄守恒、潘文安、穆抒斋、贾季英、黄次山、袁俶畲、汤斐予、余寿平。代表：陈介安、胡祖舜、梅家玑、高振霄、范鸿钧、董昆瀛、张知本、蒋作宾、吴山、王玉堂、任矜苹、管鹏。（一）推蒋作宾为临时主席；（二）推朱绍文为临时书记；（三）朱叔源报告与朱绍文向各省人士接洽情形；（四）陈大猷报告旅京各省区自治会组织情形；（五）胡祖舜、汤漪、董昆瀛、管鹏、任矜苹先后报告各省自治运动之状况；（六）结果决定。（甲）凡到会人均负向各省同志接洽之责任；（乙）于下星期四以前将已经接洽者之姓名、住址开交临时书记以便通知；（丙）所接洽者以同志为标准，不分个人团体，并不分省界；（丁）下星期六午后一时开发起会先期通知并送登各报本埠新闻；（戊）推陈大猷、朱绍文君草宣言书，于下星期六交会。

资料来源：《申报》，《旅沪各省自治联合会筹备会》，1920年11月28日

（三）发起成立中韩协会

高振霄汪精卫朱念祖等拥护孙中山号召代表南方政府成立中韩协会
毛泽东何叔衡黄宗汉金奎植等中韩代表响应在长沙上海成立互助社

　　1921 年 9 月 27 日，中韩协会在广州成立。该会以广东政府外交部总务司长、非常国会议员朱念祖为委员长，谢英伯为副委员长，高振霄、丁象谦、汪精卫及申圭植（化名金檀庭）等为委员。27 日，召开成立会。该会宣言号召中韩两国志士"相与提携，共相扶助，持正谊于人类，跻世界于大同。纯本互助之精神，用求互助之进步。"当时，太平洋会议召开在即，申圭植致函中国各法团及报馆，要求中国方面根据国际条约在会上提出韩国独立问题。11 月 21 日，中韩协会致电美国政府和参加太平洋会议的各国代表，声称韩国问题为远东重要问题之一，要求特许韩国临时政府代表出席会议，恢复韩国的独立、自主资格。12 月 1 日，《光明月报》在广州出版。该刊宣称以推动"中韩两国联络感情，促进民治"为职责，"讲究扑灭强权之方法"，"使中韩平和，使东亚平和，使世界平和。"林森、陈公博、汪精卫、叶夏声等国民党人都是该刊的执笔者。

资料来源：杨天石著：《国民党人与前期中华民国》，2007

　　根据迄今发现的历史资料来看在各地中韩互助社中最先宣告成立的，是毛泽东参与发起组织的"长沙中韩互助社"。从童年起，毛泽东就已关注朝鲜人民国土沦亡的悲惨命运。当时他读了一本小册子，其中谈到日本占领朝鲜、中国台湾的经过，这给他幼小的心灵留下了深刻的印象，及至几十年后同斯诺谈话时他还提到此事。1920 年 12 月 1 日，毛泽东在给萧旭东、蔡和森等旅法新民学会诸友的信中，更进一步提出："帮助朝鲜独立……都是很要紧的。"另外，"以运销中外各种有价值之书报杂志为主旨"的文化书社的销书目录中，我们可以看到著名的韩国历史学家、爱国志士朴殷植撰写的《韩国独立运动史》一书。这些情况表明，毛泽东在当时参加中韩互助社活动是有一定的思想基础的。这样，已投身于中国革命运动正奔忙于湖南党的创建工作的毛泽东于 1921 年亲自参加了长沙中韩互助社的发起组织工作。当年 3 月 17 日，该社在长沙小吴门正街舰小学校召开了成立大会。大会通过了《互助社简章》，其内容包括名称、宗旨、入社条件、组织机构、经费来源等。大会确定将"联络韩中两国人民，敦修情谊，发展两国人民之事业"作为互助社的宗旨并规定"在韩中两国人民之中，不分男女及宗教，凡赞成本社之宗旨者，经二名以上社员介绍，均可加入本社"。

大会分别选举宣传部主任为李基彰（韩方）、何叔衡（中方）；通讯部主任为黄永熙（韩方）、毛泽东（中方）；经济部主任为李愚珉（韩方）、贺民范（中方）。长沙中韩互助社的发起人共有31人，其中韩方为李愚珉、黄永熙、李基彰3人，中方为易培基，贺民范等28人。黄永熙是上海临时政府外务部派去的临时宣传员，易培基是湖南省立第一师范学校校长，"颇负时誉"，贺民范是船山中学教工。格外引人注目的是，在28名中方发起人中，新民学会、文化书社的成员竟有17人之多，他们是毛泽东、何叔衡、谢焕南（即谢觉哉）、易礼容、罗宗翰、萧旭东、陶毅（女）、张泉山、任培道（女）、熊梦飞、匡日休、易培基、贺民范、任慕尧、方维夏、刘驭皆、仇鳌等。众所周知，这些人中，毛泽东、何叔衡（时任湖南通俗教育馆长兼湖南《通俗报》馆长，后为中共一大代表）、谢觉哉（时任湖南《通俗报》总编辑，后为著名的"革命五老"之一）、易礼容（时任文化书社经理，后为秋收起义的主要领导人之一）等都是我国共产主义运动、中国革命史上的杰出人物。这表明，长沙中韩互助社的活动得到了当地先进知识分子、早期共产主义者的大力支持和积极参与。

　　……

　　广州中韩互助社，是在韩国著名的独立运动领导者申圭植的具体指导下，孙中山领导的国民党内政界军界人士的积极参与下建立起来的。早在1921年9月23日，广州各界人士的代表丁象谦、朱念祖、谢英伯、蔡突灵、高振霄等数十人在当地图书馆召开会议，宣告成立了"中韩协会"。会议确定了协会的宗旨"韩中两国人民互相协助，增进两国之福利。"协会以广东国民政府外交部总务司长朱念祖，广州日报社社长谢英伯为正副委员长。当年10月，上海临时政府派申圭植为特使，由上海去广州会见孙中山。申一行二人于日离沪，坐邮船经香港到达广州。到穗后得到广东政府的热情欢迎，胡汉民、伍廷芳等人均先后拜访会见。11月3日，孙中山与胡汉民一起亲切会见，并设晚宴款待申一行二人。在这期间，韩国爱国志士金晋镛与谢英伯一起多次访问申圭植，深入讨论建立广州中韩互助社事宜得到申的真诚帮助与指导。11月10日，由金晋镛、谢英伯等人发起，"在曲园举行成立大会，并行聚餐。是日参加成立大会者达100多人。"申圭植一行二人亦出席成立大会。会议选举谢英伯任社长并决议发行刊物。该社"宗旨分联络、宣传、互助三项。该韩中互助社之社员多系社会知名人士"。广州中韩互助社成立后，由于得到孙中山领导的广东革命政府的保护和支持，组织发展迅速，其成员曾多达数百人。

　　除上述各中韩互助社之外，一些资料中还提到在重庆、成都、北京，以及贵州、云南等地也先后成立过中韩互助团体，但未见其详细记载。

　　资料来源：康基柱：《近代史研究》——《"中韩互助社"述评》，1998年第3期

在广州地区中韩两方人士所成立的互助组织是"中韩协会"。至于中韩协会的发起人以及协会章程,据《民国日报》载;"近有识者多人发起中韩协会,公推丁象谦、朱念祖、高振霄等草拟组织简章。昨经委员会通过八条如下;本会为中韩两国人民之组织,故定名曰'中韩协会'(第一条);本会为谋中韩民族之发展,以互助为宗旨(第二条);本部暂设于广州,上海各处得设支部(第三条);入会人以男女国民为限,并须有普通知纳、正当职业,再经会员二人以上之介绍,始得入会(第四条);会费除发起人自行任担外,会员费分特别、普通两种,依其人之志愿定之(第五条);会务设毕术、议事、干事、文书四部,每部得互选主任一人、副主任二人,其章则另定之(第六条);本简章如有未尽事宜,依议事部或发起人之提议得修正之。"(《民国日报》1921 年 10 月 4 日)发起人大会于 1921 年9 月 23 日在广州图书馆召开,9 月 27 日,成立大会在文德路图书馆正式召开,其成立《宣言书》谓:"我中韩两国以历史上地理上之关系,休戚与共,唇齿相依者垂数千年……爰是集合同志,组织斯会,相与提携,共相扶助,持正谊于人类,跻世界于大同,寸本亲善之精神,用求互助之进步。"❶参与组织广州中韩协会的中方主要人士有朱念祖、谢英伯、汪精卫、丁象谦、高振霄、张启荣、蔡突灵等;韩方主要有金檀庭、金熙绰、朴化佑、孙士敏等。参加成立大会的中方主要人士有叶夏声、丁象谦、董余庆、谢英伯、周之贞、张启荣、黄璧魂等;韩方主要人士有金奇济、金檀庭、李愚珉、林勤、孙士敏、金熙绰、朴化佑等。在中方人士中,朱念祖、叶夏声、丁象谦、高振霄、谢英伯、张启荣、周之贞是广州护法政府"非常国会"的议员❷,其中丁象谦还是亲韩反日派的代表人物❸。汪精卫当时是孙中山大元帅府的秘书长,是护法政府的中心人物之一。中国方面这些众多的国会议员在后来的"非常国会"中,为力争通过韩国独立提案,支持韩国参加太平洋会议发挥了重要作用。

资料来源:《社会科学战线》,2009 年第 10 期

---

❶ 《中韩协会宣言书》,《光明》第 1 卷第 1 号,1921 年 12 月 1 日。
❷ 徐友春主编:《民国人物大辞典》,《护法国会议员姓名录》,石家庄:河北人民出版社,1991 年,第 1694 – 1697 页
❸ 金正明:《朝鲜独立运动》Ⅱ,《明治百年史丛书》,东京:原书房,1967 年,第 468 页。

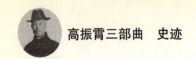

（四）组织法统维持会

高振霄等议员组织法统维持会
发表宣言誓坚持护法废黜奸邪

国闻通信社云,旅沪国会议员所组织之法统维持会已于前日在尚贤堂开成立大会。昨日发表宣言一通,与日前所披露之草稿颇有出入。原文云:中华民国之法统创始于民国元年之约法,约法制宪之大权隶属于第一届正式之国会,国会职权之行使议员资格之得裘皆根据于法律,非何种命令所能支配。溯第一届国会自被黎元洪不法迫散,旋即集会广州迭开非常会议、正式会议、宪法会议,中经蹉跌改建,政府付以讨贼戡乱之大任,至约法究全有效之日乃止。约法完全有效云者,义在实行主权在民之旨,与民贼独夫势不两立,岂复容其假借伪托滋为乱阶。乃黎元洪以待罪之身忽承王家襄、吴景濂之私戴僭称总统谬行职权,招致业已解职议员冒充国会,是吾人护法之责任未尽,而大盗毁法之技术弥工。盖明明毁法而诡称恢复法统,明明经济调查局员而忽又自称议员,宁非视国人为易欺而以群狙相待乎? 我旅沪国会同人第一次宣言书亦既摘发奸回照告天下矣。伏思中华民国开创于辛亥革命,巩固于临时约法,既不可自有法返于无法,使国家永无宁日,更不可认矫法为合法,使金壬长窃政权。爰集同人组织斯会,意在护法统黜奸邪,辨真伪明是非。维是强力方张习非,胜是拨乱反正,匹夫有责,国人须知。国会者,四万万人之所有,非数百议员之所有。中华民国者,四万万人之国家,非数百议员之国家。法统之存亡,国会之真伪,其为利害祸福,唯我全体人民实身受之。某等受民军托,滥竽议席匡时之乏力,寝馈难安,顾自到院以来,迭□寒暑险阻艰难备尝之矣。夫好逸而恶劳,某等亦犹是人情耳,而必严拒非义。誓与奋斗,含辛茹苦,局蹐海隅,朝斯夕斯,锲而不舍者,诚以法统。不容僭乱名器,不得冒窃真伪,不能并立是非,不可混淆,未敢苟且迁就贻国民羞,岂有一毫私意于其间哉。幸我国人念国命之垂危,明乱源之所在,共图补救,力挽狂澜。俾矫妄者无所施其技,则国家前途之福也。谨沥血披诚宣言如右,凡我国人,其昭鉴之。彭养光、凌钺、吴道达、毕鼎琛、高振霄、元因培、李希莲、刘云昭、杭辛斋、邓维受、曾昭斌、彭介石、张知奎、申梦奇、刘人炯、李曾鲁、丁象谦、张秋白、向作宾、关棣、岑述彭、谭维洋、王用宾、叶复元、田铭璋、王曰俞、丁惟汾、宋桢、项肩、何弼虞、董庆余、张震枢、许森、方潜、凌毅、朱之洪、徐可亭、田锡恩、邹鲁、戴维藩、刘汝麟、曹振懋、康汝耜、陈荣广、孟同和、魏笑涛、王福缘、拉什泥码、敬根太、王兆离、窦应昌、焦易堂、李变阳、赖德嘉、子洪超、刘荣棠、王荣光、张华祖、周超彦、丁骞、张鸿鼎、王猷、石垂甲、万葆元、赖庆辉、董耕云、卢促琳、王湘、吴忠仁、杨肇基、黄汝鉴、周世屏、傅用平、董杭时、刘芷芬、茅祖权、王庆云、马光晔、周恭寿、谢英伯、刘峰一、陈廷扬、王文郁、刘绩学、赵清泉、万鸿图、黄埔元、陈尚斋、沈维周、李式璠、孔绍尧、李剑鸣、王安富、李国宜、熊兆渭、朱宝桢。

资料来源:《申报》,《法统维持会昨日发表之宣言》,1922 年 7 月 26 日

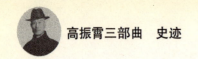

（五）发起成立中华民族自决会

高振霄等发起成立中华民族自决会

欲从速联络全国各界共谋救国方策

中华民族自决会自本月24日开发起人筹备会时，公举姜玉笙、高振霄、李希重、孙镜亚、姚荐楠五人担任筹备一切事宜后，继续加入者甚行踊跃。日昨该筹备员等复行集议佥谓：本会发起时，原为急欲联络全国各界共谋救国方策，以期从速进行，俾中华民族自决之精神得早实现，故拟于民国十二年元旦开成立大会。但在此短促时间，宣言简章虽已拟就，然筹备手续尚未完备，是以不得不将成立日期略为展缓，一俟筹备手续完竣后，再通告各团体及各界爱国人士订期开成立大会云云。闻该会之宗旨不分派别，不限畛域，凡有志加入者，无论团体、个人，以及任何方面人物均一律欢迎云。

资料来源：《申报》，《民族自决会展期成立》，1922年12月30日

（六）中华民国国民自决会委员

中华民国国民自决会开预备会

公推高振霄等九人为审查委员

中华民国国民自决会于昨日午后三时假西门勤业女子师范开预备会，到者六十余人，公推杭辛斋主席。首由张秋白报告，谓本会发起后，各团体覆函赞成者甚多，各学校加入者尤伙，今日因寒假考试均不能与会。至此会发起之主旨在前清时，国人见国势凌弱，均怵于瓜分之祸。今则情势更不如前，其瓜之说大盛，而国民精神实际上亦殊无奋发之气。故特发起是会，求国民在此机会能自决其命运，我等更当领悟以前政府官僚之所以敢滥借外债，横行无忌者，良由人民放弃责任所致，故今后必须使用此项权力以图自救。本会成立后，最先要产出一清理外债委员会，审查以前所借外债。如未经合法国会通过者，概不承认，惟此仅为自决之一种方法。至本会主要目的则为民族自决，使世界上各民族得妥协之共存云云。次讨论章程草案，张春木等均提议修改，即由众公推张秋白、孙镜亚、高振霄、张春木、吴木兰、何世桢、李希莲、姚爵五、韩少华9人为审查委员，决张秋白报告。先由大会推定假定职员，以便正式大会时通过。因有人反对，故未推举。末复决定在下星期内开二次预备会，至正式大会须阴历明年举行云。

资料来源：《申报》，《推定章程审查员》，1923年2月2日

（七）华侨教育协会会员

华侨教育协会庆国公学开干事会
高汉声等当选华侨教育协会会员

环龙路八十三号华侨教育协会于前日下午三时,假座长浜路陆家观音堂斜对过庆国公学开第七届干事会,由干事部副主席广介民主席,总务股副主任蒋爱真记录。首由主席报告来往重要文牍暨征求会员情形及会务之经过,旋讨论议案,并惟留美华侨邓祖荫、日本华侨陈伯藩、东陆大学校长董雨苍、前广东大学校长邹海滨等为董事。次通过稽翥青、黄咏台、张慕、陶载良、吕素蟾、王彦夫、何乃仁、夏越鑫、卢镜谦、余润生、邓樾澜、章文灿、萧同兹、高汉声、李亚东、巢塞青、周霁光、朱有原、刘伯英、张介石、江敬天、罗豁、吴企云、黄霖生等为会员,又公推总务股正主任黄奠华、宣传股正主任袁绍先等为整理华侨招待所华侨通信社等章程。委员散会已六时云。

资料来源:《申报》,《华侨教育协会干事会纪》,1926 年 4 月 20 日

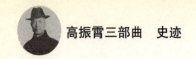

（八）国民外交协会干事

国民外交协会开会讨论六议案
推高汉声等起草对内对外宣言

　　昨日午后三时，国民外交协会开评干联席会议，杨春禄主席。第一案，修正会章。徐翰臣主张当场修改，童理璋、黄介民主张推举审查委员公决，推举杨春禄、嵇砻青、黄介民、顾二泉、周剑寒、徐畏三、童理璋七人为审查委员。第二案，发表宣言。童理璋提议除对内对外宣言外，对于军阀及帝国主义者加以警告。黄介民、徐畏三主张对内对外共享二篇，公推黄介民、高汉声、沈仲杰、孙霁青、徐翰臣会同文书股起草，由评部通过。第三案，补选辞职各员公决。文书股正主任孙镜亚辞职，副主任嵇砻青递补，副主任推周剑寒递补；宣传股正主任何世桢辞职，推副主任张四维递补；评议员蔡鼎成辞职，推吴伯超补任；副会长沈田莘辞职，推评议员沈仲俊补任；沈缺以徐复祖补选。第四案，须填入会证书，众无异议。第五案，征求会员之方法。徐翰臣主张访青年会、商会办法，分队征求，以资比赛。龙香山主张谓本会性质非宗教及商人之可比，高汉声主张俟章程拟定后再议。第六案，报告驻沪办事人员。总干事宣布龙香山、周剑寒、童应时、萧见□、朱润斌、童理璋为住会办事员。末讨论会址，公决由总干事负责办理，又讨论起草员。会议择于本周三在成裕里开会，至五时许散会。

资料来源：《申报》，《国民外交协会开会记》，1926 年 4 月 26 日

（九）创建洪帮五圣山

高振霄向海潜等创建洪帮五圣山
意在反对北洋军阀反对国外列强

1923年,5个洪门帮会首领朱卓文、梅光培、明德、向海潜、张子廉在上海开立五圣山,下分仁文、义衡、礼德、智松、信廉五堂,由上述五人分任各堂堂主,以向海潜为总山主,企图以上海为基地为洪门的发展打开局面。取名"五圣"既为纪念洪门五祖,也因为开初只有5个人。这5个人都是国民党党员,他们标榜"五圣山"的宗旨是反对北洋军阀。后各人多有发展,分立五堂:

长堂曰"仁文堂"。以朱卓文为堂主。朱卓文是广东人,着力在两广、香港发展力量,为孙中山助力。1934年前后,朱卓文在广东中山县因反对陈济棠被暗杀之后,继承乏人,组织即溃散,直至抗战胜利后才重整旗鼓。

次曰"义衡堂"。堂主梅光培,是孙科的表兄弟。其人是个烟贩,但却担任孙科财政部的禁烟处长。他利用职务之便,同杜月笙等勾结,包办烟土买卖,捞到大钱后便在广东发展势力,一度发展到堂众数千。抗战爆发时,梅走香港。太平洋战争爆发,他在香港组织抗日义勇军,不久病死。因部下不同意李福林继任,为日趋涣散。

三曰"智松棠"。堂主向松坡,字海潜,以字行。向为湖北大冶人,辛亥年间曾任鄂军民军司令。据传向入洪门是先投徐朗西,又说他是"楚荆山"李拜堂的部下,后来独立发展自己力量。1916年,他参加湖北反王占元的活动,失败后逃往日本。回国后,在上海居住,开始拉拢帮会中人。主要发展对象是军政界和宗教界、商界。李济深为他堂内会办。

四曰"礼德堂"。堂主明德,湖北人,教师,在陇海路局所办学校任职,着力在陇海路发展势力,实际控制了陇海铁路。抗战中,与汪伪通款,抗战胜利后被"军统"特务活埋。

五是"信廉堂"。堂主张子廉,浙江杭州人,早年参加光复会,辛亥年间对于和平光复杭州起了积极作用。后到上海经营三友实业社,又创办三星棉织厂。

"五圣山"还有几个著名人物:一是向松坡的副山主高汉声,此人曾当过北洋军阀时期的国会议员和黎元洪总统府顾问。另一个樊松甫,樊原是"九华山"的红旗"老五",1940年"越山过岭"(转会)转入"五圣山"智松堂,升为座堂,拥有"背榜下山"资格。樊当过蒋军军长,活动集中于军政界。

资料来源:胡训珉,贺建著:《上海帮会简史》

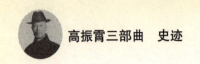

五、忠贞体国

振兴中华　福利民众

——1905 年（高氏宗谱）

武昌首义八大金刚

——1911 年《八大金刚》章回小说

詹大悲、何海鸣、查光佛、宛思寅、高汉声等都是享有盛名的近代武汉"报人"。

——1912 年《汉口小志》

辛亥革命甲种功臣

——1913 年《致北京稽勋局公函》

不堕初志

至可钦佩

间关流离

为兄后盾

——1922 年 9 月 3 日孙中山题书

无国哪有家，为拯救中华，

驱逐日寇，视死如归……

——1936 年高振霄家书摘要

中国的土地岂能容得侵略者横行，

中国的事情岂能听从侵略者安排！

——1945 年高振霄在日军"鸿门宴"中义正言辞拒绝"上海市长"

远离政治　莫入官场

——1945 年高振霄临终前嘱家人遗训

高振霄,民初国会议员,又是有名的洪帮大爷,
清高自赏,贫病交加,颇有骨气的书生本色。

——抗日战争期间文强将军回忆录摘要

高风硕德　足资楷模

——1945 年《申报》

革命元勋

——1945 年《申报》

忠贞体国

——1945 年宋子文题匾

精忠报国

——1945 年蒋介石题词

民族英雄　抗日烈士

——1945 年国民政府题词并颁发烈士证书、奖章

匡时柱石　建国栋梁
功成身退　志洁行芳
夙根独厚　余泽方长

——1945 年《大学生》（南京）期刊"悼高汉声"

著名革命报人
辛亥首义元勋
南京开国功臣
护国护法中坚
北伐革命旗手
知名社会贤达
爱国洪门首领
抗日战争英烈

——田鹤年题书（2011 年）

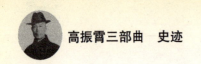

辛亥首义功臣　抗日战争英烈

——冯天瑜题书(2011 年)

楚风汉韵铸就高振霄铁血精神

——皮明庥题书(2011 年)

武昌首义

辛亥功臣

推翻帝制

还民以权

振兴中华

心悬国是

福利民众

体恤苍生

——缅怀辛亥甲种功臣高振霄先生　赵卫宁题书(2011 年)

首义金刚

护法中坚

抗日英烈

——高振霄历史活动三个"里程碑"作者题书(2015 年)

第二章　首义金刚

1911 年 10 月 11 日上午,经过一夜激战的革命党人待枪声停息之后,便陆续聚集到阅马场湖北省谘议局开会,筹商组建军政府。他们是蔡济民、张振武、李作栋、高尚志、陈宏诰、吴醒汉、徐达明、邢伯谦、苏成章、黄元吉、朱树烈、高振霄、王文锦、陈磊等 10 余人。

——节选自《中华民国开国法制史:辛亥革命法律制度研究》

一、湖北军政府的成立及建制

武昌首义前夕（9 月下旬），高振霄等革命党人、辛亥志士、知识精英、军界代表召开文学社、共进会联合会议，策划武昌起义；武昌起义翌日，高振霄等第一时间赶赴"谘议局"组建军政府，确定都督等人选；筹组民政部（后改为内务司），颁布新政府各类文告；成立招纳处（后改为集贤馆），云集革命新军上万人；建立各部总稽查部（时称武昌首义八大金刚），使各级政权牢控在革命党人手中。阳夏失陷后，坚守武昌，誓死捍卫辛亥革命胜利成果。

武昌起义，革命党人仓促起事，获得了占领省城的空前胜利。此刻，摆在党人面前的严峻任务，是建立新政权。这批热情、英勇、年青的革命者，凭着对同盟会宗旨的衷心信仰和首创精神，建立起中国以至东亚第一个具有比较完全意义的资产阶级民主共和国性质的政权——中华民国军政府鄂军都督府（通称湖北军政府），从而给各省树立了一个活生生的榜样。至此，清朝的崩溃、封建帝制的灭亡，已经成为不可逆转的历史趋势。当然，由于这些年青革命者的幼稚，以及整个主客观条件的限制，湖北军政府的组织和实践都存在着许多弱点，但它的历史功勋却是不可磨灭的。

（一）中华民国军政府鄂军都督府成立

按照文学社、共进会 1911 年 9 月下旬召开的联合会议确定的计划，武装起义翌日，各方面的负责人应齐集谘议局会商大计。10 月 11 日上午，经一夜激战的党人，陆续赶到谘议局。与会者有蔡济民、张振武、李作栋、高尚志、陈宏浩、吴醒汉、徐达明、刑伯谦、苏成章、黄元吉、朱树烈、高振霄、王文锦、陈磊等多人。蔡济民对大家说："起义已初步成功，目前最要紧的是重新组织政府，不能这样群龙无首；光武昌起义是不行的，必须马上通电全国，呼吁响应；安民告示更非马上发出不可。我们一定要找一个德高望重、为全国所知的人，才能号召天下，免得别人说我们是'兵变闹事'"。有人插言："我们不是已经推定了总理和总指挥吗？"蔡说："原来推定的诸人，目下都不在武昌，缓不济急。"❶于是与会者提议通知谘议局正副议长和驻会议员前来开会商讨。当由谘议局秘书长石山俨派人分头去请。驻会议员胡瑞霖陪同党人陈磊、费榘亲往汤化龙寓所。❷ 胡瑞霖劝汤化龙出山。

---

❶ 据李作栋 1956 年 9 月 16 日谈话记录。
❷ 据陶德琨回忆，汤化龙是由陶德琨在柯逢时家中觅得引往谘议局的。

湖北军政府

谘议局联席会议和都督人选的确定

10 月 11 日在谘议局举行联席会议时,武昌的局势是:革命党人领导的军队已控制武昌全城,但主要干部都不在起义现场:"刘公隔绝在汉〔汉口尚未收复〕,孙武炸伤,总司令蒋翊武出亡,副都督刘英远在京山,詹大悲、胡瑛在狱,居正、黄兴、谭人凤、宋教仁俱在港、沪,杨时杰在京,各军领袖,金以资望浅,谦让未遑,仓卒不得人选。"❶在这种情况下,汤化龙等人出席革命党人主持的都督人选会议。会上先有人推举汤化龙出任都督,汤未表谢绝,倒是胡瑞霖考虑到革命"成败尚未可知",从旁婉辞,说现在是军队起来革命,汤议长不便领导,最好在军队中推一有声望的人。❷

汤化龙随即发言说:"革命事业,兄弟一向赞成。现在武昌起义,各省还无所知,须先通电各省,吁请一致响应,革命大功才能告成。再者瑞澄逃走后,必有电报到京,派兵来打湖北,同我们为难。兄弟一介书生,军事非所长,其他行政事务,兄弟一定尽力帮忙。"胡瑞霖在会上说:"革命军真乃仁义之师,连夜作战,市廛不惊,人民箪食壶浆,革命军亦辞而不受。兄弟万分敬佩。暂时需用款项,兄弟可以代为筹办。"❸关于都督人选,军队同志提议推举黎元洪❹,议员刘庚藻马上附和说:"黎统领尚在城中,如大家愿意找他,我可以介绍前往"。❺ 年

---

❶　张难先:《湖北革命知之录》第 266 页。

❷　据李作栋 1956 年 9 月 16 日谈话记录。

❸　向衍谟:《治国日记》手稿本。

❹　杨玉如《辛亥革命先著记》、曹亚伯《武昌革命真史》皆说,吴兆麟首先提议黎元洪任都督。

❺　据李作栋 1956 年 9 月 16 日谈话记录。《湖北革命知之录》第 266 页则载:"省议员刘庚藻曰:'统领黎元洪现在城内,若合适,当导觅之'。众赞成,蔡济民率少数同志,借刘往。"但以起义后的形势论,以军人提议,议员附和较为可信。

青的党人,正感无从着手,听到汤、胡瑞霖、刘庚藻等人"赞成"革命的侃侃言辞,颇为之吸引。天真的党人们以为,谘议局既是"民意机关",议员又系各县选出,能得到他们合作,革命可以早日胜利;黎元洪的人望不错,由黎、汤分掌军民两政岂不大好。

会议决定,谘议局由刘庚藻为代表,党人由蔡济民为代表,往迎黎元洪(蔡、刘与黎元洪均系黄陂人)。他们先往黄土坡黎元洪部属刘文吉参谋家中,得知黎已被新军士兵从谢国超家中寻出,拥至楚望台,蔡、刘等人又赴楚望台,迎黎元洪到谘议局与会。❶

经谘议局议员推荐,被年青的革命党人公举出任都督的黎元洪,在 10 月 10 日夜和 10 月 11 日上午这一关键时刻是什么状态呢? 黎元洪本人 1913 年对居正说过这样一番话:"十九日(既公元 1911 年 10 月 10 日)夜九时,余在黄土坡司令部,得督署电话,第二十一混成协之工程第二十一队、辎重第二十一队兵变,即派炮营往打,不十分钟,言炮营亦变,又不到半时,听说第八镇炮标进城,在楚望台架炮攻督署,城中大乱。约十时,瑞澄逃至楚豫兵舰,十一时,督署电话不通。又十一时半,有一人攀营墙高呼:'革命成功,同胞速出,去攻督署。'护兵将此人擒至司令部手刃之,刃折而人未死,仍高呼革命,护兵乱刃齐下,移尸沟中,后经各方面查询,始知为革命军临时总指挥所派联络各营周荣棠也。此时已十二时后矣,革命军遍布司令部对面之蛇山,向司令部射击,参谋副官等见大势已去,力劝暂避,乃往黄土坡参谋刘文吉家,易便衣,再由刘家至黄土坡四十一标第三营管带谢国超家。天明,工程营目兵马荣(1888—1911 年)、程正瀛偕同各军代表,率兵一排,寻得余在谢家,群趋而前,为彼等拥至谘议局,推余为都督。"❷这段回忆,记述了黎元洪在武昌起义中,从抗拒革命,到逃避部属家中,直至被党人寻出,强行拥至楚望台,继而被迎往谘议局的过程。章太炎所撰《大总统黎公碑》也有类似记述:"兵起,有数卒突入公门,公错愕,手刃之。无机,又数人至,促公赴军械局,请受都督印"❸此处"军械局",指楚望台军械库,当时以吴兆麟为总指挥的起义军正集结于楚望台。

关于黎元洪被起义军人挟持、护送至谘议局的过程,《湖北省志·人物志》之《马荣传》有详细记述,可与黎元洪自述相参照:

❶ 据李作栋 1956 年 9 月 16 日谈话记录。张难先的《湖北革命知之录》对于黎元洪被寻出的情形,记述侧重点有所不同:10 月 11 日晨,党人马荣等巡街,发现黎元洪的伕役担三皮箱出,遂质问伕役,得黎行止,并由伕役导至黄土坡黎宅,找出黎,拥至楚望台。此时刘庚藻、蔡济民亦至楚望台,拥黎至谘议局。

❷ 张国淦:《辛亥革命史料》,龙门联合书店 1958 年版,第 85 – 86 页。

❸ 卞孝萱、唐文权编:《辛亥人物碑传集》,团结出版社 1991 年版,第 35 页。

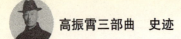

11日晨，马等三人在千家街巡逻，见迎面一满身油渍的老汉，背一口崭新皮箱走进路口。马疑是乘火打劫之徒，经盘查，得知为黎元洪派回公馆供取皮箱打探虚实之人。马等让老伙夫带路，来到黄土坡刘文吉家，四顾无人，但见桌上茶杯冒热气，蚊帐摆动未停。厉声喝道："谁？出来！"黎元洪从床下爬出，故作镇静地说："我带兵从不刻薄，为何与我为难？"马说明来意："请你出面共商大计。"黎执意不从，大家挟黎到楚望台。黎昔日学生吴兆麟当即组织士兵，列队鸣号，以示欢迎。

黎元洪被带上中和门城楼，摇头叹息，责备吴不该如此荒唐，闹出大事。马一听大怒道："你不识抬举，既然心甘情愿做汉奸，我们留你何用？"话音未落，举刀砍黎，被人拦住。❶

又据同书《吴兆麟传》记述，时任起义军临时总指挥的吴兆麟，"自认声望不足服众，欲推原协统黎元洪为首，黎不允，马荣举刀欲砍黎，吴止之，劝黎'事已至此，实属天意'。当日中午，在咨议局商讨组织军政府，吴陪黎元洪前往，以总指挥身份提议公举黎为都督，汤化龙为民政总长"❷。参之以吴兆麟等人民国初年所撰回忆文章，上列《马荣传》《吴兆麟传》记述大体可信。

黎元洪到咨议局后，会议继续举行。与会者新增吴兆麟、邓玉麟、向污谟、李翊东、方兴和等军队同志。蔡济民同吴兆麟交换意见后，正式提出推举黎统领任都督，汤议长负责民事。蔡济民说："两公为湖北人望，革命一定容易成功。"大家鼓掌赞成。但黎元洪仍推辞，说："此事体太大，务要慎重，我不能胜都督之任，请你们另举贤能。"众听罢哗然，黎元洪暂退会场。会议继续论辩，激烈者如张振武说："黎如此不识抬举，干脆另外找人。"邓玉麟力主耐心等待。还有人说，此刻不过暂时利用黎元洪的名声。汤化龙等则建议先将黎安置在楼上会议室，从长计议。❸

自黎元洪被推为都督之说传出，不少官僚政客闻风依附；黎元洪的亲信人等，纷纷对黎劝进，甚至以"黄袍加身，逆之不详"为喻。黎元洪到此不能不有所抉择：为清廷殉节，不必要也不情愿；顺从革命却有可乘之机，但又担着颇大风险。所以，他勉强接受都督职位，却消极处之，以观事态发展。

湖北军政府在湖北咨议局议定并成立，构建了一种范式，以后响应武昌首义的各省军政府大都在各省咨议局议定并成立，以"民意代表"现身的咨议局议

---

❶ 湖北省地方志编纂委员会：《湖北省志·人物志》，湖北人民出版社2000年版，第498页。

❷ 同上书，第466页。

❸ 曹亚伯：《武昌革命真史》正编，第34－35页。

员们纷纷进入新政权。这显示了革命运动对立宪运动的乘袭与联系。

（二）军政府组织及直属机构

1. 立宪派与革命党人在人事安排上的争夺

新拟"条例"还有几个特点：第一，各部长得兼参议员，参议一职在当时很重要，可参与立法、议政。第二，稽查员由起义人公推，从而特别强调了"起义人"的重大作用。第三，秘书、顾问、参议、稽查之下都有一个"员"字，以示"公仆"之意，官方造册列表亦有写作"秘书员""顾问员"的，颇有一点民主气息。都督府任职人员，革命党人和回国留学生占主导地位。秘书员中，李步青先为首席秘书，杨玉如始充秘书长，陈寿熙、饶汉祥继任（饶任职时间最久）。顾问中人员最为复杂。参议员调动频繁。由蔡济民等八名稽查员组成的"各部总稽查部"，虽不见组织章则，但当时颇具权威，他们可以直接干预各部行政，有时负责处理特殊任务。重要会议和人事安排，例由各稽查员出面。报纸上戏称他们为"八大金刚"。1912 年年初总稽查部改为纠察司，分设内务、外交、财务、交通、实业、教育、司法、军务八科。

设置稽查员和各部总稽查部，本是党人掌权的一种手段，但黎元洪却另有一套打算，他令人制定的《鄂军都督府内部稽查科简章》，规定"内部稽查科专司都督府属各部之责"，"各部人员应受本科稽查，不得私存意见。"❶又制订《外部稽查科简章》，规定该科"直隶都督府"，"专查外部一切事宜，兼任临时督战指挥各事。"❷

革命党人所组成的监察和稽查，都大而无当，不免被抵销；黎元洪的内外稽查科，则巨细靡遗，成为他控制军政的特务机构。黎元洪离开湖北后，稽查科为军阀所继承。他们捕杀"乱党"，即由此类稽查执行。

至 1911 年 12 月，黎元洪被推为中央大都督，又扩大他的秘书室组织，其简章规定，"都督府秘书室，以秘书主任二人、秘书官九人、秘书员七人组织而成。""主任秘书承都督之命，参赞中央军政府一切职务。"

中央都督府秘书室，正式成立于停战之后。其后黎元洪以大元帅兼都督、副总统兼都督，这个秘书室逐步成为黎的特殊机构。

黎元洪又设置总参谋部，扩大参谋业务，紧握军权于黎氏一人之手。总参谋部由吴兆麟主持日常工作。

---

❶ 《中华民国公报》1911 年 11 月 5 号。
❷ 《中华民国公报》1911 年 11 月 5 号。

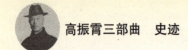

都督府所属各部,各有专司,将于以下各节分别叙明。其不属于各部的机构,附见于下。

2. 总监察处

照同盟会和共进会的规定,某一省的主盟人即为起义后的大都督。共进会、文学社联合会议推刘公为总理,军政府成立时,他因后至,未任都督一职,而其声望又在众人之上,襄阳、郧阳人士尤为刘公不平。军政府鉴于刘公的特殊地位,于是因人设事,特设一总监察处,推刘公任总监察。

总监察处的成立,固有监督黎元洪的意义,但军政大权已为都督所掌握,虽然总监察有假托全国大总统亲任之名,亦无法改变都督专权的现实。

总监察处秘书长初为谢怀露,继为郑江灏。徐万年为稽查部长,曾尚武副之;刘斌一为参议部长,曾振汉副之。刘公夫人李淑卿改名刘一,任总监察处收发员。她是都督府及各部职员中唯一女性。刘一还在报上刊登启事:"每日下午二句钟在总监察处接见各界姊妹",❶尤为难能可贵。总监察处设在武昌抱冰堂。

总监察处的一项工作是对各方捐款实行监察。

总监察处还设有从军讲演会。讲演会以中华民国军政府之宗旨为宗旨,以补助军人知识而设,如真能深入军队,也算一种军队政治工作,但由于总监察处本身的弱点,讲演会没有起什么作用。

汉阳陷敌后,刘公坚持与武昌共存亡,并通令各机关部队接受总监察处的指挥,但当时武昌各方大都各行其是,总监察处无以发挥作用。后刘公自请率军北伐,出任北伐左翼军总司令,离开武昌,总监察处随之取消。

3. 集贤馆

武昌起义,各地前来投效者甚众。军政府于10月12日晚间成立一招纳处。13日招纳处奉令:勿论文武员弁,有一技之长,即送府委用。同时派吴醒汉、高振霄、蒋秉忠三人经管其事。吴醒汉招待军界;高振霄招待政学两界;所有条陈文件,则由蒋秉忠汇总转呈军政府。14日,吴、高两人分别带领一批军政人员到都督府和政事部任用。投效人员络绎不绝,15日一天即有400多人。不久军政府改招纳处为"中华民国鄂军政府集贤馆",并拟订《集贤馆章程》,规定集贤馆的任务是"招集文武贤才,襄助军政,共图大业,建立共和民国为宗旨。"❷

❶ 《中华民国公报》1911 年 10 月。
❷ 《中华民国公报》1911 年 10 月。

集贤馆馆长为周德宜,副馆长为蒋秉忠。11月15日,周辞蒋继,茹用九为副馆长。茹调内务部,谢石钦调军务部,馆内人事,复作调整。科长、科员大都为投效人员。

　　集贤馆规定,投效人员须备具说帖,日分三次送呈都督核阅,分部委用。10月16日奉命选送擅长德、法语文者3人,赴汉口办理交涉。10月25日投效人员金鸿钧倡办独立将校决死团。汉口战事失利时,册送精于射击的投效人员30余人,由张振武副部长委用。内务部先后请选送县知事人材,被选用的有崇阳知事茹用九、寿昌知事王云龙、蒲圻知事黄桑、天门知事黄应龙等。11月中旬共奉命选送四百余人,其中任战地调查员的20余人,任督战员的30余人,到街市演讲的四十余人,深入敌方作侦探的7人,派赴江、浙、皖、赣各省的三十余人,补充学生军120人,调司法部和警察署的90余人。11月24日奉军务部令:汉阳战事激烈,后继需人,又选择集贤馆人员中有军事才能者七八十人到都督府听候检验。这批人当夜随张振武副部长渡江助战。12月1日敌军炮击武昌,走散的机关人员,由集贤馆中备用人员补充。

　　停战议和,军务部提请裁撤,集贤馆中职员和备用人员,一律分发各部任职。总计自10月11日到11月底,投效人员约1万人,收到条陈说帖3000余件。当时各报广告,全是投效和寻人启事。政府设的招待所和私人开的旅馆栈房,无处不满。有朋友亲戚同乡关系的,都尽可能予以食宿方便。武昌起义不仅吸引了湖北全省、而且也吸引了全国的有志之士,以及留学生和海外侨胞,他们都以能参加这一革命战争为无上光荣。

集贤馆

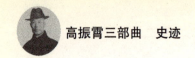

（三）内务部及内政革新

1. 内务部沿革

湖北军政府成立之初，以军事为重心，内务行政先归谋略处，继由兵谋科代办。10 月 11 日张和伯自任民政部长。❶ 军政府组织条例公布后，民政部并入政事部之内务局，原民政部人员张和伯、费榘、高振霄、袁国礼、邱前模、黄燮亟、聂守经、刘汝璘等，或留用，或他调。内务局长舒礼鉴、副局长周之翰。以后，内务局升为部，冯开浚为部长，周之翰为副部长。1912 年 1 月，杨时杰、周汝翼继任正、副部长。2 月 28 日，内务部改为内务司，饶汉祥为司长。黎元洪倡议军民分治，前清官僚樊增祥为民政长，樊不到职，又请陈树屏，陈亦不来，由刘兴源代，后改由夏寿康充任。故民政负责人，最初为党人，继为立宪派，再为党人，最后仍归立宪派。

内务部所管极为广泛，前清提学使司和劝业道所管业务，革命后都暂时并入内务部，但工作重点仍在民政方面。

2. 变更地方行政体制

中华民国军政府鄂军都督府成立后不久，即晓谕各府县，宣布"将全鄂地方改为共和政体"。谕文如下

为谕饬遵办事：照得军政府愤满清政府占据中华，政治昏乱，丧失主权，暴敛横征，朘削膏脂，强夺吾民已成之公共财产，钳制吾民之热心义举；斥志士为乱党，目公论为嚣张，逮捕株连，杀人无算。本军奉军政府命，特于 8 月 19 日倡义，征讨民贼，驱逐满清贪污残酷官吏瑞澂、连甲等，克复武昌、汉阳等处地方。元洪不德，谬膺推举为中华民国军政府鄂军都督，勉图报称，光复旧物。查旧日满清流毒之由，在于政体专制太甚，民气不扬，以致利无由兴，弊无从黜，亟应将全鄂地方改为共和政体，所有各府、州、县政务及各自治公所，妥筹办法，移请各该地方官施行。各该地方旧治官吏，应一律承缴伪印，听候支配录用；不愿者缴印后，听其所之。如官吏有人地相宜，民间倚重者，准该自治公所具禀详述情由，连同伪印赍送来辕，经本都督核夺，颁给民国新印，即留原任，以从民望。各该公所应办事务，以警政民团为第一要着，应即日经办警察，以维持秩序，清查奸，惩治痞徒，保卫闾里为主；团练以驱逐乱民，抵御外侮为主。均不准藉端讹诈，扰累无辜。并于外人生命财产切实保护，以酬其严守中立之谊。为此谕

---

❶ 张和伯名育方，方言学堂学生，曾参与开同兴酒楼。前湖北通志馆残档载，张和伯组民政部，自任部长。

仰该自治公所各员知悉,讯将警察、团练二项开办方法及旧日官吏伪印,并愿否投效情形,克日禀复,勿得延迟贻误。有敢于旧吏结党沟通满清政府,反抗义师,违误新政;或乘机扰害良民、擅作威福;或官吏有志投诚,而该公所各员阻扰挟持者,大兵一到,比以军法惩办。该元等为桑梓造福造祸,皆在今日。幸勿观望徘徊,坐失机会也。切切此谕!

资料来源:贺觉非,冯天瑜:《辛亥武昌首义史》,湖北人民出版社,1985 年 9 月版

1912 年 4 月 9 日孙中山与高振霄等武昌首义功臣合影

附录：辛亥春军界学界共谋军队运动

辛亥春……时黄兴谋粤甚急，拟结湘、鄂以为声援，由谭人凤携款八百元来汉，密与居、孙谋，促其积极进行。比见会党之不足恃，且不可用，乃积极谋军队之运动。初设机关于汉口法租界长清里九十五号及汉兴里三十三号，继设总机关于俄界宝善里十四号。一面由邓玉麟在武昌与军队接近之黄土坡二十号，开设同兴酒楼，专事军队联络。凡各标、营、队之入党者，将姓名登记于流水账簿，以钱数记其年龄，正、副目记为一元，以资识别。孙武则赁居于武昌分水岭三十三号，积极活动。以其名曰"武"，误传为同盟会孙总理文之介弟，由是加盟者日众。原隶文学社籍者，亦多推诚交纳。军界如彭楚藩、杨洪胜（洪或作宏）、徐万年、蔡汉卿、雷震、熊秉坤、马骧云、容景芳、孟华臣（或作发成）、方兴、高尚志、李翊东、吴醒汉、徐达明、杜武库、甘绩熙、王训民、席正铭、雷洪、谢超武、陈孝芬、钱芸生、孙绳、赵士龙、李鹏升、蔡鹏来、曾尚武、金兆龙、程正瀛、朱次璋、范义侠、徐兆宾（或作绍斌、少宾）、胡干城、郭嫂屏、胡效骞、方维、耿毓英、金明山、蒋兰圃、陈人杰、李绍白、朱树烈、陈龙、艾良臣、黄继超、田智亮、祁国钧、向海潜、孙斌、马明熙、方殿甲、孙鸿斌、王翰飞、王凤翔、萧理堂、钱非南、彭瑞麟、高建瓴、李树芬、罗一安、赵振民、李子林、周邦佐等；学界如李春萱、牟鸿勋、谢石钦、苏成章、陈宏诰、梅宝玑、邢伯谦（原名述祖）、高振霄……等，指不胜屈。

资料来源：胡祖舜撰：革命开国文献，湖北共进会，台湾国家图书馆（http：//linux211. drnh. gov. tw/ ~ textdb/）

高振霄、李绍白、卫立煌后裔北京小聚

（右起高振霄孙高中自、李绍白孙女李有志、卫立煌孙卫智）

二、内务司实录

　　高振霄与苏成章、费矩、袁国纪等人筹组民政部，撰写和颁布"改制共和"、"豁免钱粮及苛税"等新政府多种重要文告，并开展延揽人才、筹办临时警察、维持金融、注重外交等工作。它们是推翻满清政府，组建共和新政府之初百废待举中重要且急迫的国策、方针及举措。

（一）内务司

1912 年 12 月 7 日到

起义时之内务司（即民政部与内务局）

　　旧历壬子（辛亥）年 8 月 19 日，革命军起，攻破督署，占领武昌。以黄帝纪元组织鄂军政府，成立军令部与参谋部两机关。于时规模草创，条理纷然，军民大政，参谋部主持最多。以故始同人，枕戈待旦，日不暇给。越日，参谋部员苏成章提议组设民政一部，管辖民政最急事务，由同志费矩、高振霄、袁国纪、邱前模、黄协丞、聂守经、刘汝璘等数人专任其事。延致人才，编定简章分科办事，渐有秩序可言。兹将所行政略胪述于后：

　　（1）改制共和：义军之起，原为推到专制政府，建设共和国家，以增进我国民之完全幸福为目的。故于 8 月 21 日由部呈请都督宣布改制，以期一新天下耳目焉。兹录其原文如下：

　　为谕饬遵办事：照得军政府愤满清政府占据中华，政治混乱，丧失主权，暴敛横征，腋削膏脂，强夺吾民已成之公共财产，钳制吾民之热心义举；斥志士为乱党，目公论为嚣张，逮捕株连，杀人无算。本军奉军政府命，特于 8 月 19 日倡义，征讨民贼，驱逐满清贪污残酷官吏瑞澄、连甲等，克复武昌、汉阳等处地方。元洪不德，谬膺举为中华民国军政府鄂军都督，勉图报称，光复旧物。

　　查旧日满清流毒之由，在于政体专制太甚，民气不扬，以致利无由兴，弊无自黜。亟应将全鄂地方改为共和政体，所有各厅、州、县政务，仰各自治公所妥筹办法，移请各该地方官施行。各该地方旧制官吏，应一律呈缴伪印，听候支配录用，不愿者，缴印后听其所之。如官吏有人地相宜、民间倚重者，准该自治公所俱禀详叙情由，连同伪印赍送来辕，经本都督核夺，颁给民国新印，即留原任以从民望。各该公所应办事务，以警政、民团为第一要着。应即日兴办警察，以维持秩序，清查奸宄，惩治痞匪，保卫闾里为主。团练以驱逐乱民，抵御外侮为主。均不准借端讹诈,扰累无辜,并于外人生命财产切实保护,以酬严守中立之谊。

为此谕仰该自治公所各员知悉:迅将警察、团练二项开办方法,及旧日官吏伪印并愿否投效情形,刻日禀复,勿得延迟殆误。有敢与旧历结党,勾通满清政府反抗义师,违误新政或乘机扰害良民,擅作威福;或官吏有志投诚,而该公所各员阻挠挟持者,大兵一到必以军法惩办!该员等为桑梓造福造祸,皆在今日,幸勿观望徘徊,坐失机会也。切切此谕。

(2)豁免钱粮及苛税:立国之道,以收拾民心为第一要义。乃由部建议呈准都督豁免本年下忙钱粮及前清一切厘金苛税。其布告之文如下:

父老清苦苛政久矣。元洪倡义武昌,天下响应。亟应将湖北境内一切恶税先行豁免,以安我父老而为天下倡。谨开列于后:

①除盐、烟、酒、糖、土膏各税捐外,所有统捐局卡一律永远裁撤。

②本年下忙丁漕概行蠲免。

③除海关外,所有税关一律永远裁撤。

④本年以前积欠丁漕,概行蠲免。

⑤各属杂捐,除为地方所用者,概行蠲免。

(3)延揽人才:倡义之初,需才孔急,因设招待所于都督府前两等模范小学校内,以高振霄、袁国纪等专任其事。于是延致鸿儒硕彦及东西洋留学各生如张何白、潘祖裕、黄应龙、肖韵涛、陈锡仁等二百余人,皆于是时投效。旋又改招待所为集贤馆,迁地于武昌甲栈之内。

(4)派员演说:义军卒起,人心恐慌,莫知所措。虽迭经出示安民,而愚民无知,终不免疑畏自扰。乃由部刊印通俗白话,派徐夏昆(名阙)、向理鉴等数十人分途传递,武昌二十人,汉口二十人,汉阳十人,就便演说。略谓:革命军起,系为推倒满清专制政府,建设共和国家,图享我同胞国民之完全幸福为目的。除满奴汉奸外,特申军令:与民秋毫无犯。凡尔商民务各照常开市,安居乐业,勿稍惶乱云云。于是人心大定,鸡犬不惊。义声所播,远近称颂不绝矣。

(5)筹办临时警察:起义之夕,前清武昌巡警纷纷逃散无余,站岗职守皆以军队充之。无何,备战在急,乃由部出示招考东西洋留学警察及省垣高等警察、或速成警察毕业各生,得五百余人。仍前清警务公所署址,组织湖北临时警察筹办处机关。以高等警察毕业生高元藩为总理。仿各国非常警察集合制,划分五区驻巡,以防奸细,以卫治安。厥后,于兵事急剧之时,屡获巨奸,讯供正法。复日夜梭巡,维持市面,安宁秩序,颇资得力。

(6)提倡保安社:规模甫具,士民归心。士绅李国镛等联名赴部呈请倡办保安社会,为防火、防盗、自卫治安之计。由部批准立案,促其赶办成立,冀或守望相助之效。故其后阳夏失守,居民纷纷迁避溃去,房屋器物财产得保存无恙,沿街路灯及巡更复终夜络绎不绝者,皆保安社之自治力有以致之也。

(7)创办团练:武汉底定,始从事于经略各属。由部飞檄各府、州、县反正安民,一面分派干员康藩楚、向炯等十余人(按:康藩楚赴施南,后被害于拥兵窃据之朱扬武手)回籍创办团练,以保地方安宁,即为迫令官吏投顺地步。于是各属之响应益速矣。

(8)维持金融:易代之际,纸币滞碍难行,特出示晓谕,一律照常通行。并设官钱局兑换所于前清善后局内。又解铜元十万交汉口商务总会以资接济市面,得免恐慌。

(9)注重外交:部务就绪,即以正式公文照会各国驻汉领事,声明遵守条约,担负前清赔款外债及保护租界人民财产各节,于是外人知我举动文明,始行宣布局外中立焉。

内务局成立之日,适汉口小战之时。内政虽多足纪,而帮办干粮以济军需遂为是时急务。因呈准都督拨款五千,设征发局于汉口,以牟丙先、王明文为经理,专司转输军粮及疏通民间盐米各要务。一面委办各属民团,并派招抚专员分赴各属,谕令地方官吏投顺安民,如余大诸人即于是时出发(按余大行抵宜昌,行为不正,擅挪商会巨款,由分司令唐牺支电请政法)。未几,舒理鉴辞去,以前清省视学冯开浚继任其职,于是内务局职员,始有和衷共济之概。

维时,政事部成立七局,皆隶其下(即内务、理财、交通、外交、司法、编制、文书等七局)。已开军民分治之先声,时论多不谓然。乃于九月初四日,由倡义同人孙武、刘公、张振武等公开会议,金谓临时政府尚未成立,而各省反正之后,文电往来,推戴鄂军政府,愿听调遣,所有现在七局,除取销文书局外,应令各局独立,改称为部,另组中央机关以重全国瞻仰。于是全体赞成,重新建设,以冯开浚为内务部正部长,周之翰为副部长,迁署于前清臬署之内。时黄帝纪元四千六百零九年九月十三日事也。

按:民政部内务局投效人员,系戎马仓皇之时,概无正式委任,即难详细调查,欲知其概,除随时改任军务要职外,大都供职内务部内,故前后职员统于第二节内务部职员表内列之。

结论

武昌起义,天下景从,数月之间,推倒满清专制政府,设五族共和国家,成功之速,流血之少,为数千年历史所未见,其得力于我军界同胞者无论矣。然使一国之行政规模不具,则统治无方,分裂立见,对内无改革价值之可言,对外必起

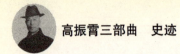

列强干涉之渐,兵祸蔓延,靡有已时,成败之数,尚难逆睹。即幸而战胜,亦不过如五季兵强马壮者之为以暴易暴焉耳,乌足以言革命耶。

是故居今日而溯此统一国家,固知有所以致之者矣。当民政部成立之初,改制共和新政体也,豁免赋税系人心也,延揽人才襄治理也,派员演说安市廛也,筹办临时警察保治安也,提倡保安社图自治之发展也,维持金融机关舒国家之命脉也,交睦强邻又所以得其严守中立骤认我为交战团体者也。以数人之提纲挈领,规划万端,卓然树新国之模范,而促起天下人向往之心,懿欤尚已。内务局成立,虽无重大政迹可述,而襄办军务有足多焉。若夫内务部成立于汉口失守之后,其情形更有难焉者。大敌当前,瞬夕万变,不有以静治之,则夫民国之为民国,势必有不堪设想者矣。

乃冯开浚、周之翰以书生本色,从容坐镇其间,订部章,和属员,内抚郡邑,外济军需,其能岂其能,要不外夫用人得当而已。夫有总务科之职员,而保存文献、检查会计、清理公产、疏通食用诸大端不转瞬而措施裕如矣。有民政科之职员,而整顿警察、取缔团练、筹备实业、注重堤工、维持礼教币制各要政,不旋踵而条理井然矣。有铨叙科之职员,而满清贿赂之弊窦患除矣。有印铸科之职员,而民国印信之面目一新矣。他如参事秘书各员亦莫不得人助理,用能控制。全鄂为吾国改革政治之先导焉。迄夫汉阳失,武昌震动,存亡之机,间不容发,而卒能以屹然不动之魄力,扶偃然欲丧之气息,转危为安,拨乱反正,与军务部、总监察、各部总稽查数机关斡旋大局,促成南北统一之势,其关系尤不可以寻常论也。至于南北和议将成,民国大势渐定,功成身退,冯开浚等不失为高,而杨时杰、周汝翼等之相继主政,致风潮迭起,亦革命后所必有之事实也。后之主政权者,其有鉴于兹编!

资料来源:《武昌起义档案资料选编》(上),《内务司实录》,湖北人民出版社,1981年8月版

附录1：武昌起义和各省响应

《中华民国军政府鄂军都督黎布告》，当天贴遍了全城。布告的全文如下：

今奉军政府令，告我国民知之：凡我义师到处，尔等不用猜疑。我为救民而起，并非贪功自私。拔尔等出水火，补尔等之疮痍。尔等前此受虐，甚于苦海沉迷。只因异族专制，故此弃尔如遗。须知今满政府，并非我家汉儿。纵有冲天义愤，报复竟无所施。我今为民不忍，赫然首举义旗。第一为民除害，与民戮力驰驱。所有汉奸民贼，不许残孽久支。贼昔食我之肉，我今寝彼之皮。有人激于大义，宜速执鞭来归。共图光复事业，汉家中兴立期。建立中华民国，同胞其毋差池！士农工商民众，定必同逐胡儿。军行素有纪律，公平相待不欺。愿我亲爱同胞，一一敬听我词！

湖北军政府建立于戎马倥偬中，它的主要任务是进行革命战争，巩固和发展已经取得的胜利。围绕这一任务，它进行了下列活动：

（1）发表文电

12日晨，革命党人即用黎元洪名义通电全国，宣告武昌光复。同时致电上海，催促居正、黄兴、宋教仁到鄂，并请转电孙中山，要他从速回国，主持大计。陆续发出的文电有：

《布告全国电》。宣布革命目标，呼吁全国人民奋起响应："深望于十八省父老兄弟，戮力共进，相与同仇，还我邦基，雪我国耻，永久建立共和政体，与世界列强并峙于太平洋之上，而共享万国和平之福。"

《宣布满清罪状檄》。指责清政府"使汉人永远降为满清之奴隶""割吾民之膏，吮吾民之血"等罪状八条。

《告汉族同胞之为满洲将士者》。劝告清军中的汉族将士反正："我辈皆中国人也。今则一为中华国民军之将士，一为满洲政府之将士……虽立于反对地位，然情谊尚在，心事又未尝不合也。"

《檄各督抚电》。劝告各省督抚反正："幸贵大臣勿拘君臣小节，而贻万世殷忧。"

《免税公告》。宣布豁免湖北境内一切"恶税"：除盐、烟、酒、糖、土膏各税捐外，所有统捐局卡，一律永远裁撤；除海关外，所有税关，一律永远裁撤；本年下忙丁漕，概行豁免；各属杂捐，除为地方所用者外，概行豁免。

《谕湖北各府州县政务及自治公所电》。宣布全鄂地方一律改为共和政体，要求各地清吏一律呈缴伪印，听候支配录用；不愿者缴印后听其自由；"人地相

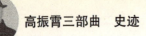

宜,民间倚重者"经自治公所推荐,可以留任。

《通告城、镇、乡自治职员电》。要求各城、镇、乡自治团体速筹自保之计:"赶办团练,守卫乡里,贫者效力,富者输财,既使游手无事之民,有谋食用武之地,而富足之家,得因以保全。"

《通告各省城、镇、乡地方巡警电》。要求各地巡警坚守职事:"深恐饥寒无告之民,乘间窃发,施其抢劫之手段,而本军政府军事旁午之际,势难兼谋并顾,所有保护人民之生命财产,维持地方之安宁秩序,皆唯我同胞巡警是赖。"

湖北军政府发表的文电很多,不能一一列举。上述文电大体完整地宣示了军政府的对内政策:满清政府是全国的公敌;革命的目标是建立共和政体;它准备减轻人民所承担的苛重赋税,但是,决不允许"饥寒无告之民"侵扰"富足之家"的利益,也就是要确保一切有产者的财产。

在军政府用黎元洪的名义通电全国的同时,汤化龙也以湖北谘议局议长暨全体同人的名义致电各省谘议局,指责清政府"伪为九年之约,实无改革之诚"。电文表现了对清政府设置皇族内阁的强烈愤懑:"兵财大权,存亡所系,而竟摒弃汉人,悉授亲贵。"它宣称:"维新绝望,大陆将沉,吾皇皇神明之裔,岂能与之偕亡?"电文要求各省谘议局人士:"不俟剑履,奋起挥戈,还我神州,可不血刃。"清政府已经扶不起来了,希冀经过"不血刃"的和平转变取得政权,这是立宪派心理和立场的表现。

当时,各省尚在清吏控制之下,军政府所发电文不能流传公布。胡瑞霖建议,采用反宣传法,假托瑞澂名义发电,夸张武汉革命军势力,借以摇撼各省人心。汤化龙和革命党人李作栋等赞同胡的建议。汤并提出,八省膏捐大臣柯逢时处有密码本。于是即由汤起草电文,托人冒充瑞澂委托,请俄领事馆发出。这封电报后来讹传为汤化龙勾结柯逢时等通敌的电报,加深了革命党人对立宪派的猜忌。

(2)对外交涉

汉口设有英、俄、法、德、日五国租界和瑞典、比利时等十一国领事馆。军政府一成立,就在《刑赏令》中明确规定:"伤害外人者斩""保护租界者赏""守卫教堂者赏"等条。12日,军政府又照会各国领事,声称"对各友邦,益敦睦谊,以期维持世界之和平,增进人类之幸福"。照会宣布:所有清国前此与各国缔结条约,继续有效;赔款外债,照旧担任;各国既得权利和在华外人财产,一体保护。

但照会声明:各国如有助清政府以妨害军政府者,概以敌人视之;如有接济清政府战事用品者,一概没收。照会发出后,军政府又派人分访各国领事,要求承认革命军为交战团体。17日,驻汉英、俄、法、德、日各国领事照会军政府,声称"现值中国政府与中国国民军互起战争","领事等自应严守中立"。同时声称：不准携带军械的武装人员进入租界,不得在租界内储藏各式军械及炸药等物;勿论任何方面,如将炮火损害租界,当赔偿一亿一千万两。武昌起义的爆发使帝国主义十分震动。武汉的江面上,帝国主义的军舰一时竟增加到二十艘(英八艘,德五艘,美三艘,日二艘,俄、奥各一艘),瑞澂所坐的兵舰就躲在英国炮船的后面。他曾请求英舰阻止革命军过江。11 日,英公使朱尔典应允,"请英水师统帅竭力相助"。13 日,他又电示驻汉总领事葛福,除"不得已之事外""一概不准与革党首领公文往来"。但是,为了使即将爆发的战争不致波及租界,影响帝国主义者在华的利益,他们又不得不摆出一副"中立"的姿态。革命党人对此十分重视,炫为外交上的一大胜利。军政府曾以黎元洪的名义发表文告说："由此以观,足见外国人之爱独立、爱自由,而亦爱人之能独立、能自由也。"但事实上,进攻武汉的清军里有外籍教官,帝国主义者的轮船公司也仍在为清军运送军火、给养。他们自己也承认,"所谓中立,只是千方百计掩护清军。"在递送"中立"照会之后,各帝国主义国家仍然顽固地拒绝承认湖北军政府。11 月 8 日,朱尔典说："至其自谓各领事已认彼军为交战团,据本大臣所闻,则实无其事。"

湖北军政府的对外政策基本上是对同盟会既定方针的运用。

明确地保护在华外人的生命和财产,宣布愿与各国建立睦谊关系,这是正确的。为了不给帝国主义的干涉造成口实,禁止轻率地触动租界和教堂也是必要的。国际舆论因此很快就消除了出现又一次义和团事件的担心。东京报纸盛赞革命军"深合文明举动",巴黎报纸认为革命军"明智异常"。比起义和团的笼统的排外主义来,革命党人的对外政策确实文明、也高明得多。但是,它并非不得已地宣布赔款和外债等照旧承担,这就和劳动群众那种坚决的反帝精神不可同日而语,虽然劳动群众的反帝精神也应该给以恰当的领导。

（3）清除奸细

当时,反革命活动十分猖狂。13 日夜间,有一个大汉提着灯笼给都督府卫队司令官方定国送来一张纸条,方定国阅后慌忙将信撕碎,丢在口中咽了。李翊东发现可疑,赶紧过来责问："送来的是什么东西? 你为什么把它咽掉? 你敢通敌!"方定国张口结舌,说不出话来。李翊东喝令将来人拿下审讯,发现他竟是为张彪传递消息的旗兵,当场就被刺死。当李翊东喝令拿问方定国时,方手持快枪,身佩军刀,使卫兵不敢上前。李翊东冲上去一把抓住方的衣领,夺过他的枪刀。在革命党人的凛然正气面前,方定国瑟缩不敢动。经过严厉审讯,方供出混入都督府的有蔡登高、张振标等奸细多人。当即把蔡、张抓住,同方定国

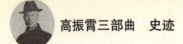

一起判罪处决,清除了隐患。

(4)扩军备战

经过10月10日的战斗,部分战士牺牲,部分逃亡,湖北军政府所能掌握的士兵仅存三千余人,远不足适应革命战争的需要。13日,军政府决定募兵,暂编部队四协,马队一标,炮队二标,工程、辎重各一营。武汉地区的工人、农民、学生积极响应号召,在海关、租界为帝国主义分子服务的苦力、更夫、仆役们也纷纷辞工从军。汉口外侨报纸说:"应募而来的新兵从四乡涌进。募兵的军曹太热心了,他们不了解租界的特殊地位,竟然跑到租界里来。"又说:"武昌显得比以前更活跃,下层人民比前更满足了。募集的新兵成百地在操练着,这样的军队有两万多人。"16日,蔡济民、熊炳坤等商量,决定成立第五协,同时成立两个敢死大队。结果,五协兵员,几天功夫就满额了。军政府不得不出示停招。

为了加紧生产武器、军火,汉口军政分府命李亚东转令兵工厂迅速召回工人,开工生产。宋锡全以军政府第一镇分部统领的名义出示,鼓励工人积极生产,革新创造:"倘能于旧式之中,改良翻新,造成便捷利器者,本部定从优奖赏。"在阳夏战争期间,汉阳兵工厂工人日夜赶工,为保卫革命政权和支援各地起义作出了贡献。

(5)策反清军

张彪逃到汉口刘家庙后,仍拥有一部分兵力,构成对武汉的直接威胁。13日,军政府以黎元洪的名义写信给张彪,劝他反正,遭到拒绝。同日,军政府又派人运动辎重营清军,也未成功。其后,黎元洪两次写信给他的老师清海军提督萨镇冰。20日信中,黎真实地叙述了自己被逼任都督的经过:"其时枪炮环列,万一不从,立即身首异处,洪只得权为应允。"他以起义以来的进展说明:"以四万万同胞与数千满族竞争,以方兴之民国国民与运尽之满清抵抗",事机大有可为。他力劝萨镇冰归顺革命军。这封信反映了形势发展对黎元洪的影响。

(6)安定社会秩序

起义后不久,军政府就组织演说队,派人沿街演说,安定人心。同时,颁布了严格的纪律。继《刑赏令》之后,16日又颁布军令八条,规定"军队中上自都督,下至兵夫,均一律守纪律,违者斩""擅入民家,苛索钱财及私行纵火者斩"。整个起义期间,湖北革命军始终纪律严明。后来有人回忆道:"军队寄寓民家,绝不妄取一物。如有所借贷,必按时交还。升米斤油之类,请其勿用交还,亦必坚决偿还。至于买卖,则公平交易,不见强买勒卖的行为。"为了维护社会治安,军政府除成立临时警察筹备处外，又支持武昌商会会长吕迳先等组织保安社。在汉口，则赞助商会组织商团，发给枪枝，作为巡逻、保卫之用。

武汉地区的良好秩序使帝国主义分子惊讶，他们不得不承认："武昌到处人满，商店都开门，生意很好，人民安居乐业。""我们也没有想到，革命军在这里统治着，秩序竟然很好！"

（7）稳定金融，保护工商业

起义前，武汉市面通用湖北官钱局所发制钱票、银元票和交通、通商等银行发行的钞票，起义后，纸币信誉下跌，人们纷纷挤兑银元和铜钱，引起银根紧迫，市面恐慌。为此，军政府特别发出照会，声明纸币照常通行，要求各界停止挤兑。照会保证："合当详定办法，竭力帮助金融机关。"事后，军政府接受武昌商会要求，设立商界兑换处，又拨解铜元十万，交汉口商务总会，接济市面。

革命党人特别注意保护商业。13日，林翼支在汉口就出示宣布，以"保商"为"第一宗旨"。汉阳知府李翊东也宣称："首以保卫治安，恤商爱民为务。凡我良善同胞，殷实商贾，无不极力保护。"12月，湖北军政府特别颁布了保护矿山的命令："凡银、铜、铁、煤、硝磺各矿场所在地点，皆责成该管知事严加封禁，妥为保护。"1912年春，专门成立实业部，以同盟会员李四光为部长。

由于革命党人的正确政策，湖北军政府得到了汉口和武昌商会以及汉阳商团的积极支持。汉口各团联合会正干事、回族商人马中骥并参加了军政府，任交通部部长。阳夏战争中，汉口商人购办军需，供给粮饷，出力不少。

（8）招纳人材

为了延揽各方面的人材，接待投效人员，军政府于12日晚成立招纳处。13日下令："无论文武员弁，有一技之长，即送府委用。"至15日，投效人员即达四百余人。同日改名为集贤馆。总计起义期间，集贤馆共接待各方志士约万余人。其中，有五千人分送各机关办事或资遣回省运动革命。有六千余人在馆外听用。留馆备用人员则经常保持五、六百人之数。第一集贤馆容纳不下，又陆续开辟了第二、第三集贤馆。

（9）创办《中华民国公报》

起义后不久，共进会会员牟鸿勋即倡议创办一种报纸，定名为《中华民国公报》，10月16日发刊，由张樾任主笔。出版简章称："即以军政府之宗旨为宗旨，大要以颠覆现今之恶劣政府，改建共和民国为主义。"它是湖北军政府的机关报，也是军政府的主要宣传工具，以发表军政府的文件、公告为主，也发表部分新闻、评论和文艺作品。11月5日，曾以中华民国大总统孙的名义发表布告，号召大汉同胞，群策群力，复仇报国。但是，从全面看来，它对同盟会和孙中山

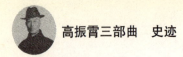

宣传不多。后来更发展为孙武一派的派报。

在汉口,革命党人胡石庵办有《大汉报》,出版第一日即销行三万余份,曾得到军政府奖励。

(10)改革司法制度

10月30日,军政府司法部发表文告,谴责清政府司法机关灭绝人道、冤屈良善等种种罪恶,揭露清政府预备立宪以来在司法制度上所作的假改革。文告宣布设立江夏临时审判所和临时上诉审判所,受理民事和刑事案件。随后,公布了有关条例。《江夏临时审判所暂行条例》第一条称:"本所为图司法独立,特提前办理,以为各属之先导。"第四条称:"本所民事、刑事两庭均用合议制组织。"第十三条称:除特别事件外,"诉讼之辩证及判断之宣告均公开法庭行之"。条例的有关规定具有鲜明的反封建特色。

(11)制订《鄂州约法》

宋教仁随黄兴到鄂后,即埋头起草《中华民国鄂州约法》。11月9日,由军政府公布,共七章六十条。《总纲》规定:鄂州政府由都督、都督任命的政务委员、议会、法司等部分构成。《人民》章规定:人民一律平等,有言论、著作刊行、集会结社、通信、信教、居住迁徙、营业、保有财产、身体、家宅等自由,有诉讼于法司、陈请于议会、陈诉于行政官署、任官考试、选举及被选举等权利。《都督》章规定:都督由人民公举,任期三年,连任以一次为限。《议会》章规定:议员由人民中选举产生,议会可以向政务委员提出条陈、质问、要求答辩或弹劾,可以受理人民的陈请,送交政务委员。这部约法在中国历史上破天荒地承认了人民的民主、自由权利,把资产阶级地方共和政权的设想用法律形式确定下来,对促进人民在政治上的觉醒有巨大意义。它是以后南京临时政府颁布的《临时约法》的蓝本。

资料来源:《中华民国史 第1编 全1卷》第十一章 武昌起义和各省响应,P262

附录2:邱前模事略

1913年2月3日到

20日早,张彪、铁忠等八人投手本请降,前模谓单骑来,则以礼相见;率兵来,则以兵相见。中时又遣价来,言愿单骑来降,但须发军旗一面,以便入城。前模与牟鸿勋力阻之,谓伊有军旗,即可带兵混入城;此时兵未编制,人多惧心,设入城奋杀,其何以御之。旗遂不果发。下午分部办事,模与高振霄、袁国纪主办民政部。其已实行之政策,略纪如左:

(1)招集人才。起义伊始,需材孔亟,因设招待所于都督府内,招集鄂垣品学兼优及东西洋学生。高振霄等司其事,潘祖裕、萧韵涛、陈锡仁等二百余人皆乘时投效。

(2)派员演说。人心惶恐,不知所措,因分派汉阳五人,汉口二十人,武昌二十人,沿街演说,大概谓吾等内部如何组织,队伍如何布置,军饷与军械如何充足,使人民各安其业。

(3)筹办警察。出示招考中学生及高等小学毕业生,开办警察,助军队以防奸细,共得五百余人,请命都督,委高垣(元)藩为警察所长,异[翌]日即办成。

(4)许办保安社。热心之绅商等来部禀请开办保安社,以自相保守而维治安,立予批准,禀明都督,并催其即日办成。

(5)去留知事。汉阳归顺,札委李亚东任之。并拟派招抚使以为招抚各县知事之计。

(6)访求部长。当此之时,军事固急,民事亦不可缓。部长一席,非以名望素著之人,以资坐镇,不足以使一班人民之悦服。因请命于都督,宣言于同事,模与聂守经、费棨经教育会请汤化龙出任斯职,遂在该会中协定简章,分军令、军务、参谋、政事四部。民政遂改为政事部,汤化龙为正长,苏成章副之。

以上前模在民政部之大略情形也。

斯时,军务部已成立,正长孙武,张振武副之。谢石钦、牟鸿勋、陈宏浩、高振霄等俱尽力军事。前模亦改就该部,赞襄一切机要事宜。正值汉口失守,汉阳设防,人心惶恐,军士退缩,前模日夜从事,目不交睫,衣不解带,一月于兹。凡该部发饷、监印、解粮、送子弹等事,无论大小,力能为者皆为之。

……

资料来源:《武昌起义档案资料选编(中)邱前模事略》,P360

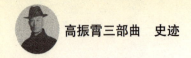

附录3：萧韵涛事略

去秋抵鄂，义师适起，首同高君振霄入都督府参谋战事，即组织民政部，创办保安警察。再改政事部，韵涛（萧韵涛）即任部内之内务局警察科长。嗣内务部成立，改任民政科长。和议告成，奉命赴荆宜提款七十余万，接济军饷，并往各府县颁发民国新印。迨改部为司，迭经暴动，韵涛始终内务司民治科办事。备历险状，惭无成绩伟画。忆武昌战事危急时，部员纷纷逃去，韵涛甘愿笑死，与城共存亡。首稟部长出示安民，亲至洋街演说，听夕不遑，由是人心大定。都督驻节洪山卓刀泉时，韵涛迅在内务部刊成大都督印一颗，亲送行辕，当蒙温语嘉奖。阳夏失守，首偕张君振武、冯君开濬、傅君立相、陶君华炳、高君振霄，会总监刘公，到都督府开军事会议，公举王君安澜为奋勇军统领，专招襄、郧老兵，死守武昌，并昼夜梭巡，严防汉奸，招集散兵，送入奋勇队，因之军威复振。此韵涛奔走革命之大概情形也。

资料来源：《武昌起义档案资料选编（中）萧韵涛事略》，P605

三、军法处事略

　　高振霄与张振武、陈宏诰、程汉卿等在战火纷飞的武昌城首义当夜及时成立执法处，先后颁布《刑赏令》《军令八条》，并沿街演说，维持秩序，安定人心；执法处后改为执法科，高振霄担任执法科调查主办军案，申军法、废苛刑、减死刑，以人道为本，以文明为尚，以固外人之钦仰心，深得民意；高振霄与程汉卿亲至禁闭所慰问、演讲，其言语感人痛切，禁闭人员听后多被感化，潸然泪落，自云：如使当前敌，虽死无恨，发誓愿痛改前非，愿赴战场英勇作战；高振霄与程汉卿代表大都督亲赴青山抚慰江西等军队并与其他总稽查专稽查各部弊端，使军心大振。

　　溯自辛亥革命[之]初，即有执法处，设于军政府。未几，隶于军务部，改名曰执法处。不数月，因本南京临时政府所议，改名军法局。终复因军民分治，改名曰军法处，仍隶于军政长官之都督府。编改虽经四次，然关于革命记录者，则在将改军法局之时也。盖是时也，为和局告成之日，革命战争从前止矣，革命事业之从前成矣，爰本此意，故连至改编军法局为止矣。

经过事实

　　（纲）辛亥八月，湖北义军起，武昌克复，中华民国鄂军军政府立，设执法处。

　　（目）湖北军学各略[界]，痛满清之专制，爰诸革命之鼓吹，思图光复，革众同心，原图阴历八月十八日起义未果，反致先烈彭、杨、刘三君死。鄂诸革命[家]见机迫势危，不得不冒死发难，乃于十九夕，纠合起义。武昌城内外各军，咸如约而应，设炮楚望台，击督署，总督瑞澄、统制张彪、藩司连甲，一干文武官吏皆逃遁。于是夕克复武昌，设军政府于谘议局，举黎公元洪为都督。军政府内设各部，而执法处亦于是时设立。执法处内设执法官一员，初系冯中兴充任，冯因另有军务要差，即以程汉卿接任执法处事务。程汉卿系京师法律学堂毕业，曾充前清混成协执法官，熟悉军法，故以之充任。程视事即将军法上规模为之整理，暂设审问席于会议时[室]，另指定谘议局前门内一偏房[为]俘虏拘留之所。

　　（纲）请都督颁禁令擅杀。

　　（目）十九之夕，弹雨横飞，不无误死。至是，经执法官程汉卿报告，请都督黎公与诸革命[家]张振武、高振霄、陈宏诰诸君商定，以义军举动，总宜文明，故不命令,不准私放枪声。即巡查军队,见有路近问谍[遇间谍]与旗民等,均不准擅杀戮[戮],必须送交执法处审理处置。以光复之际,人心未定,且民军已募集数革[军],尤应严加维持,故都督黎公颁布禁令八条,通贴市街,俾众遵守。民军后来始终举动文明,其所以维持人民有法可守为法令之祖者,则为此禁令。专其八条如下:(编者按:八条原件缺。据湖北革命实录馆编修按,"八条见《中华民国公报》辛亥八月二十五日版,编修周处有底稿。")

(纲)鄂垣流痞乘义军起间,到处骚扰,案件繁多,执法处增设人员。

(目)武昌居民良莠麇集,当起义间,地方流痞,乘隙假冒义军名义,到处骚扰,或[于]居民之家,以保护为名,讹索钱文;或于巷衙,以搜查为题,掠劫行人行囊,经义军拿获送交执法处讯办,日数十起。故执法官程汉卿,禀请都督增派黄子琴、夏晏卿、江元亮、吴小昉、徐明元、江陵、谢震为执法员,到处襄理案件,并奉都督谕,任程汉卿为执法处处长,以资督率。

(纲)处址迁移,规定处内办事大纲。

(目)一、谘议局各部麇集办事,因是时政事部未立,普通司法机关未设,一切案件皆隶执法处审理,故案件多,而不便审理案件。二、因局内无适宜拘留人犯之所。三、因湖北旧有高等、地方审判厅两署,因厅内人员概逃,而厅署空悬,无人居住。故商请公决,将执法处迁往于旧高等审判厅内。其时概略如下:

(一)执法处驻厅署内。

(二)以署内看守所区分轻重紧闭两所。凡俘虏之旗民与汉奸、间谍[谍]皆于重时[所]锢之。

(三)商由临时警察筹备处,拨来警士两排以为法警,供执刑守卫诸务。

(四)增设庶务书记录事人员。

(五)规定办事大纲。

(纲)九月改处为科,隶军务部,革命家高振霄、陈宏诰任执法科调查。

(目)军务部亦因谘议局不便办公,迁于高等审判厅署内。是时因政事部成立,政事部另有司法局,为组织普通司法之基础。执法处专属军法机关,故改隶于军务部,定名曰执法科,处长程汉卿改为科长,其余人员均如旧。一切案件,均秉军务部长孙武处理。

因执法科时有问谍[间谍]汉奸交讯,而此等案件情节,关于战机甚巨,故革命家高振霄、陈宏诰二君初任执法科调查,与科长程汉卿时于联络,遇有关于战机事宜,以便报告部长,而资准备。

(纲)罗家炎因榆[输送]送子弹不力,贻误战机正法。

(目)先是,南北会战于汉口刘家庙,前后屡战,各有胜负。后因鄂省民军总指挥官次第受伤,复以张景良充任总指挥。初五日,以罗家炎熟悉军事,任事勇敢,派其充任全军输送子弹指挥官,预定次日初六拂晚[晓]开战。罗家炎奉命后于初五日至汉口民军司令处,进见总指挥官张景良,彼此未见,亦未接洽。按罗家炎所受任务,系在输送子弹,应于开战前,将全军应需子弹数目计算概略,未战前如何征发,作战间如何补充,以及大小接济子弹之分配,均应预计。乃罗家炎于未见张景良后,既不复请接见,又不将难于按给理由报告于军务部、参谋部,另图救济办法。况汉口设有军政分府,亦可报告陈请补救。开战在初六晨,而设[该]员至汉时系初五午,时间又甚宽裕,乃该员不但置任务于不顾,反于初五夜偷闲至□□里安眠,至使初六拂晓战,全军兵士每人只有子弹一、二排,以致民军大挫,死伤及半。迨审询该员时,□□里并无该员亲明[朋],乃系在游戏场所住宿,放弃任务,贻误战机,同人多以兵挫难振引为啮齿,要求正法。当时亦以情节较重,军心要结,军法亦所难恕,故即正法。然当时有以罗之妻子为有[应]死,要求惩办,势甚凶凶,难以理论。不得已禀请都督,为民国无死反妻孥之法,仅[经]都督允准,谕饬各军不得饬阻罗之妻子,并加抚恤及保证书,使罗之家属得回故里。

(纲)处长程汉卿,请派执法官吴小昉至汉口设立司法分处。旋因汉口失陷,分处撤销。

(目)因汉口远隔一江,鞭台[答]莫及,军队纪律未便编[偏]弃,故处长程汉卿商请饬派执法官吴小昉,率执法官唐文陔、胡明轩、何子昭、黄琴初等至汉口设立司法分处。其执法官遗缺,以方雷塘接充。旋因汉口失陷,分执法处撤销,吴小昉由军政府另行委任工作,回厂监督。

(纲)执法科迁驻于旧交涉使署。

(目)军务部隶局属科,除执法科外,尚有军事、人事、医务、经理、军需、军机、庶务各科,均驻于审判厅署,拥挤不便办公。而旧交涉司署,因交涉司施炳燮逃,查署尚空悬,故将执法科移驻于内,将人犯禁闭所,移设于旧江夏县署拘留所内。

(纲)科长程汉卿莅禁闭一所诰诫,并于调查高振霄商定,将因临战逃营被禁各犯中年轻力壮者,挑出送入游击队助战,立功赎罪。

(目)自有执法机关以来,科长程汉卿,以民军由仓卒间起义,难得外人认为交战团体,咸守中立。凡我民军一切举动,无论事之成败,总以文明为尚,以固外人之钦仰心。故对于人犯皆本人道主义,其情稍可恕者,虽所犯甚重,必不轻处以死刑。然各巡查队各哨兵陆续送来敌之间谍、暨放火与临战私逃各犯,除情重证据确凿者,随时处决,其余情有可原者,概予禁闭。至是禁闭中人犯以达百数十人。故科长亲至禁闭所,检查各犯领食合否卫生,防范是否严密。当检查前,将一切人犯提出列队外,以法警围绕,科长亲对各犯诰诫,以慰其心。其训词大略云:"此番民军起义,原非前代谋位篡国者比,不过以满清专制钳束吾民,俨若奴隶,诸革命[家]痛四革[百兆]之同胞数千年之沉沦,冒死发难,以图去腐败之政府,伸吾民之民权。尔等昧于大义,反媚敌内陷,幸公理难逃,因果不爽,机破被拿。若论尔等来作间谍放火,以乱我军心之情,鄂处以军法,原非残酷。但我民军宗旨,原为救民于水火而起,断不忍更加杀戮与尔无知之民。况尔等本属吾倚[侪]同胞,不过昧于大义一时也。虽回全尔等生命,惟尔等心迹深藏于内,究难测度。故杀之而不忍,纵之而不能,故将尔等作为俘虏,暂为拘留矣。战局底定,再释尔等归里。但尔等亦当体民军之惠,在禁闭中均应安心守法"云云。当演说沉沦痛切时,各犯竟有感而下泪。演说毕,高调查振霄复演说,开导其语,尤为痛切。事毕,高调查与程科长商定,以禁犯中之逃兵,本系有用之人,若往于以禁锢,似觉可惜。故将逃兵提出,均属年壮力强之辈,且皆有悔意,自云如使当前敌,虽死无恨。遂由高调查具函,一律送交游击队长金鸿君收留,分别编入队内助战。

(纲)汉奸周国斌正法。

(目)汉阳防御工事被敌攻破,其故复杂,而其中周国斌私割民军防御阵地[地]雷引线,则为失败之一。斌系由游击队长金鸿君侦明拿送来科,并将其割线情节报明。迨审讯时,据斌供称,伊兄周云陔向充张彪差弁;阳、夏战争际,斌落住汉阳崔子垸,中表李又喜暗中因与敌军排长严得胜相识,被严得胜暗地贿使,于夜晚将地雷线割断云云。是以正法。

(纲)执法科迁驻于旧粮道署内。

(目)交涉司署法庭审案际,庭中落敌弹数次,有碍研讯,故迁于旧粮道署内。又因旧江夏署拘留所房屋被敌弹击毁屋角,人犯张皇呼号,故将禁闭所迁驻于武昌旧审所内。

(纲)科长程汉卿与调查高振霄赴青山抚慰江西军队。

(目)战争虽停,而战事仍然准备。江西以汉阳失陷,武昌兵力必损,特派建制部队之队伍一混成协来鄂援助,扎于青山,都督特派程汉卿与高调查前往抚慰。

(纲)调查高振霄、陈宏诰,另因组织各部稽查机关,所遗执法科调查会事务,以陈宏诰、高振霄二君出任。

(目)自汉阳失陷后,各部有迁徙者,有人员走散者。当停战之际,外面难按约停战,而内部各部不能不照常整[顿]备战事。各革命家恐各部惊慌之余,办事难免敷衍之弊,特组各部总稽查机关于大朝街,专稽查各部一切。高振霄、陈宏诰乃革命中老同志,故公举二君与苏君等八人共担各部稽查任务。其二君所遗留执法科调查事务,亦属重要事,军务部以陈宏诰、高鸿缓均革命巨子,故以之接任。

(纲)麻城防营管带刘金堂,因冤杀屈子厚案处罪刑。

(目)屈君子厚麻城人也,好读书,富革命思想。[昔]年与浏阳唐公等,密图起义未遂。当唐公尽节后,君不得已,隐居里门著述,意以启迪后起。上年闻武昌克复,君喜不能寐,与绅耆地方官,联合响应鼓吹县知事张锦堂请军政府换给新印。该县有前清派往驻防队伍一营,其管带系刘金堂。是时汉口屡战,民军失挫。屈君以麻邑与豫毗连,乃楚之北方门户,深虞北军从此处进攻,不得[不]预为防备,乃倡练民团,以厚兵力。讵知事张锦堂、管带刘金堂二人,阴险叵测。当汉口失挫,即暗与敌通,密递消息,私运接济,事经屈晓以大义,谁意张、刘奴隶性根深锢,不但不明大义,反以屈有碍伊等奴隶行为,终于设计,将屈冤杀。嗟乎!是时有张、刘思想者,虽不止于张、刘,然冤杀革命、自戕同种、手段之毒如张、刘者,盖鲜也。幸诸先烈在天有灵,该等权仅及一邑,不足以为民军之祟。

杀屈事为军务司长查觉,即派人查拿。张锦堂畏死远逃,只拿得刘金堂解省。迨审讯时,刘金堂供述对于冤杀屈君一节,诿系张锦堂一人所主,惟通敌一切乃共同行为;且云于九月初六汉口失陷后,即于麻邑将九星旗撤收,换插龙旗一礼拜,以媚敌。按照法律,杀屈乃一案;通敌乃一案,虽杀屈案应俟将张拿到,方能定谳。而插龙旗一事,伊既承认,既有显然汉奸之确证,即为民军军法所难恕,故开军法会议,将刘金堂枪毙,而昭炯戒。惟刘临刑时曾哭云:"吾所为处吾死刑,吾死无憾,惟憾吾不当因犯汉奸罪,九地之下,其将何面目。

(纲)冬十月,重组科内办事人员并整理办事规则。

(目)当九月,南北两军停战议和以来,科内事件稍可从容斟办。至是科长将科内人员重为组织,并将办事规则重为厘定。其组织于下:

科　长:程汉卿

执法官:江元亮

　　　江　陵　夏晏卿　徐明允　俞炎武　徐曙阳

书记官:余东清

书　记:张冠儒

承　办:王汉卿

收　支:尹仁卿

录　事:季仲昭　张国栋　胡幼卿　程正友

(纲)冬十一月,南京临时政府成立,改用阳历。

（目）中华民国临时政府设于南京，公举孙中山为临时大总统，并奉临时政府通饬，一律改用阳历，以与世界大同。

（纲）和局告成，孙部长由南京会议旋鄂，改［将］编制处执法科，改编为军法局。鄂军暂行刑令编成，呈请核定颁行。

（目）执法科就原有人员改编为军法局，内设编叙、裁折两科，其编成如下：

局　　长：程汉卿

执法官：吴小昉

承发员：张冠儒

书记官：汪中绳

书记员：陈耀祖　袁云起

收支员：胡幼卿

编述科科长：江元亮

一等执法员：徐明允

二等执法员：余东清

三等执法员：刘复极

录事：张文彬　王汉卿　张国栋　江汉涛

裁折科科长：江陵

一等执法员：夏晏卿

二等执法员：白惊映　刘绍炎

三等执法员：金　杰　卢炳阳

录事：曾文佛　李仲昭　程正友

警察队长：程定国

排长：严中兴

监狱所长：徐曙阳

监狱医生：汤仲翔

司事程

书记：李勉之

司书

编成之后，即迁驻于旧两湖书院内，并将监狱所移驻于模范监狱内。又因从前既无军法成规，新法又未颁布。故局长程汉卿编定鄂军暂行刑令，总则五十六条，分则五十二条，录呈都督黎公核定通行，各军队一律。

资料来源：《武昌起义档案资料选编》（上），《军法处事略》，湖北人民出版社，1981 年 8 月版

《武昌起义档案资料选编》(上中下卷)

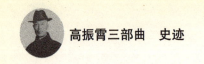
四、集贤馆

高振霄与吴醒汉、蒋翼忠等组建军政府"招纳处"，后改"中华民国鄂军政府集贤馆"；高振霄专招待政、学两界，吴醒汉专招待军界，积极招纳文武贤才，襄助军政达到一万余人；高振霄介绍崇阳知事茹用九任集贤馆副馆长。

为延揽人才，湖北军政府于 10 月 12 日晚成立招纳处，吴醒汉、高振霄、蒋翼忠具体负责，招纳军学与政界人才，投效者人山人海。后来，招纳处改为集贤馆，并且于 10 月 15 日颁布了《中华民国鄂军政府集贤馆试办章程》规定：集贤馆设立正副馆长各 1 名，稽查员 2 名，下设招待、检查、考验、书记、庶务 5 科。章程的"公守规则"要求，上午 8 点到下午 5 点为办公时间；各科员但遵守实行，不得放弃，如果事情没有办完，须办毕方能就寝；遇有事故请假的，须陈明理由方能外出，但不能超过半日，如果确实有疾病的不在此限；各员有相互监督劝勉之义务，有保全个人及全体名誉之义务，有维持秩序及进行方法之义务；关系全馆的事务，须召集全馆人员会议决定施行；各员有不遵守公令及有妨碍本馆事件者，开临时会核办。为了让远道来的贤才能够发挥作用，湖北军政府特设召集外省人员的机构，"黎都督以省垣投效者日众一日，虽已添办第二集贤馆，然有外省志士因无人介绍致不能入城投效者，是故贤才多有向隅之叹。特于十四日派员在文昌门外黄华馆内照第一第二集贤馆办法专集各省远来贤才，庶几始符集贤之初衷而不负远来之热心。又集贤馆录取条陈人员甚多，经都督谕饬该馆令各员陈明长于何种学术，以便定期试验，在行任用"。集贤馆存在的一个多月时间里，收到条陈说帖 3000 多件，接待各地人员约 10000 人，聚集人才可谓胜矣！

资料来源：《两湖地区辛亥革命新论》

是晚入都督府，由参谋处派忠（蒋秉忠）同涂君□在幼稚园开办招纳处。22 日，奉都督府令，无论文武员弁，有一技之长，即送府委用，吴君醒汉，高君振霄同来襄办招待。吴专招待军界，高专招待政、学两界。条陈文件，则均由忠汇总转呈。23 日，吴君即将所招军界人员，带赴都督府应用。高君亦将所招政界人员，带赴民政部办事。而请谢君石钦来招纳处会办一切。24 日，投效文武计四百余人。当呈都督府调用三分之一。

25 日，军务部调考验科长谢君石钦，襄办军务，调文牍科员王栋贤充当书记。正馆长周君,因馆章未定,且与各科人员意见不洽,辞职。公推忠(蒋秉忠)为正馆长,由高君振霄介绍来馆书记茹君用九充副馆长,会同编定草章,俾资遵守,各专责成。

资料来源:《武昌起义档案资料选编》(中),《集贤馆馆长蒋秉忠事略》,P641

附录1:集贤馆紧要布告

敬告者:本馆设立,雇[顾]名思义,原以招贤士。贤士之定义,固甚广漠,要必有技之长,始足备贤士之万一有补于同胞。昔孟尝养客之千,作用者一冯欢耳。今日时势万艰,恐不能孟尝之广范。凡来投效诸君,抚心自门[问],必先有自知之明而后可。如系平庸之才,则少壮者,仅可投入军队。尚可练成军国民,其效犹大于坐论。至本馆如有招待不殷,办理不当之处,统希不时训指,切勿自生恨悔之念,因而观望,致同胞无人,群负责任,则甚误矣。

资料来源:《武昌起义档案资料选编》(下),P628

附录2:

10月16日集贤馆奉命选送懂德语、法语的三人,赴汉口租界办理外交。10月25日,投效人员金鸿钧创办独立将校决死团。汉口战事失利时,册送精于射击的人员30余人,由军务部副部长张振武委用。被选送到内务部的人才有:崇阳知事茹用九、寿昌知事王云龙、蒲圻知事黄燊、天门知事黄应龙等。11月中旬集贤馆奉命共选送了400余人,其中任战地调查20余人,任督战员30余人,到街市演讲40余人,深入敌方作侦探7人,赴江、浙、皖、赣各省30余人,补充学生军120余人。11月24日,奉军务部令:汉阳战事激烈,后继需人,又选集贤馆人员中有军事才能者七八十到都督府听后检验。这批人当夜随张振武到汉阳助战。12月21日清军炮击武昌,走散的机关人员,由集贤馆中备用人员填补。

资料来源:陈国安编著:《辛亥首义阳夏之战1911-1912》

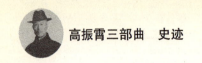

五、辛亥革命总稽查

高振霄与蔡济民、牟鸿勋、谢石钦、苏成章、梅宝玑、陈宏诰、钱守范等八位革命党人被公举为总稽查，他们严格履行革命党人职责并与各部弊端作斗争，从而改变了军政府旧官僚、立宪派把持政权局面；阳夏沦陷，军中无首，武昌危机，高振霄等总稽查挺身而出，以刘公总监察名义守城，切禁擅离职守，并巡视各重要街市演说，人心以安，各级政权又被控制在革命党人手中，终于坚守到革命的最后胜利；八位总稽查的英勇事迹亦被当时百姓喜闻乐见的"章回小说"传颂，称其为武昌首义"八大金刚"。

八大金刚

新拟"条例"还有几个特点：第一，各部长得兼参议员，参议一职在当时很重要，可参与立法、议政。第二，稽查员由起义人公推，从而特别强调了"起义人"的重大作用。第三，秘书、顾问、参议、稽查之下都有一个"员"字，以示"公仆"之意，官方造册列表亦有写作"秘书员""顾问员"的，颇有一点民主气息。都督府任职人员，革命党人和回国留学生占主导地位。秘书员中，李步青先为首席秘书，杨玉如始充秘书长，陈寿熙、饶汉祥继任（饶任职时间最久）。顾问中人员最为复杂。参议员调动频繁。由蔡济民、高振霄、谢石钦、牟鸿勋、苏成章、梅宝玑、陈宏诰、钱守范八名稽查员组成的"各部总稽查部"，虽不见组织章则，但当时颇具权威，他们可以直接干预各部行政，有时负责处理特殊任务。重要会议和人事安排，例由各稽查员出面。报纸上戏称他们为"八大金刚"。1912年初总稽查部改为纠察司，分设内务、外交、财务、交通、实业、教育、司法、军务八科。

资料来源：贺觉非，冯天瑜：《辛亥武昌首义史》

各部总稽查处总稽查

至是公推冯开浚为内务部长，周之瀚副之。停战后，冯辞，杨时杰继；杨去，部改为司，周汝冀为司长。胡瑛出武昌狱，被推为外交部长，杨霆垣副之。胡转任烟台都督，王正廷继；王任参赞和议代表，夏维崧继，江恒源副之；胡陶去，李春萱、潘祖裕继。汤化龙为编制部长，张海若副之；汤张去，徐声金、李逢年继。旋又成立交通、司法两部，以熊继贞，张知本为部长，傅立相、彭汉遭副之；彭去，夏道南继。其后内务部建议设立教育实业两部，以苏成章、李四光为部长，查光佛、牟鸿勋副之。秘书事物初未置长，陈寿熙、李廉方（原名步青）、冯亚佛、李基鸿、蒋文汉、陈重民、金振声、萧日昌、饶汉祥、宋康复、王世杰、段树滋、杨霆垣、胡朝宗、欧阳葆真，方作舟、瞿瀛、胡吉陔、范熙仁、梁柏年、周龙骧、阮毓崧、范叔衡、戴祥云、刘钟秀等为秘书。杨玉如自京山还，覃振随援军自长沙来，郭泰祺自外洋至，亦先后任秘书。停战后军政府自洪山迁至华林，公推杨玉如为秘书长，未成杨因公赴京，陈寿熙继；陈调职，饶汉祥继。蒋兰圃、黄元吉、朱树烈、胡祖舜等为军事参议官。彭食光、赵鹏飞、万声扬、李国镛、夏寿康、张寭、黎澍、熊瑞荣、鲁鱼、张大昕、余大鸿、孙发绪等为顾问。钱芸生、冯中舆、黄祯祥，耿毓英、沈尚元、钟振声、李振铎、周拓疆等为参议。邝杰、张盘、王安澜、萧慕何、王祯华、唐仲寅、曾进等为副官。邓玉麟、李翊东、聂豫、刘度成为军务部参议；邓升统领，夏道南继。刘玉堂为长江上下游总稽查长，蔡济民、牟鸿勋、谢石钦、苏成章、梅宝玑、陈宏诰、钱守范、高振霄为各部总稽查处总稽查。牟、苏调职，甘绩熙、丁人杰继，丁复为内部稽查处处长，陈度章副之。曾振汉、潘铎、余振中、杜渐、姜钟煜、方震中等为稽查。蔡汉卿为全局总稽查部部长。

初十日各省军政府来电，公举湖北军政府为中央军政府。同日又接山东来电，孙宝琦取消独立。

清军象山炮队，开始向武昌射击，以军政府所在地咨议局为目标。武昌城内外深感炮火威力，商店闭市，人心恐慌。惟军政府重要职员仍照常办公，力持镇定。

11日敌炮击声更烈，午后一时，军政府楼下西侧忽中一弹，死卫兵一人。都督黎元洪因率杜锡钧、杨开甲、萧慕何、邝杰等少数职员，仓卒出走。未军政府军装室又中一弹，致兆焚如。都督遂拟退驻葛店，即晚驰抵王家店暂宿。时总稽查刘公及各部总稽查处苏成章、谢石钦、陈宏诰、梅宝玑、高振霄等得状，立即议定由刘公以总监察名义出示安民。并通令各军暂归节制调遣，坚守武昌；谢石钦、苏成章、陈宏诰等分往各机关，切禁擅离职守，并巡视各重要街市演说，人心以安。

资料来源：杨玉如：《辛亥革命先著记》，科学出版社，1958 年 1 月第 1 版

军政府各部总稽查处总稽查

当其时也，军事初兴，众议纷纭。一制度也，时兴时废；职任也，或甲或乙。即军队建制，亦复破坏，一若群龙无首。然者此为一时无可逃避之现象。故当日都督以下之职任，多由三五人之主张，或凭个人之热心与兴趣以执役。以余言，时而任秘书之事，时而助李作栋任交通之事，时而编辑新闻，发送中外报馆，

并非受何人委派者。所以军政府创始之组织,殊难稽考。迄刘公入府(23日),居正、蒋翊武亦自上海、岳州来,由居正提议,商订军政府组织条例,始改谋略处为参谋处,以前统带张景良为参谋长、杨开甲、杨玺章副之,吴兆麟、蔡济民、何锡蕃、张振武、吴醒汉、姚金镛、徐达明、王文锦、高尚志、徐万年、甘绩熙、黄元吉、钱芸生、周定原、汪秉干等俱为参谋。并设立内务、外交、军务、理财四部,以冯浚(号哲夫,襄阳人)为内务部长(冯去,杨时杰,周汝翼先后继之),周之瀚(号鹏程,宣恩人)副之;自九江来投之浙人王正廷(号儒堂)为外交部长,新自武晶府监所释出之胡瑛副之。王、胡离职,夏维崧、胡朝宗继之;军务部以孙武为部长,孙因伤留汉医院,不能任职,特设副长两人代负其责,一为张振武,又其一则为留日士官生、督练公所课员之蔡绍忠(号大辅,直隶人);理财部则以李作栋为部长,以前度支公所科员潘祖裕(号慎之,东湖人)副之。又汉口设立军政分府,以詹大悲为主任,何海鸣为参谋。未几,宋教仁来鄂,复与汤化龙、孙武、张知本、徐达明等商草鄂州约法,是为中华民国宪法之先声。旋又成立司法、交通两部,以张知本(号怀九,江陵人,时任湖北自治研究所长)为司法部长,其副部长初为彭汉遗(号述先,广济人);汉遗后当选为临时参议院代表,由湖北官立法政学堂教员吴道南继之。交通部长为熊继贞(号晋槐,鄂城人,日本留学铁路管理),副部长则为傅立相(号玉阶,谷城人)。此外设有军政府各部总稽查处,蔡济民、谢石钦、牟鸿勋、苏成章、梅宝玑、陈宏诰、高振霄、钱守范等俱为总稽查。其后甘绩熙、丁仁杰亦补遗缺焉。又设有各属总稽查部,蔡汉卿为部长,王子英(号端夫,嘉鱼人)副之,并设有集贤馆,馆长为蒋秉忠(号兰圃,原籍湖南,寄籍江夏之金口,陆军特别学堂毕业,曾任排长。集贤馆撤销,改任军政府军事参议官),副馆长则为任立年(浙江人,前清进士,曾充张之洞幕府)。官至湖北民政长、大总统府秘书长之饶汉祥(号宓僧,广济人)即由此进阶。刘公、居正、蒋翊武等为高等顾问,赵鹏飞、彭养光、徐声金、黎澍、万声扬、鲁鱼、张窭、张大昕等为顾问,覃振、李基鸿、冯镇东、郭泰祺、瞿瀛、陈重民、范鸿钧、宋康复、刘钟秀、蒋文汉、肖日昌等为秘书,杨玉如为秘书长;杨去,饶汉祥代之。刘斌一、武丹书、曹进、唐促寅、王镇华、肖慕何、旷汉卿等俱为副官。徐与冯中兴、朱树烈等为军事参议官,脾沈尚元、耿毓英、钟振声等为参议,邓玉麟、聂豫、夏道南、刘度成则为军务部参议;玉麟调任统领,李翊东继之。未几又设军令部,杜锡钧为部长。迨黎督被推为中央大都督,军政府废之,称为中央大都督兼鄂军都督府。刘公乃组织中央总监察部,刘为总监察,是为推行孙总理监察权之嚆矢。都督府会计处长为鲁俊英,庶务处长为雷金龙,军法处长为程定远,卫队司令为吕丹书。又成立湖北警务筹备处,处长为高元藩。汉阳兵工厂则以肖佐汉为总办,钢药厂总办则为罗一安；罗去，李达五继之。造币厂长为范鸿江（范去，由时功璧继之）。官钱局总办则为徐荣廷，军服厂总办则为张融，武昌电报局长为章盛恺，汉口电报局长为于郁文。同时派季雨霖为安襄郧荆招讨使，以谢超武（号楚珩，枣阳人）为参谋长，高仲和（号重源，枣阳人）为秘书长。天门人胡石庵于武昌占领后，曾发行《大汉报》于武昌，是为革命军初期之宣传报纸。未几，军政府亦组织中华民国公报，牟鸿勋为社长，是为初期政府之机关报。议和告成后，又成立教育、实业两部，教育部长为苏成章，副部长为查光佛；实业部长为李四光，副部长为牟鸿勋。其后湖北省临时省议会，由各县旅省同乡团体推选一人为议员，宣告成立。嘉鱼刘心源（号幼丹，前清翰林，官至广西臬台）被选为议长，时象晋（号越阶，枝江人）董昆瀛（号尧峰，阳新人）为副议长。其他设置，时有兴废；同志任职，各有等差；年代久远，固难备述也。

资料来源：胡祖舜：《六十谈往》，P88－90

附录：总稽查相关资料

各部总稽查部设总稽查八人。经核对其名单为：牟鸿勋、苏成章、梅宝玑、陈宏诰、谢石钦、高振霄、甘绩熙、丁仁杰。不过常有变动。总稽查部有人把它同总监察处混为一谈，不确。八位稽查在其盛时，被称作"八大金刚"，报纸上出现过《八大金刚》章回小说。孙武下台以后，稽查部先改为司，分置民政、财政、外交等科，分别稽查各司，后被撤销。

资料来源：贺觉非编著：《辛亥武昌首义人物传》（上册），中华书局，1982年出版

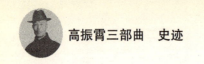

六、楚风汉韵铸就铁血精神

武昌首义十周年高振霄撰文纪念
赞革命党人奋斗牺牲无掠夺精神

(一)赞革命党人奋斗的精神

当 8 月 19 日夜间黑地枪声一出,城内尚有抵抗最力的旗兵一营,伏暗射击,分不出你我。真正革命党人,合军学两界,总共不到五六百人是有组织的。其他压迫的,观望的,十倍于党人,党人誓死相抗,半夜巷战。黄土坡一带,尸横遍街,党人终没一个畏怯的。这是他们奋斗的精神第一着表现。

刘家庙的战事,冯段两贼用海陆两方面的攻击,炮弹及枪弹如淋雨一样。党人以数百敢死队赤身作战。曾记炮兵孟华丞一人,身受数十伤,下半部为炮弹所削,华丞横尸马上,兀狂呼杀贼,西洋男女争相拍手表示敬意。到底敌人数万万众不敌数百党人的勇气。这是他们"奋斗的精神"第二着表现。

汉口失守,汉阳的措置不当,又相继失了汉阳。黎元洪走出葛店,这时党人未死的不过数十人,最后宣言:"愿与武昌的居民共死,绝不愿弃人民去到南京。"这是他们"奋斗的精神"第三着表现。

(二)赞革命党人牺牲的精神

在事初起时候,一切组织都不完全,这是必然的。十九、二十、二十一三日夜的巷战,党人连吃饭都忘记了。23 日清晨的时节,有一百多兵士饿昏了,睡倒在蛇山上下。大家将他们扶起,慢慢的用稀饭来喂。有人说街上不是有油条饼子,你们怎么也不会吃呢? 有一个断手兵士说:"我腰中没有铜元,我们绝不敢吃民间一点东西。"当时听者闻之大家都哭起来了。现在当贵州军事代表的李子仁先生,前日说起此事,叹息好久。这事是凡亲与其事的都知道的。这是他们"牺牲精神"第一着可爱。

到了汉口汉阳的战争,因为大江阻隔,军事上的运输,一时不能连贯。军人们饿着肚子打仗,汉口的商人小贩,组织一个送食队,担上些橘子、水梨、饼干、面包等类,不顾死分送火线上。我有一次一马跑到卢沟桥下首,见一个女子跪在一个兵士面前,眼泪汪汪将橘子开了,一片一片的往兵士口中送。那兵士仰天长叹,死人也不吃。我下得马来,抱着兵士,问他为甚不吃东西。他说:"先生！我打败了仗,也快死了,省一点东西给别人吃罢!"我当时也同这女子一样,眼圈儿不禁红了。就现在想起,写到这地也不觉泪下。这是他们"牺牲的精神"第二着可敬。

(三)赞革命党人无掠夺行为精神

就是后来停了战,无论何人,自都督起,都是二十元纸票的薪水,绝不乱用公款。这一点,也不能说那时的人不会用钱呢? 说到纷争的时代,无论那一国,到了战事一起,不能说兵士们绝对没有掠夺的。武昌起义的时候,《汉口新闻报》什么凤竹荪先生,还是抱着大清说话,骂我们是乱臣贼子,但是他反对我们的报纸上绝找不出一个字说我们抢谁杀谁。我那时管理军法事情,杀敌奸细是有的,抄没旗官的财产是有的,至于兵士们奸掠烧杀,直到了第二年春上才发现三四种这样的案件,真所谓绝无仅有了。

(四)中国人的特性

克鲁泡特金先生每论学理的时候,总称许巴黎市民的精神是人间少有的。武昌起义就以上三种精神,总说起来,中国人的特性也不弱于巴黎市民。中国自古的烈士仁人,杀身成仁,大半并不想到自己权利生命上,这也是中国人的特性。现在四万万人,只要万分之一有上说的精神,那们什么事情中国人做不到呢? 要知道中国人现在的生命财产付托在武人蛮夫之下,横竖总是不得活的。与其俯首帖耳的做牛马死,到不如大家放出一番牺牲的精神来,同这些武人蛮夫奋斗! 先消灭了国内的武人蛮夫,再消灭那东亚的武人蛮夫,那时我们才有快活日子过。不要怕,更不要斯文架子,韩国人的东方式革命,并没有强烈牺牲精神,那是很吃苦的。放胆做去,现世界援助革命的人多着呢!

资料来源:高振霄:《新湖北》第二号(国庆纪念号),《武昌起义有三件可纪念的事》

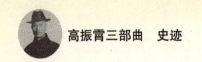

七、高振霄悼念辛亥英烈

（一）鄂省彭烈士灵枢回籍志盛

彭楚藩烈士灵枢回籍安葬　高汉声黎元洪等前往祭奠

武昌彭烈士楚藩灵榇于本月 23 日运送回籍安葬,特于 22 日在烈士祠开吊。是日,黎副总统、夏民政长、各司师局处所领袖、各机关团体代表及各老同志均身着体服、臂缠黑纱前来祭奠。读祭文、奏哀乐,一切礼节如仪开。是日,除各大老亲奠外,共收奠金三千余元,足见老同志诸君之不忘死友矣。23 日上午九点钟发引,其秩序如下:一国旗、二军旗、三花牌、四军乐、五挽联、六僧人、七花亭(内盛烈士便衣像)、八军乐队伍、九吹手、十僧人、十一彩亭(内盛烈士就义像)、十二军界来宾、十三惊界来宾、十四政界来宾、十五商界来宾、十六彩彩亭(盛烈士就义时所着军服)、十七学界队伍、十八吹手、十九彩亭(内盛烈士便服)、二十僧人、二十一警界队伍、二十二彩亭(内陈烈士遗迹)、二十三军乐、二十四军界队伍、二十五彩轿、二十六军乐队伍、二十七道人、二十八吹手、二十九彩亭(陈烈士牌位)、三十亲友来宾、三十一吹手、三十二孝女、三十三灵枢、三十四烈士家属,上述执绋者共三千余人,秩序极为整齐。省垣人民之往观者,途为之塞。幸由警视□预派巡警照料开路,所有路上执事人,除报马人及照料员骑马外,余概步行。照料员为孙武、方干、吴小涵、任文焕、高汉声、高□东、陈宏诰,诸君皆彭烈士之老同志。至在沿途路祭者,除少数商民不祭外,如湖北公校、第四师机关枪队、第七旅步队、民国公报馆、警察第九署、宪兵二营本署、清丈局、兰陵街劝业场、手工善技厂、实业司、英文馆、官钱局、武昌府署第八旅步队,凡属灵枢所经之地诸官署法定机关,无不设祭以志哀悼。灵枢经过路线系由烈士祠出大朝街,往保安门正街至新都督,沿长街转旧藩司前,出汉阳门,由皇华馆上船。按前清时汉阳门不准灵枢行走,兹烈士枢由此门出,实为创见。沿途经过状况另招容康照相馆摄影。唯是日,北风怒号,波浪滔天。灵枢登船后,停泊半日之久,始由船政局加派南通楚胜二官输前来分装,盖以原派江清官轮不能装七八百人,恐风大失事也。烈士籍隶塭寿昌(即前清武昌县)县华容镇距省只百余里,早经电饬该县知事及驻扎军队妥为照料矣。

资料来源:《申报》,《鄂省彭烈士灵枢回籍志盛》,1912 年 12 月 30 日

（二）关于方化南杀害蔡济民的公电

蔡总司令济民惨被方化南劫杀
高振霄等鄂籍议员发声讨公电

广东鄂籍议员通电各报馆均鉴。近阅方纵队长化南筱电，不胜骇叹。蔡总司令济民惨被方军劫杀，前经同人电请查究，在案军初既劫杀生前，兹复污蔑死后，证以该参谋长吴清熙唁电未及蔡公一字之非。即该纵队长由方致黎公原电，更颇示引罪垂悼之意。初无相稽之恶，今以舆论伸讨，欲盖未能遂。出以撰诬之计审其辞，屈具见情虚。蔡总司令既迭次勾煽友军部曲，当局何竟未之前言？该纵队长既早受凌逼，当时何不申请查办？萧柏所部既同为叶军之叛兵，何以在蔡则为勾煽，在彼则为招安？情词诡异，显然可见。况萧柏叛蔡之后，该纵队长既不扶同剿办，更结以为利。特使蔡部孤寒，遂遭毒计，爰书已具，置辩何辞？总之方军枉法杀人罪无可逃，其事实已于黎联军总司令转述叶冯两代表之报告见之矣。同人均为护法而来，原属同仇，有何歧视？以人心未死，直道当存，义师方兴，法不可挠，用是申辨，凡以为川鄂前途计也。现方化南既已自承罪人，斯得伏乞。护法政府唐联帅、熊督军、黄黎各总司令依法调集人证，秉公讯办。并希诸公扶持正义，一致主张为荷。鄂籍国会议员张伯烈、刘成禺、白逾桓、高振霄、陈廷扬、袁麟阁、陈应昌、韩玉辰、田桐、吴昆、毕鼎琛、沈维周、张大昱、鲁鱼、廖宗北、张知本、万葆元、时功玖、蒋汇东、居正、彭养光、彭汉遗、胡祖舜叩。蒸。

资料来源：《申报》，《公电》，1919 年 3 月 18 日

（三）武汉各界公祭蔡济民

蔡济民遇害十年武昌首义公园举行公祭典礼
高汉声报告张知本主祭李宗仁代表国府致祭

23 日汉口通信：前陆军中将勋二位蔡济民先生于武昌首义之役，厥功独伟。民国八年，奉先总理命，在武穴宣布独立。失败后走赴利川，为川军方化南所戕，骨暴荒原，数年未葬。国府轸念前勋，特令湖北省政府举行公葬，并派李主席宗仁代表致祭，以昭盛典。本月 23 日为公葬之期，先一日并在武昌首义公园举行公祭典礼。党军政各领袖及各机关团体代表到者，计国府代表武汉政分会

主席李宗仁、湖北省政府主席张知本、省党委会代表王绍佑、市党委会代表途允檀、财政厅长张难先、财委会代表帅根焜、第三师代表程汝怀、伤兵代表何正芳、首义编修馆代表李亚东等约共一千余人。白马素车,一时称盛。十一时宣布开会,公推张知本为主祭官,向党国旗总理遗像行礼,恭读遗嘱。毕,复向蔡遗像行礼,静默志哀。次,国民政府代表致祭,次由省市指会代表及各机关代表致祭。祭毕,即由筹备员陈时报告筹备经过,高汉声报告蔡先生事迹。复次由主祭张知本、国府代表李宗仁及省市党会代表等相继演说。(词长从略)蔡之遗族致谢,遂宣告散会。至蔡之灵榇已卜定洪山卓刀泉安葬,即于今日(23 日)举行,各机关代表前往执绋者甚众。

资料来源:《申报》,《武汉各界公祭蔡济民》,1928 年 11 月 28 日

(四)祭奠刘公

民国九年共进会总理辛亥武昌首义元勋刘公卒于沪上
八年后高汉声李宗仁张难先等承蒙湖北政府筹备公奠

启者革命先烈、前共进会总理、辛亥武昌首义元勋刘君公,字仲文。先生追随总理奔走革命,念余年殊勋硕德,为时宗仰。民国六年秋奉总理命,起护法军于鄂北,辗转川鄂数年,山僻沮塞困厄万状,卒因劳瘁致病,于民国九年四月十二日卒于沪上,旅次年仅四十。忠榇迄未掩奠,生平事迹详见总理自传及胡汉民先生为君撰事略兹。蒙湖北省政府特予公奠刘君于武昌宾阳门外卓刀泉御泉寺南山之阳,谨订于民国十七年十月二十一日(旧历重阳)举行公奠典礼,并于先一日(即十月二十日)假武昌首义公园设灵公祭。届时恭祈各界惠莅或派代表参加,用彰先烈而慰英灵。如蒙惠锡挽章,请逕寄武昌巡道岭街一百零二号刘仲文先生公奠筹备处。为荷此启。

李柱中	白芝香	詹渐逵	余祖言	张华辅	王　恒
萧　萱	陈　时	冯昌言	陶柏青	张知本	吴醒汉
时功玖	李治东	夏道南	高汉声	白志鹓	曾天宇
但　焘	龚村榕	马文德	习文德	朱绶光	汤葆光
潘宜之	李翊东	卫捷生	查光佛	李宗仁	陶　钧
王绍佑	袁济安	卢青海	耿伯钊	何邱浚	马伯援
孙铁人	聂　洗	陈重民	高重源	田　桐	麦焕章
尹承纲	孙慕风	刘锡卿	谢伯进	胡宗铎	张难先
李朝芳	金梁园	聂　豫	但思权	严　重	石　瑛

李纪才　　毕鼎琛　　曾文轩　　杨仲元　　翁致棠　　刘树杞
萧仲祁　　董昆瀛　　胡云峰　　张家□　　韩玉辰　　夏德馨
于坨威　　李□晟

资料来源：史料副本

缮写　吴□□
校对
史料副本时间：三十三年一月十九日

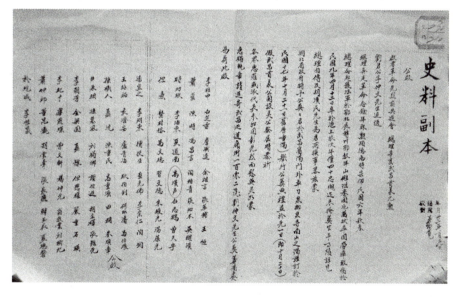

史料副本

第三章 双十节首造者

广州此次对于双十节,非常热心,记者为首造此节之人。但前次七年在津京沪汉各地,所见各地情形,均不及广州此次。是日东园左右,由上午八时起至下午三时止,经过学界商界及劳动界各数十万人,各种各色的欢声震天,就中还有学生的血书,请同胞救国,各种插画,及讨卖国贼等字。

——节选自高振霄:《举市若狂的双十节》,《惟民》第十号,1919 年10 月 12 日

一、汉口救国会断指悲剧

汉口大舞台开救国会成立会
都督府代表高汉声震撼演说

武汉共和党为国民捐事,于 26 日邀请各界假汉口大舞台开救国会成立大会。到会者一千余人,当公推黎本唐君为主席报告开会宗旨。次,都督府代表高汉声、吴道南及各界志士相继演说,大抵反复详言借款关系存亡之故,尤以高君所言为最扼要。略云:民国由我辈造成,万不可存,由我得之,由我失之。之见今日之会,总以实力捐输为第一义,继续有恒为第二义,切勿有始无终,贻六国资本团之讥笑。嗣随县程君玉佩以极沈击之态度登台演说外洋衣帽畅销全国之害,说毕,即抽刀断指,大书"请用国货"四字,鲜血淋漓张挂门外,一时鼓掌之声如雷。继,又有一青年学生,年未及冠,亦上台演说,语尤激烈,竟痛骂到会诸人之着外国服装者。说毕亦抽刀断其一指,血书"用外货不用国货,亡国奴也"十一字,全场之着西装者皆有愧邑。时收捐员分途劝募计,共收现洋一万余元,书面未缴者二万余元。当场有一乞丐张大开,将其连日讨得之钱五百文捐出。女界亦有撤其钗环饰物以充捐者。其未带现款者,先写明愿捐若佾救国,银行成立再取捐付收条以昭大公。最后议定办法由各界团体同人广布传单,分途募集以期无远弗届集成巨款。众皆赞成时已四时,遂即摇铃散会。

资料来源:《申报》,1912 年 5 月 31 日

二、发起成立开国实录馆

一九一二年汉口歆生路成立开国实录馆
高振霄孙武等十四名辛亥志士联名发起

　　1912 年秋间,汉口歆生路前花楼口,有一机关,颜曰"革命实录馆",是孙武发起的。因为武昌起义后,关于革命的秘密工作,以及阳夏战役,事迹繁多,均无翔实的记载。有之,则为龚侠初之武昌日记、胡石庵之革命实见记、查光佛之江汉阳秋;均系私人的写作,毕竟见闻有限,难免有不实不尽之处。故孙武有此发起,作广博的史料征求。原本用革命史馆名义,经饶汉祥核阅呈文时,认为湖北不是中央,用史馆名义不甚妥恰。遂将史字改为实录二字,其呈文如下:

　　副总统钧鉴。敬禀者,窃谓汤武革命,开环球肇治之先;周召共和,作华夏大同之始。史书所载,亘古为昭。乃勋名既启乎日轮,而事业遽终于发轫。称天而治,臣妾亿兆人三千年;帝制自为,贻毒八方者二十纪。武昌首义,诸州景从,廓尽胡氛,解除苛政,易专制为民主,进独断为共和。以三月未竟之时间,建亘古无前之盛业。较其勋绩,发皇与法美齐驱;溯源由来,彪炳与商周竞美。一时豪杰投笔云兴,或奔走外洋,或号召同志,或毁家纾难,或捐躯效忠。共集之勋,以有今日。披世界旁行之史,列强无此事功;览神洲疏仡之文,前古无此伟绩。听其淹没,不予表扬,非但无以彰副总统之盛德,亦无以餍全世界之人心。伏维国家之盛强,端赖忠义之奋发;忠义之奋发,资于文字之鼓吹。纵横今古,莫不皆然。一代龙兴,人文虎变,而况乎创神洲第一共和之国,建中国万年有道之基,甲胄躬亲,河山平定者乎! 近者止戈偃武,治定功成。开馆储贤,从事撰述,编成国史,昭示将来。事关至要,时不可缓。惟设局伊始,需款筹办,公恳副总统饬财政司拨款一万元,以为开办开国实录馆经费;并请详中央政府立案。俟举定职员,延聘通儒,再行预算每月经常费用,汇册呈报,以备查核。庶几名山事业,与旌常日月以常新;缔造艰难,为奕世后昆所共凛。伏乞核准施行。发起人孙武、邓玉麟、陈宏诰、谢石钦、高振霄、陈人杰、牟鸿勋、蔡济民、甘绩熙、刘长庚、苏成章、邢伯谦、高尚志、胡祖舜。

　　公举谢石钦为馆长,苏成章为副馆长。所搜集的革命史料,也不在少数。

　　　　　　　　　　　　　资料来源:蔡寄鸥:《鄂州血史》,P217－218

附录1：

武昌起义后不久，孙武、张振武等人曾建议创立革命实录馆，以记录、编纂湖北革命史实。1912 年 6 月 16 日，经当时任副总统兼湖北都督黎元洪批准，湖北革命实录馆以谢石钦为馆长，以汉口英租界普海春番菜馆为馆址，开始办公。湖北革命实录馆建立以后，除登报声明外，曾专门函请各省都督、临时议会，以及省内各政府部门、各军事单位、各府县，并派出专任、义务调查员，从事搜集武昌起义史实。至 1913 年 8 月，共搜集集体和个人所撰史料五百余件。与此同时，该馆还编出武昌起义史料长编共八册。1913 年 7 月，李烈钧在江西湖口宣布独立，成立讨袁总司令部，开始了二次革命。这时倒向了袁世凯的黎元洪，于 8 月 27 日乘李烈钧败北之机，宣布"从前革命伟人符合乱党颇多"，决定取消湖北革命实录馆，命令该馆将所藏资料交湖北都督府"转咨中央采择"。谢石钦无可奈何，表示"奉职无状，即归田里"。此后，人们就不知道这一批档案资料的下落了。

1956 年，谢石钦先生去世，其家人将所藏实录馆档案资料提交武汉市文史馆，复经湖北省政协委托贺觉非先生，将这批资料接管过来。从此，这一批埋没四十多年的宝贵史料，得以发现，为关心这段历史的人们所重视。1958 年，湖北省政协又将这批史料转交湖北省博物馆收藏至今。应当指出，谢石钦先生长期珍存这批史料之功是不可没的。

据说，原湖北革命实录馆档案资料，谢石钦先生曾借给孙武、胡祖舜、李春萱等人使用。几经变故之后，该资料已经散失不全。现除湖北博物馆收藏大部外，武汉市档案馆也收藏一部分，还有少数藏于中国社会科学院近代史研究所。除此之外，据湖北革命实录馆资料登录薄，还约有六十件不知下落，其中十六件，在 1913 年已不存在。该馆所撰史料长编，除一册收藏于天津市历史博物馆外，其余亦下落不明。

资料来源：《武昌起义档案资料选编》编辑说明

附录 2：

　　《湖北革命实录长编》是湖北革命实录馆组织编辑的有关武昌起义的史稿。该实录馆文件曾多次提及。1913 年 8 月 27 日，黎元洪在解散实录馆的命令中，要求该馆将所有已办稿件交湖北都督府"转咨中央采择"。因馆长谢石钦因公入京，未能照办，只得将所有稿件封存在家。据前副馆长苏成章 10 月 12 日给黎元洪的报告，苏在九月曾"为全馆职员要求照稽勋局湖北调查会例，请增给月薪一月外，川资洋五十元"，得到黎元洪"俟史稿交齐后核夺"的批语。苏成章"当即驰函北京，商之谢正馆长。未几，渠即遣人回鄂，自启封锁，邀成章到渠家中，检出所编史稿数百页。现已分订八册，特呈大府并转咨中央采入国史，实吾鄂首义之光荣也。"这就是这部长编八册送给黎元洪的经过。从现在能够看到的第一册来看，这部长编只是从实录馆搜集到的各种不同来源的史料中摘引了局部或全部，稍加编辑而已，摘抄材料错植之处甚多。整个编辑工作是做得很草率的。所载湖北军政府最初的檄文、布告等，与他书所记，常有出入，可供研究参考。

资料来源：武昌起义档案资料选编（下），P618

三、国会候补参议员

国会候补参议员选举产生
鄂省代表高振霄高票当选

鄂省议会前已将参议院议员选定,其候补议员十名因党派竞争,延未选举。兹因国会已经开幕,乃上两党协议于昨日如数选出,所有当选人姓名、票数、籍贯录左:(一)郑树槐,四十七票,巴东;(二)江元吉,三十五票,黄安;(三)牟鸿勋,四十六票,利川;(四)郭肇明,三十四票,竹山;(五)高振霄,四十二票,房县;(六)张知本,三十五票,江陵;(七)关棣,四十票,江陵;(八)宗彝,三十三票,汉阳;(九)周之翰,三十八票,宣恩;(十)董玉堮,三十一票,监利。

资料来源:《申报》,《鄂省候补参议员已产出矣》,1913 年 4 月 16 日

国会候补参议员选举产生　鄂省代表高振霄高票当选

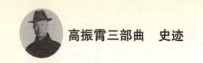

四、辛亥革命甲种功臣

大总统授予武昌首义甲乙丙丁功臣六百八十五名
高振霄等一百三十六人被评为辛亥革命甲种功臣

致北京稽勋局公函

邓玉麟

1913 年 6 月 3 日到

　　启者：接到总统转来尊电，嘱报告亥年八月十九日起义人员，当即电复。时孙君摇清留都未返，乃邀集同志，互相记忆前年有功人员，都六百八十五人，分甲乙丙丁四种，录列函达。肯局长发交审议，再行恳请大总统分别发表为荷。

审议邓玉麟启

附表册四份

甲种（136 人）

　　刘公、谢石钦、梅宝玑、陈宏诰、潘公复、吴肖韩、居正、苏成章、李作栋、王季立、杨玉如、邢伯谦、王炳南、高尚志、牟鸿勋、徐万年、蔡济民、徐达明、殷占奎、王鹤年、陈天寅、齐占元、徐亚新、赵学奎、赵学诗、费榘、蔡鹏来、钱芸生、高汉生[声]（振霄）、丁立中、赵楚屏、蔡汉卿、艾良臣、王宪章、马骥云、陈随福、沙金海、吴醒汉、李承牧、王华国、方兴、陈洪九、胡祖舜、马祖全、吴兆麟、李翊东、杜武库、陈人杰、赵士龙、李振翼、邝明公、肖云奎、李连升、鲁伯超、肖国宝、聂豫、诸德甫、许世昌、胡廷翼、刘东成、蔡绍忠、向炳焜、熊秉坤、陈子龙、汪锡琨、张甫国、杜鼎、蔡大辅、查光佛、钟雨亭、何少山、周青林、陈占奎、王广聚、冯征远、卢宝山、刘协卿、刘权、田智亮、刘斌一、贾也洪、尹奎元、谢英、王（均金）、张良臣、赵振鸿、方殿甲、叶于兰、江亚兰、刘同、徐长清、刘正德、李华谟、胡捷三、王文锦、黄元吉、杨时杰、罗秉襄、朱振汉、范尚武、耿丹、邹世忠、颜洪章、黄元英、黄中瓒、刘长庚、李先甲、蒋海清、汪正海、刘英、刘铁、宋振华、陈铁侯、徐祝平、张汉、徐移山、唐牺支、李相名、张鹏飞、汪定元、平福胜、陈雄军、李新如、王天保、孙洪斌、潘鼎新、邓拔萃、李逢春、金兆龙、范得龙、黄德坤、霍殿臣、张国钰、彭汉遗、彭仲卿、方建侯

乙种（81 人）

宋宏选、刘学均、曾记猷、胡定鼎、王训民、孙鉴堂、徐长胜、陈锡仁、张玉山、张得胜、陈明泰、胡文卿、陈见龙、蔡连升、屈傅安、杜洪胜、刘风千、胡襄阳、张笃伦、陈耀支、孙绍箕、骥玉堂、李青山、刘文升、李次生、邵焕章、魏光荣、王子华、汪定忠、陶作良、张羽、刘绳武、田采堂、覃集成、高元藩、黄占春、熊继贞、纪光汉、冯国质、张正奎、龙占奎、刘大才、程汉卿、王天培、李廷福、王龙彪、陈桂山、祁国均、张育万、肖春山、张玉亭、赵洪升、陈龙、皮润堂、陈俊、尤占奎、张振焕、朱金山、殷仲礼、谢流芳、肖佐汉、李炳奎、黄大有、穆选才、李启洪、汤大钧、胡浩然、王锡恩、周勃、孙斌、杜洪胜、王启云、万福胜、樊超群、张振奎、张伯烈、郑江灏、刘成禹、郑万瞻、李钦、何世昌

丙种（83 人）

范明单、康济民、李正升、卓春林、张树勋、黄自强、李义清、王国泰、熊光斗、江海清、苏佑黄、蔺长义、熊光辉、赵宗相、张炳森、邓甫臣、王秉元、徐元芳、吴楚秦、陶卓梁、高志修、刘松山、陈宪章、颜涣章、蔡大发、罗宗邦、余九皋、王有福、张必发、罗世孝、林洪胜、吴振义、魏启发、王鹤云、陈永林、邓复兴、瞿相林、谭金山、陈善廷、赵书胜、张海清、汪明才、马遂良、舒占鳌、王富山、张全胜、胡兴科、丁敬敏、李兴山、杨正镛、梁宏贵、史金山、沈玉胜、柳大刚、王明章、范洪升、牛文林、陈金山、杨玉章、唐治行、伍善焕、王洪升、徐家祥、欧阳明、邹国勋、李正汉、孙秀清、余世纲、张国安、齐洪典、张心如、李茂林、刘天元、马得胜、叶正清、柳青山、马汉山、张振奎、瞿相林、曾占元、李文胜、赵云山、李清奎

丁种（385 人）

何汉照、汪泽舫、俞发藻、涂德林、吴炳熿、龙辉殿、陈洪起、李泽沁、谢焕文、何明金、蔡天贵、邹士校、袁绍安、张成龙、张得元、李有成、张得银、覃有光、张守云、陈玉山、吴松山、姜兴周、徐占春、江少光、蔡立志、张学瑞、潘校华、史科祥、杨振坤、胡金奎、谷高昌、吴继洪、任必强、张洪昌、王忠礼、彭佑武、傅衡山、陈光祖、邹瑞云、陈永福、张定邦、卢国盛、徐定国、刘正德、徐吉福、范同林、刘登春、邓芝生、罗志心、刘占海、陈全山、田正仁、杨占先、李春山、彭魁武、马道元、彭士林、刘天贵、裴光珍、周福胜、李长锐、李荣山、赵国盛、张洪盛、陶金山、韩长春、王玉福、周英三、余得胜、钟正德、陈明有、郭云祥、傅子贤、李喜庆、严永福、姚朝贵、钟开鼎、周宪邦、吕得胜、廖炳芳、张学烈、王洪太、梅景福、钱光裕、聂金山、

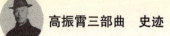

陈占魁、梅清富、夏洪胜、汤连升、黄德芳、龚长胜、方连三、袁锦凯、龚祖金、李元林、易性善、雷大林、王世雄、黎超贵、刘然黎、陈万金、赵汝瀛、董之祥、周正值、黄国均、周连轩、李明福、谢芝林、唐雨龙、杨道章、崔登榜、阮兴荣、张富国、张万芳、罗正伦、涂德胜、潘大荣、万国安、熊玉山、张洪德、周洪魁、李洪升、贺德喜、邹福盛、余占标、谭学忠、曾光银、吕海臣、周德金、陆衡山、罗万相、沈宗发、李光斗、陈家沂、李明哲、崔洪斌、王得胜、徐大保、童占标、白宝山、赵高升、王施仁、张惠臣、肖春山、张继善、朱友芹、吴炳南、罗化龙、王天禄、刘作章、饶洪喜、肖福森、罗梯云、许维凯、朱道隆、孙楚才、陈占魁、刘金山、叶逢春、董发元、龚祖银、龚士全、杨学会、张高生、何得元、胡金标、李汉清、詹秀廷、张雨廷、李斌兴、叶振先、李正盛、阮金山、邓传桢、谢增佑、王天恩、陶卓梁、马洪斌、姜生洪、张占元、陈道忠、李绍必、罗大发、王治国、杨国兴、辛春山、刘应六、沈骏章、海朝云、海鹏程、吕玉炳、俞振东、汪玉材、张洪斌、薛海清、张纯焕、王发洪、宋传金、张德盛、许殿卿、高志富、刘步青、田高升、张庆功、杜洪升、吴述治、徐凤朋、周善英、白玉琴、方昌金、王家生、汪昆山、田占魁、袁松、张开亮、李贵生、覃德全、刘文卿、严训芝、任中杰、左福斋、范国钧、郭树初、李洪升、胡连元、肖玉蟠、陈明泰、黄德胜、陈玉青、刘玉斌、郭洪彪、周占标、宣嘉祥、黄得珍、沈骏洪、齐云生、杨汉雄、吴震中、潘太荣、杨洪斌、王立刚、谢吉昌、朱仁山、项俊山、胡治中、郭小芬、胡金标、邹植桂、夏春芳、胡洪奎、熊金贵、周继汉、孙保青、夏俊臣、董启发、雷大胜、蒋连先、张守一、孙得胜、余占奎、余占鳌、杨其善、杨洪江、钱济川、高国恩、乔及富、朱道山、易得胜、朱春山、袁复从、李福升、王天原、张正南、王泽民、冯士林、史定邦、李兴发、陈占奎、叶启才、张子金、赵洪发、李玉山、陈德森、龙在田、金铭山、王荣富、陈少曾、张书琴、陈邦楚、赵孟杰、沈楚才、王荣华、杨湛明、冯有昌、韩占奎、谢金山、杜定昌、汪洪山、张德胜、钱洪明、白采之、王南宾、张文清、陶炳荣、李祥胜、周世凯、马中骥、刘福胜、童启枬、钱启贵、张文生、方寿之、庚绍龙、胡连升、杨学禄、谢金全、施训寿、刘启胜、林洪胜、张正丹、易仁熊、蔡永和、杜锡和、刘天顺、程金榜、周文镒、罗宝臣、王天贵、陈万全、李长先、鄢庆元、崔连升、丁春山、姜得胜、揭国桢、张顺臣、赵宏胜、张星朗、华金胜、赵全胜、徐桂山、李保善、金正元、薛盛唐、殷仲林、余明德、雷起龙、王在豪、张永贵、钟子云、胡祥胜、罗春廷、朱有胜、刘之屏、陈邦屏、周家鸿、华坤山、张绍全、张树庵、尹大元、郭正清、周友生、夏占标、陈宗福、鲁云贵、彭瑞林、肖汉卿、贺振华、赵洪胜、张子林、黄树清、万长胜、黄得贵、刘志屏、周云卿、吴占奎、梁金龙、杨云勤、张大生、施坤山、姜占标、陈汉朝、王宋玉、万群

资料来源：《武昌起义档案资料选编》(上)，P220

五、湖北政界之逐鹿观

高汉声竞选内务司长

苏成章被荐教育司长

　　鄂省民政长夏寿康因舆论排斥过甚,议会亦提起弹劾,坚欲辞职,归隐林泉。业经数次电陈政府,称疾求退,任命贤员接任。闻中央以正式政府行将成立,不欲于临时期内更动,省长已来电询黎副总统意见。一般政客、逐鹿者纷纷运动,闻黎公意中所属惟现内务司长饶汉祥。而饶亦亟欲得充斯职,将来民政长一缺当归于饶矣。但代理教育司长时象晋以渠无党派,其二子各居一党(功玖进步党,功璧国民党),颇占势力,任彼为民政长当不致受党派攻击。极力运动夏寿康保彼自代,夏氏深以为然,究不识此席终归谁属也。又饶汉祥因有民政长消息,所遗内务司长一缺,预先经营者极伙,高汉声、牟鸿勋等均竭力运动,孰占优胜尚难预知。又教育司长姚晋圻辞职之后,遗缺老师宿儒皆不愿为。闻已经黎夏二公保荐民政府教育科主事苏成章,请政府任命。苏系两湖师范学生,并未卒业,因有起义之功,学界乐推戴之。盖鄂中教育权现半操于两湖学生之手,排挤他人甚力也。

高汉声竞选内务司长

资料来源:《申报》,1913 年 6 月 9 日

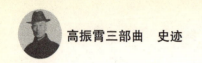

六、参加二次革命（改进团）

高振霄蔡济民等参加改进团反黎讨袁遭失败
李烈钧谭延闿等组织二次革命继续讨袁失利

同年（1913 年）6 月，他（季雨霖）同詹大悲率同志多人到汉，意图再举。他住日本旅馆松乃家，詹住大达医院。蔡济民、蒋翊武、熊秉坤、刘英、王宪章、梁仲汉、黄申芗、彭养光、温楚珩、杨王鹏、耿毓英、丁景梁、容景芳、郭寄生、彭达五、高汉声、王文锦、苏成章、李亚东、阙龙、胡玉珍、管心沉诸人陆续汇合。因蒋翊武是国民党汉口交通部副部长，所以用国民党的名义活动，采合议制，改名参谋团。人还是那些人，故仍习称为改进团。他还令其旧部刘铁在沙洋发难。一切布置已近成熟，又被黎元洪侦知，一面急电袁世凯派兵协助，一面下令捕人。季同上列诸人，只得分途逃走，也有落入虎口的。这是以他为首的改进团的第二次失败。经此一役，黎元洪既通电各部报告"鄂乱"，又请袁世凯下令通务，缉获归案，他就是通缉令中的季良轩。1912 年 9 月所授的陆军中将，也被褫夺。

资料来源：贺觉非：《辛亥武昌首义人物传》

15 日（八月二十四日），在都督府见苏成章、牟鸿勋忙于誊清以孙文署名之布告稿。文首孙自称为大统领，词句典丽，但微嫌冗长。云系上海新到同志携来，后乃获知是查光佛同志手笔，在武昌所拟。随与王文锦、高尚志、高汉声诸同志晤谈，我以曾在街上亲见便衣数人，手执雪亮大刀追杀旗籍妇孺事情，力言革命宗旨主要在推翻清廷政权，挽救危亡，若任意杀戮，甚至妇孺不免，此则暴徒行为，不但为国际上所反对，且必定惹起种族仇恨。众称此言正大，应当严加制止。

是日，都督府正在商订编制，分配职务，闻胡鄂公拟组织军法科，王文锦曾询我胡为何人（胡为江陵人，我早认识），并与高尚志、高汉声、苏成章、邢子文诸同志主张我参加军法科，因之我充军法科第二课课长；其第一课课长即程汉卿。彼时很多同志对胡不满，对程尤甚（程原为第二十一混成协军法审判员）。而胡自觉与首义同志无多相识，又以程为黎之亲信，仅挂科长之名，每日往来汉口。我于是月底，又为何海鸣同志邀往汉口帮同创办《新汉报》，不数日程即充军法处处长（程后助黎为虐）。9 月中旬，我因高汉声、陈宏诰之怂恿，曾在军法处军法官十余日,终以与程不能合作,断然摆脱(高、陈均为总监察处军法稽查官)。

……

1913年6月,袁世凯见各省有因宋案直接攻击于己的,乃先发制人,突然下令免江西李烈钧、湖南谭延闿、安徽柏文蔚、广东胡汉民等四都督之职❶,一时,形势顿呈极度紧张。在此时期,季雨霖、詹大悲率同志多人,由上海回返汉口。季在日本旅馆松乃家(在旧日租界),詹住大达医院(在旧英租界)。不日,蔡济民、蒋翊武、熊秉坤、刘英、王宪章、梁瑞堂、黄申芗、彭临九、温楚珩、谢超武、杨王鹏、耿毓英、丁景良、范汉民、容景芳、郭寄生、彭达五、谢石钦、高汉声、王文锦、邓贤才、苏成章、李亚东、阚龙、胡玉珍、管心源诸人,陆续会合。此次活动,是用国民党的名义,但以改进团的原有结合为基础,所以社会上和各部队中仍视为改进团的活动。季雨霖并密令刘铁在沙洋发难。一切布置正要成熟时,又被黎元洪预得消息,急电袁世凯迅速派兵相助,因有李纯先率一师南下之事。黎既得外来的武力,胆气益壮,是月下旬间,下令分途捕人,此是改进团第二次失败。诸人陆续搭日本凤阳轮、大元轮和日本兵舰❷往上海,未往的多避往外县,其他也有被逮捕的,也有往江西、湖南催促李烈钧、谭延闿发难的。詹大悲、丁锦良两人于凤阳轮抵九江前即以小划上岸,劝告湖口林虎首先发难。7月上、中旬间,江西李烈钧、安徽柏文蔚、湖南谭延闿、广东陈炯明(胡汉民已往上海)、福建孙道仁、四川熊克武、上海陈其美各都督纷纷树立讨袁旗帜,号"讨袁军",声势至为浩大❸,民国革命史上称为"二次革命"。袁世凯命段芝贵、冯国璋分统强大兵力,配合海军,以武汉为策应地,分途进击。至9月间,各省革命势力相继瓦解,二次革命的结果,又被袁世凯获得完全胜利。此乃革命党放弃领导而又预见性不够,遂致失败而不可收拾。

资料来源:《辛亥首义回忆录》第一辑,湖北人民出版社,1979年12月第2版

---

❶ 1913年6月9日免李烈钧,14日免胡汉民,30日免柏文蔚。

❷ 季雨霖、詹大悲等出走,系乘日轮岳阳丸。当时参加者虽均不复省记,但黎元洪关于此案文电,可资反证。

❸ 1913年7月12日,李烈钧组织讨袁军。15日南京独立,17日安徽独立,18日广东、福建独立,20日上海独立,25日湖南独立,8月4日四川熊克武独立。未几,均失败。

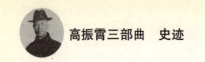

七、双十节首造者

广州东园隆重庆祝双十节
高振霄被誉称首造此节人

　　广州此次对于双十节，非常热心，记者为首造此节之人。但前次七年在津京沪汉各地，所见各地情形，均不及广州此次。是日东园左右，由上午八时起至下午三时止，经过学界商界及劳动界各数十万人，各种各色的欢声震天，就中还有学生的血书，请同胞救国，各种插画，及讨卖国贼等字。西妇参加运动的，均是身着夏布。活人队里，忽然现出一个孙文黎元洪的油画像，令记者心中发生一种感想，非常不快，一个是创造民国的思想家，一个是功不及过的昏东西。前次吾人种种血汗，尽被黎氏送脱。故记者一见此像，遂亦观止。

　　资料来源：高振霄：《举市若狂的双十节》，《惟民》第十号，1919 年 10 月 12 日

附录1：国节日效法法美

　　民国之国庆纪念日已由大总统公布全国，见昨日电传政府命令，兹将参议院覆政府咨询案之原文录下：民国以阳历为正朔，革命纪念应用阳历自无疑义，惟究应自何日起算，自应详加研究。有主张湖北起义之日者，有主张南京政府成立之日者，有主张清太后下诏宣布共和之日者，并有主张民国政府正式成立及列强承认中华民国之日者。按惟最后之两说系为临时政府中之"临时"二字无可讨论之价值，其余三说皆持之有故，言之成理然。果将定名略加研究，则此问题甚易解决。定名若何，即革命纪念日与共和纪念日之分别是也。如纪念革命则应取武昌起义之日，如纪念共和则应取南京政府成立或清太后下诏宣布共和之日。查法国革命三次，一在一千七百八十九年七月，一在一千八百三十年七月，一在一千八百七十年二月，其间旋起旋蹶，政府屡易名号，其可作为纪念之日期者正复不少。然法国独取民军起义之第一，即一千七百八十九年七月十四日民军攻破巴黎市狱之日，诚以法国之国节为革命之纪念日，而民军起义之第一日即革命之起点也。美国于一千七百七十四年九月初五开反对英国大会，于一千七百七十五年四月十九与英国宣战，于一千七百七十六年七月初四宣告独立，于一千七百八十三年九月初三得英国承认独立。然选举华盛顿为总统，

北美合众共和国得最后完全之组织则又在数年之后,即一千七百八十七年也,其可作纪念之日期者至为繁伙。而美国独取一千七百七十六年七月初四为唯一之国节者,诚以其国节为独立之纪念日,而一千七百七十六年七月初四为十三州宣告独立之日也。然则法国国节含有革命性质,美国国节含有独立性质,故法美各国均以革命独立之日为国节。我国国节亦应效法法美,自是一定办法即以武昌起义之日为国庆节,而更以南京政府成立之日及北京宣布共和南北统一之日为纪念日,以为国庆节之辅助。

武昌起义之日,即阳历十月初十日为国庆节,应举行之事如下:

(一) 放假休息;(二)悬旗结彩;(三)大阅;(四)追祭;(五)赏功;(六)停刑;(七)恤贫;(八)宴会。南京政府成立之日,即阳历正月初一日暨北京宣布共和南北统一之日,即阳历二月十二日为纪念日,均放假休息。

资料来源:《申报》,《要闻一》

附录2:国庆日及纪念日之应举

国庆日及纪念日之应举。国务院拟定国庆日及纪念日,呈请袁总统咨询。参议院据法国成例,以武昌起义日去年阴历八月十九日,即阳历十月十号为国庆日,是日应举行事:(一)放假休息;(二)悬旗结彩;(三)大阅操;(四)追祝;(五)赏功;(六)停刑;(七)恤贫;(八)宴会。以南京政府成立日即正月一日,又北京宣布共和日即二月十二日为纪念日,均放假休息。

资料来源:《申报》,《国内紧要新闻》

中篇 | 护法中坚

第四章　护国护法中坚

护法国会内政团虽多，仍以政学会、益友社、民友社三系为最大……政学会为极右党、民友社为极左党、益友社则立于两党之间。民友社为拥护孙中山先生之护法系，一为以林森、谢持、马君武、居正、田桐等为中坚的大孙派；二为以孙洪伊、汪乃昌、彭介石等为中坚的小孙派；三为以王湘、高振霄为中坚的共和派，时称南方政府"护法中坚"。

——节选自张玉法：《护法国会的政党》等

一、国会中的政党与政治派别

1912 年 1 月 16 日,高振霄加入民社;1912 年 5 月 9 日民社与其他政党(统一党、国民协进会、民国公会、国民党)合并为共和党;1912 年 6 月底,高振霄为共和党新派(共和党内部分化成为"新""旧"两派);1913 年 5 月 29 日共和党与其他政党(统一党、民主党)合并为进步党;1913 年 6 月 22 日高振霄、张伯烈等发表独立宣言成为新共和党;1914 年 1 月 10 日—1916 年 8 月,袁世凯解散国会,清除所有党派;1917 年 2 月,原韬园派的丁世峄与原丙辰俱乐部马君武、温世霖等因不满段祺瑞对德外交,合并成立民友社;1917 年 2 月—1922 年 6 月护法期间高振霄为民友社拥护孙中山护法中坚,非常国会参议员;1922 年 6 月陈炯明叛变,非常国会于广州解散;1922 年 6 月—1925 年 4 月,为旅沪国会议员。

中华民国成立后,长期专制政治压迫一经放松,由于对政党政治不甚了解以及对宪政的渴望,加之废科举取仕后,知识分子多有由政党入仕的想法,民国初年出现政党林立的混乱局面,使得政党的组合与分裂更为频繁,政党之间及政党内部的争斗更为激烈。另一方面,为争取在政坛取得优势地位,势力较强的政党多利用政治权力扩大组织,争并小党小派组建大党。第一届国会召集前,出现国民党、统一党、共和党、民主党四党竞争局面。

……

共和党。共和党由统一党、民社、国民协进会、民国公会、国民党(潘昌煦组建)五政团合并而成,亦加入国民共进会部分成员。

1912 年 1 月 16 日,孙武、刘成禺等在上海成立民社,以卢梭《民约论》民主思想为标榜,宣称"对于统一共和政治持进步主义,以谋国利民富"。民社以湖北共进会为基础,联合振武学社、文学社,故以湖北人士为中心,不满同盟会把持南京临时政府,拥护黎元洪,以抗同盟会。成员主要是旧军官、旧官僚及失意同盟会员、立宪派人士,其中立宪派人士尤受重视。出版机关报《民声日报》。2 月 28 日,本部社员谈话会议决政纲四条:第一,提倡军国民教育;第二,采用保护贸易政策;第三,扩张海陆军备;第四,主张铁道国有。

国民协进会为清末宪友会分支。武昌起义后,宪友会很快便分化为一些小政团。1912 年 2 月,范源濂、籍忠寅、黄远庸、蓝公武等人在京、津一带发起国民协进会,3 月 18 日在天津宣告正式成立,后移本部于北京。国民协进会标榜以宣达民意、监督政府为目的,有政纲三条:第一,巩固共和政治;第二,确定统一主义;第三,发达社会实力。成立时会员有200余人,大部分为宪友会和辛亥俱乐部成员,与梁启超关系密切,政治上与袁世凯接近。

1912年1月底,陈敬第、黄群、邵章、诸翔九等在上海发起组建民国公会,骨干成员多为前清立宪派政客和光复会中"稳健分子"。2月,议定政纲四条:第一,保持中华民国之统一;第二,建设健全之中央政府,应世界大势,以促民国之进步;第三,成立健全之舆论,保证民国之民权,继此无障碍;第四,扶持国民经济之发展。政治上反对南京临时政府,支持袁世凯的统一活动。会员最多不过二三百人,以浙江省人为中心,在上海、杭州略有势力。

1912年2月,潘昌煦、朱寿朋、潘鸿鼎、陆鸿仪、沈彭年等在上海发起建立国民党,有成员30余人,伍廷芳、温宗尧等人赞助。宗旨为"在全国统一政治之下,以人民为国家主体,完全保护其固有之权利,以发扬共和之精神"。政纲六条:第一,养成共和精神;第二,采美国共和制,以杰克逊学说为施政基础;第三,外交采亲美主义;第四,尊重国民的权利义务;第五,制定完全宪法;第六,谋设国会。未能召开正式成立大会,在现实政治中无甚表现。

国民协进会成立后,便立即决定与民社联合,推黎元洪为党魁,由籍忠寅、周大烈南下协商。国民公会亦推陈敬第同行。4月15日,统一党、民社、国民协进会、民国公会、国民党、国民协会、共和建设讨论会等七政团召开第一次合并会议。其后,国民协会、共和建设讨论会中途退出,其余五政团于4月24日签定合并协议书,一致同意合并建立共和党。4月27日,在《民立报》发表召开成立大会通知,揭示党义三条:第一,保持全国统一,采取国家主义;第二,以国家权力扶植国民进步;第三,应世界大势,以平和实利立国。发起团体增加国民共进会。5月6日,公布规约草案,规定凡赞同党义,具有公民资格,由党员二人介绍,经理事长、理事认可后,得为党员,缴入党费一元;本部党员须缴常年费每人6元,支部、分部得酌量增减之,特别捐不限额数;党员有为官吏或国会议员每年薪俸2000元以上者纳所得1%,5000元以上者纳所得2%。

5月9日,在上海张园召开成立大会,出席者千余人,公推张謇为临时主席,通过《共和党规约》及支部、分部条例,选举黎元洪为理事长,张謇、章炳麟、伍廷芳、那彦图为理事,林长民、汤化龙、杨廷栋、王印川、龚焕辰、刘莹泽、陆大坊、黄云鹏、孟森、叶景葵、唐文治、童世琦、邓实、汪德渊、刘成禺、时功玖、陈绍唐、项骧、胡钧、汪彭年、张伯烈、张大昕、孙发绪、吴景濂、王赓、籍忠寅、李榘、陈懋鼎、刘颂虞、邵羲、范源濂、蹇念益、周大烈、长福、林志钧、沈彭年、朱寿朋、姚文枬、潘鸿鼎、叶鸿积、张毓英、沈周、贾丰臻、张一鹏、王式、沈钧业、黄群、李祖虞、袁毓麟、汪希、陈敬第、高凌霨、蔡元康、王家襄共 54 人为干事。暂以上海为临时本部,所有从前各政团名义皆取消,概用共和党。

不久,章炳麟因不满于共和党本部干部人选,力辞理事之职,5 月 17 日召集统一党本部大会,痛斥立宪派及旧官僚"以抵制同盟会为名,而阴怀攀龙附凤之想",其害"过于同盟会远矣",正式宣布与共和党决裂。5 月 29 日,共和党北京本部正式成立。共和党拥有较为庞大的宣传机器,重要者有上海的《时事新报》《民声日报》《神州日报》,天津的《民兴报》《北方日报》《大公报》,北京的《中国日报》《亚细亚日报》《京津时报》等。

共和党在北京临时参议院中占 40 余议席,其与同盟会的对峙情形,时称"国权主义"与"民权主义"或"国权党"与"民权党"的对立。共和党人在中央政府及各省为官者就更为突出,故为自身利益以拥袁为己任。又由于内部成分复杂,党争激烈,常有分裂、脱党现象发生。国会选举结果共和党取得众议院 120 席、参议院 55 席,共 175 席,仅次于国民党。

······

5 月 29 日,统一、共和、民主三党在北京共和党俱乐部举行合并大会,宣布进步党正式成立。通过宣言书及党章,提出主张三条,即采取国家主义,建设强善政府;尊重人民公意,拥护法赋自由;顺应世界大势,增进和平实利。推选黎元洪为理事长,梁启超、张謇、伍廷芳、孙武、那彦图、汤化龙、王赓、蒲殿俊、王印川为理事,阿穆尔灵圭、张绍曾、冯国璋、周自齐、熊希龄、阎锡山、胡景伊、尹昌衡、蔡锷、朱瑞、唐继尧、陆荣廷、张镇芳、杨增新、张凤翙、程德全、陈国祥、徐勤、庄蕴宽、汪大燮、陈昭常、齐耀琳、陈炯明等为名誉理事。支部遍布全国各省区,大多数相应由统一、共和、民主三党支分部改组而成,也有少数由本部特派员在各省区地方当局支持下建立,并派出特派员前往南洋群岛各华侨集中地发展组织,以争取海外华侨在政治、经济上的支持。三党机关报,如《天民报》《天铎报》《大共和日报》《庸言》《时事新报》等,均成为进步党喉舌。

进步党的合并成立虽声势浩大,但内部仍貌合神离。主要领导干部为梁启超、汤化龙、林长民、孙洪伊、蒲殿俊、梁善济等人,被视为民主党垄断权力;共和党原有 4 万元财产尽为进步党提用;合并之始有个别党员希望入阁,合并后大失所望。6 月 22 日,原共和党民社派之张伯烈、郑万瞻、刘成禺、胡祖舜、彭介石、胡鄂公、高振霄、梅宝玑等与原统一党之黄云鹏、吴宗慈、王湘等共 40 余人发表独立宣言,理由是少数党之民主党违背和约原则,攫取多数之职员;共和党开最后协议会时系少数出席,故合并为少数出席者的独断决议等。脱党者称仍守共和党名义,以第三党自居,即新共和党。新共和党在国会两院占有 50 余席

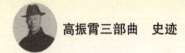

位。此外,民主党中李庆芳一派在梁士诒的拉拢下,以反对合并为名,另组国会议员同志会,主张选举袁世凯为大总统,制定采行国家主义的宪法。

……

1917年2月,原韬园派的丁世峄与原丙辰俱乐部马君武、温世霖等因不满段祺瑞对德外交,合并成立民友社。在非常国会内,民友社系分以拥孙中山为领袖的"大孙派",主要成员有林森、谢持、马君武、丁象谦、居正、田桐、叶夏声等人;脱离进步党、以孙洪伊为领袖的"小孙派",主要成员有王乃昌、彭介石、万鸿图、温世霖等人;与民友社合作的旧共和党籍议员,主要有王湘、高振霄等人。为非常国会中的激进派。

旧国会再度恢复后,中国国民党亦在北京积极展开活动,国会中旧国民党籍议员进一步分化重组,有些变化成为有影响的重要派别,但大部日趋分化,多成为争权夺利之组织。中国国民党在国会中拥有议席百余人,组织有护法议员联欢会,主要成员有谢持、王用宾、冯自由、焦易堂、周震麟、田桐、彭养光等,影响不大。旧益友社及非常国会中益友社系以麻线胡同吴景濂宅为联络机关,重要人物有吴景濂、褚辅成、吕复、刘奇瑶、黄赞元等,占有议席百数十人,但无有力之组织。后因江西、浙江两省议员脱离,改益友会为民宪同志会,宣称得唐继尧、陈炯明支持。旧政学会部分成员以北京《中华新报》为联络机关,每周日在报社举行议员联欢一次,交换情报意见,无严密组织,重要成员有谷锺秀、张耀曾、李根源、杨永泰、李肇甫等人,占有议席五六十人。后改组为宪政社。民友社除中国国民党议员外,分化为新共和党、全民社、民治社等。新民社、全民社、民治社时称"三民",成员中多系旧国民党分子。

资料来源:张玉法著:《民国初年的政党》

《民国初年的政党》封面

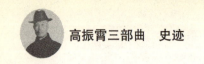

二、护国运动

孙中山解散国民党在日另组中华革命党
高汉声蔡济民等参加护国运动策动反袁

袁世凯帝制自为和王占元臣服袁世凯的丑行,遭到武汉人民强烈反对。

1915 年 5 月,袁世凯为了复辟帝制,竟冒天下之大不韪,承认亡国灭种的"二十一条",激起了全国人民强烈的反抗。汉口街上,愤怒的群众大举游行示威,捣毁日本商店,迫使在汉日本侵略者取消了打算举行的庆祝会。

1915 年至 1916 年年初,中华革命党又在武汉秘密策动反袁。二次革命后,孙中山逃往日本,决定解散国民党,另组中华革命党,力图重新举起资产阶级革命旗帜。湖北的老同盟会员田桐成为孙中山得力助手,在日本参加中华革命党本部领导工作,1914 年 10 月又被委为湖北支部长。1915 年 4 月,受孙中山之派,田桐、张孟介在汉口负责中华革命党务,联络各方,并在汉口英租界佛英里十六号、杏初里六号成立了中华革命党地下机关,工作发展较快。詹大悲、潘康时等也在上海进行活动,此时蔡济民由日本回国,与潘康时会商数次,潘认为倒袁应重行动,在上海租界空谈无济于事,遂回汉运动军队。黄申芗则住汉口日本人松酒家,筹划反袁。后蔡济民等亦到汉,任起事军事指挥长官,江炳灵任副官长,刘英、黎言岳、吕丹书、聂豫等均参与军事活动。下分若干工作区域:江汉区(武汉地区)由江迪生、鄂东区由熊秉坤、鄂西区由曾尚武、襄河区由刘英负责。江汉区又由江迪生负责策动炮兵反正,步兵则由潘康时、潘正道策动,警察由卢智泉、方觉慧策动,汉阳兵工厂由黄恩良、黄恩宽秘密发动。据潘康时回忆:"余与齐冠三、马僧⋯⋯会商,渠等均先后任南湖第二预备学校教员,即由渠等组织学生干部为基础,孙伯渊、岳相如介绍直隶、安徽两省同志约数十人,至汉襄助进行"。除军界外,学界有黄闵轩、张汉、胡石庵、潘养伯、高汉声、卢智泉、王少丞、黄浩吾、严养吾、张汉杰等。当时,鄂城熊晋槐(同盟会员)在汉口开设汉昌电灯公司,乃以公司经营所得再补之以变卖家产,以至当掉自己的獭皮大衣,充作革命经费。

1916 年 1 月底,中华革命党湖北支部联络了汉阳兵工厂、刘家庙火车机器厂的工人,又运动了楚豫、楚材、楚义、飞鹰等舰的兵士,还发动了部分警察,预定在 2 月 6 日(正月十四日)夜发难,由江迪生负责军事指挥。

当江迪生于当晚 10 时到达武昌南湖炮兵营时,一进门就鸣枪,炮兵营立即发难,但步兵营却向炮营开枪,而负责策动步兵的潘康时、潘正道却失期未动,以致在敌军进攻下,炮兵无援而败,牺牲很大。江迪生遁入南湖,泅渡一夜,得到附近一个农民的帮助才逃到汉口。由于过度疲劳,寒水浸呛,又因起事未成,心情焦灼,口吐鲜血,不久含恨而终。

在这次起事后,曾改期 3 月 18 日(旧历二月十五日)再行发难。但王占元已加强警戒,报纸上也注销了通辑中华革命党人的命令,准备投入起事者四出逃亡。据说,田桐部下的马侠男、姚艺等联络的南湖炮兵中人多属长官,"竟将原命令向王占元密告,姚艺因而被捕殉难,王占元大肆屠杀,继江迪生殉难者数十人"。南湖炮队首领王嘉相,被王占元以靛涂面枪杀,弃之于江。

被孙中山委任为军事联络员的熊晋槐此时除在武汉继续进行反袁工作外,又到豫西联络樊钟秀部,回武汉后被举为讨袁军总司令,以谋继起。由于反动派加强缉捕活动,熊就组织革命党人秘密处死敌特,"侦缉老爷们被党人弄死了不少,熊先生家里就弄死了三个;卢智泉勒死了陈捷三;向海潜、马骥云、吕丹书等杀死了走狗几十个。工程营发难有功的程正瀛堕落成王占元的特务,也是在这个斗争中被党人拉到租界,装入麻袋中沉之长江的"。

中华革命党在湖北、武汉的失败不是偶然的。孙中山当时虽然力图重举义旗,但他所组织的中华革命党提不出明确的反帝反封建纲领,与广大人民缺乏联系。这种弱点在中华革命党湖北支部中反映也很突出。由于联系和发动群众不够,所以起义部署重在军事冒险,事败后则出于义愤,以暗杀为报复手段。尤为严重的是,革命党人内部不统一,互争雄长,影响了团结。据自历其事的潘康时说:"1916 年春,蔡济民、田桐、白楚香、吴醒汉、黄申芗、胡祖舜等均到汉,一时有总司令欲者,约二十人以上"。在本来就不多的起义者中,分为田桐系、蔡济民系等,潘康时等则欲拥石振声(北洋军军官)为司令。这样各自为战,自成体系,不能不是失败的重要因素。

资料来源:皮明麻著:《武汉近百年史 1840—1949》,《中华革命党汉口起事夭折》,1985 年版

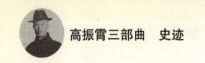
三、护法国会之政党

护法国会内以政学会、益友社、民友社三系为最大。高振霄与孙洪伊、汪乃昌、彭介石、王湘、林森、谢持、马君武、居正、田桐等为民友社（以"照霞楼"为本部）中坚，被称为坚定的拥护孙中山派。

当国会开幕之初，有国民、进步两大党。至五年八月，国会第一次恢复，有宪法商榷会与宪法研究会两大系。宪法商榷会原分客庐、韬园、丙辰俱乐部三派；后又裂为政学会、益友社、民友社、政馀俱乐部。六年六月，国会二次解散，研究系首领主张改造国会，属于该系之议员，多未南下，赴粤护法之议员，大都属于宪法商榷会所分之四派，唯至粤后略有变迁。护法议员在广州开非常会议时，其最大派别可分为政学会、益友社、民友社。

政学会为旧国民党之稳健派，由"南关五十号派"与"石行会馆派"合并而成。南关五十号派为民国五年北京政学会之一部分，曾与研究系携手，其嫡系不过三十人，拥岑春煊为首领，辅之以章士钊、冷遹、张耀曾、谷钟秀，利用莫荣新为傀儡，以攫取护法政府之一切实权。其主张与北方之研究系极相似。石行会馆派一部出于"北京平社"，一部出于"北京宪法研究会"，到粤后，由李根源竭力结合，并为一派。其干部人物为刘治洲、徐兰墅、刘彦等，与民友社系绝不相容。

民友社以"照霞楼"为本部，其中坚人物为林森、谢持、马君武、居正、田桐等，又加入由进步党脱离组织韬园之分子，及旧共和党议员所组织之共和派；各以孙洪伊、汪乃昌、彭介石等，及王湘，高振霄等为中坚人物。民友社以地位与历史关系，与政学会及当时桂系军均积不相能。

益友社之机关为"褚寓"，政馀俱乐部亦附入之，称旧国民党之温和派，为南方国会中之唯一多数党。其领袖为吴景濂、褚辅成、王正廷，均为参、众两院正、副议长。政学会与民友社发生争议时，益友社恒立于调和地位，西南实力派与之颇表同情。

民国七年秋，国会非常会议决定改开正式会议，乃借用议院法第七条之规定，解未到会之参、众两院议员职，约数百人，其遗缺先后以候补议院递补。此新补之议员，组织一"新新俱乐部"，在护法国会内占议席甚多。新新俱乐部之政见较近于益友社，惟以缺乏经验，好为高论，致被人目为激烈派。

此外尚有"蒙古议员俱乐部"，只十人；"文社"，约四十人；"广东议员俱乐部"，约二十人；"广西议员俱乐部""云南议员俱乐部"，各十五人。此各小团体在国会中独自行动，惟所占议席既少，势力亦极微。

护法国会内政团虽多，仍以政学会、益友社、民友社三系为最大。新新俱乐部议员则分别附于三系，内益友社六十余人，民友社五十余人，政学会六十余人。政学系可称为极右党，民友系可称为极左党，益友系则立于两党之间，据有两院议长四席之三，颇有左右轻重之势。

民国九年春，民友、益友两系议员，因反对政务总裁岑春煊将与北京政府妥协，多离粤赴滇赴川。唯政学系议员乃留广州。民国九年十月三十日，陈炯明入广州，护法议员又纷纷回粤，于民国十年一月十二日开两院联合会，后又复开非常会议。唯此时议员合计只二百二十余人，其中坚分子为民友社之"照霞楼派"，即旧国民党之最左派，共约数十人，余则以新新俱乐部之议员为最多。政学系及益友系议员大都散去。

资料来源：谢振民：《中华民国立法史》，1937 年印本

附录1：西南派别之一斑

民友会分大孙小孙共和三派
高振霄王湘等为共和派中坚

联合通信社广州通讯云：观一国政治上之派别，必当求之于国会。盖国会者，社会各方之缩影。国会议员之言动，必大部分代表其后方同志之意思。设为国会议员而后方空虚，无与同情者，则其地位必非常危殆，否则亦毫无价值。今兹旧国会之在西南虽未可绳以常例，而其存在以至今日，且成为护法战争之目标，断非毫无根据者所可比。故欲言西南之派别亦必先自国会始，国会议员来广州者，在北方视之固完全为国民党，而实际决不如是曩。在北京拆台之研究系及西南自主后加入北京经济调查会之要人，亦有投身广州国会者。旧国民党因事态转变，在五年恢复国会时已裂为三派，即丙辰俱乐部、政学会是也。来粤以后又略有变化，刻下各派议员皆以其日当出入之地址自为名号，虽未有具体的政党组织，而形略具矣。兹分志如下：（一）照霞楼。本派议员四十余人，内容分三部，为同盟嫡派。洪宪以前为中华革命党，国会恢复后为丙辰俱乐部，旋与韬园合组民友会者，以林森、谢持、居正、田桐等为中坚，世人称之为"大孙派"，即孙文派是也。一部为进步党裂出之分子。洪宪覆亡后，在北京为韬园俱乐部，嗣并入民友会，以彭介石、万鸿图、张新吾、温世霖等为中坚，到粤后又增

入若干激烈之分子,世人称之为"小孙派",即所谓孙洪伊是也。一部为"共和派",即旧共和党分子,以王湘、高振霄等为中坚。此中之大孙派以历史地位与当局之桂系、政学系均不融洽,小孙派、共和派则以毫无地盘之故善唱高调以鸣不平,故在国会中为激烈派,其分子以鄂直两省为多;(二)五十号。本派为西南之在朝党,其人物为北京政学会之一部分。在洪宪前为"护国军派",当时曾与研究系携手,到粤后议员人数最少。议会中堪称嫡系者不过三十人,其出入地为南关五十号,故在广州以五十号得名。拥岑西林为首领,章士钊、冷遇秋辅之,以张县曾、谷钟秀为头脑,金兆棪、杨永泰、徐傅霖、韩玉辰、文君、李为纶等为中坚,以李根源为外府。李氏出资别组石行会馆,暂时为政学会声援,他日为个人之羽翼。此派人之主张与在北京之研究系相近,不惜用种种手段以猎取政权,故世人目之为"官僚派";(三)石行会馆。本派为李根源出资所组织,暂时可视为政学会之附庸。然为上国者不能干涉其内政,故不受政学会党议之拘束。其自身历史,一部为北京平社分子,癸丑前会由共和党并入进步党者。一部分为北京制宪时之研究会分子,来粤后以李根源之力与相结合而成,其人数七十左右,以刘定五、徐兰墅、刘彦、王绍鳌等为中坚,其人多籍隶川陕苏三省,其主张因李根源关系与五十号接近,可称之为"准官僚派";(四)新新俱乐部。此派因自身地位关系临时结合之团体,当和议正开时,恢复六年国会之说甚嚣尘上。一般新补议员恐本身地位因此坠落,遂有此种结合,以为抵抗之地。人数约二百人,然政治上之见地则随各个人之历史地位而分趋各派。就中大多数同情于褚寓,其自身有时亦有类似之党议而受其拘束者,极希此派人新入政海,往往喜唱数分子言,不妨以激烈党目之。而大体则可视为褚寓之兄第行也,将来趋势或与褚寓合并亦未可定。

资料来源:《申报》,1919 年 12 月 5 日

附录2:首次护法运动

孙中山于 1917 年 7 月率舰队自上海南下广州。9 月 10 日,在广州组织护法军政府,就任中华民国军政府陆海军大元帅职。在这期间,孙中山力图重振中华革命党,并团结旧国民党人,共同护法。同年 3 月 30 日,中华革命党通告海内外各支分部,准备改组中华革命党为中国国民党。6 月 19 日,孙中山曾通告中华革命党海外各支部筹款讨逆。来到广州的中华革命党员如李烈钧、林森、许崇智、邓铿、朱执信、胡汉民、廖仲恺、叶夏声等在非常国会内或在广州护法军政府中发挥过一定积极作用。原国民党内的其他派系在广州的人物也在

起不同作用。当时南方国会中主要有以下党派：甲、政学会系，领袖人物为杨永泰、李根源、章士钊、金兆棪、欧阳振声诸人，拥岑春煊为首领。乙、益友社系，为南方国会中唯一多数党，议席约二百人，以吴景濂、褚辅成、王正廷为领袖（其时分任众议院议长、副议长；参院副议长）。丙、民友社系，由中华革命党（国会恢复后，为丙辰俱乐部）与韬园系合组，以林森、谢持、马君武、丁象谦、居正、田桐、叶夏声为中坚，世人称为大孙派，拥护孙中山。韬园俱乐部由脱离进步党的激进议员（如孙洪伊、王乃昌、彭介石、王鸿图等，世称小孙派）与共和派（旧共和党议员，以王湘、高振霄为中坚）共同组成。此外，尚有新新俱乐部等。

上述各派系围绕着要不要设置和坚持护法军政府，领导讨逆护法，实现革命统一的主要课题表明态度，开展斗争。当时盘踞广东的桂系军阀和北洋军阀暗地勾结，对广州护法军政府多方扼制。国民党内的政学系则依附桂系，提出改组军政府案，拥岑春煊为首席总裁，排除孙中山之大元帅职，益友社系亦同流合污。民友社系虽然反对桂系骄横及其与北洋军阀勾结为患，但本身力量单薄，而且内部涣散，步调不一，因而无法扭转破坏护法的逆流。民国六年十一月和民国七年一月，孙中山曾经两次欲兴师讨伐桂系军阀莫荣新，均因海陆军中的国民党人慑于桂系军力，多未应命，使讨莫计划无法实行。桂系军阀因而益发猖狂，终于民国七年四月，逼非常国会通过改组军政府案。五月，孙中山被迫离开广州，退居上海，护法运动首遭挫败。

资料来源：《广州市志》

四、广东之闽陕湘鄂联合会成立纪

高振霄报告北方进攻闽陕鄂西文件

拟函由林森等交涉军政府援陈炯明

上月 26 日开闽陕湘鄂联合会,四省两院议员及各军代表到者百余人。首由干事胡祖舜报告两唐总裁复电,次由干事高振霄报告 22 日以后所致中外各团体申明北方破坏和平进攻闽陕鄂西情形之文件,次李含芳、赵世钰、曹振懋、赖德嘉、张伯烈相继发言讨论本会办理事件,有四:(一)复电两唐总裁,宣布段党之罪并请下令讨伐土匪,众推曹振懋、张知本起草,三日后发行。(二)要求接济援闽军子弹,公推林森、赵世钰为该会代表向军政府要求,当即公推高振霄拟定公函交林赵二君前往交涉。(三)确定回龙社十一号为该会事务所地点,永久进行,非四省北军完全退出不止。(四)详订简章,公推李含芳、邱国翰、陈堃、李汉丞四人为起草员。散会时四时半。附录致军政府公函如下:总裁诸公钧鉴。启者,援闽粤军总司令陈炯明君血战经年,复地千里,诚西南护法军人之最力者。刻因子弹缺乏,万分告急,未识诸公已否接济。查闽陕湘鄂为护法军重要门户,敌人以和平为政策,停战为军略,不惜四面来攻,司马之心路人皆知。现在虽云停战,而军事上之先着要不能以人之愚我自愚,致陷援军于死地。诸公鸿谋远略,千乞勿分畛域,速为接济,粤军之幸,全国之幸。用是公推林赵二君代表本会趋前呼号,迫切之至,无任待命。

资料来源:《申报》,1919 年 2 月 12 日

五、提请教育议案并获政务会议通过

公文

（十一月二十六日，修字第一百二十七号）

参议院咨送议员高振霄请通令各省确定教育计划迅予恢复原有经费并增筹经费建议案文（中华民国八年十一月十日）。

资料来源：军政府公报，1919 年（修字 91 – 修字 134），P610 – 611，上海图书馆藏

通告

（十一月二十六日，修字第一百二十七号）

政务会议通告各省准参议院咨选议员高振霄提出请通令各省确实教育计划迅予恢复原有经费并增筹经费建议案希查照办理电（十二月二十日）。

资料来源：军政府公报，1919 年，（修字 1 – 修字 130），P328 – 329，上海图书馆藏

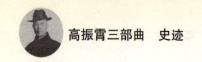

六、批评少数议员缺席导致制宪停顿

高振霄等国会议员参加制宪会议
批评少数议员缺席导致制宪停顿

旧议员张宸枢等通电：阅报载 1 月 24 日宪法会议，议长林森、副议长吴景濂、代理审议长褚辅成等通电不胜骇异。查 1 月 24 日宪法会议由主席林森报告，不足法定人数，宣告延会。某等遂即退席，所有当时改开谈话会提议通电情事概不负责，特此声明，以明真相。1 月 24 日出席议员张宸枢、李英铨、傅鸿铢等三百八十二人叩。（东印）

旧国会鄂议员通电：各省省议会、教育会、商会、各报馆转全国父老昆弟鉴。此次广州制宪所余尚有数条，满拟一月必可完全成立。乃自 1 月 6 日宪法会议地方制度第十一条第一项通过张瑞萱之修正案，政学会少数议员以己之主张不得多数，公然宣告不出席。终至 1 月 22 日共八次均以少数不出席，不足法定人数，遂使我全国所渴望之宪法因而停顿。我鄂参众两院议员，除邱国翰因病在家调理外，参议院议员韩玉辰，众议院议员袁麟阁始终不出席。众议院议员廖宗北七次不出席，众议院议员陈应昌请假六次。夫宪法为根本大法，国会以服从多数为原则，今以多数九仞之功，竟为少数一篑而亏，破坏国家罪有攸归，特用电告诸维谅察。湖北参众两院议员出席者：关棣、张知本、董昆瀛、彭介石、居正、田桐、高振霄、范鸿钧、汪哕鸾、刘英、蔡汇东、万葆元、白逾桓、刘成禹、张大昕、张伯烈、吴昆、牟鸿勋、彭养光、毕鼎琛、王笃成、胡祖舜、时功玖同叩陷。

资料来源：《申报》，1920 年 2 月 9 日

七、唐继尧呼吁顺应民治潮流致各省驻沪代表电

唐继尧电高汉声等代表
呼吁合力一心共济时艰

上海各省军驻沪代表李世荣、张知竞、赵世钰、刘成禹、高汉声、张文超诸公均鉴：

密。捧读铣电，危言谠论，至佩荩筹。国患已深，夙志未竟，思之寝馈难安。近年以来，法纪凌夷，人心败坏，非口舌所能争，不得已而以武力从事，固非好为穷黩也。

迄者，鉴于民治自决之趋势，顺应潮流，收束部武以待时机，而救国初衷，毫未萎谢。倘中原更有变故发生，危及国本，则提戈而起，正不甘让祖生之先我着鞭也。诸君金石之言，敬当铭佩，并合力一心，共济时艰为要。继尧。鱼午。印。

1920 年 11 月 6 日

资料来源：上海《民国日报》，《唐总裁不渝救国初衷》，1920 年 11 月 14 日

八、致电刘显世

（1920 年 11 月 29 日）

国会议员高振霄等 117 人致电刘显世谓："读元日通电，裁撤联军副司令一职，不胜失望。……特此联电挽留。务肯仍任联军副司令，与唐公共策大计，早就总裁之职，以西南局势，冀达护法目的。"

资料来源：韩信夫等编；《中华民国大事记 第一册 第一卷至第十二卷》，1997

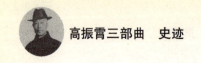

九、广州国会废止惩罚罢工

主席高振霄等审查废止新刑律第二二四条

广州国会通过审查报告废止惩罚罢工条例

广州国会议员提出之废止新刑律第二百二十四条一案（该条原文为"从事同一业务之工人同盟，罢工者首谋处四等以下有期徒刑、拘役或三百元以下罚金。余人处拘役或三十元以下罚金。聚众为强暴胁迫或将为者，依第一百六十四条至第一百六十七条之例处断"）已经 14 日大会通过，兹纪审查会情形如下：3 月 10 日下午一时，参议院秘书厅开审查委员会，到会委员童杭时、廉炳华、彭养光、李希莲、张华澜、卢初璜、高振霄、丁象谦八人，审查废止新刑律二百二四条案。委员长童杭时宣告开会，廉炳华、李希莲发言赞成废止。高振霄发言另订条例保护工人，此条解释为不适用。卢初璜发言主张改为暂行废止，彭养光发言改为停止。讨论良久，各执一说。委员长童杭时报告发言，理事廉炳华暂代主席，童杭时云本条既认为不妥，不如痛快直捷废止之，无须改为停止或不适用及加上暂行字样，并说明种种理由。发言毕，复主席高振霄主张讨论终局。众主张以中华民国刑律未制定以前，所有暂行第二百二十四条应行废止，付表决。主席即以此说付表决，多数赞成，遂宣告散会。（附《审查报告书》）为审查报告事，3 月 10 日，审查由大会交到废止暂行新刑律第二百二十四条一案。是日到会委员八人，下午一时开议讨论。结果认为，本案成立在中华民国刑律未制定以前，所有暂行新刑律第二百二十四条应行废止，相应报告大会敬候公决。委员长童杭时、代理事廉炳华。

资料来源：《申报》，1922 年 3 月 19 日

十、大总统命令

命令一
大总统颁布王正廷接收胶济铁路等二十令
高振霄等任命为政治善后讨论委员会委员

11月6日，大总统令特派劳之常会同督办鲁案善后事宜，王正廷接收胶济铁路。此令。

又令暂行兼署农商次长杨熊祥呈请辞职，杨熊祥准免兼职。此令。

又令教育次长马叙伦呈请辞职，马叙伦准免本职。此令。

又令派马叙伦、田章燕、王杜、钱锡宝、唐瑞铜为全国财政讨论委员会委员。此令。

又令派张其密、郝濯、王试功、富元、金鼎勋、郑林皋、蔡国忱、艾钟儒、朱甲昌、马伯瑶、丁象谦、高荫藻、周泽南、卢式楷、陈洪道、潘祖诒、张烈、黄树荣、方圣征、蒋义明、陈焕南、马荫荣、揭曰训、谢鹏翰、李庶瑛、张瑞玑、陈敬棠、张杜兰、陈毅、王觐彤、宋梓、马应龙、安大荣、廉炳华、李国定、温雄飞、梁士模、曾彦、杨开源、陈善、邱仲青、王銮声、车林、桑都布荣厚布尔格特、于宝轩、刘芷芬、刘成禹、周学源、安鹏东、陈子锴、吴湘、项肩、周积芹、阎致恭、侯海涛、方子杰、陈则民、达什多尔济、林星辉、张清樾、周超梦、张华祖、沙炳元、王赞臣、徐宗德、塔旺阿布坦、赵宣、盖广增、周之桢、黄金鼎、王烜、龚肇新、万葆元、沈维周、高振霄、余名铨、徐咸泰、胡正芳、杨天骥、傅用平、刘锦孝、王文庆、陈应昌、卢观球、□宗干、谢济沂、汪溦源、陆荣钧、谢英伯为政治善后讨论委员会委员。此令。

又令署国务总理汪大燮呈署秘书王立承恳请辞职，应照准。此令。

又令署国务总理汪大燮呈请任命金绍城署秘书，应照准。此令。

又令交通部呈请任命殷仁为视察，应照准。此令。

又令司法部呈署河南高等检察厅书记，官长李培华另有任用，请免署职，应照准。此令。

又令俞人凤晋给二等大绶嘉禾，章汪煦晋给三等嘉禾，章韩进、温应星均给予四等嘉禾章。此令。

又令马鸿恩晋给三等嘉禾章。此令。

又令窝洛□阔给予四等嘉禾章。此令。

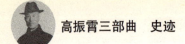

又令雷缦、高丹均给予四等嘉禾章。此令。

12月7日，大总统令署农商总长李根源呈秘书王嵩儒、刘宗靠、周宗泽、传增淯、李宏毅、魏桢呈请辞职，均照准。此令。

又令署农商总长李根源呈请任命卢铸、刘寿朋、缪尔绰、陈匪石、周玉书为秘书，应照准。此令。

又令戈宝琛晋给二等嘉禾章，卢香亭、董棣辉、彭德钰均给予四等嘉禾章。此令。

又令李廷彩晋给三等嘉禾章。此令。

又令绍曾、吕泮林给予三等嘉禾章，徐裕沾晋给四等嘉禾章。此令。

又令俞缦、潭云黼□烈、李修梅均给予四等嘉禾章。此令。

又令秦曾荣、朱黼、张树桂、曾权均晋给四等嘉禾章。此令。

资料来源：《申报》，1922年12月9日

命令二

大总统颁布二十三令

高振霄获二等嘉禾章

1月10日，大总统令特授金永炎以勋五位。此令。

又令张广建授为陆军中将，唐仲寅、龚光明均加陆军中将衔。此令。

又令任命李根澐为将军府参军。此令。

又令内务部呈准江苏少长韩国钧咨请任命潘承鼐试署苏州警察厅警正，应照准。此令。

又令熙钰给予一等大绶嘉禾章。此令。

又令鄂奇尔巴图、车林端多布恩和阿木尔湍多布均给予二等大绶嘉禾章，多尔济帕拉穆给予二等嘉禾章。此令。

又令海永澄、希尔巴敦鲁布、阿拉玛斯图呼均给予二等文虎章。此令。

又令韩彩凤、陆福祥、陆云高、李宗仁、刘日福、翟翰华、李绍英、谭忍均给予二等文虎章。此令。

又令胡人俊晋给二等文虎章。此令。

又令蒋士立给予三等嘉禾章。此令。

又令张国柱、谭浩澄给予四等文虎章。此令。

1月9日，大总统令唐理淮、陈光谱均晋给二等大绶实光嘉禾章，唐实锷给予二等大绶嘉禾章。此令。

又令王毓芝、魏明山均晋给二等大绶实光嘉禾章,冯文煜晋给二等实光嘉禾章,顾琢塘晋给二等大绶嘉禾章,牛向辰、张耀枢、凌重伦均晋给二等嘉禾章,王启贵晋给三等嘉禾章,李彦青、沈熙照均给予四等嘉禾章。此令。

又令陆增炜给予二等实光嘉禾章。此令。

又令全绍清、吴锡永均给予二等大绶嘉禾章,陈兴仁晋给三等嘉禾章。此令。

又令黄策成给予二等大绶嘉禾章,叶复元、邓献璞、樊文耀、程志卓、于溥、陈应昌、高振霄、毕鼎琛均给予二等嘉禾章。此令。

又令载扰给予二等大绶嘉禾章。此令。

又令吴健晋给二等嘉禾章。此令。

又令温良彝、李自学、李自昌均给予二等嘉禾章,金殿书、曹琨、龚辅国、王德富、张沛泽、邓春翔、孙绍虞均给予三等嘉禾章,邹登鳌、伍绵勋、番迎恩、许佩、张映瀛、张德洋、徐宗稺、张德芳、黄开锦、革履坦、张映宝、董仲、尹明德、杨发锐、龚金溥、陈斌、陈翘、马树声、邓璋、王有蓉、戢援、周冕、欧阳洪烈、杨连城均给予四等嘉禾章。此令。

又令罗家衡给予二等文虎章。此令。

又令邢塇给予三等嘉禾章。此令。

又令加茂贯一郎给予三等文虎章。此令。

1月6日,大总统令兼署陆军总长张绍曾呈请授玉禄喇承基、马廷俊为陆军步兵中校,马荣华、萧焕章、张庆云为陆军骑兵中校,杨锦清为陆军步兵少校并加步兵中校衔,马永昌、马进福、汤廷彦为陆军步兵少校,陈永和为陆军骑兵少校,均照准。此令。

资料来源:《申报》,1923 年 1 月 12 日

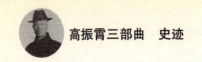

十一、追悼国会议员尚镇圭

国会议员尚镇圭疾终沪寓
高振霄等为其发起追悼会

国会议员尚镇圭病殁后,护法议员拟为其发起追悼会,昨已发出通启云:敬启者尚君镇圭,品高志坚,主持正义,向为吾人所钦佩。不幸于本月 18 日疾终于沪寓,同人闻之不胜悲悼,乃于 19 日在国会议员通信处决议订期追悼。兹订本月 23 日筹备追悼事宜,届时务乞贲临为盼,余不一一。发起人高振霄、王烜、张宸枢、白云梯、恩克巴图等叩。

资料来源:《申报》,《二十三日开筹备会》,1923 年 10 月 22 日

尚镇圭追悼会假定三马路慕尔堂
高汉声起草通告张秋白撰拟祭文

议员尚镇圭身故后,护法议员拟为开会追悼已纪前报。现悉追悼地点已假定三马路慕尔堂,通告已由高汉声起草,祭文则归张秋白撰拟云。

资料来源:《申报》,《尚镇圭追悼会筹备消息 地点定慕尔堂》,1923 年 10 月 27 日

十二、议员同志会选举干事记

国会议员召开同志会
高振霄当选宣传干事

国会议员同志会于昨日(18 日)下午一时假尚贤堂商科大学礼堂开会推举各组干事,到者五十余人,樊文耀主席。谭正谓本会会章第二条原文为"本会由国会议员赞成本会宗旨者组织之",鄙人以为上项原文太嫌空泛,应加入"但参与贿选及伪临会等不得加入"。众无异议,通过。次,投票选举基金监三人,各组干事五人,由主席推定焦易堂、谭惟洋、王福缘、丁象谦四人监票,茅祖权、史之照唱票,至六时十分始毕。今将当选者姓名录下:(基金监)谢持、陶礼桑、徐可亭;(文书)茅祖权、张知本、王福缘、童杭时、陈玉麟;(宣传)张继、杭辛斋、王烜、陈荣广、高振霄;(交际)张于浔、焦易堂、邓问山、彭养光、彭介石;(会计)阎容德、张凤九、萧炳章、董耕云、徐清和;(庶务)许镇庚、史之照、李希莲、詹调元、于恩波。

资料来源:《申报》,1923 年 11 月 19 日

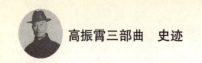

十三、蒋总司令欢宴各代表 群英毕至

庆北伐胜利蒋总司令丁园设宴
高汉声等要人参加李宗仁报告

南京通信：自革命军北伐胜利,关于粤闽苏浙皖黔等省已完全隶于国民革命军旗帜之下。其西北军及晋豫鄂湘赣川□各省区军事要人拥护革命军,表同情于北伐及反共者均正在进行中,纷纷派遣代表来宁,作军事政治党务上之重要接洽。蒋总司令于八日晚全城提灯庆祝胜利,声中在丁园设宴招待,计有西北军代表宋良仲、唐佛哉、刘干臣,山西代表刘朴忱、建国军高等顾问徐瑞霖,军需处长邓建侯,云南代表李子□、张西林、赵铁桥,湖北新编第十军代表(夏斗寅派来)鲍准,湖南特务员何雪竹、田应诏;由前敌来宁之第七军军长李宗仁及其他与有接洽之各要人及代表葛静岑、王槐三、方本仁、林特生、宋阜南、丁鹏九、蒋绍昌、张又莱、张文白、吕志伊、高汉声、李伯英、吴亦生、黄介民、蔡道扶、俞蕴兰等,及首都各机关领袖均陪席,济济一堂,宾主谈极欢洽,各表示竭诚合作。李宗仁报告皖北战事胜利经过,至为详尽,均谓乘机进取,北强南服,可传檄而定也。

资料来源:《申报》,1927 年 6 月 11 日

十四、上海国会议员通信处(恺自迩路二八二号)

本埠(上海)恺自迩路二八二号国会议员通讯处系民国六年中山率舰南来护法招待议员而设,此后迭经改变,该处均为护法议员通讯机关。前岁,曹锟贿选亦屡次集会表示正义主张。去岁讨贼告成,该处议员均已四散,分赴京郑各处,仅留高振霄一人主持一切。

(一)议员赴渝川资问题之解决

在沪旧国会议员通讯处开谈话会

高振霄就赴渝川资问题发表意见

在沪旧国会议员昨日午后一时在议员通讯处开谈话会,到者八十余人,吴议长主席。报告此次代备船票有鉴前次,赴渝议员领到川资,留沪不行,是以特备船票,藉以督促外间谓议长从中图利实无其事云云。高振霄发言,以有关国会事件非开会公决不生效力,此种办法无论有无图利,未经开会决不承认。至前次领到赴滇川费不行,诸君实因议长勾留沪上,同人怀疑,因此观望,并无别故。如此次议长决心赴渝,同人无不前往,不必过虑。董昆瀛谓,离粤赴沪时,议长以迁沪定有办法,今日如何?此次赴渝是否诚意护法,抑挂牌子与北方做买卖换个人利权?请议长答复。此次赴渝余一定走,决不再留沪上,至于如何走法,可不必管。次由杭辛斋、张我华、陈宗常相继发言,讨论终结公决:(一)否认代备船票,改发川资;(二)在粤及内地内赴渝如未领到此项川资,到渝后补还;(三)此次赴渝诚意护法,旅粤及内地同人均设法函招,早日前往。至五时散会。

资料来源:《申报》,1920 年 8 月 25 日

(二)昨日国会议员之谈话会

旅沪国会议员开会讨论时局

推定高振霄等管理经费事宜

国闻通信社云,旅沪国会议员于昨日下午二时在恺自迩路通讯处开谈话会,到者三十六人,公推康汝粗主席。先由刘云昭发言,谓今日开会所欲讨论者,计有三点:(一)北京国会已闭会,同人否认其开会效果之宣言宜从早发出;(二)时局至此,北上同人奋斗情形亦已累次接有报告,同人应否派代表与孙中

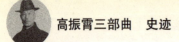

山先生接洽；（三）经费问题次由茅祖权将张知本起草之宣言向众朗读，并谓派代表谒见中山先生此时尚无必要。众对宣言无异议。关于第二层，刘云昭谓，如同人认为此时尚非必要，可待下次会再讨论。末讨论经费一层，方潜、张凤九等相继发言，金主应公共推入管理，常推定高汉声等二人办理其事云。

资料来源：《申报》，1922 年 9 月 25 日

（三）前晚谈话会情形

国会议员通讯处召开谈话会
高振霄等研究讨论澈底护法

前晚谈话会情形。国会议员通讯处前晚（27 日）九时为推举办事人员开谈话会，到者百四十三人，公推卢一品主席报告开会宗旨，毕，当推定茅相权、李希莲、高振霄、李建民、张知本五人为起草员，旋由凌铖、茅祖权、廉炳华、高振霄、李希莲、孙品障、潘大道等相继发言，对于护法澈底的研究互相讨论，非达到实行护法不已。并谓我们护法同人经多人风浪，无非欲贯澈护法两字目的。现在国势阽危，责任益重，我同人须各竭其力，一致振起，庶不负国民希望之盛意，而内亦无疚于心。众鼓掌，继又为前次各省区推举一人为通讯处干事，尚有湖南、福建、云南、安徽、华侨、陕西、四川、河南、广西九省区未行推定，主张再函敦促，准 29 日以前一律推定，至十时二十分散会。

组织俱乐部。各省籍议员为联络情感、交换意见、发展会务起见，均有组织俱乐部之必要。所谓先谋局部之小团结，再总共成一具体的大团结，庶免纷繁庞杂之弊害，以期同力合作之完成，现已分途接洽办理。俟本月 31 日发第二次公费时加入俱乐部者，每人缴纳经费二十元云。

又讯，国会移沪办事处昨接奉省议员来电询问在沪情形。闻该会昨曾复电云：奉天省议会驻奉国会议员诸公鉴。宥电敬悉，日来同人南下者络绎，□沪开会在迩，祈速命驾，旅费储存以待云云。

资料来源：《申报》，1923 年 7 月 29 日

（四）国会议员通信处开会纪 整理内部 改选职员

国会议员通信处召开会议
高振霄等当选文事组职员

国会议员通信处昨日开会，康汝粿主席。（一）张凤九报告国会议员同志

会，已议决迁至本处同居，应如何办法，请讨论。经众讨论后，以迁入一层，为节省经费起见，自无异议。至房屋分配，决以楼上房屋归通信处，楼下供同志会办事，会场合用，所有非议员则请共迁出，并推出张凤九、张于浔二人代表执行。（二）改选职员。先将章程解释，凡干事同组者不得连任，当即投票改选，结果当选者：（文事组）李希莲、陈荣广、高振霄，（会计组）张凤九、史之照、徐邦后，（庶务组）张景纯、刘汝麟、吕荫南，（审查组）孔绍尧、康汝耜、张于浔。

资料来源：《申报》，1924 年 4 月 2 日

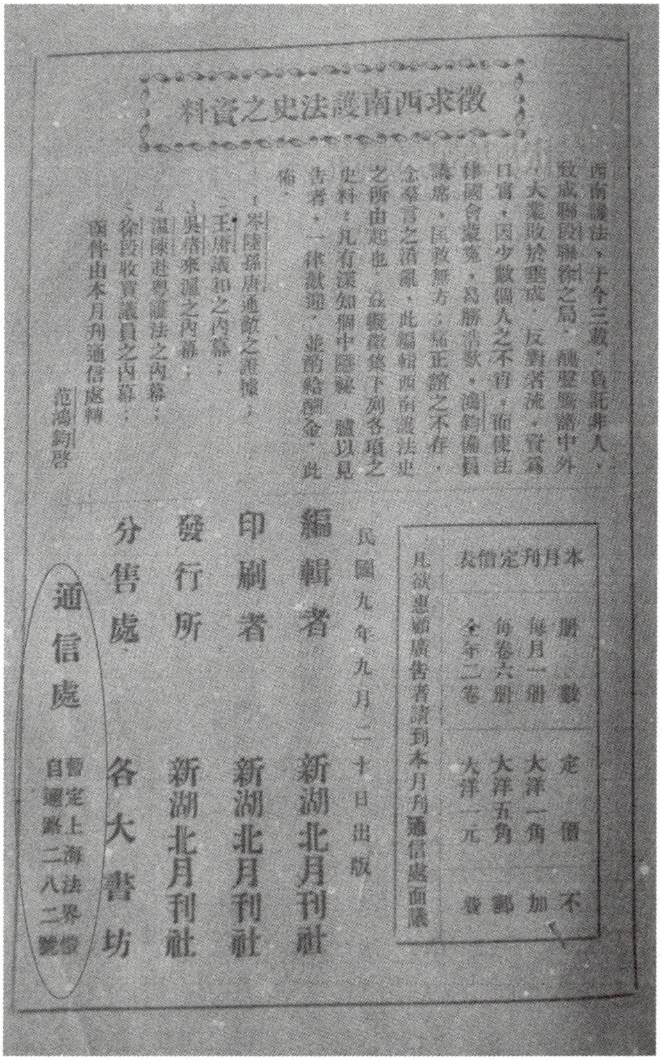

徵求西南護法史之資料

西南護法，于今三載，負託非人，致成聯段聯徐之局，醜聲騰播中外，大業敗於垂成，反對者流，資爲口實，因少數個人之不肖，而使法律國會蒙冤，爲勝浩歎，鴻鈞備員議席，匡救無方，矯正譏之不存，念羣言之淆亂，此編輯西南護法史之所由起也。茲擬徵集下列各項之史料：凡有深知個中隱秘，賜以見告者，一律歡迎，並酌給酬金，此佈。

1 岑陸孫唐通敵之證據；
2 王唐議和之內幕；
3 吳褚來滬之內幕；
4 温陳赴粵護法之內幕；
5 徐段收買議員之內幕；

函件由本月刊通信處轉　范鴻鈞啓

本月刊定價表

册數	定價	不加郵費
每月一册	大洋一角	
每卷六册	大洋五角	
全年二卷	大洋一元	

凡欲惠顧廣告者請到本月刊通信處面議

民國九年九月二十日出版

編輯者　新湖北月刊社
印刷者　新湖北月刊社
發行所　新湖北月刊社
分售處　各大書坊
通信處　暫定上海法界愷自邇路二八二號

《新湖北》编辑部与旅沪国会议员通信处同在上海法界恺自迩路二八二号

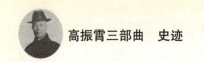

十五、高振霄与章太炎

（一）共和党的外争内裂

统一党领袖章炳麟发表《宣言书》坚持独立不随乱流
共和党分化为新旧两派高振霄等人为新派反对袁世凯

　　1912年5月，共和党在北京临时参议院击败同盟会后，6月，又充当了袁世凯的御用工具，竭力反对同盟会提倡的"政党内阁"。6月18日，唐内阁倒台时，共和党人兴高彩烈，他们立即在京召开紧急秘密会议，认为这是乘势打击同盟会的绝好机会，既可使之"归于劣败"，又可取而代之，重新组阁。于是，会议决定五项：(1)对同盟会广为布谣，并令各机关报竭力攻击，使其个个体无完肤；(2)京、津、沪、汉报馆，均由党中寄稿，一致进行；(3)邀某政治顾问谒袁进谗，谓同盟会无健全分子，无学识，无经验，外人不信任，此后万不可用其会中人；(4)择日再开全体职员会，广征意见，藉此将同盟会一网打尽；(5)推举候补国务员，取而代之。霎时间，共和党上下呼应，群起而攻同盟会。在北京，共和党代表张伯烈、丁世峄等人，大骂唐绍仪，宣布"同盟会员实不宜再为总理"。共和党在京、津、沪、汉的机关报，大造舆论，对同盟会进行攻击，尤其北方，"与同盟会冲突者，唯共和党最为激烈"，"共和、同盟两党，以个人势位相争"，"共和党人内欲与同盟会争权利，外又不敢表彰；同盟会人内欲与共和党争权利，外又畏其兵力"。"共和、同盟二家，日以心斗"，"睚眦相怨，饮恨无穷"。

　　1912年8月，同盟会与统一共和党等几个小党合组国民党后，共和党再次与国民党对抗，采取挑拨离间的策略，破坏国民党的活动。他们一面向袁世凯进谗言，说国民党野心勃勃，若明年选举得胜，总统权力将为所夺；一面则向国民党人通风报信说，袁世凯不过与孙中山、黄兴委蛇，渐收政权，已交王赓五万元，接济统一党，以制国民党。同时，又离间国民党内部的关系，制造派系之争。布谣离间成了共和党人对外竞争的重要手段。此外，他们还用封官许愿、金钱收买等方法，来同自己的对手进行竞争。这就是梁启超所说的"使为公正之党争"，在共和党人中的具体运用。

　　由于共和党派系复杂，山头林立，分权不均，又缺乏强有力的组织领导，它终于无法克服其内部的矛盾。1912年5月，共和党在上海成立不久，统一党领袖章炳麟发表《宣言书》，坚持独立，"不随乱流"。与此同时，黎元洪"又发起大同会,自为会长,似其意亦不愿在共和党"。6 月底,在共和党与同盟会冲突最为激烈的时候,"共和党则自相冲突,日有寻仇,而上海一部尤甚"。旧立宪党中的"江浙派"与"京津派"也有矛盾,都企图排斥旧革命党的势力,争夺共和党的领导权。由此引起了共和党内部分化成为"新""旧"两派:"新派"以原民社成员张伯烈、郑万瞻、刘成禺、胡鄂公、时功玖、高振霄等人为中心,包括原统一党"少壮派"黄云鹏、王湘、吴宗慈、王绍鏊、解树强等人。1912 年 8 月,共和党人、原民社重要骨干分子张振武和方维两人,突然在北京被袁世凯和黎元洪阴谋杀害后,刘成禺、时功玖等人极为不平,他们在北京参议院与国民党议员一起,同黎元洪、袁世凯展开斗争。在共和党开会时,刘成禺甚至提议取消黎元洪理事长的职位,并且打算脱离共和党独立。

共和党中的"旧派",以张謇、熊希龄、孙武等人为首,包括一批旧官僚派、投机政客以及少数旧革命党蜕化变质分子。重要骨干有杨廷栋、孟森、黄群、陈敬第、籍忠寅、李国珍、王家襄、江荣宝、孙发绪、江彭年、丁世峄。他们控制共和党的领导权,直接或间接地充当了袁世凯的御用工具,他们人数不多,但活动能量很大,狡险相似,实为祸本。

资料来源:张玉法著:《民国初年的政党》

(二)章太炎与五卅运动

汉口英租界爆发英人戕杀中国苦工惨案
高振霄章炳麟等发表唤醒全国军人通电

1925 年的五卅运动是我国近代史上的一件大事,"是中国有历史以来一次反对帝国主义的最大运动,也是中国职工运动自有历史以来一个最高涨的时期"(刘少奇《一年来中国职工运动的发展》,载于《中国第三次全国劳动大会会刊》1926 年 5 月),是"在中国革命史上开一新纪元"(张太雷《五卅运动之分析及纪念意义》,载于《人民周刊》1926 年 6 月 26 日)。

这个运动发生在军阀混战、内忧外患交织的北洋政府统治时代,那时是旧中国最混乱最黑暗的时期之一,正如鲁迅所描绘的那样,"城头变换大王旗,忍看朋辈成新鬼。"当时中国共产党刚刚登上政治舞台,而中国资产阶级革命党人,在领导辛亥革命胜利以后,对于怎样引导中国走向繁荣富强,已是计穷力尽,特别是护法战争的失败,更使他们陷于无所适从之中。孙中山先生经过不断失败和摸索之后,终于找到国共合作的道路,提出了新三民主义,确定了联俄联共和扶助农工的三大政策,可惜在五卅前夜,他与世长辞了。

我的祖父太炎先生,在辛亥革命后,虽仍苦苦奋斗,但"二次革命"和"护国"、"护法"诸役相继失败,使他认清了"南北军阀是一丘之貉",可是对于依靠谁来救中国,仍感到迷惘。因此他既不附和北洋政府,也不支持南方力量,甚至连广东建立的革命军政府也被他当作脏水一起泼了出去,并且发出了与时代潮流颇不合拍的"联省自治"和"委员会制"等主张,在政治上日见落伍,先前以革命家身现的光泽逐渐黯淡下来。

可是在这漫漫长夜里,他的爱国主义思想龢民族主义精神,依然没有泯灭。五卅惨案发生后的第二天,他立即偕同褚辅成、周震麟、曾彦、张冲、王丽中、袁华选、蒋光亮、张启荣、但焘、徐伟、程耀楠等老革命党人和社会名流,发出《为上海英租界巡捕惨杀学生之通电》,声讨英帝国主义屠杀我同胞的罪行。通电全文如下:

"北京临时执政、国会非常会议、省议会联合会、商会联合会、各省区军民长官、各省议会、教育会、农会、商会、工会、律师公会均鉴:5 月 30 日,上海各校学生因反对外人越界筑路及加码头捐事,游行演说,至英租界,被拘四十余人,因复拥至南京路英巡捕房,要求释放。英捕交涉未已,任意开枪,伤学生及路人二十一名,当场死者四人,重伤致毙者七人。英捕房自谓保护治安,而学生实未携带金刃,空言求情,何害治安? 乃竟开枪杀人,波及行路,似此妄行威虐,岂巡捕之职当然? 事后学生要求驻沪交涉员与领事谈判,请将行凶巡捕治罪,而该捕房犹始终狡展,连续两日,仍于马路枪杀市民不绝。是则租界吏役擅杀华人,一切可以保护治安借口,恐虽专制君主亦无此残戾也。某等以英捕而不治罪,固不足以肃刑章;英捕而果治罪,亦未必足以防后患。惟有责成外交当局,迅速收回租界市政,庶几一劳永逸,民庆再生。且向日租界所以自诩者,不过曰内地官厅保护商民之力,远逊于租界耳。然自顷岁以来,绑票行劫之事层见迭出,租界巡捕无奈之何,比之内地都会,鸡犬不惊者,防护之力,优劣悬殊。而今英捕复恣以兵器杀人,则内地警察固无此事。苟人民为自卫计,政府为保护人民计,以收回租界市政开议,英人虽悍,当亦嗫口无词。至收回以后,英人所置私产,仿日本居留地法,仍可任其营业,则于通商原无所碍。唯租界之名,在所必废;英人所设市政廨宇,在所必收。戡凶暴而惠黎元,殆无逾此。素知诸公爱国卫民,无间遐迩,用是直陈愚戆,恳请一致主张,期于必效,使水深火热之民早登衽席,则非仅上海一方之幸也。"(载《申报》1925 年 6 月 6 日)

这个通电,不仅义正辞严地谴责了英帝国主义的罪行,而且提出"迅速收回租界市政""使水深火热之民早登衽席"的主张,在国内外引起强烈的反响。

6 月 11 日,继上海五卅惨案之后,汉口又发生了英帝国主义者屠杀我国同胞惨案，祖父立即再次与褚辅成等联名发出《为汉口英租界惨案唤醒全国军人》的通电，全文如下：

称谓（略）："上海英捕房肇衅，贼杀吾民，交涉未了，而汉口英租界戕杀苦工之事又见告。是则英人于此，绝无悔祸之心。究其所以跋扈如此者，实由频年军界内争，置外患于不顾，故英人得伺隙而起。临时政府及工商学界，对于此案，非无严重之抗议，相当抵制，而彼方犹恃顽强，听之藐藐。然则樽俎之外，当有折冲，非可以徒手交涉明矣！历观诸公对外交各电，濡笔陈词，非不慷慨，然果使同心卫国，何不连名署电，表示一致，使英人有所慑而不为？且国家之设军队，自警备队外，皆名国防，年来内战频烦，其始或能树名义，其终且自为私图，乃并国防名义而亦忘之。长夜未醒，外衅猝至，若不尽释旧嫌，武装卫国，微特本案永无了结，正恐英人所以蹂躏吾民者，又将出于上海、汉口之外。彼焰愈张，民心愈愤，此后越出轨道之举，又焉能保其必无，则遍地皆成荆棘，诸公亦无所藉手矣！窃请连名署电，敦促临时政府涵外，更尝请求临时政府开一国防会议，以国防纪律之师，卫国防重要之地，庶足对现局而毖方来。仆等手无尺兵，不得不以空言督责。诸公身绾军符，高权在手，若亦以空言自了，甚非所以望于介胄之士也。章炳麟、褚慧僧、蒋伯器、黄大伟、周震麟、袁华选、张坪坦、懋辛、蒋光亮、但焘、熊烨、顾忠琛、王绍鳌、朱树藩、曾彦、聂豫、叶增铭、吴永珊、王丽中、焦子静、赵铁桥、汪东、杜仲伏、王心叁、高振霄、孙锄云、石隽寿、宋韬、徐伟、程耀楠叩，铣。"（载《民国日报》1925 年 6 月 19 日）

这一通电公然指出惨案频发，是由于"频年军界内争，置外患于不顾，故英人得伺隙而起"，矛头直指国内军阀混战，揭示了帝国主义趁机肆虐的根源，可谓切中要害，发人深省，其一片赤子之心，跃然纸上，足以显示老人们忧国忧民的真情挚意。

6 月 26 日，上海美专学生会举办"救济五卅书画展览会"，征集现代名家书画及青年艺术家的作品数千件，编号发券出售，每券售洋一元，以募得之款支援五卅运动牺牲者的家属和正在坚持罢工斗争的工人。展览会中除了有美专教授作品外，还有祖父，以及康有为、王一亭、吴昌硕、曾农髯、沈恩孚等的书画。祖父除了通电声援五卅运动外，也用他的书件参加展售，支援五卅运动。

7 月 1 日，上海大学党团组织和其他一些大学进步学生，为了唤醒民众，派出宣传队到各地，宣传五卅惨案经过。出发前群治大学学生会代表访问了我祖父，祖父当时是群治大学创立人和校董之一，他对学生会代表说："五卅惨剧，举国悲愤，民气激昂，实行经济绝交，一致对外，足见吾民族精神未死。近汉粤又继续发生惨案，英人实属惨无人道。吾人现时须一致对英。沪上交涉，虽已移京，无论成败，应努力奋斗，坚持到底。交涉员虽不努力，有民众为后盾，当不虞失败。唯至使吾人悲叹者,国内军阀勇于内争,怯于公战,所发言论未尝不冠冕堂皇,查其所行适背道而驰,故军阀已不可恃,所可恃者,惟吾民众耳。不过民众手无寸铁,现学生联合会虽有军事委员会之组织,而收集军械,则极感困难,但以现时激昂之民气,一面督促政府,一面实行经济绝交,努力奋斗,坚持到底,终必得最后之胜利。"(载《章太炎对学生代表之谈话》,《申报》1925 年 7 月 2 日)

这番谈话进一步阐发了先祖父对五卅运动的看法,认识上进一步有所发展,指出惨案的根源在于"国内军阀勇于内争,怯于公战",救国御侮,只有依靠民众,并提出"一面督促政府,一面实行经济绝交"。他这种敢说敢骂、无所畏惧的气概和对帝国主义与军阀官僚疾恶如仇的铮铮骨气,对祖国和对人民的虔诚的爱,给了五卅惨案受害者和广大罢工罢市罢课的人们以极大的支持。

先祖父在五卅运动期间的言行,可以说是再现了他当年矢志不怕坐牢,不怕杀头,推翻清王朝的革命风貌,这是他在那傍徨苦闷的岁月中闪烁出的一道思想复苏的光芒。可惜这道光芒不久又熄灭在黑夜之中。事实证明,一个爱国主义者,如果不能跟上时代的脚步,自觉进取,接受先进思想,顺着历史潮流前进,结果必然是可悲的。我的祖父太炎先生就是这样。

资料来源:章念驰,《章太炎与五卅运动》,《上海文史资料选辑》第四十九辑,上海人民出版社,1985 年 4 月版

(三) 革命家章炳麟

孙传芳邀章炳麟赴南京贺六十寿辰
高振霄徐绍桢冯自由等十多人同行

当时,吴佩孚、张作霖、孙传芳都争相罗致章炳麟,其中孙传芳用力尤多。1926 年 1 月 13 日,是章炳麟虚岁 59 岁,依"做九不做十"的习俗,孙传芳特送大餐券 100 席和白兰地一箱为祝。2 月 22 日,孙传芳邀请章炳麟、徐绍桢、冯自由、高振霄等十多人专程到南京,盛宴招待,商议时局问题,孙传芳本人还到旅舍专门拜谒章炳麟。5 月 4 日,孙传芳在上海就淞沪督办职,章炳麟又率沪上名流公宴孙氏。8 月 8 日,章炳麟又接受孙传芳与江苏省长陈陶遗特聘,到南京出席修订礼制会成立大会,担任该会会长,并专门举行了雅歌投壶之礼。尽管章炳麟深知,这些鼓乐对孙传芳等人说来,无非"鼓簧如对牛",面对"铜马遍地争王侯"的现实,他发出了"郑生郑生歌且休"的哀叹,并在第二天就离宁返沪。但是,去为孙传芳制礼作乐抬轿子这一行动本身,就是对孙氏的政治认同。

资料来源:姜义华著:《章炳麟评传》,2002

（四）徐章联袂返沪

高振霄章太炎等受孙传芳电邀抵南京
孙在总司令部设宴为其洗尘共商时局

南京通信民党要人章太炎、徐绍桢及护法议员冯自由、高振霄等十余人曾受孙传芳之电邀,于22日抵宁。当日晚间,孙即在总司令设宴为徐章等洗尘。翌日正午,孙陈二氏复共同设宴于司令部并邀本城各厅道作陪,席散后,孙陈即与章徐等商议时局问题。24日午,前南洋第九镇同人沈同午、杨建时等一百余人欢宴章徐等于沈氏私邸。下午徐氏偕沈同午等赴玄武湖游览,徐氏本有房屋一所在于湖畔,已朽旧不堪。徐见湖景颇佳,已商沈同午代为雇工修葺,将来拟将眷属移居是处,至晚始联袂入城。今晨,章徐二氏分赴孙陈二处辞行,下午二时许乘汽车出城。事先由孙陈等派有军营军乐在站欢送,并嘱路局专挂花车一辆,接于三时五十分之特别下行车。后章徐到站,军乐齐鸣,迨汽笛一声,车即移动矣。又闻章太炎寓居交通旅舍时,23日孙传芳曾亲赴该往旅舍拜谒。章曾对孙表示督军之席颇不易为,试观已督军其结果末有良佳者,君今且为五省联会总司令,其权位之大较诸督军增加五倍,则尤不易,为希望好自为之,则五省人民之幸也。孙颇韪其言。

资料来源:《申报》,1926年2月27日

（五）国民外交协会聚餐纪

高汉声章太炎等各界名流加入国民外交协会
假四马路一枝香聚餐中外新闻界到者百余人

国民外交协会昨午十二时假四马路一枝香开第二次同志聚餐会,到会者章太炎、徐固卿、黄大伟、周伯尧、杨春缘、徐锡麟等。中外新闻界到者:《大陆报》郝志翔、《字林报》叶俊恺、《申报》《新闻报》、各通信社记者共一百余人。首由主席王万叶致欢迎词,谓本会上届成立大会承各界到会,共襄成举,无任欣幸。本会自上次成立大会公推章太炎、马湘伯、黄大伟、杨春缘诸先生为本会会长,诸公学问道德为全国推崇,登高一呼众山响应,本会得此诸位耆宿,前途是无限量。今日与会诸君皆社会名流,鄙人谨为竭诚欢迎云云。次,萧鉴冰报告筹备经过情形:本会2月间即起始筹备,先定名为中俄外交协会,后经3月2日会议议决改为国民外交协会,至4月12日方告成立。杨春缘演说可分四点:第一,

打倒赤化;第二,维护国权;第三,确立外交方针;第四,发扬民治精神。会长马湘伯演说演词过长,从略。章太炎演说谓,打倒赤化无非缓急先后之问题,全赖国民力量去做。中国向来以模仿为我之思想,此实中国国民之病根。民国十五年来,内政不修,外交凌夷,国民若不起而努力,将来必失去国性。今本会既经成立,希望群策群力,一致对外。复由主席宣读职员名单,徐翰臣祝词云,协会成立业已一周,职员选出均属名流,今日宴会交错觥筹,同气相应,同声相求,如何发展端赖嘉猷,将来内政何望新休,此后外患不必再忧,救民救国功在千秋。会毕已四时矣。职员名单:名誉会长章太炎、徐固卿、黄子荫、邓家彦;会长马湘伯;副会长杨春缘、沈田莘;总干事萧鉴冰;总务股李次山、徐子贤、俞耀培、袁松亭、唐屏西、汪庠伯、汪雪琴、徐耀时;文书股孙镜亚、稽葊青、周剑寒、顾二泉、梁耕荪、韩子明、逃鉴良、奚燕子、童应时;宣传股何世桢、张四维、徐翰臣、赵君豪、吴江东、徐锡麟、詹静安、孙霁青、魏邦卿、乐树滋、史观涛;交际股沈卓吾、郝志翔、周孝庵、王锦标、季瑞庭、张振远、毕振达、周伯尧、马鸪章、李蔚岚、甘新民、蒋燮动;调查股陆文中、戈公振、吴乃衍、袁晓岚、洪东夷、罗炳、梅钧、翁乃容、周慎经、朱润斌、陈翊庭;出版股高汉声、颜执中、闻野鹤、胡憨珠、徐传霖、冯国基、吴志成、林炎夫;评议长王万叶;副议长童理璋;议员徐畏三、谢惠庭、沈仲俊、侯三阳、严伯肆、姚菊人、龙香山、冯秋心、张瑞琛、尤仲廉、吕静斋、马德年、黄耕伯、黄介民、于洁夫、孙镜湖、张秉鑫、俞仲英、吴伯超、胡菊生、蒋介民、蔡鼎成。

资料来源:《申报》,《国民外交协会聚餐纪》,1926 年 4 月 19 日

(六)救国大联合干事会记

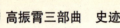

救国大联合召集干事会
高汉声章太炎因故缺席

反赤救国大联合于昨日午后三时召集干事会,到有冯自由、邓孟硕、薛钰杰、梁烈亚等二十余人,主席章太炎缺席,邓孟硕代首提出香港中国平民自救会来电,均主作相当之答复。次严伯威代表高汉声提出关于宣传应行事件案,讨论结果暂保留。次通过严伯威介绍张人伟等人会案,复次对于支分部组织法。(略)另讨论兹将香港中国平民会来电,照录如下:反赤救国大联合诸先生钧鉴。赤祸蔓延,流毒今世,全国痛愤。□扫妖氛,不组巨团,末由倡率。诸公均万流镜仰,联合反赤,举国景从。将来扫荡暴民,进而实现平治。胥基于此,敝会志切同舟,义当共济,敬祝奋斗,并竚嘉言。香港中国平民自救会养。

资料来源:《申报》,1926 年 5 月 6 日

第五章　巴黎和会与五四运动

　　　军政府政务会议对于参议院议员高振霄提出派遣欧洲代表之建议案。结果拟派伍廷芳、孙文、王正廷、汪兆铭、伍朝枢五人为代表，一面提出国会通过，一面通知各国，并拟派张继、李煜瀛两人先行赴欧调查一切，所有代表经费已通电护法各省合力筹备。

　　　　　　　　——节选自《西南之对外问题》，《申报》，1918 年 11 月 21 日

一、西南之对外问题

高振霄提出派遣欧洲代表建议案
国会议决拟派孙文等五人为代表

广东消息云:昨日(12 日)军政府政务会议对于参议院议员高振霄提出派遣欧洲代表之建议案。会议良久,结果拟派伍廷芳、孙文、王正廷、汪兆铭、伍朝枢五人为代表,一面提出国会通过,一面通知各国,并拟派张继、李煜瀛两人先行赴欧调查一切,所有代表经费已通电护法各省合力筹备。

北方关于选派世界议和会代表一事,钱能训曾于本月 17 日致外交次长伍朝枢一电,略:以欧战方终,和会肇始,执事于外交久着才望,亟盼相助为理。此事关系至重,务望不吝赞助等语。伍君当即覆电云:此次世界和会关系我国最为重要,唯南北尚未统一,若纯由北方遣派代表,南方断难漠视。且在事实上未能代表全国,法律上亦有问题,未必得国际承认。即获承认发言,亦无充份力量。故在南北未妥订派遣办法以前,个人勉强附骥对内对外亦无裨益,故未便承诺云云。

资料来源:《申报》,1918 年 11 月 21 日

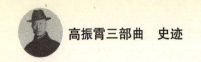
二、粤垣罢市后之各方消息

巴黎和会外交失败各处罢市罢工震撼全国
高振霄等质问护法政府要求取消中日密约

公民大会之解散。15 日一时许,学生公民仍在东园内开会。正在讨论中,忽有警察游击队由外入内,声明不准开会,立命在场各人即行散去。当时东园门首两旁满立军队,园外为空旷地,原分东西两路。是时西边一路禁止往来,约有军队十余人架有机关枪在此,于是学生公民纷纷向东边一路而出。甫至襟江茶楼,有数学生远望见一人乘手车由桥直落,急急上前,跪地抱头大哭。车中人急下车,以手扶各学生起立,安慰一番而去。闻此为参议院长林森,因往东园开参院谈话会者。是时学生等又多向西堤直去,亦有往河南者。又闻刘柱石昨早在龙藏街寓所为警察捕去,警厅布告如下:照得公民乃最宝贵之名,救国为至重大之事,万不能以冒混卤莽出之贻误全局。乃查东园所谓公民大会,其初尚有秩序可言。连日以来,除少数学生外,皆闲杂人多甚,而一般无赖地痞随同鼓噪。其发为言论者不外强迫罢工、罢市、武力对待商场,其见诸事实者不外结队联群,分赴铁路、电灯、自来水、电话、米搅各处所及四乡轮渡,迫勒停机一日。则游行街市、驱逐车夫小贩、捣毁街灯招牌,对于繁盛商场则恐吓关门,秽口谩骂,有如魑魅昼现,以至一日数惊。昨又转而包围省议会,始则威迫签字,继则喝打议员,豕突狼奔,闹成一片。警队赶到保护拦阻,不准入门,与北京之假托公民团逼国会如出一辙。究其主动最力者,一为著名光棍,本厅拿办有案,释出未几之刘柱石;一为前者与龙济光、蔡春华出力密设地雷、水雷之黄焕庭。其人物则大污公民之名,其行事则违背救国之旨,而竟有少数学界堕入彀中,言之可痛。本厅长所以焦思苦口不愿操之过激者,固有投鼠之忌,亦恐贻笑外人。今既愈闹愈凶,即已忍无可忍,经将黄焕庭、刘柱石二名拿获讯究,并于本日起制止东园开会,口符警察治安条例。嗣后并不准有游行街上煽惑罢市及捣毁辱骂情事,如敢违抗,一律严拿重办。爱乡救国,正轨可循,各勿执迷予言不再切切。此布。另一消息云,15 日,魏邦平派警察游击队解散东园之公民,团查该队驻扎东堤一马路,原有第一、第二、第四共三中队,是日赴东园者独第四中队未去,缘该队长熊威于 14 日抵省议会时驱逐公民,用拳脚打踢,伤人甚多。学生工党多人以手指熊谓"汝做莫荣新侦探,我认得你",熊当时为之色变,故是日不到东园。是日,第一、二中队长钟韶、吴公侠入园后,有工党及学生多人对彼谓"我是广东人,你又是广东人,今日我辈在此集议,系为广东事。汝等所受薪饷皆广东人之血汗,何苦听人驱使,来此迫逐自家人?"钟等谓"我是奉上令行事,请各位回避去,彼此都易得办",遂驱逐各人出门。连日游击队均全队出巡城厢内外。15 日,魏邦平又电饬其担任长堤一带治安故,是日东西堤均有大队驻守,相望不绝。

15 日之市面。罢市风潮自 11 日起计至 15 日已足 5 日矣。是日午前,行经太平街、浆栏街、装帽街、十七八甫牛乳桥、杨巷、晓珠里、上下九甫、长寿里、德星里、长寿街、新胜街、西来初地眼镜街、晏公街、宁远坊灯笼街、故衣街、十三行白米街、靖远街、同兴街、长乐街、兴隆街、荣阳街、同文街、油栏门、竹栏门、长堤、状元坊、天平街、显镇坊、福德里、杉木栏,以及大新濠畔、小市高第等街及老城隍厢前至西门口四牌楼一带、第三甫至第八甫暨省长公署前之卫边街等各铺户,仍多上门间或全闭。十八甫至真光公司则将铁闸牵开二三尺,两旁派有三四人把守,货柜仍然关闭。该街之先施公司只开一门来往,余俱关闭。西堤之先施公司及大新公司则仍关锁铁闸,紧闭门户。广府前之大新公司只开右便小门,余犹关闭。该街之先施公司则全关闭,十八甫各处影画戏院亦已停演。又昨晚,长堤荣生防务馆因汽车大灯工人罢业,自借汽车大灯燃点,讵有人聚集向之滋闹。警察上前制止,不服,即向空鸣枪示威,各人始散去。本省电灯息后,各街夜市商店多购用大光汽灯以为替代,惟机器总会以汽车大灯亦在机器包括范围,应即一律罢市,昨特发函,警告劝令停业。该行接函后,特于 15 日假座下九甫品荣升酒楼大集行众讨论,多数主张罢市。当即决定,由 15 日晚起,所有同业如有擅行开火者,一经查出,除屏出行外并处一百元之罚金,以为自外同群者戒。本省米埠自罢市风潮发生以来,屡经公民团体函请歇业十三四日。复有学生数名分赴各家,着令立即闭门,勿干众怒。各该商众以风潮汹涌,不得已将铺门半掩,以免意外。惟以该行商业为民食所关,断难停止贸易,因集行众议决,必俟风潮稍定,始将铺门洞开。每日米市则仍照常贸易,俾维民食。广九铁路至 15 日下午三时已照常开行,唯是日开往香港之日夜船搭客仍属充斥。闻其原因,一由于往看庆祝大会,一由于未知铁路之已通。西瓜园商团总公所连日据各分团报告以现,因市面抢掠浮言未尽,恐有窃匪乘机纷请出巡,昨经大会集议公决,由各分团查照向例组织巡查武装分队出巡,专为防卫抢掠,以资自卫。而维公安即经分函各分团知照矣。

省会议员之声明。省议员致督军省长函云:敬启者,本月 14 日十二时省议会开谈话会,研究开议进行事宜。正讨论间,忽有自称公民刘柱石、胡文灿、韩瑞泉、林遇春、曾景星、谭竹轩、雷家炎等率领无赖苦力数百人蜂拥而来，直冲入谈话室内，先将电机占据门口把守，断绝交通，要求选举伍廷芳为省长，并声明伍氏极愿担任，立刻公决上场，来势汹汹不可向迩。同人等嘱其依法具书请愿，并允为介绍受理俟，定期开会再行讨论。乃苦辈忽又要求实时签名选毕，声色加厉拳脚齐起。惟时在场议员不过三十余人，既未足法定人数，益以暴行迫胁之，所为法律上根本无效。不妨姑允所请，以免当场冲突。讵若辈得寸入尺，再逼迫催促外间议员到会，凑足法数投票选举，一味恃众横行，并声言今日不将伍氏选出，立将议员打死等语。殆狼狈喧嚷间，适警察入场，弹压不服，制止放枪示威，始狼狈而遁。此皆当日实在情形也。查彼辈号称公民，实则衣履完整者，不过三五人，学生不过十余人，其余类多地痞细蒽，一言一动皆受人指挥。故为首者一二人鼓掌则众齐鼓掌，一二人呼万岁则众齐呼万岁，一二人喝打喝杀则众齐声喝打喝杀。隔别询问，大率不自知其来此何故，纯系金钱佣雇。计其授值，日各给领毫洋三四角不等。似此种种怪状，极天下未有之丑态，不特贻笑社会，实足妨害公安。况省城为军警林立之地，议会为立法庄严之场，竟敢公然聚众闯进议场，无理要挟，尚复成何事体，应请查明首从分别严办。现值开会期间，并恳令饬派军警严密保护议场内外，以维秩序而肃法纪。再者，近日自称公民者，假托公意无奇不有。昨日谈话会中，在场同人之姓名难保其不假借影射，在外招摇，向□方表示意思，但事属暴行胁迫，当然不生效力，合并声明专渤并颂勖。安河会议员谭炳华、谢桂生、官其驹、曾叔其、李国钧、何礼文等同启。

国会议员之质问。为质问事自外交问题发生，各处罢市罢工，奔走呼号，力拒签字，风潮彭湃，震撼全国。顷者广东市民群起响应，经开国民大会，要求护法政府三事：（一）下令讨贼；（二）取消中日一切密约；（三）任伍廷芳兼任广东省长。乃政府无相当办法，致起罢市已逾二日。今复有罢工之举，水火俱绝，若不速行解决，恐险象环生，不可终日。政府究应如何处置，限于三日内明白答复。提出者万鸿图，联署者居正、刘芷芬、马君武、王湘、卢式楷、董昆瀛、张知本、萧辉锦、于仲铨、李素、高振霄、李文治、黄绍侃、田铭漳、彭廷珍、周震麟、何畏、王猷、裴章渰、李正阳。

公民团请愿原文。昨日公民团为省长问题呈递请愿书云：为呈请事谨按临时约法，中华民国由中华国民组织成之，中华民国之主权属于国民全体。现在粤人治粤之主义早为全国所赞同，刻值省长无人，粤事纠纷已达极点。兼之外交失败，国亡无日，我国民我政府自应采取大多数同意，合力御外补救将来。现任总裁伍廷芳德望俱尊，早为东西各国所钦服。我粤人有谈及伍廷芳三字者，无论老幼男女，莫不起敬。爱戴之如父母，敬之如神明，挽回时局舍此老别无他人。已由我粤农工商学各界请愿八次,正式任为广东省长,以维粤局而顺舆情。兹值贵会开会伊始,用特依法请愿,俯恳据情转达军政府政务会议,一致主张披沥渎陈,不胜迫切待命之至。谨呈广东国民大会谨上。

资料来源:《申报》,1919 年 7 月 23 日

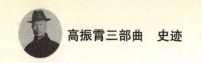

三、山东问题之经过事实

欧战伊始日本密谋占领青岛
高振霄揭露山东问题廿九条

中美新闻社译密勒评论报云,青岛问题尚未解决,兹将关于本问题之事实概述于后,以资研究。(一)1914年8月4日欧战开后数日,日本外相加藤在日议会宣布,日本预备履行英日同盟之义务。(二)中国同时声请美日两国(因彼等为中立国)从中斡旋,使各交战国尊重中国租借与各国土地之中立。(三)8月15日,日本致最后通牒于德国,谓德国应于9月15日之前将胶州全部土地交付日本政府,以便将来归还中国。(四)8月24,加藤外相送达对德宣战之天皇勅令内云"我政府与英政府彼此完全明白,接洽之后已协定用必要之方法以保护同盟约中所计及之共同利益。"(五)日本致德国最后通牒之同日大隈总理致电美国各报云"日本毗邻中国致发生种种谣诼,但余宣言于此。日本之行动,□凭清洁之良心合于正义,且其同盟国完全一致,日本并无占领土地之野心,惟望以远东和平之保护者自任。"(六)8月24日,大隈又致一电于纽约独立报云:余以日本总理之资格前已宣言,今再重行声明于美国人民及全世界,日本并无最后之目的,不再得土地,不想剥削中国或他国人民之任何事约,为彼等今所有者我政府及我人民已发表之诺言及保证,将以信义遵守之,一如日本向来之不失信。(七)日本宣战后数日即通告中国,谓因军事上之必要,须经过中国领土以攻青岛。(八)中国乃宣布一军事区域,9月2日,日军开始在山东各点登陆,由陆地进行围攻。青岛有数四队日兵绕道而行,占据进行直线外之重要城镇多处,并擅行管理权,占据交通方法及邮局电局,并使中国居民受种种苦痛屈辱之事。(九)9月23日,英军一支在劳山湾登岸,其地乃在德国租借地境内,如是危去破坏中国之中立。(十)日军一队占领胶济铁路全线(该路线十分之九在中国领土内),其所持理由则谓该路系德国资本所造,故应占领。又德人或将用以运供给品与青岛,再则该路即为德国租借地之一部,不能分离。故日本常无可占领路而管理之,无须知照中国政府云云。(十一)日人于1914年11月16日占领青岛,占后一年闻日人住居该埠者共达一万六千人。全部区域以及铁路一带日本移民充斥,俨然视为殖民地,与高丽台湾满洲无异。(十二)12月初期,加藤外相利用议会中发生一质问案之机会将日本对于胶州之态度变换其词曰

"关于胶州前途之问题,目下不能答复。日本对于此事从未对任何外国表明态度。对德宣战之目的在从德国手中取得胶州藉以恢复东方之和平。至战后归还一层,当时未曾想及,嗣后通牒中亦未提及。"(十三)1915 年 1 月 18 日,日本提出二十一条要求于中国,其中大致系欲强迫中国允许将来日政府与德国所订处置德在山东所有一切权利之办法,中国须完全承诺。中国允许从烟台造一铁路与胶济路相接,旅顺大连及南满安奉两路租借期限均须展至 99 年,吉长铁路归日人管理。以 99 年为期,汉冶萍煤铁厂归中日合办,该厂附近各矿非该厂允许不得任何他人开采。中政府须聘用有名日人为政治财政及军事顾问,在中国内地之日人教堂、医院及学堂应有购地之权,重要地方之警察应由中日合管。中国应向日本购办军火至少百分之五十,兵工厂应合办并用日本技师。日本应有权筑一铁路连接武昌九江及南昌又一线。由南昌至湖州又一线由杭州至某处。中国如需款造闽省铁路或海港必须借诸日本。(十四)日政府于提出要求一星期后,由驻英美法俄四国日大使发出虚伪之宣言,谓只想出要求十一条,有著名之报告与日外部之宣言不符,为本国报纸所疑,致提出辞职以证其非虚。(十五)日本立即在山东等地增加军队并在军事要地驻兵以恐吓北京,4 月 26 日复复提出"修正条件"共三项二十四条。(十六)5 月 8 日,中国因日本已提出最后通牒限九日答复,否则(日本帝国政府将视为必要之举动)故遂允许修正条件。(十七)美国政府当时曾由国务卿白利安氏向驻美日使抗议。(十八)1915 年 5 月 16 日,美国政府通牒中政府略谓"中日两国间不论以前已订或以后将订任何密约,凡有损害美国及在华美民条约上之权利、损害中国政治领土之完全或损害门户开放之国际政策者,美国不能承认之"。同时致同一之牒文于日本政府。(十九)1917 年 1 月 21 日,日英法意俄约于同时互缔密约,由是英法意俄代表同意日本之山东计画,此等密约直至巴黎和会开始时始宣布。(二十)同年 11 月 5 日,日本驻美大使石井与美国务卿蓝辛交换函牍,重行声明门户开放政策惟因"领土接近之关系,美政府对□日本在中国有特别利益,尤以日本土地毗连之诸处为特甚",此项函牍当时即公布。唯所谓"领土接近"与"特别利益",确实意味如何至今为辩论之一问题。(二十一)1918 年 10 月,大隈总理宣布,日本将于和议席上提出要求中之若干提议,其关于山东问题者如下:日本应依其宣言归还青岛于中国,但日本应有权在青岛独得一租界并保留界内之各种机关与建筑物。济南铁路为一德国公司之私产,应由德国买收再让与日本。青岛与南洋群岛间之海电线应为日本所有。此海电线为一私人商行之产,故应由德国买收再让与日本(南洋群岛当时为日海军占领)。(二十二)1918 年 11－12月间,在华任美商会约以长文报告,请英美公使转达本国政府,揭发日本企图永

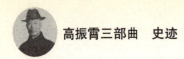

占青岛德人在山东一切权利之真意。美商会之报告文且附一地图,表示日本在青岛竭力经营,将税关海港车站邮局,以及一切有价值之物尽据为彼有。其意实欲使彼将来可以宣告世界,谓彼已将青岛还中国,但此等经营系日人私有应保留。此项报告原载美国各报。(二十三)1919 年 2 月发表一日人在济南经营之统计。据载,日人所为新事业共有一百九十四起。其中六十三系卖吗啡之药店,二十二为卖淫业。此外旅馆十三所,杂货店三十八所,住户二十六家,其余则为银行工厂等合法营业。同时,字林西报京津时报(均英报)发表长文,证明日本利用其在山东之地位,与彼之操纵山东及他处之中国邮局私运大宗鸦片吗啡入中国,直接违犯海牙禁烟条约。(二十四)1919 年 2 月 4 日,北京日使小幡要求中政府训令巴黎华代表勿持强硬态度,盖彼时顾王两专使在和会慷慨陈词反对日本之消息甫传至中国也。(二十五)1919 年 5 月,在华英美商界职业界及教会各界一致电和会,英美代表反对以山东让与日本。如果拟如此办法亦必须令日本给予保证,将来实践其归还山东于中国之诺言。同时华人各团体亦纷电巴黎华代表抗议。(二十六)其时传出消息且北京政府于 1918 年 9 月 24 与日本订密约许日本在山东之计画,而日本已付给借款日金二千万元以作交换。(二十七)1919 年 6 月,中国盐务署拟在山东设盐务分署(从前该省免征盐税因系孔子产地之故)。不意成立之后为华人盗匪突然攻击全行毁坏,华人死者甚多,外人有伤者有尽弃所有仅以身免者。据云此事实系日人所煽动云。(二十八)5 - 6 月间,山东日人报纸开始大攻击美国人。尤痛诋山东美国教士后,日本军官竟封闭青岛美国教会学堂并捕其职员,又封青岛境外一教会女学堂,因该校保护中国女学生勿使日兵用强侵入之故。(二十九)和会卒不听中国之呼诉,以青岛及德人在山东之一切权利让与日本,卒酿成华人之抵制日货。最近美国上议院为此问题大起激昂,反对和约中之山东条件,又传中日有私行谈判之说。中国对于对德和约已拒绝签字,唯闻允签奥约以期得入国际同盟云。

资料来源:高振霄:《山东问题之经过事实》,《惟民》第二号,1919 年 8 月 17 日

四、德约补签之推测

巴黎和会德约补签政府无明令陆征祥电各调停分七项
高振霄正告国人弱国无外交欲消外患先除内乱两主义

上星期,本埠岭南新报北京特约电:德约已补签,并云政府因恐各方面反对,故无明令发表。又上海电卢永群接北京电:政府并无向巴黎训令补签事,对于各国调停事亦无何种表示,请各团无疑。而各团仍不信任。又中美通信社电云:闻中国有直接向日本交涉山东问题,日人之在美欧者运动此事甚为忙碌,此问题最为危险。我专使顾维钧电北京:山东问题应留诉之国际联盟,若直接交涉之事最为可危。陆征祥电各调停计分七项:(一)山东主权应完全属于中国。(二)日本应将胶澳定期交还中国。(三)日本驻扎山东之军队应定期撤退。(四)山东之德国物产及特权应由日本交还中国,但中国须于收回时量值给价。(五)青岛应辟为万国租界。(六)山东已成各路应由中日合办,路警亦由中日特别编制之。(七)已定约未成之铁路应准日本承办。巴黎电英美调停山东问条件:(一)胶澳依德国原价作为日本贷款,其延长路线条约悉行取消。(二)日本驻军限二年内撤完。(三)青岛开作万国商埠,但得另辟一隅为日本租界。(四)矿务认作借款办理。(五)沿路警察权完全归回中国。(六)租界地内物产权及特别权以无条件交还。

按以上诸电,英美调停之说是一方面,日本运动直接交涉是一方面,我专使主张向联盟申诉是一方面。果以何方面主张为结果,刻下固难确定。然而国际间向无弱国之外交,不过利害冲突,弱国立于各强国利害交点上,弱国或有较轻之害者耳。记者于此问题敢正告国人,有两主义(一)"对外之认定,以作对内之方针"。外之认定,试问此次联盟果与美总统之宣言相符否? 果正义乎? 果和平乎? 不然,意大利退出和会,乃足以使和会将就从事。割他人之土地,供联盟之成立。由是观之,我弱国之外交,无正义也。无正义,则我国人对外之方针,宁使全国人抱正义而死,绝不受人之调停。迁就一时,遗祸未来。亡国犹有恢复之日,唯无自立之民气,实足以永久灭亡耳。故曰"对外之认定,以作对内之方针。"(二)"对内之认定,以作外之方针"。内之认定,试问北京政府,为中国政府乎? 抑日本政府之出张所乎? 举世界人,皆知北京政府受日本势力的约束,听日本人之命令。而外交团犹认为政府,其意可想而知。全国人皆知北京为卖国总汇,不过徐世昌为"柔性的卖国贼",段祺瑞为"刚性的卖国贼"。乃国人对猛虎讲仁慈,对卖国贼请求爱国,真是南辕北辙,倒行逆施。将来岂但山东断送,全国亦将断送。先民有言:"欲消外患,先除内乱"。这"内乱"二字,不是南北不统一谓之内乱。望全国父老兄弟仔细想想,今日中华民国之"唯一无二的救济方法",非将卖国贼杀灭干净,永无幸事。故曰"对内之认定,以作对外之方针"。

资料来源:高振霄:《德约补签之推测》,《惟民》第三号,1919 年 8 月 24 日

五、日本商人又在湖南殴打学生

日商戴生昌汽船局湖南私行逮殴学生侵犯我国国权
学商界请愿游行申严办行凶恶徒爱国热诚至堪为尚

　　湘省因日商戴生昌汽船局私行逮殴学生侵犯我国国权一事,昨日上午,特在省教育会集合开市民大会。到会者达三千余人,讨论对于此案办法。卒决定请愿政府,提出下列条件,务期做到:(一)请取消戴生昌汽船局在湘营业,(二)请向日领交涉严办戴生昌经理人,(三)请将戴生昌行凶恶徒归案惩办;(四)请对于被殴之学生,符契重伤或身亡后之赔偿抚恤。决定后,遂排长队举行游街大会。次序如下:(一)音乐队,(二)女学生队,(三)小学生队,(四)中等以上学生队,(五)商界各行各帮各业。每队之中,均杂有军警保护。各行俱执小旗,上书各种触目惊心字样,秩序井然,气象严肃。至督署时,复推举代表进见督军,副官长杨开甲、警察厅长修国安接见,允严重向日领交涉。代表出请愿书,请转呈督军,遂由张督延见,除许严重交涉外,并嘱代表转达大众,速往教育会等候,当即派员宣示政府意见。少选张督即派杨佟雨氏到会演说,略谓:诸君爱国热诚,至堪为尚。唯举行游街大会,未先报告政府,手续上殊欠周到。各位此时可归休息,静候政府办理。事关外交,万不能立刻解决。以后遇有应行商榷之处,可随时公推代表与政府接洽云云。演说毕,遂散会。兹将市民传单录下:(同胞大注意)同胞醒来! 同胞醒来! 8月4日,日本人谋杀中国人。同胞醒来! 8月4日,日本人谋杀湖南人。同胞醒来! 8月4日的早晨,大西门外戴生昌汽船局谋杀学生,这学生名叫符契。八月四日的早上,学生联合会议调查主任符契,在中国的大南门外金家码头经过,突然被戴生昌汽船局的水夫,将他扭,一会拖入汽船局里去了。拖入汽船局,关入一间乌黑的房子里面,多人聚,拿拳向他打。他不动,更死。打的久了,胸部和背部痛起来了,肿起来了,他没法闭眼睛,由他们摆布一顿。毒打之后,有一人提刀向符契的头上便研,符契站进身一喝"你们敢杀我",那人便走了。汽船局的经理,知道糟了,才出来安慰。中因警察得知了,再与汽船局经理交涉,才得符契救出,抬入中国的警察署。符契的生死,到底怎么样,这时候我们都不知道,或者不死,或者要死,因为受着了重伤。同胞醒来! 这不是日本人谋杀中国人吗? 这不是日本人谋杀湖南人吗? 这不是明明谋杀湖南的爱国学生符契吗? 戴生昌船局的中国人,是日本人的走狗。戴生

昌船局,是挂日本的招牌。戴生昌轮船,是打日本的旗子。诸君,这不是日本人和中国人(戴生昌少数败类)合伙来谋杀中国人(我们湖人)吗?戴生昌赚我们湖南人多少钱,他还要杀湖南人,戴生昌他居然要杀湖南人!阅者注意上文所述,不过将实情形叙出,请阅者自己去下批注。至于对待日本人,应择我们所能做的事、所应做的事去做。我们虽恨日本人,却要待他文明(千万不要暴动),我们有几多顶文明的办法,足以制他们的死命。(最好使他们饿死)同胞醒来!

　　资料来源:高振霄:《日本商人又在湖南殴打学生》,《惟民》第三号,1919 年 8 月 24 日

六、北廷外交之阴谋

巴黎和会北廷电撤其他议和专使惟顾维钧全权高振霄撰文揭露阴谋
孙文等发通电责成陆王等始终办理勿使拒签德约之成绩付诸东流也

奥约中关于中国各款大加修改一节，北廷接得专使团报告后，即于星期四阁议席上提出讨论，佥以此种修改案，实将我国应得利权剥削殆尽。且如收回租界一项，前因意国提案，经我抗议，各国均无异词，是已承认在先。此次奥国片面主张，在理协约各国，宜有公允之判断。唯我国为保全固有利益起见，对于修改之点，应予全部否认，当经由院电覆专使团依照此旨相机办理，此为第一步之办法。至此后应采手续，尚未有具体办法。又一消息，北廷得奥约修改报告后，连日会商结果，已发训电致巴黎专使，令向和会抗争，至少以恢复原案为度。而专使方面，昨日亦有电到京，业先于本月18日正式向和会及五国会议提出抗议，声明不能承认修改之奥约云。果能照此态度，坚持到底，或有转圜地步。乃日人多方游说，以中国既未签德约，今又拒绝奥约，是自失国际同盟之资格，将来国际联盟，中国即不应加入。此种谰言，诚不值识者一哂。无论我国对德宣战，为协约国之一分子，即照中立国办法，亦有加入国际同盟之资格。讵北廷态度暧昧，关于拒绝奥约，尚无决绝之表示，唯电令顾维钧对于奥约交涉，请担负完全责任，并特予以全权，而将其他议和专使，一律撤回，此实出人意表之事也。

南方护法政府，为此事曾致此廷龚仙舟一电，谓尊处电令欧洲和会中国专使，俟奥约签字后，即将代表团解散，并饬陆王魏各使回国。顾使留办德约，查德约关系至巨，国人注目。当此千钧一发，维系需人，岂有将得力人员，遽召回国。王使争持最力，尤须始终其事，且匈布土三约签字在即，此间业已电令王使留待签约，果有召回之事，应请迅令取消，并责成陆王等始终办理，免致国内惊疑，并盼速覆。岑春煊、伍廷芳、唐继尧、陆荣廷、林葆怿、孙文。冬印。国会两议长亦电巴黎中国公使馆转王正廷特使，钱密伍部长转到感电，藉悉北廷将解散代表团，以便使顾使补签德约。此事关系我国存亡，无论如何，兄万勿归国，致堕其阴谋，至盼。据上列各种消息，奥约是否可以遽行签字，尚待斟酌，陡然解散代表团，专留顾维钧办理德约，北廷之阴谋如见。西南当局，固不应堕其术中，我国民尤当有维持国民威信之良好方法，勿使拒签德约之成绩付诸东流也。

资料来源：高振霄：《北廷外交之阴谋》，《惟民》第五号，1919年9月7日

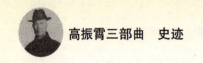

七、南北军人都不容于学生

外交失败青岛未还举国上下奔走呼号以期共挽救危亡
警厅查封汕头中华新少年社军阀解散天津学生联合会

（一）汕头少年社通告

汕头中华新少年社为警厅查封，泣告同胞书云："慨自青岛问题，外交失败，举国上下，莫不奔走呼号，期共挽救危亡。汕头一隅，乃有全潮学生联合会，国民自决会，种种救国团体发生。惟国家兴亡，匹夫有责，仝人等虽属青年，亦国民一分子，自当为国效力。遂有中华新少年社之组织，其宗旨以救国为前提，作外交之后盾。而入社人员，多系学校学生，或前为学生而久就社会职业者。人人皆从良心之主张，发为热心救国之言论。故本社成立以来，社员每晚派队演说，无非欲唤醒国民，共挽国艰而已。各界对于本社爱国宗旨及其行为，莫不共表同情，诚以本社宗旨纯正，言论确当故也。殊日前警察厅长突下手令派队强迫解散，越日又下手令将本社钉封。当时同人等据理直争，以本社宗旨之光明，社员纯洁，出而为爱国救国之举动，一切言论，并无防碍治安，及其他不正当之行为，何用解散？何用钉封？究竟解散本社，钉封本社，具何种理由？据何种法律？国民集会结社自由，载在约法，乃警厅一概抹杀，以为同人等年少易欺，俨可横施压抑。呜呼，警吏亦中华国民，而禁止人民爱国救国，警吏为奉法护民之人，而竟摧抑民权蔑视法律，操戈自欺欤？为虎作伥欤？殊堪痛已。本社虽已被封，而含垢忍辱，仍不敢不积极进行，以负国民天职。一面急谋规复，一面通告国民，不达救国目的，誓死不休。区区苦衷，凡我同胞幸垂鉴焉。中华新少年社救国团泣告。

（二）解散天津学生联合会

军阀政府既然愿和国民宣战，于是先用马良压迫山东的人民，再起用杨以德来压迫天津的人民。鲁马津杨，真可谓"无独有偶"了。

前传政府将援湘律，令津沪汉当道解散学生联合会。现在湖南学生呼吁的文章方到，而天津学生联合会解散的消息又来。我们上海的学生应当如何对付政府呢？天津前既解散各界联合会，现在解散学生联合会，是当然在预料中的。不过军阀派既然立志取"报复"的主义来用高压的手段，以便日后"为所欲为"，试问国民愿不愿让他压迫。如其愿的,那么束手待毙,一任他们卖国就是。不过从前的"五四""六五"运动都枉费心力,有些自己对不住自己。如其不愿的,那么在此积威高压之下,总应该有一番极强烈极有效的表示,使得军阀派不敢再来摧残民意。

人家常说:"民气是于弹力性的,压迫越大,反动力也越大。"但是在这几天中,我只听见压力的声浪震天价响,却没有一些反动的回声。难道中国的民气已死了么?

资料来源:高振霄:《南北军人都不容于学生》,《惟民》第六号,1919 年 9 月 14 日

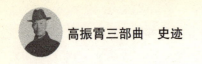

八、敬告威尔逊

美国总统十四条正义和平宣言山东问题受挫
高振霄致威尔逊依那宣言脱离专制拥护自由

威尔逊先生,从这回国际联盟看来,也很苦的。前次宣言十四条,本是极正义,很和平的。刻下因上议院反对山东问题,连累了和约,一时不能批准,所以先生着了急,到处演说,反对少数政治。又言吾人初以为吾人理想之解决,可以达到,不料我等之重要同盟中同僚数人,已将全局推翻。这话的意思,就是痛恨他的十四条理想宣言,完全失败了,却又归罪英日法的秘约上,结果又说山东问题,除由日本交还中国外,实无别法。美上议院设或不批准和约,这破坏人类和平大文件的大罪案,就是美国人前功尽弃,这是先生近日游行演说的话。先生又怕工党人反对他的主义,近日又在美京,召集各工党代表、资本家的代表,先生从中双方调和,一面教资本家让一点,一面又教劳动家让一点,这是先生近日的行为。

记者就以上所闻,到发生了几种疑问,还要请教先生。

第一,先生所谓多数政治,到底是个甚么主义,多数政治,是不是基于正义人道。那么先生这话,是在太平洋舰队中说的,先生之意,说美国这回参与战事,系为拥护"自由",脱离"专制",并保证世界各处皆得自由。战事的结果,双方出的代价,共一千八百六十亿元,美国两年之间,出一千亿元,战争死者,大约六百万人。此可悲的战争,吾人决不能令其再发生于世界。唯此国际同盟,可以阻止流血,脱离专制,无论何人,凡少数政治,余皆反对之。又说俄国现状之扰乱,深为可忧。唉,先生悲天悯人的怀抱,我是领教了。不过先生说拥护自由,请教把菲门地方给他人管理,先生是拥护菲门人的自由,还是拥护意大利的自由呢? 把中国参战功劳,抛到九霄云外,初时劝我们参战,现时又把中国山东送给日本。先生是拥护中国人的自由,还是拥护日本的自由呢? 现世界各处皆得自由的保证,我到没看见,同盟的上面,剥夺了菲门人几百年的自由,我山东数千年的自由,大书特书的,被国际联盟保证到日本人手中了。我今天才明白,美国人一千亿元的代价,却是替东方德意志的日本送礼的。唉,照这样看来,美国兵士,死得真冤枉,不但这回冤枉,恐怕这个祸根,将来还要死六千万人呢。这样防止流血,这样多数政治,我敢断言就是欧美几百个政治家野心家的多数罢了。说到俄国现状，那本是先生最怕的，那是俄国几十万万少数政治呢，那是政治家资本家的仇敌，自然先生忧惧了。

第二，先生的理想宣言，为甚么教同僚推翻了？不是先生行不顾言，就是先生假借正义，别有野心。不然，别人也不敢对着百余万雄兵的代表，专门利用先生的弱点，今日拿出一种秘约，先生面红耳热，明日退出和会，先生低头慑气。先生的义气，先生的名誉，国际同盟未成立以前，先生为世界的明星，既成立以后，先生就为世界弱小国的罪人了。我听说威廉逃到荷兰，现在投身工界，改头换面，实行劳动事业。威廉到有觉悟，先生死抱着国家主义，空教三四强国，利用先生的正义，侵夺弱小国的土地，先生的婆心苦口，只好留着历史上纪念罢了。

第三，先生苦苦的为资本家说项，可称现代资本家的保护人。不知先生与资本家有何密切关系，但是就人类正义看起来，先生这种调和主议，终久是失败的。现代社会，依互助的定义，绝不容少数资本家吸收多数的膏血，供个人的安富尊荣。前几天美国工党的传单，先生既为大总统，当然看见这种宣告。要知这种红色通告，是代表全世界神圣劳动的精神。这种组织，绝不是一国两国人的结合，根本上是不能调和的。先生既主张脱离专制，难道就只消灭几个帝王，那就算脱离专制完了。专制政体，是一国人民的大仇敌，资本家是世界人类的大仇敌。先生主张脱离，请将范围放大些，世界有强权国家，世界无宁日，人类有了资本家，人类永无和平。我因为先生天天说正义人道，所以才对先生说这些话，我更是希望先生始终一致的，还是依那宣言，再加上不屈不挠的精神，这才是真正世界明星。

资料来源：高振霄：《敬告威尔逊》，《惟民》第八号，1919 年 9 月 28 日

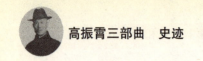

九、警厅擅捕学生之风潮

学生搜查劣货抗议外交失败要求交回青岛废除密约被警厅逮捕
广东中等以上学生联合会举行示威运动以救国为词置生死度外

前日下午五时,有学生多人,在西堤验货厂搜查劣货。即有岗警返区报告,电厅请示,旋由警厅派游击队一队,前往验货厂劝止。各学生以此为爱国举动,不服制止,当场为游击队将学生十一人带回警厅候办。适魏厅长未回,由陈秘书以电话请示核办。而中等以上学生联合会闻耗,即派出学生多人赴警厅打探。查悉被捕各生,仍未释放,于是电召各校同学。讵料所有学校电话悉数不通,迫得派出多人,分投报告。未几有公立法政、广州中学、中法、番中、岭海、效忠等校学生约三百余人,列队到厅,路经长堤,观者均异常激慨。各生到厅不多时,有武装警察及游击队百余人,护卫魏厅长步行返厅。由各学生举出张启荣等九人,并被拘各生,次第由魏厅长分传入见。魏厅长一见即云:本厅长已有布告,严谨调查劣货,尔等竟敢抗令私自调查? 本厅长为执行职权起见,当然要干涉,且尔等是否学生,殊难认识,若要取保,非校长监学不可,至尔等回校与否,听自裁之云云。各生答谓,此次外交失败,全国皆愤,粤省继津沪之后,实行杯葛,至搜查劣货,虽非法律规定,然在总商会邀请各行商会议取决。此次经由学生示商人以凭证,举动文明,今奸商畏查,藉词骚扰,而警察无理拘捕学生,情实不甘。如厅长不准学生搜查劣货,请厅长担任交回青岛,废除密约,生等奉厅长为伟人。不然学生等协助官厅挽救危亡,今官厅不保护,反加摧残,若谓青岛应拱手让与外人,二十一条密约应该遵从,请以明命公布,学生等则永不调查劣货云云。魏厅长未有置答,时已两点,后由旅省潮州中学校长亲到警厅保回三生,余均在厅。24 日中等以上学生联合会召集公立法政广州法政等二十余校,议定对付办法:(一)定今日十二时在天字码头齐集各校同学,举行示威运动。(二)请愿军政府。(三)请愿国会。(四)请愿省会。(五)质问督军。(六)再赴警厅交涉。(七)通电全国学生联合会。(八)通电本省各地学生联合会。闻赴军府请愿时,有公立法政、公立医药、甲种工业、潮州旅省中学、培正中学、广州法政、广州中学、第一中学、中法医学、教忠师范珠江中学、番禺中学、公立监狱、番禺师范、妇孺医学、女子职业、领海公学各学生。各总裁据报,当派副官出语众人,着其举派代表晋府,旋由学生举定代表八人,女学生举定代表二人随该副官晋府,面陈一切。闻各总裁已允电警厅释放,至是日下午三时,又有教育会长陈其瑗、南武校长何剑吾及教育界陈信明等十余人,到厅慰问各生,拟即取保。奈被拘各生,力陈无故被拘,未允即出。经陈其瑗一再苦劝,惟各学生始终均以救国为词,置生死于度外,陈等迫得慰勉含泪而别。查被拘各生,除韶州中学保回三名外,实余八名,现均留在侦探室,其姓名校籍如下:周其鉴(工业),张殿邦、冯世英(公立医药),蔡沙棠、潘寿海(番中),梁安民、关荣衮、何鸿芬(岭海中)。闻昨晚九时学生已释放,而各学生多人往欢迎,于昨晚十时,由永汉马路至西堤一带巡行。又中上学生联合会昨发出通电云,上海全国学生联合会急转各省学生联合会各社团各报馆均鉴,学生查禁日货,被捕十余人未释,请一致协助。广东中等以上学生联合会。

　　资料来源:高振霄:《警厅擅捕学生之风潮》,《惟民》第八号,1919 年 9 月 28 日

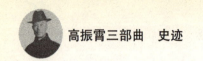
十、两院同仁之愤慨

先施大新真光公司等甘受日人运动私办劣货冀图厚利
两院同仁通电相约不去购买劣货劝爱国诸君勿为所愚

两院同仁公鉴。敬启者,顷阅学生团通告,谓有先施大新真光公司等组成之联益会,甘受日人运动,呈请督军令行警察厅取消规约,严究学生调查,以便私办劣货,冀图厚利等语。查该公司等,久标不卖劣货字样,果真毫无劣货,何妨任人调查,今乃勾结外人,呈请官厅,禁止调查,显系图卖劣货。同仁相约自今以往,不到先施公司大新公司真光公司等商店购买货物,并劝爱国诸君,勿为所愚,幸甚幸甚。褚辅成等二百五十人同启。

资料来源:高振霄:《两院同仁之愤慨》,《惟民》第八号,1919 年 9 月 28 日

十一、第三次请愿代表之残凌史

京津鲁三地第二次四批千余人大请愿被北廷狂殴滥捕大施蛮暴
津鲁汴晋宁沪湘鄂八处第三次请愿有遭徐段军警包围押解警厅

京函云徐段故纵马良，杀人称霸，向国民示威，冀贡媚于日本。京津鲁三处人民，以痛遭切肤，乃有第二次四批千余人之大请愿。乃北廷视国民如仇敌，以效忠外人之故，公然向无拳无勇之人民代表，大施蛮暴。虽已孱弱纯洁之爱国女子，不能免其狂殴滥捕，军警有为之色沮沮下者，虎狼奴吏，谄上性成，不少见也。因而唐山代表郭友三君因伤殉国，北京女代表击伤肋骨，天津西沽大学李君伤腑，失血旬余，其他鳞伤遍体之代表与童子军，尤不可胜数。至断绝饮食，露宿雨泊，虽盗贼无此凶残，不图竟见之于肉食之官吏军阀，乃心犹未足，且欲枪杀爱国青年马俊以泄愤。幸外交团主持人道，电话告诫，北廷虽媚日性成，然外交之告诫，亦闻虎色变。此后始将拘捕代表省释。吾民几因触起日本而死，复因外交缓颊而生，是北廷缓之出生入死，一视外交之旨趣为转移。此等代表中国之半性政府，吾人犹容许之，以对外对内，岂不为中国悲。乃半性之西南政府，对于苟合借款，则如望云霓，对于国民代表之残凌，则如秦人视越，而公然反对北廷卖国，不与言和，尤恐妨及借款之分肥，故从不敢道及只字，向卖国党讨余沥者，吾民尚希望其救国吊民乎？人民得此觉悟，唯有联合各省人民向卖国北廷再谋一次抗争之奋尔，此第三次请愿代表之所由进行不懈也。截至10月1日，到京代表，有津鲁汴晋宁沪湘鄂八处之多，而北廷对此防范颇严，侦察四布，俨临间谍。而人民代表易服晋京，有数百人多，拟分批进行。一般忠奴，竟毫无觉察，其蠢拙亦可知矣。而北廷所深恃者，商会某首领，已得贿金六万，决然奉领全部，脱离中华民国国民范围。□门学子因教育泰斗蔡子民先生回京，受无抵抗主义之影响，且以前次众运动，备尝艰辛，已成惊弓之鸟，未曾加入运动，已出始料所及矣。第三项请愿者，共三十五人，天津女学界郭隆真亦在列。郭女士第二次请愿曾与刘清扬女士共尝八日牢狱之灾，此次仍勇往直前，在国人视之，因以志向坚定。而北京之怕高士巨富，不以干廷犯阙视之，已属万分庆幸，畴尚冀威动之援助之乎。代表到新华，又有军警数百人森严排列，百般阻止新华门首，为之水泄不通。代表等勇往直前，遂为不卫国而卫徐段之军警所包围，直至夜午，尚未辞严。而徐世昌初令教育次长傅岳棻往劝，傅置诸不理，复令曾

彝进下逐客令又无效果,乃令民忠士,出头御敌。北京学生联合会各界联合会,遂一改其前此谓愿救国之方针,而为解散请愿救国代表之专使矣。惜粲花三寸,不能回一片至诚,热语冷嘲,终未迫代表退去。徐氏遂又用其山大王故套,下令军警强拽三十五代表离去新华,押解警厅。代表何章,屡受此次卫国卫民为标帜之军警左右进陪,数元一月之饷金,肯为人民出此大力,报酬与劳力,未免太不相乘。未识吾全国爱国同胞,当何以答谢此鞠躬尽瘁之神圣军人也。代表等解至警厅后,徐段密商处置方法,闻决定三步办法。第一起先以好言劝之,自行解散。如代表不肯自散,请行第二步,即押送出京解回原籍。倘照此办理后,再有请愿代表出现,宣布戒严令而以扰害秩序罪相加矣云。

资料来源:高振霄:《第三次请愿代表之残凌史》,《惟民》第十号,1919 年 10 月 12 日

第六章 南北和议

北方发表王揖唐总代表对于和议居然积极进行，其办法已经定夺。你猜为什么要和？就是要瓜分权利……实行军国政治十年，段之夙志也。今假日本之扶助，降服老徐，统一南北，而告成功，则其报酬日本，焉敢少缓。故南北统一之日，即日本势力遍布中国之秋也，中国不亡尚何待乎。

——节选自高振霄：《和议原来如此》，《惟民》第四号，1919年8月31日

一、南方商增代表之经过

南北议和会议代表陆续赴沪
高振霄等通电不增南方代表

军政府自派出国内议和代表后，外间多以为微带地方性质，自应将护法各省一同遣派，故闽鄂两省遂发生加派问题。虽有多人不以此狭隘主义为然者，然主张加派之省份持之颇坚。现军政府因此已电达唐总代表，向北廷提出双方增派代表，以免闽鄂向隅。此事是否成为事实尚未可知，惟续据报告云，此次议和代表十人，南北俱系十人，且均陆续赴沪，本无其他问题。日前据某方面传言，闽鄂两省有添派代表二人之说。现闻闽鄂人士以南方代表业经派往赴沪，若闽鄂两省额外要求添派，实不免为部落主义。因发表一种宣言，声明并无要求添派代表之意，以免别生误会。其鄂籍国会议员通电云：广州军政府各总裁、政务会议各代表、国会同人、上海唐少川先生均鉴。顷闻政务会议有人提议加派鄂省一人为和议代表，用意公允，良深感佩。然画蛇添足，窃期期以为不可查。此次国内和平会议系全国问题，非一隅问题，必欲按省份遣代表转形西南狭隘。不可者一，前者国会谈话会佥谓，和议代表应以人才为前提，不以各省为本位。虽谈话会之主张，法律上无何种效力，然国会意旨所在，宁能故与背驰。不可者二，南北两方代表均以十人为限，我若逾额，赴遣北方将以此借口指我为地盘主义。不可者三，吾鄂起义，荆襄顺国民全体之意志以拥护法律为己任，非有部藩思想也。乃于各分代表经派定后，忽有以鄂省为名添派代表之议，在倡者或持之有故唯同人等统筹全局，觉此举于和议前途无关宏旨，与其节外生枝，贻他方以误解。孰若信任，现已派定之代表用昭吾人酷爱和平，敬恭桑梓之诚意。我总代表暨各分代表公忠体国，谅不以鄂省无人列席和平会议而歧视之。谨布区区伏维亮察，张知本、毕鼎琛、白逾桓、董昆瀛、鲁鱼、邱国翰、高振霄、万葆元、吴昆、廖宗北、时功玖等同叩东。故此添派代表问题可以消灭矣。

昨，川滇黔陕四省人士亦在回龙社开会集议，闻系为商酌推出代表一人赴沪赞襄和议，亦经多数否决。谓现时和议方开始，谈判彼总分代表当然积极负责，无派人赞襄之必要。若以四省协会名义推派赞襄代表，则他省亦可联合为同一之行动，故不赞成。此外粤省所派之代表郭椿森氏，亦有人持地方主义以反对者。议员叶夏声等来电略云：顷闻军政府拟派广西人郭椿森为议和粤代表,不胜诧骇。夫西南护法以吾粤为策源地,粤人牺牲,担负创巨,痛深此次和平会议。吾粤军政商学各界为全粤前途计,咸望于粤人中慎选适当代表列席发言。今军政府于各省代表均派其本省人,而于吾粤独选及桂省。诚不知军政府视吾粤为桂省之附属地耶? 抑征服地耶? 且郭系督军署参谋长,和平会议非督军团会议,何事选派武人云云。然此亦当系一时愤激之词,一经解说自可释然,故亦已不成问题矣。

资料来源:《申报》,1919 年 2 月 11 日

二、旧国会议员致唐少川书

高振霄林森等致书唐少川
预祝和议必收圆满之结果

唐少川接广东旧国会议员书云：少川先生左右南北，汹汹动行，筹策折冲，尊俎倍企贤劳。前闻政体违和至深驰，系又料吉人天相，当邀勿药之占。尚祈与时节宣为国珍重葆，吾元气赋彼不祥，幸甚幸甚。慨自护法以来，瞬经两载，一时名流鳞比，高议龙雕，各竭智能，竞谈国故。虽或臭味之差池，要以爱国为职志。所谓斐然狂狷，不知所裁，固未可以孤往之心，期强众人，以同我也。他勿具论，即如媾和问题，是非得失，本有当然之主张，徒以静躁不同斯权衡各异。不知者几疑宗旨之，或乖知之者自信径途之必合。吾公周游八表，学识闳通，对于和会初终，举凡一切事项，重轻缓急，自然智珠在抱，烛照无遗。先后次序，厘然一贯，预计将来必收圆满之结果。森等备位议席，夙所心仪，用敢抒其诚悃，藉慰典签。诸维亮照无任钦迟专肃祇颂筹祺不备。林森、萧辉锦、秦广礼、卢式楷、董昆瀛、龚焕辰、刘芷芬、蔡突灵、丁超五、万鸿图、邹树声、田铭璋、刘人炯、王湘、曹振懋、刘万里、陈堃、李希莲、林者仁、赖德嘉、郑忾辰、陈嘉会、吴宗慈、李积芳、黄绍侃、童杭时、李载赓、张知本、李自芳、文登瀛、何海涛、讷谟图、高振霄、蔡汇东、刘泽龙、张凤九、梁登瀛。

资料来源：《申报》，1919 年 3 月 27 日

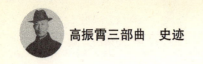
三、粤当局痛辟局部谋和

高振霄林森等通电
一致反对南北分治

自外间有西南某一派将与北方单独媾和之说，南方要人大为惊诧，以为此中必有好人播弄施其离间手段。故林葆怿、莫荣新、李烈钧、吕公望、方声涛、李根源诸氏特于艳日通电云：自南北代表麇集沪滨，海内喁喁，方谓依法解决和平可期。乃和会既开，兼旬累月，北军攻陕愈急愈烈。北廷虽迭次下令停战，而攻者自攻，非全失统驭能力。即别有阴谋，致和平中止，人民失望。葆怿等正深自怀疑，适接确探报告，北方利用各个议和推翻对等和局各节，则司马之心益为昭然。前者长岳既得复失，已中北廷诡谋今复逞，其鬼蜮遍布，私使四出离间。倘一误再误，不独和会等于虚设，即西南宁得图存言念及兹，不寒而栗。我西南护法以来，能以数省之土地、少数之兵力辛苦担拄留民国之正气者，赖人心之未尽死，大义之未尽湮耳。回忆军府改组，誓共存亡，皇天后土，实闻斯言。务望同人前嘱，往迹后顾，乱机共矢，精诚贯澈终始。和有正当之道，不和亦有自存之方，谨电誓志伏为亮察。

旧国会反对分治说之通电：

29日下午，有一部分之两院议员在长堤照霞楼会集，讨论时局问题，到者五十余人，林森主席。是日讨论为三要案：第一案，讨论南北分治问题。多数均以此问题关系中国生死存亡，至为重要。现在北方正与某国亲近，若实行分治，某国乘此时机乐得与北方接洽。此时，北方饷械两项不患阙，如必又履行平南政策，则大有不堪。设想者是提倡南北分治无异于自杀，遂决定一致通电反对。第二案，选举总统问题。亦以时机未至，应从缓议。第三案，讨论设法催促旅沪议员回粤早完制宪手续。决议日间再开两院议员联合会，将以上三事提出大会讨论，旋将反对南北分治之通电拟出，内容如次：近来因和议停顿，一部分人忽发为南北分治之言。而南北有政治责任之人，亦有为此主张者。某等不敏，窃期期以为不可。数年来，国内所争持者，逆与不逆，法与不法而已。固非以南北为鸿沟，实以邪正分泾渭，南北名辞将嫌不伦矣。况陕西非南，实力护法，福建非北，犹有逆师，更无从别分南北。在主张南北分治者，无非以息争为辞。究之南北将以黄河为界？抑以长江为界？福建、陕西、湖南、湖北各有其半，孰北孰南,何从面定。欲以分南北而息兵者,不啻以争南北之界而战争益烈。蒙古、西藏更无从定其所属,平分既有不能,偏归则五族共和之民国自为破裂。匪独内争愈粉,无法保全固有之国土,不至使分而为二者,更离而为三。即准之国际当时承认之中华民国亦属不符,加以野心之国从而利用侵占,卖国者益易自由,势必外祸纷来,各谋窝割循至扰乱世界和平斯时,国已不国,南北何有? 言念及此,尤深惶骇,纵令万幸南北分界能悉行妥协,蒙藏亦不发生问题,南北内部亦各益团结,国家可收支配得宜之效。然南方之人不少有关系在北,北方之人不少有关系在南,斯时南北互归,驱国人于流离转徙,择居谋业,实陷入无穷之困境,国计民生损失又岂浅鲜! 且一国化而为二,各有野心,以谋统一,南不侵北安保北不侵南? 即暂时归于平息终必按剑相防。于是南北军队非惟不减且日以增,武人专权为祸更烈。国家政治永无清明,学术荒芜,百业停废,民生益困,以此求治实南辕而北辙,是南北分治无一见其可也。夫吾国不欲立于世界则已如欲立于世界,决无可以苟且求安者,提倡此言实摇国本。目前,解决时局惟有悉泯内部之私见,坚持护法之初心,厉兵秣马,直捣黄龙。上也本正义之主张,勿屈挠于坛坫以待国中舆论公判,求最后合法之和平以收统一次也。若夫单独行动,以为腐鼠之争者甚至互相倾轧,不惜内哄非特有污护法之旗,即所谓个人权利亦归失败,徒遗人格损失之讥而已犹较胜于倡,分裂者谋各固武力以益国民之纷扰,促国家于危亡也。心所谓危不敢缄默,深盼不弃浅陋,加以教益,幸甚幸甚。邹鲁、何土果、吴宗慈、陈堃、饶芙裳、李正阳、童杭时、刘云昭、李文治、李希莲、田铭璋、王福缘、何印川、徐清和、董耕云、何晓川、李国桢、林有仁、王鸿庞、张伯烈、赖德嘉、唐睿、秦广礼、尚镇圭、王猷、王湘、裘章淦、寇遐、李含芳、史之照、陈承箕、丁济生、张善兴、陈嘉会、卢式楷、郭宾慈、董昆瀛、陶礼、高荫藻、郑忔辰、刘正芬、龚焕辰、李建民、林森、丁铭礼、方圣征、万鸿图、李式璠、张士才、刘荣棠、廖宗北、蔡突灵、角显清、高振霄、邱国翰、汪汝梅、李素、谭正、谢鹏翰、讷谟图、袁麟阁。

资料来源:《申报》,1919 年 4 月 6 日

高振霄、李烈钧、李根源、李绍白、李济深、张治中后裔北京小聚留影

前排左起高振霄孙媳刘萍、李根源孙媳李筱松（李济深女儿）、李绍白孙女李有志，
后排左起李根源孙李成宁、张治中孙张皓霆、高振霄孙高中自、李烈钧孙李季平

四、广东旧两院联合会

高振霄张知本等拟通电

参战军非坚持裁撤不可

4月19日，旧国会两院联合会午后二时开会。众议长吴景濂主席报告上海关于国会问题来电及政务会议来函，请开列国会用款事，又报告两院对于开列用款办法。众院大致：（一）二年解散应补给各议员者，（二）六年解散时约有百人尚未领足者，（三）非常会议时应补充者，（四）现在国会自去年五月起应补充者。现正造表又报告巴黎王代表来电关于派员赴比京开万国代议士会议。事已，由驻法胡公使电，阻北方派人赴会。报告毕，又陈述开会旨趣，谓上海和会国会问题已付讨论，现正争持。沪同人来电，请军府坚持本会应讨论对付方法。现张君琴拟有通电稿，请大家讨论。张君琴说明电稿大意，谓关于上海和会近来所主张之国会问题，拟以国会名义通电全国，标明护法宗旨云云。童杭时赞成张电，吕复谓国会自身不必表示意见，只依法开会制宪可也。至于维持国会，可用非公式方法，由两院议长向军府交涉。请向各省各军商量维持方法，似较有效力。李含芳赞成吕说，唯不赞同议长赴军府交涉，拟改由电话请军府各总裁出席，或派员来会报告一切，再行讨论相当办法。寇遐赞成吕说，国会自身不必通电，以军府及各议和代表自应遵守议和大纲办法。大纲内已有国会完全自由行使职权一项，今只请军府派员来会报告，再行讨论可也。王葆真谓李君等之所说甚是不必，通电全国致招国会自身恐怕解散之消。且现在和会正在进行，军府亦应□席报告，故甚赞成李君提议。王乃昌谓，应督资唐总代表按照议和大纲切实进行，因其中问题最重要者无如取消参战军等，即以参战军一端论，如不办到，试问国会纵能恢复其真能自由行使职权乎，故必须从此种先决问题下手。至于张说通电，李说请军府出席，本员均不赞同。应请两院议长或举定代表赴军府质问后，再关联合会研究办法。主席以李含芳动议付表决，多数通过，即拍电话到军府请派员出席。高振霄动议谓参战军关系最为重大，非坚持裁撤不可，应通电全国，一致主持。方君赞成高说，请即推定起草员寇遐，谓发一空电恐无济于事，应一面通电护法各区，一面请军府致电唐总代表，认为先决问题严重交涉。龚焕辰请即推起草员主席咨询大众后，指定起草员五人：参院二人为高振霄、张知本；众院三人为王乃昌、白逾桓、吕复。主席又报告两院款

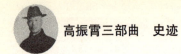

项,事前经东关谈话会商议组织特别审计委员会应如何办理,请众讨论。李载赓、寇遐均主张组织两院特别审计委员会审查之。龚焕辰赞成前说,并说明组织特别审计于法理上并无不合。赵世钰、李有忱均反对,谓两院各有法定之院内审计委员,所有两院审计事项当然由各院交付审查,若另外又组一特别审计会,法律上殊失根据。主席声明,非常议会账目已印,半月后即可公布,惟须曾列席非常会议者,方便于审查,至众院账目现已编造至本年2月矣。李载赓复主张组织国会经费报告,审查委员会主席即以此说付表决,起立者少数。褚辅成提议须开出列席非常国会各员名单,先组织非常会议,审计委员会审计该会款项,至两院审计,由各院调查原有之常任审计委员,现有若干人预备开审计委员会。主席以上说付表决,多数通过。军府旋复电话,以朱厅长外出,须候往请回来派其出席。众以时间已晚,不能久候,遂宣告散会。

资料来源:《申报》,1919 年 4 月 27 日

五、裁撤参战军

高振霄张知本拟定裁撤参战军通电
一致通过使用两院联合会名义拍发

王、伍二专使请协争废约电。王正廷、伍朝枢由巴黎来电云：政务总裁暨国会林吴褚议长鉴我国主张废除二十一条件，几经研究，始于日昨提交大会。但非英美法意诸当局之助，仍恐难达目的。因与某国利害相反，阻碍伎俩不可究极，然求各国之助须设法使其不得不表同情，务请诸总裁暨国会迅速分电英美法意诸强国，请其主张公道，维持中国主权。盖此种密约，不但我国生死存亡所关，且为破坏世界和平之滥觞。一则与威总统十四条之宣言冲突，二则与国际联合会之宗旨违反，时机迫切，特急奉闻。廷枢铣印。

旧两院联合会续纪。旧众参两院 19 日召集联合会讨论国会问题，已纪前报闻。是日，该会因所议各项多，未完满解决，特又于星期二再开联合会磋商一切。闻其所议系非常会时所用款项若干，须布告于军府转交上海和会，特决定组织审计委员会审查各项用款。又，议员高振霄、张知本拟定主张裁撤参战军之通电，一致通过用联合会名义拍发。是日，军政府方面亦派员出席，系关于国会问题有所说明。

粤路选举法之争执。粤路选举顷因投票期迫一切事项，现已积极筹备，其选举手续前经拟定章程，由各股东将股票呈验，按照股数多寡发给选举券，以便各股东依法投筒选举。俟开票后，再将选举券逐一覆验真伪，以杜假冒。顷闻选举筹备处又拟改弦更张，欲于投筒选举后即行覆验股票，然后开票。而有等股东则以股票既经于发给选举券时验明盖章，并开列清单以备查核，则股票之真伪及股数之多寡均经核对无讹，将来验券即与验票无异，无烦多费手续致令舰踞路事者得以从容舞弊。且各股东于股票既验之后，其属于外洋或四乡港澳者多已寄回，而于开票之后再行覆验，则是有意留难，志在虚延时日，不言可知。现特联合务股东协同函致选举筹备处，务将重复验票之议从速打消。又闻粤路选举筹备处验票计至 21 日止，开已验有股票一百六十余万股。至当选何人，据最近股东消息，以温某为总理，许某为协理一说最有希望。

龙擘大扰电属电雷州来电云：军政府督军省长报界公会鉴。海徐盗匪现更猖獗，海属东海仔等处于 3 月 15 日被焚，十三乡毙五十二命，掳男女数十人。4

月 4 日,徐属迈陈墟一带被焚三千余家,毙四百余命,掳男女百余人。各匪均用振武军旗帜,现有匪船多只,常往来海徐两邑港口,惟大股匪踪探在琼属澄迈之东水等港集,处民居周围约四十里。该处绅民非特不据情上闻,且有通匪窝贼包揽逗卖情事。恳饬琼崖镇道迅剿,并饬广利兵舰速来缉捕。吁切海康县保卫局长何枏海、康南会长梁禹畴、劝学所长曾兆桐、徐闻商会长杨挺桂、劝学所长苏步濂暨两邑绅民叩啸印。

资料来源:《申报》,1919 年 4 月 28 日

六、旧会中之外交国会两问题

高振霄裁撤参战军通电无异议通过
陈秘书长报告军政府答复梁启超案

22日下午二时，广东旧参众两院开联合会，参院议长林森主席先报告外交案，咨询应否开秘密会。众主张开秘密会，由吴议长报告一切外交详情。次由前次联合会推定对于参战军取消通电，起草员高振霄说明起草理由，一致电唐总代表一通电，全国众无异议通过。次由陈秘书长报告政务会议来函一件（即军府答复梁启超案），次尹承福提议咨请护法政府对于国会完全自由行使职权应毅力坚持，次讨论张琴提案通电关于国会行使职权事。童杭时、泰广礼、唐宝锷赞成修正，寇遐、李含芳、何畏、吴宗慈等反对，其理由以国会早经行使职权，不过有一部分之事实障碍，殊无再申明之必要。张鲁泉主张付审查，王葆真主张暂缓拍发，众无异议。次李载赓提议前次对于国会经费审查事，请即举行选举委员，每院举十人。寇遐主张用抽签法，亦有主张非常国会与正式国会经费应分别推定审查员者。有人反对，稍有辩论，因人数不足，法定遂宣告延会。

军政府政务会议答复参议院函附录于下：径启者接准函开，本月5日开两院联合会，众议员尹承福、方子杰、吴宗慈相继提出对于梁启超潜往法京鼓吹亲日并主张关于东方事件应先由中日两国委员商决，然后年出致我国代表对日之计。昼大受抨击后，经众议员李载赓、吕复提出办法，谓应请议法政府下令严拿梁启超交付法司，依现行刑律处断，并将梁在籍财产没收云云。当经大众讨论，多数可决，相应函达贵政府，请烦查照施行等。因准此查梁启超潜往法京鼓吹亲日关系大局，□□本府曾有所闻，即经注意查办。随电赴欧专使王正廷、伍朝枢查询，于本月8日接王、伍二专使自巴黎来电，称儒密东电敬悉中日委员会并无其事。我国代表自开会以来，以廷所知所有议案均自由提出，谨复等语准函前因相应奉复，希即查照。

资料来源：《申报》，1919年4月30日

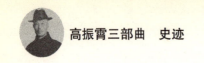
七、和会续开之第三十二日

高振霄电唐总代表
呼吁护法坚持到底

平和通信社消息：本日上午，南北总分代表齐集前德国总会开谈话会，曾就所有各问题随意互谈。因鉴于外交紧急，国会案已不能再事捱延，彼此商量许久，认为在此一二日将案提出讨论，闻下星期一日国会案或可正式提出云。又一消息，南代表方面已开列此次要求之全案送交北代表，以便定期会议，国会问题亦在其内。闻内容甚为重要，云平和期成会联合会。今日推定代表张之锐、戴丹诚诸君赴唐朱两总代表寓所投刺后，阍人言挡驾不见。该会代表晋谒之意在希望和议早决，一致对外，乃两总代表竟学尹邢之避面，岂因穷于答复耶？

联合通信社消息：10日上午，两方代表至场开各别审查会，下午开共同会议，研究和议迅速进行之方法。嗣南北两代表又各开预备会议，各谋会议迅速进行之准备。某通信社所谓总代表将更换吴鼎昌之说，经从各方面切实调查，尚无所闻。

广州林森等来电：（其一）唐总代表暨代表诸公鉴阳庚两电，均悉和会续开，各问题作一次提出，既钦伟略，尤佩苦心。北廷如能悔祸，当有解决办法，惟轻重缓急之间，森等略有商榷。窃此次西南护法既以毁法启其端，当以复法为其钥。国会完全自由行使职权实为和议中根本之问题，若不得完满解决，则其他各问题纵能如我要求，亦不过敷衍苟且，决非长久治安之计。盖民主国之精神厥维法律，法之不存，国无所附。约法为国家根本大法，破坏约法即摇动国家之根本。故议和中之先决问题莫如国会，国会如能完全自由行使职权，则根本既固，其他枝叶问题皆不难迎刃而解。近闻有人主张国会用恢复字样，其意似嫌舍混盖。国会依约法成立既不受非法之解散，何待法外之恢复？质诸我公当表同情，尚希大力坚持，勿为奸言淆惑。是所盼祷专电布臆，幸赐察纳。林森、吴景濂、褚辅成文印。（其二）唐总代表暨代表诸公钧鉴。约法失效毁及国会，西南与师正名护法曾经军府迭次宣言，不挟丝毫他种性质，大义凛然，中外共见。前者和议开始，军府曾以国会完全自由行使职权列为议和大纲第一条。良以国会问题关系护法主旨，无复有削损磋商之余地。近和议复开，于此主要问题尚未解决。风傅南代表中有主张迁就让步者，窃意必系奸人造谣，冀图中伤护法要人,阻挠公等计划,以灰志士之心而长他人之焰,同人对此决不之信然。或因中外人士均以和平相呼吁,而国会问题又遭北代表之反对,公等恐过形坚持致和议再行停顿,失去中外之同情,故有退让之表示乎,不知中外人士所呼吁者为合法之和平与永久之和平耳。若牺牲法律以求一时和平,此后横暴武力随时皆得。援引先例,凭借武力毁法造法,是今日辛苦所求之和平不移时又演分离割据之象,迁就苟和,去和愈远,盖法律统系一坏。虽有经世长才,对此国事恐亦无从着手。一年来,护法戡乱之谓何以护法,始以毁法。终则已丧之生灵及未来之祸患,其责任皆由和会负之矣。同人所争者为国会机关问题,非为议员本身问题,但得法纪不坏,宪政循轨,区区个人何适而不可?昧者不察,疑为国会之争,系议员自身问题果尔。则当日一屈节一降志未尝不可,如愿以偿,何至抢地呼天,自取侮辱于父老昆弟之前乎?务望公等顾念军府委托之重,国人属望之殷,对于法律问题坚持到底。倘此重要问题不得圆满解决,其他议案概拒签字。即使和议决裂,国人为贯澈护法初衷起见,当起而为公等后援。而公等光明磊落之心亦可大白于天下,愿勿自扰,勿自馁。国家之命脉,法治之轨范,宪法政史上之光荣,均惟公等是赖,敢布区区,敬候明教。林森、吴景濂、褚辅成(以下衔略)叩宥。

广州国会议员高振霄等来电:唐总代表、各代表鉴。历年变乱皆由毁法,法为国本,西南兴师血战两年皆为此根本问题。直接护法,间接即为对外。试问北方所结各种密约断送我列祖列宗之大好山河,所余有几?将来欲求挽回,非有约法上之国会,孰能争于国际?国人望永久和平,我公受军府重托,乞为民国前途计,为个人名誉计,坚持到底。否则,西南不免为土匪,中国不免为朝鲜,千钧一发,敢布区区。高振霄、李文治、□锦勘。

资料来源:《申报》,1919 年 5 月 11 日

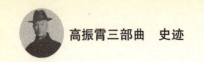

八、纠正章士钊致护法政府漾电的公电

高振霄尹承福等致电各报馆
纠正章士钊致护法政府漾电

崇海救国联合会来电：申报馆转大总统、各总长鉴。外交失败，普天共愤，本团□日成立，到会千余人，公决仿沪宁同一进行，非惩国贼，取消非法条约，誓死不休。崇海救国联合叩。

武冈国民大会来电：申报转各学校、总商会、各报馆、各团体钧鉴。外交失败，气愤填膺，同人等痛祖国之将亡，思缨冠而往救。连日开国民大会，万众发指，誓不共天。除抵制日货外，并组织救国十人团为外交后盾，乞全国一致，共救危亡，不图瓦全，宁为玉碎，临电眦裂，声与泪俱。湖南武冈县国民大会全体同叩灰。

台州来电：申报馆转各报、各界公鉴。政府强庇国贼至逮捕讲演爱国之学生，是欲使吾民不知有国也。同人闻耗，忍难再忍，即日罢课，以期与各界一致，促政府最后之觉悟。浙江第六师范学生部真。

衡州吴师长等通电：各报馆钧鉴。本日呈上大总统一电文，曰北京大总统钧鉴，治密窃师长等近日迭据沪电，内开有北京学生因开会宣讲被捕者数百余人。沪商全体罢市，并沿江各埠亦有继续罢市罢工之举动等，语不胜骇。然窃维天视，自我民视，天听自我，民听民心，即天心也，士为四民之首，士气即民气也。此次外交失败，学生开会力争，全国一致，不约而同，民心民气概可想见我政府当轴。诸公对于我大总统5月25日命令，不注重剀切晓谕，而趋重逮捕似觉操之过急。对此盥言之学子未免轻重倒颠，措施殊非我大总统维持时局之本心也。且防民之口甚于防川，川壅而溃，其伤实多，征诸历史，不寒而栗。即如辛亥争路风潮尤可为最近之殷鉴，夫天下兴亡匹夫有责，况学生乎？古之以学生言时事者，汉则有刘陶，宋则有陈东载在史册，后世传为美谈。当此外交失败之秋，顾忌者慑于威而不敢言，偏私者阿其好而不肯言。铜驼荆棘，坐视沦胥，大好河山任人宰割。稍有人心，谁无义愤？彼莘莘学子，激于爱国热忱而奔走呼号，前仆后继，以莛击钟，以卵投石。既非为权利热中，又非为结党沽誉，其心可悯，其志可嘉，其情更有可原。纵使语言过激，亦须遵照我大总统"剀切晓谕"四字，竭力维持。如必以直言者为有罪，讲演者被逮捕，则是扬汤止沸势，必全国骚然揉之。古人谏鼓之设、谤格之立、蒭荛之询、乡校之议，不无刺谬。且日俄战后，日人疑□□氏外交失败，亦曾有围焚屋宇之举动。日政府乃特开国民大会，宣示交涉之理由，群情帖然，并未闻有激烈逮捕情事。我国此次交涉，始末既无不可告人之隐，即宜仿照日本办法，宣示全国，以释群疑学生。又何苦越职干政，自取咎戾。如必谓民气可抑，众口可缄，窃恐众怒难犯，专欲难成，大狱之兴定招大乱，其祸当不止于罢学罢市已也。师长等素性戆直，罔知忌讳忧之深，有不觉言之切者，仰恳我大总统以国本为念，以民心为怀，一面释放学生以培养士气，一面促开国民大会宣示外交得失缘由，共维时艰。俾全国一致，力争收回青岛以平民气而救危亡，时机危迫，一发千钧，临电不胜，悚惶待命之至。陆军第三师师长吴佩孚、直隶陆军第一混成旅旅长王承斌、第二混成旅旅长阎相文、第三混成旅旅长萧耀南率第一路全体官兵同叩。佳等语谨此奉闻，敬乞协力维持以息风潮而安人心，是所企祷。陆军第三师师长吴佩孚、直隶陆军第一混成旅旅长王承斌、第二混成旅旅长阎相文、第三混成旅旅长萧耀南率第一路全体官兵同叩。（青印）

广东尹承福等来电：各报馆钧鉴。报载上海和平会议我分代表章士钊致护法政府漾电，有法律趋势只能办到南京单纯制宪，另由平和会议承认徐为第二届大总统等语，不胜骇异。查约法制宪系国会职权之一部，有何单纯制宪之可言？选举总统亦具有专条，何劳和会之承认。如此电果确则护法者身先违法，自陷不义。年来，我西南护法各省劳师动众，将士暴骨，黎庶流离，所讨者违法，所争者约法，非对人施攻击也。今议和结果终至舍法就人，则其初何必倡义兴师，多此一举，累我国民，劳我将士，以护法始，以违法终。纵章士钊不畏清议，独不留护法群帅地乎！此法律之不可违也。即以事实论，试问漾电主张万一办到，能否保其长治久安？我中原多贤豪志士，恐未必尽甘屈服于章士钊违法主张之下而不敢反抗，再兴问罪之师以暴易暴，终难服人，以此求和，适益纷扰，此事实之不能行也。章士钊身为护法议和代表，不知遵守护法政府议和大纲，竟敢公然违反，祸国贼民莫此为甚。同人等为永久和平计，通电纠正，望公等坚持正义，戢彼奸谋，贯澈初衷，拯民卫国，临电神驰，至盼至祷。尹承福、刘汝麟、吴忠仁、李希莲、陶礼燊、李应森、樊文耀、项肩、李洪干、许森、李炳煜、石秉甲、李建民、岳昌妫、陈尚斋、李星□、卢一品、石佩文、彭廷珍、元因培、董庆余、任焕藜、方子杰、高振霄等叩印。

北京安福议员之通电：各报馆钧鉴。顷阅报载国务院敬电宣布外交困难情形，对于和约主张签字，并谓征询两院议长意见相同等语。查日前政府提交众议院请求同意之咨文，对于青岛问题曾经郑重声明，主张暂行保留以为异日挽救地步。前次众院开会,虽以和约条文未经提出,不能遽为同意,然对于保留青岛他约签字一层,固已多数赞成,咨覆政府在案。今国务院敬电所云是青岛问题亦在签字之列,与政府提交众议院咨文全然不符,殊堪骇异,且以征询两院议长为词尤属误谬。查议会以多数议决为原则,议长不能代表全院意思,且询诸两院议长对于此层并无若何表示,政府假托名义,不知是何居心。议员等忝为国民代表,对于此国家重大问题当然服从多数民意。上次众议院开会,对于青岛问题已有明确之表示,今后政府外交计划纵有变更,议员等一日在职,绝对不能负责。谨电奉闻,敬希察鉴。安福俱乐部全体国会议员同叩印。

资料来源:《申报》,1919 年 6 月 13 日

九、投降的事难了

刚性卖国贼段祺瑞派总代表王揖唐对付柔性卖国贼徐世昌
记者高振霄极端反对西南一派与北方政府卖国害民假和议

西南的人日与卖国贼议和,闹了半年。从前是与狐假虎威的徐世昌鬼鬼祟祟,今日借着"外交问题"来骗人,明日借着"人民的问题"来骗人,骗来骗去无非是想"升官发财"。那晓得刚性卖国贼发了急,倒来对付柔性卖国贼,派出了破坏大将王揖唐来当议和总代表。在西南的一派人物本定借徐世昌的"狐媚"想分点余润,插几个卖国总次长进去,好似怕刚性的卖国贼段祺瑞一个人卖国卖不干净,日夜的想加入团体,甚么"国法国家"都不必问,满心想有了八成可靠。不料刚性卖国贼原是利用柔性卖国贼,柔性卖国贼也是利用刚性卖国贼,你骗我骗你,只苦了西南这些投降的,弄到今日左右为难。原日极端运动和议的政学会今日也大声疾呼反对王揖唐。记者是极端反对这"卖国害民"的"假和议"的。人早说这假圈套大家不要问他,免得后来自悔。至于人的问题,这时候就把孔圣人派来做议和总代表也是没用。现在首先发直性的有谭阎恺、赵恒惕那些军官及国会的人,过几天我料想还有多人反对呢。

资料来源:高振霄:《投降的事难了》,《惟民》第三号,1919 年 8 月 24 日

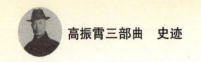

十、王揖唐偏要来议和

王揖唐任北方议和总代表受南方反对亦遭吴佩孚骂个不亦乐乎

王揖唐咬定"笑骂由你笑骂好官我自为之"人而无耻胡不遄死

北京自发表王揖唐任北方议和总代表,南方反对文电,几乎络绎不绝。但王揖唐咬定一个"笑骂由你笑骂,好官我自为之"的主义,仍积极在那里布置。今天派某某南下疏通,明天又在某报表示其议和之主张。现在连议和秘书长都定了梁鸿志,居然兴高采烈起来。不料又碰上了吴佩孚,又把他大骂了一顿。原电照录如下:(前略)此次元首任足下为议和总代表,拒绝声浪,洋洋盈耳。始谓足下俯从民意,退让高贤,讵意通电就职,居之不疑,为足下不取也。夫议和乃双方公共之调和,非片言一隅之武断。总代表一席,必须为民意所倾向,元首所倚重,双方所信仰者,方可充膺斯选。默察足下今日,全国侧目而非倾向也,酬恩知遇而非倚重也,南北知名而非信仰也。且身列国会,安能解决国会之问题? 身为党魁,安能不受党派之牵制? 在天下之未有斯人不出之希望,而足下乃竟有舍我其谁之仔肩。足下自命不凡,不计个人安福,欲谋天下安福,固为厚自期许,希图大展抱负,其如天下人之不谅何耶。统观海内对于足下,不为喁喁之望治,而为睊睊之胥才。腹诽巷议,众口悠悠,千夫所指,无病而死。此次促进和局者,并非不世之功,而阻碍和局者,则有应得之罪。足下一出,舆论哗然,不惟不能促进和局,而反阻碍和局,亦何苦贪天之功,甘冒不韪,以与民意为敌。传曰知彼知己,又曰知难而退,又曰众怒难犯,专欲难成。世界潮流,既日趋于和平,则南北争端,自终归于统一。(中略)筹安会之覆辙未远,曹陆章之公愤犹存,勿谓赵家楼之恶剧,不再见于安福俱乐部也。(后略)据此看来,已将王揖唐骂得个不亦乐乎,他偏要来议和。"人而无耻""胡不遄死",王揖唐可以当之。

　　资料来源:高振霄:《王揖唐偏要来议和》,《惟民》第四号,1919 年 8 月 31 日

十一、和议原来如此

上海和议意在瓜分权利南方要求三总长七省长职位遭拒绝
南北统一之日即日本势力遍布中国之秋中国不亡尚何待乎

　　上海和议停顿以来，久已声息毫无。不料北方发表王揖唐总代表对于和议居然积极进行，其办法已经定夺。你猜为什么要和？就是要瓜分权利呢。北京某报通信，说得最详，摘录之以飨阅者。据云王揖唐的总代表发表后，最感苦痛的，莫过于某学会一派。所以李曰垓向龚心湛大拍其桌子，谷钟秀赌气不再见客。原来老徐对于西南只看得起□□□，所以要钱给钱要地位给地位。对于□□□总看着他代表不起西南来，所以只一月给他三千元的□□，许他一个可望不可即的副总统，因此即发生一种酸素作用。高而谦已在北京找门路，又来李曰垓携带条件入京。高李两个人本是一对废材，见徐怕说不出话来，见段更怕做声不得，千找万找，找到龚心湛。李见了龚，就说岑春煊请龚转达老徐，西南和议由军政府主持，军政府总裁，他是首领。老徐要想着言和，最好是同他商量，所有种种困难，他都能替解脱的，找别人单独媾和，万不中用，还是同他讲和吧。又说老岑对于北总代表，第一欢迎龚，第二欢迎钱，其他是不欢迎的。还是请龚出来，为是又把老岑议和的条件拿出来，总纲是"先法律后事实"。他所说的法律，是恢复六年的国会制宪法，存留非法的国会行使职权。他所说的实是要三个总长、七个省长。总长正主儿是张耀曾、章士钊，陪客是吴景濂，省长正主儿是李根源、谷钟秀、杨永泰、冷遹、李肇甫，陪客是谭延闿、褚辅成。龚心湛答应了两个总长（张章），七个省长却完全拒绝了，说此时尚说不到呢。李曰垓得此心满意足，当坚嘱龚氏，教他除了老徐老段，千万不可再叫一个人知道。那知老徐老段是通气儿的，当时老段和盘托出。安福俱乐部听见这个消息，把龚氏叫了去，大加申斥。由王揖唐向龚说，没良心的东西，你的总长总理，那里来的，饮水不思源，胳膊往外扭，太不成话了。龚尚瞒瞒哄哄，安福全班大跳起来，说你不实说，对不起我们就请你出阁了。龚大恐，只得将李曰垓所说的一字无遗，向安福报告了一遍。王揖唐大笑，说岑西林太不睁眼，不找有势力的我（主自称），偏找没势力的你（指龚）中甚么用？然而这样做法不过是拿着我们送礼，我们有人情不会自己送吗？滚开吧，北总代表我自己做，别瞎希望了。龚抱头鼠窜而去。王遂通知老段小徐，召集北戴河会议。老徐闻信，赶忙派了个代表

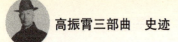

加入会议,凡事画诺,免失段徐王之欢心。等王揖唐回,先把他请了去,面许龚当总代表,王氏方平了气,与老徐约定,如果南方去了国会,北方的伪会也可取消的。老徐要求加入,要求南方承认他的位,王笑额之。李曰垓闻信找龚氏拍台打椅,大不答应,责备他为甚走漏风声。龚氏不答。谷钟秀先跑的很热,浇了这瓢冷水,攒着头也不出来了。这就是北京方面经过的情形。

北戴河会议之后,老徐完全降服老段,老徐手下一般大谋士,亦一一立于安福旗帜之下,罔弗降心相从,是为老段亲日统一政策大成功,闻已决定各政策如下。(一)撤去文治派假面具,实行军阀的大统一。(二)以日本为友国之主体。军械军饷,胥仰给于日本,俾全国军队,胥受日本教练。以后兴业借款,先尽日本磋商。俾实业交通,由日本人操纵,他派不得染指。(三)王揖唐之总代表职务为取消广州国会。而北京伪会,亦可同时取消,用免人言庞杂。(四)各省军阀之分配。直隶主要军力在湖南,先斩其饷粮,使之自溃。曹无兵力,则代之以小徐(此小徐所以不离北京之原因也)。东三省由张作霖统一之。山东张树元如不善为日本尽力,则代以马良。陕西以许兰洲代陈树藩,俾奉军势力延及关中,为西北两王通声息。豫晋甘新四省无更易,卢永祥免任浙督。沪护军使则任段式妻弟吴光新,相机以代宁督李纯(吴本长江上游总司令,秩高于护军使,所以降就者正为此耳),李去。赣督陈光远受倪嗣冲、吴光新之监视,必出辞职一途,则以施从演代之。湖北王占元,已受何佩镕之监视,然武汉为长江枢纽,于政局大有关系,不可无段氏亲信以镇扼之。闻将以靳云鹏代王,湖南则仍张敬尧,安徽则仍倪嗣冲,而北廷势力范围以下之各省,已清一色矣。两广即以陆荣廷为巡阅使,滇黔以唐继尧为巡阅使,督军各由其自荐。熊克武转任川西边防总司令,乃使刘存厚回川。故上月有大批军火接济刘氏也,惟林葆怿率军舰前往。大足为闽局解决之梗。闻暂定以萨镇冰继李厚基(或主不换)而调林内用(闻拟位置于海军次长)。至驻扎川湘陕之各军,北廷暂不干涉,俟大局定后,责成刘张许荐任之。(五)各省长出缺。一律由督军兼任,不再简放。故岑春煊要求七个省长,龚心湛拒绝之。实行军国政治十年,段之夙志也。今假日本之扶助,降服老徐,统一南北,而告成功。则其报酬日本,焉敢少缓。故南北统一之日,即日本势力遍布中国之秋也,中国不亡尚何待乎。

　　资料来源:高振霄:《和议原来如此》,《惟民》第四号,1919 年 8 月 31 日

十二、武力统一之新计划

徐贼本以和议软化西南段贼主武力征服西南两贼一张一弛互相为用
段徐挟大东北大西北及参战军之势力中日和并之实力破西川平滇黔

本社接天津急电云，此次国贼王揖唐出任总代表，大家都是说这是徐党失败，段贼上台的结果。不知徐贼本以和议软化西南，段贼原主武力征服西南，两贼一张一弛，互相为用。前者陕西民军，大有直扑黄河以北之势，故利用徐之柔。今者上海和会，露出西南护法的假面具，加上段贼的主义，原想在这个时间，借债筹械，征服一切。一面将东北西北网罗势力，一面进攻陕西，南取闽粤。不料银行外交各团，申明未和平以前，不准军械入口，不借债于中国。又加上学生风潮，市民起而力争外交，于是徐贼亦不敢明签德约，段贼又无法补签德约。一面使人运动变更奥约，一面日人芳泽氏来京为段划策，变更奥约。所以馁国民之气，使补签实现，国人无辞以难政府。国内和平，以王氏为总代表，轻描淡写，唯一条件，"恢复六年宪法会议于南京"，其余皆好商量。现张耀曾电告唐继尧云，如公赞成此说，马上可以了结。唐氏复电绝对反对，闻此策为某人某氏所出，只云宪法会议，法律问题可以遮掩。而宪法会议，决不能召集人数，一切职权仍由伪国会行使，将来暗签德约，调回王氏，外交问题，归罪于国民，和平问题，归罪于宪法人数不足，盖不恢复参众两院及广州国会，不能召集人数。那时段徐挟大东北大西北及参战军之势力，中日和并之实力，一鼓而破西川（现闻熊氏在川，已为人所利用）。再进而平滇黔，至于两粤，一半已在掌握中矣。

资料来源：高振霄：《武力统一之新计划》，《惟民》第五号，1919 年 9 月 7 日

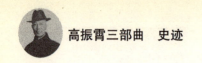

十三、王揖唐十罪

豫军军事代表周维屏驻粤代表张文超致电惟民主编高振霄
痛批北方议和总代表王揖唐卖国谋首坏法巨魁等十大罪状

汉声代表及惟民报诸公钧鉴。慨自西南护法以来,苦战连年牺牲伟巨。原以肃清内奸,以靖国难,扶持纲纪,冀纵邦宁,虽肝脑涂地,历尽艰辛,从未返顾。此心此旨,可质天日。乃正在进行之际,适逢欧战告结,协约胜利,我西南尊重友邦,渴望和平,停战休兵,合力御外,选派代表,冀谋统一,爱国赤诚,中外所知。而开议四月,日益迁延,留难挠阻,几经停顿,且复利用时机,暗施诡计。远交近攻,乘我不备,分兵调将,目无信条,三秦炮火,至今未息。城郭邱墟,市□焦土,小民何辜,受此浩劫,严电诘责,支吾不耳。瞻望汉京,能不痛心?乃贼心不死,大欲为惑,百方离间,四出勾结,威迫利诱,希冀降服,软化星散,时抱幻梦,是以所提条件,概不容纳,撤回代表,骄气逼人,祸国政策,更为凶焰。而我西南犹顾全大局,隐忍未发,总分代表,全未离沪,以冀自行觉悟,终有悔祸之心。和议续开,可慰人民殷望,不意迟至今日,忽派全国侧目之王揖唐,为议和总代表,辱污西南,不留余地。国人纵无异言,亦当扪心设想,中外着目观瞻,真乃传为奇事。夫王氏卖国谋首,坏法巨魁,罪迹昭影,诸公久悉。然所以为害之烈,祸国之毒,内中详情,恐未尽知,略奉数端,仰渎清听。民国肇建,国库久虚,赔款未尝,债台又起,干涉监视,主权不保。项城虽愚,尚通国会,而王氏渔利念切,肆结群小,怂恿段徐,乞贷强邻,条件烦苛,不问后患,国土国疆,断送曷惜,一日宣布,大陆沦胥,其罪一。国家根本,首重大法,大法产生,操之国会,国会职权,完全自由,垂为令典,岂容违反。而王氏忌恶国会,于己不利,随贿买乱徒,冒充公民,殴打议士,妄行干宪,威逼元首,强行解散,紊纲乱纪,大祸循环,兵连灾结,迄无宁息,残喘未苏,危魂将落,回忆作始,贤愚同哭,其罪二。共和缔造,几经艰难,各国承认,尤非易易。垂为大法,永为国体,讨论变更,刑有专条。而王氏与二三祸首,假造民意,捏名劝进,耸动袁氏,妄行帝制,洪宪筹安,自居功首。总长内务,藉登要津,若非西南诸公深明大义,合力声讨,则锦绣山河,未知谁主,其罪三。设官分职,因事择贤,阁员秉钧,又须中正。而该系排斥异己,肆行包揽,既□部首,复夺揆席,外交内政,视若私有,乐祸金壬,悉据要路,铃下马走,一体登庸,政以贿成,官因人设,树的以求,择肥而噬,别署分曹,随心所欲。权党费之丰啬,定品秩之崇卑,是以玩法婪赃,昌言无忌,铜臭熏天,名节扫地,丛匿文奸,莫可究诘,腥风胜播,遗笑邻国,其罪四。三权鼎立,各国遵行,共和国体,尤重民权。民权所托,国会尸之,国会良否,国命所关。若不依从大法,慎重选举,而欲源清流洁,本固邦宁,有是理乎?乃王氏利欲熏心,私窜选法,搜集巨款,一手包办。随即分遣爪牙,密布要区,贿通官吏,大造民册。甲参乙举,早已钦定,自写自投,何劳运动,安福猪仔,一榜及第,鱼头一呼,虾龟咸集,竞逐都城,冒称议会,其罪五。统治大权,执行元首,元首贤恶,存亡所系,选举大典,何等郑重。而王氏伪造大选,视同奇货,价高者欢迎,囊空者绝拒。故有窥窃神器,乘机购买,利用奸人,贱售高徐。国膏民脂,供彼专利,猪仔鱼孙,肠肥腰满。而复密订条件,要挟党费,张牙舞爪,凶愈豺狼,时日曷丧,与汝偕亡,其罪六。中华危弱,已达极点,虎视鹰瞵,国几不国。加之债台高筑,条约峻集,合力御侮,犹恐不及,稍有症结,尚惧责难。而该系甘心媚外,挂盗入室,张罗自投,作茧自缚。二十一条之耻未洗,欣然同意之约复成,主权国土,悉数赠人,不亡祖国,誓不为能。随至外交失败,援助莫前,奔走呼号,谁为悯怜。人为刀俎,我为鱼肉,自侮人侮,是孰之咎,哀我胞与,沦胥以铺,其罪七。潜艇政策,惨无人道,劝告停止,冀尽患言,乃德不容纳实达公理。绝交宣战,原为正义,国人倡议,国会赞同,有案可稽。中外通知,若认真协助友邦,岂非中华盛事,而该系阴谋百出,是为非常时机,足施诡计,可遂大欲。私自勾结强邻,暗与协定,密约重重,无意合并,谋驱巨款,高悬参战,广征盗匪,大丰羽翼,购枪置械,藉外对内,以卖国之资银,作灭种之利器,既欺友邦,复戮国人。丧心病狂,甘作外臣,同胞何辜,罹此荼毒,国已不保,位将何在。若非我穷无所依之华工,供人炮食牛马,恐和议席上,无地可容,岂待德约观成,而始列为下等。其罪八。欧战终了,何劳参战,京畿安平,无需警备。而该系见日暮途穷,不容于世,随假造俄患,更名边防,复定密约,延长协定。待河之清,恐不可俟,且又自定官职,自加特权,开牙拥蠹,嚣然自雄,丑类毕集,多多益善,羽翼既丰,胆魄为豪,登高一呼,各派俱倒,及早不图,后悔何及。况复滥名糜饷,竭泽而渔,纪律废弛,行同猛兽,加之指挥教练,悉听客卿,名曰边防,实乃驻防。一旦西北半壁势力养成之日,即我中华弱命寿终之时。网罗四张,大祸眉睫,茫茫前途,罔之所届,其罪九。由东圣地,文明起点,主权交通,邦家命脉。德约告成,死刑已布,人非禽兽,岂能漠然。我爱国学子,热心四民,罢学罢工罢市罢业,誓死拒签,冀图挽救,侥幸万一。况欧美友邦,尚抱不平,国人议士,犹为援助,不意该系阳示聋聩,阴为人争,天良丧尽,如见肺肝。且嫉恶学子,仇视商民,广集重兵,到处监视,请愿叩阁,横行逮捕,甚至无辜士庶,遽越青锋。未□贾氓,横罹黑弹,大学

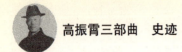

菁英,悉遭徒遣,帝阁不开,阁曹难问,异族专致,无此黑暗,吞声敛涕,徒呼奈何。茂荫春凋,冤霜夏结,茫茫惨酷,不辨晦冥,其罪十。以上数端,昭人耳目,此外利用叛督,扰乱国政,暗使日俄,为患边疆,私结外人,遗害东亚,挑拨恶国,破坏和平,捏造文电,贸称赞同,谗语邪词,耸动听闻,假和议之手段,行主战之毒计,罪恶鳞集,更仆难数。有一于此,未或不忘,而况王氏兼而有之乎。我全国父老苦王氏之祸害,痛该系之毒民,正奔走哀号,日谋解救,誓欲将该系主从,悉正典刑,用伸天罚,然后方有救国之可言,和平之可议。而不料北廷倒行逆施,悍然不顾,专违民意,好与人异,竟派断送国家,破坏和平阻挠和平之人,而与议救国与议和平之事。真所谓南辕北辙,与虎谋皮,明知非济,姑强以行,此尚得云一以诚意,谋真正永久之和平乎? 欺人乎? 自欺乎? 虽三尺童子,亦难取信也。是以吾军政府,尊重国会议决,及各省军民之意见,业已严电北廷,正式拒绝,另委贤能,速谋统一。其委曲迁就,渴望平和之心,国人早已洞悉,而北廷置若罔闻,毫无悔祸。而王氏嚣然自得,竟率犬牙,直行抵沪。其目无西南,目无国人,可谓已甚。吾不知国家之颜面何存,人民之廉耻何在,此而可忍,孰不可忍。我西南前此优柔不振,敷衍开议,随使谋和而适以不和,救国而因以误国。迟至今日,虎狼当门,大患眉睫,时机危迫,岂容再误? 吴师长之痛言无遗,各团体之陈请犹昨,公论人心,于此可见。用是泣求我西南护法诸公,及我全国军商学工各界,早醒狮梦,速定决心,急整师干,以振天威,戮力协心,扫尽妖氛,同除卖国之元凶,方保国家之安全,共去和平之障碍,方谋和平之乐利。根本先务,无容迟疑,倘有自远人类,甘做虎狼者,愿国人以公敌视之,巨难方殷,罔之忌讳,泣血陈辞,痛言难再,敢布区区,伏希垂察。参议院议员豫军军事代表周维屏驻粤代表张文超叩,□。

資料來源:高振霄:《本社来电》,《惟民》第十号,1919 年 10 月 12 日

十四、旧国会议决弃和备战

万鸿图提出撤回总分代表一案
高振霄朱念祖等议员极表赞同

昨日（6日）下午二时，旧国会开两院联合会，林议长森主席。先议万鸿图所提撤回总分代表一案，当时发言者有宋汝梅、朱念祖、高振霄、李含芳、吕复、郭同、褚辅成、覃振、吕志伊等，大抵对于提案之根本意思均极端表示赞同。惟所应慎重者以为，既撤回代表即是宣告和议破裂，和议破裂即应积极备战，因此之故，不能不为军政府稍留准备余地。故主张根据提案意思，用建议案形式提出表决，得多数赞同。续议第二案，白逾桓所提出弃和备战之通电。经童杭时、吕志伊等多人讨论，对于原案略有修正，即行表决，得大多数赞同通过。两案议毕，宣告延会。

云南唐继尧来电云：万急军政府政务会议鉴。（删）电悉，军府正式拒绝王揖唐为总代表，并催别易敌当之人物。但北方既无诚意言和，复不肯收回成命，逆料此后和局又无从进行。此时西南唯有团结同胞，补充实力，为和议破裂后之准备，并请由外交部将拒绝王揖唐理由通告中外，免北方以破坏和平之责归咎南方。兹承电询谨先奉复，余俟筹拟具体办法再行详陈。继尧宥印。

岑春煊覆龚心湛电云：北京龚仙舟先生鉴敬。电诵悉，执事志在宁息，运际艰屯，和议虽未遽成，公论当能共谅。矧复力戒，虚縻深虞，破产既昭捐节，尤见公忠承嘱，力蹴意见，永息纷争。苟北方有和议之诚，斯国家无难解之事，主持正义，藉重谠言谨电，拜嘉希为垂鉴。岑春煊冬印。

资料来源：《申报》，1919年10月13日

第七章　改组军政府

　　高振霄提出组织军事委员会行政委员会的提案

　　第一条　本委员会以代行国家最高职权，至完全国权恢复为宗旨。

　　第二条　本委员会分军事、行政二股。

　　第三条　委员由两院议员互选若干人，委员长即以两院院长充之。

　　第四条　委员会、国会负国务院之责任。

　　第五条　委员会议决事件许军政府总裁署名行之。

　　第六条　委员会办事条例另订之。

　　第七条　本会至约法有效或宪法完全有效之日废止。

——节选自高振霄：《国会议员关于组织军事委员会行政委员会的提案》

一、旧议员之政治谈话会 选举大总统问题发生

参议员高振霄提出议案
提请两院依法速选总统

昨日(8日)，两院议员于东园开谈话会，讨论三问题：(一)军政府代行国务院摄行大总统职务，依照法律是否限于三个月？(二)派遣国内分代表是否应分省军推举？国会议员应否参加？(三)派遣欧洲和平会代表应否交国意？发言者甚多。对于第一问题分两说：(甲)国会宣言军政府代摄之职责以大总统选出之日为止，即大总统选举法第六条"国务院摄行大总统职务以大总统选出之日止"。现既未选出次任大总统，军政府不能卸其职责。(乙)依照大总统选举法第五条"国会当于国务院摄行职权三个月内组织选举会选举大总统"，现既满三个月，应速选总统。并由高振霄提出议案，请两院依法速选总统，约人联署，结果俟下次在院内开两院谈话会讨论。对于第二问题，多数不赞成分代表由各军省推举，亦不赞成国会议员参加。如有议员参加者，应辞职，否则免职。对于第三问题，多数主张非交国会同意不认为有效，并主张由国会通电威尔逊总统，申明此旨当推定两院外交委员长朱念祖、汪彭年及众议员吕复三人拟电稿。五时散会。是日之会发言者不下二十人，张知竞谓国会将国务院及大总统职责委托军府，由军府承受，双方发表宣言不啻男女之结婚。今军府即欲解职不啻离婚，当结婚时，原欲养娃娃，今娃娃尚未养，不得离婚。温世霖谓总代表小姐也，吾人嫁小姐自当郑重。分代表随房丫头也，此无足重轻者。但随房丫头中，有希望姑爷收房不知自爱的必不能要云云，其言颇饶趣味。

另一消息，是日两院议员开谈话会，讨论军政府代行大总统职权期限问题时，发言者极多，可分为两说。其一，主张军政府代行大总统职权应遵照国会第三次宣言，至次任大总统选出时为止。其二，则主张依照大总统选举法第五条"国会当于国务院摄行职权三个月内组织选举会选举大总统"，此说为高振霄等所主张，结果俟下次开两院谈话会时再行提出。故高等遂于散会后即提出议案，其文如下：制定宪法为吾人天职，而遵守宪法尤为将来之表率。我中华民国之宪法全部虽未成立，然而一部分已经宣布者允宜严谨信守。查大总统选举法民国二年十月四日公布，乃宪法中之一部分，已经天经地义永誓遵守之宪法。谨按大总统选举法第五条二项"大总统因故不能执行职务时以副总统代理之；

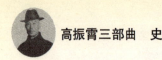

副总统同时缺位,由国务院摄行其职务"。同时,国会议员于三个月内自行集会组织总统选举会,行次任大总统之选举。又按民国七年(1918 年)十月十日中华民国国会第三次宣言,自民国七年(1918 年)十月十日起,委托军政府代行国务院职权,依大总统选举法第六条之规定"摄行大总统职务至次任大总统选出就职之日为止"。兹幸两院国会议员均足三分二列席之人数,按照大总统选举法第二条二项,应行即日组织大总统选举会。本席认为,此会较之制宪尤为切要,不可缓者。盖制宪尚无时日之限制,此则皇皇大典,神圣不可侵犯。即令等下而言,揆之政局更为如网在纲,吾人责任所在,即国家安危所关,此正吾人本良知以致良能之时也,迫切之言敬候公决。提出者:高振霄、王诚功、张秋白、谭维洋、张知本、董昆瀛、宋责、彭介石、居正、萧辉锦、王法勤、思克阿穆尔、李文治、卢式楷、讷谟图、何畏、张我华、刘成禹、傅谐、王鸿庞、王观铭。

资料来源:《申报》,1919 年 1 月 16 日

二、章炳麟致参众两院议员函

章炳麟就速选总统等致函参众两院议员
参议院议员高振霄君提出组织选举会案

参众两院诸公鉴：

昨者，和平之说风靡一世。苟以民生憔悴，兵力单，不得不少望息肩，鄙人亦何敢独持异议。而寻窥微旨，似不与始愿相符。南政府有二总裁，唯以副总统、总理为目的，则不得不拥戴罪魁以为其主。□法乱政，非所问也。

鄙人以为，时至今日和战两穷，唯有速选总统以绝北人希望。若遂分裂，北方亦已不能作战矣。若仍持和议，则主体在我而不在彼。可取消者，北政府与新国会也。而南方斗极，得以屹然不动，维持大体，莫善于此。

昨闻参议院议员高振霄君已提出组织选举会案，乃知闭门造车，果有合辙。嗣得元日两院通电，又云改军政府为护法政府。此事得无与选举抵触，将以是延长喘息，以为议和之主体耶？抑以是堵塞选举耶？其或提议组织选举会者，本无诚意，而姑以虚声恫赫北方，以遂敲诈之目的耶：甚非愚黯所敢知也。

近闻南方私议，以为选举果成，必召外人干涉。此乃徐世昌、唐绍仪辈造作虚词，以欺国人之耳目耳。苟有智识，何惮于此。中国元首之废兴，固非外人所得宰制。以近事言，清西太后之兴义和团，外人毒恨，可谓至矣。袁世凯谄事欧美，其交欢亦可谓至矣。然前者外人不能胁废西太后，后者外人不能明助袁世凯。今徐世昌之于外交，未若袁世凯之受宠幸也，南方所选之总统无论谁氏，未有如西太后之挑衅召忿者也，而谓外人必从旁干涉，谁其信之。南方不行选举，和议既成，徐世昌即安居而升主座，非请民党不能生存，而滇桂亦将肝食。其得瞬息之荣者，唯岑、唐两汉奸耳。若信世昌之才为可以安抚中国者，吾见清、袁两代，皆以徐世昌为宰辅而相继灭亡也。亡国大夫而可选为大总统，帝制派之谋主而可选为大总统，倪嗣冲、雷震春所推戴之大元帅而可选为大总统，则前此之革命护国者，当处极刑，尚何护法之有。

故鄙意谓，选举会必当成立。实事求是，勿为赫诈，仗义执言，勿为畏葸，此固在诸公掌握中耳。至于平民鼓吹，鄙人固能任胥吏之劳，迩已与吴受天等结护法后援会，受天之粤，即属其将宣言散布。诸君扶义秉直，为国司命，其或有取乎此也。

章炳麟 1919 年 1 月 19 日

资料来源：《近代史资料》，1980，P57－58

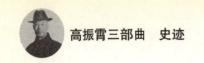

三、续纪广东党派之大争潮

张知本提出不信任岑春煊总裁之案
高振霄等则以此案彰明无审查必要

粤省派别复杂,权要之地为各派所注意,而争端即由此而起迩来。不和不战,而幕内实已商有具体的和议方法。故凡重要之地,必须事前先下一子方可占定地盘。今两广盐运使一席,即政学会与国民党之所必争者也。李茂之为老同盟中人,忽然更易,海军国会以与李算账为词,不许交卸。而军政府参谋部则派司令何子奇拥护刘玉麟到署,必令其接印,此事颇骇人听闻。当纷争剧烈时,海军中人至有下动员令之主张,而国会又急连开两院谈话会,对于军府及莫督军颇有急激之责言。而外间所述则又言人人殊有谓李茂之曾反对韶关设转运局,大招政学会某要人之忌故,此次撤李以为报复之计者。有谓盐余项下共有百余万积存,各要人均欲分润,非排除此主要人物,本党人不能占特别利益者。究竟真相如何,不能轻断。所可推知者,现当秘密议和之时,某某会必欲于粤中居重要地位,故省长问题,前时历争所不能决者。今省会又召集临时会,于11月1日开会,将于省长问题有所解决,所属意者即为某会中人,而盐运使一席为财政所关,亦为某会所注意。故李之撤换喧传已一月有余,其始属意于高审厅长徐傅霖。徐不敢上场,乃转属意于刘玉麟,以刘对于外交方面可得外人承认,且与北京亦略有渊源迩来。某会中人与北声息相通,最近北方派有北国会议员信宜林某回粤,闻亦于和局有所商榷。故以刘易李此间大有妙用,但李为民党重要分子,故海军与国会必出而拥护。而国会之激烈者主张开两院联合会,请军府总裁出席。质问如无结果,非改组军政府即提出纠弹案,并有草拟查办李协和总长之稿者,不知将来争执弄至若何程度也。

今先以参众两院情形言之,星期五日为此事开两院谈话会,出席者甚多。由林吴二议长先后报告盐运使更换与国会经费事,略云:地方更换长官,国会向不过问。国会经费出于盐款,运使进退与国会有密切关系,假使运使非实心护法分子,则国会前途危险矣。护法以后经前军政府将盐款办妥,简放运使,即由国会海军与军府督军共同协商。今换李固无不可,但继任之人决不能不先使国会与海军知道。且运使乃两广运使,当属军府简任,如何能由一省督军委派?国会与海军因李茂之积欠之款过多,盐余五十余万,正在交涉。忽将李换款无着落,因由双方电知李茂之于欠款无着落时,不得交卸,并派员前往算账,此亦无非慎重。海军与国会前途起见,乃李协和竟派兵拥护刘玉麟劫印,殊属非法。至于传闻,其内幕因为盐余项下除此四五十万尚有百余万,有人欲分此款。吾人姑暂不究,但以此观察国会前途,殊多危险,应如何办法,请同人公决。各议员闻此情形异常愤怒,有谓应将刘逐去者,有谓应诘问军府能否去刘并容纳国会意见者,有谓改组军府如办不到我们将替天行道之招牌下去各自离粤者,有谓李协和非免职惩办不可者,有谓不必诘问军府直接了当将军府改组者。一时意见甚多,归结定星期六日开两院联合会,请军府总裁出席质问,如无结果,非即提出纠弹。至星期六日国会又开两院联合会,出席三百余人,由林议长主席。当时报告参谋部李烈钧欲出席陈述派兵拥护刘玉麟接任一事,众谓李系参谋部长,依法不能出席国会,且并无护法政府委员公文,当然不能承认其出席。旋有人动议,如国会有通知请李部长出席说明之必要,即请伊出席。可否表决,大众赞成。即将张知本所提出不信任岑主席总裁一案付讨论,李含芳、赵世玉、寇遐等极力反对此案,谓军府不良不必指摘岑某个人,不若改组军政府为根本解决。寇遐且临时动议谓张知本不信任岑总裁之案宜在两院分别提出,不应在联合会提出。旋由刘云昭登台发论驳之,寇等在台下反抗,扰乱刘之发言。张知本、王芷塘、万鸿图等力斥寇等,于是叫打声、拍案声充满全场,秩序大乱。当由林议长维持秩序,刘云昭乃继续发言,而孙钟上台则痛数岑某八大罪恶,如就职以来不曾出席政务会议及派和会代表不经过国会,并派代表入京数月来不和不战致将陕西失陷,其他对于广东省长问题及现任命盐运使问题置之不问不闻,漫无处理等罪。似极端赞成张知本之案,但请将此案先付审查。覃振亦与孙钟同一主张,褚辅成则利用之,而张知本、高振霄、王芷塘等则以此案彰明,较着无付审查必要,且并谓前日在东园开谈话会,林吴两议长及褚辅成等何等慷慨激昂,今乃变其态度,特因昨晚十时,韩玉宸往褚寓与褚等密商一切。故褚等欲将此案以延宕时日,便与政府作种种交换条件,又想以同人为杠杆,以邀个人之权利云云。褚等被骂时面不失色,林议长当将寇遐提出打销张知本一案付表决,少数又将褚主张付审查之案付表决,赞成不过六七十人。唯林议长宣告为多数有一百七十七人,于是全场反抗之声大作,谓有疑义,请反证表决。林议长本拟反证表决,而吴议长及褚辅成延宕之。林乃宣告延会,万鸿图等大骂议长违法,直隶议员王某欲拳殴褚辅成被大众扯开。不知谁何又将林议长抓住,谓林违法弄弊,何以对天下人。李含芳、寇遐则云"舞弊就舞弊,又怎么样",遂闹无结果而散。闻万鸿图、张知本又公函林吴两议长,请于星期一续开联合会讨论此案,此两院方面之情形也。

资料来源:《申报》,1919年10月26日

四、国会议员关于组织军事委员会行政委员会的提案

国会议员高振霄提出关于组织军事委员会行政委员会的提案

国将亡矣，北为卖国，南为误国，此今日稍有常识者所公认之事实。吾人受全国父老兄弟之委托，此次南来，云护国本，变谋建设，虽谋建设，又为创造。凡来粤者，当然抱有一种救国之希望。民与贼合，自春徂秋，不特和平无望，大好河山，日蹙千里。军政府不死不生，倘若再另其迁延迟迴，非特前敌义勇之士，转展就木，半壁西南，胥沦于夷，吾人坐以侍毙，后之人不责军府之昏，而吾人同为千秋罪人矣！英之立宪，法之共和，在历史上其国会议员均以代表资格为革命手段，故能战胜王党，永奠国基，此稍治世界史者所知之。特证今吾国，帝妖充塞燕幽，国贼布满中北，此种猛兽毒蛇，非斩尽诛绝之利器，非西南政府也，非成文法也。爱国之将士，全国之人心，均吾人千万之横磨也，惟在吾人之志气如何耳。青年救国声嘶，各军代表再请作战，乃军府无人为助，借口作梗，是则军府为执行中枢者，都亦绝望。非吾人自为执行，绝不足以救危亡，故此泣恳同人，抛却一切将就敷衍的思想，共起最后之决心，由两院组织军事委员会、行政委员会，以代议资格作救亡的奋斗。古语云：求人不如求己。吾人自辛亥以来，凡事改革、卒居退让，致为一般官僚、武人所把持，驯至吾人血汗终成泡影，国家前途更不堪问，是前车也，是吾人之罪也。吾今悔罪，吾人之责也。吾人之责，不死中求生，更为国之罪人。昔鲁仲连死不帝秦，行见子孙为人之奴，犹不乘此机会伐罪立功，吾人无人格矣！心危莫择，敬乞公决。

附：组织委员会草案

第一条　本委员会以代行国家最高职权，至完全国权恢复为宗旨。

第二条　本委员会分军事、行政二股。

第三条　委员由两院议员互选若干人，委员长即以两院院长充之。

第四条　委员会、国会负国务院之责任。

第五条　委员会议决事件许军政府总裁署名行之。

第六条　委员会办事条例另订之。

第七条　本会至约法有效或宪法完全有效之日废止。

以上七条，略述大概，同人如蒙赞成，当另案讨论。

提出者：高振霄

资料来源：上海《民国日报》，《旧国会中之新议案》，1919年10月28日

五、广东之东园重要集会

各路军代表发表改组军政府建议
鄂军代表高振霄率先发表三意见

鄂军代表高振霄发表三个意思，大致谓：（一）已往政治运用之谬误。即以前之内阁制、总统制两说均趋重对人的多，故结果多不良善。（二）法律相对的失效。因前军政府改组之始，大纲上的条文少限制，责任上便得互相推诿、互存私见。（三）政府须容纳多数的民意，必使各省各军及各省议会镕作一炉，行使护法救国的意思。以上三点乃今日改组军府制度上应细为研究者。白逾桓谓"改组案大抵以为制度不良，政务废弛，不能应时势之要求。案既成立，万无中止之理，纯以上述三种理由而成改组案，毫无他种意思。夹杂其间，外边谣言蜂起，全不可信。各省军应了解此旨，国会意思坚定，无论如何为难，必要达到目的。如不能容纳，即是护法上根本摇动国会，亦绝不能因之不改组现在军政府，昨日会议之态度为军政府现在应尽之职责"云云。

川军代表张知竞谓要征求各省军之意思，则非纯为制度不良可知。余之意思有三：（一）态度要鲜明，（二）手段要正大，（三）行动求一致。

桂军代表覃超谓："第一，要标明非对人问题纯为制度不良；第二，国会监督权要明白规定；第三，各省军职权宜明了；第四，解释各方之误会；第五，各方意思亦要容纳"。

浙军代表张浩谓："鄙人本系国会议员，今日承两院议长之招待而以军事代表资格赴召。此中即含有事实问题，否则议长可以在院内行使职权，鄙人亦可以在国会发表意思。鄙人意见以为，事件既如许重大，倘于事实上有丝毫缺憾，其结果恐适与初心违背，深盼诸君以慎重出之"。

粤军代表黄强谓："此次护法即系拥护国会，至于此次改组问题，改组或不改组或应如何改组之处，本军全体完全服从国会意思"。何陶谓："鄙人闻诸公伟论，不胜钦佩。据代表诸公所发表对于改组一节，莫不认为时势所必需，可知各省各军之意见自必与国会完全一致。关于改组的理由可不必鄙人再说了，惟吾人所以主张改组之真意究属何在，外间尚未了然。鄙人不可不略为表明，顷钮代表谓军政府所以诸事不能进行者，由于各派之利害相冲突，今欲改善政府，不可不调停各派之利害。鄙人以为同在护法旗帜之下，有何利害冲突之可言？

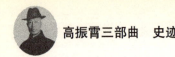

今日只有国家之利害,无各派之利害。若专从调停利害,设想这就与吾人主张改组之真意完全相反。盖吾人所以主张改组者有两目的,一认现在之政府为二三私人的政府,以后当改组一代表全国公意的;二认现在之政府为不负责任的政府,以后当改组一完全负责的政府。因此两种目的,所以改组的方针宜一面谋制度的刷新,一面谋人的刷新。至改组之方式若何,此属于将来之研究,今日暂不赘述。"李载赓谓:"鄙人赞成改组军政府,但改组之方法要不能违反国会宣言。前国会宣言系委托军政府代行国务院职权摄行大总统职务,至次任大总统选出之日为止,如次任大总统尚未选出,即委托军政府代行国务院职权摄行大总统职务之宣言仍完全有效。故以为改组之方法只能制定一军政府代行国务院职权条例,将如何代行方法,如何负责任定明为止。万不能脱离军政府另造一种政府违反自己宣言"。孙钟谓:"鄙人意见以为,修改军政府应注意三点:(一)现行大纲内既有以各省各军为基础之一条,此后修改应将此条之精神发挥尽致,以期各军与军府之联络密切;(二)规定军政府既为合议制,应使其名实相符,毋使如现军府之以合议制之名行独裁制之实;(三)须规定明白使军府摄行大总统职权代行国务院职务之权限,责任分晰划清"。陈策、张知本、吴宗慈等均有意见发表,词繁不备录。终由主席林森致词道谢,来宾遂各兴辞而散。

资料来源:《申报》,1919 年 11 月 3 日

六、改组军府案之起草会

国会议员纷纷提出军政府改组案

高振霄提案意在设一联合会政府

28 日下午三时改组军府起草委员会仍在众议院秘书厅开会,由各委员对于大体发表意见。先以韩玉辰主张(国会应用政治的手段鞭策军府于组织大纲范围以内为澈底的刷新,不宜用立法的程序谋军府之改组)付表决少数,次以白逾桓、王湘、张知竞、刘彦、李载赓、宋汝梅、吴宗慈之各认为大体者付者决均通过,定明日起草。先是两院联合会主席吴景濂欲贯澈改组之目的,乃多指定欲打破现状者之一派议员为起草员,而五十号议员根本主意刷新不赞成改组,故昨日韩玉辰因其主张不能得委员会同情已宣告退席,李为伦素来反对两院联合会根本的不承认起草委员会者当亦宣告退席,刘彦、王绍鳌等亦因吴王白等主张以两院联合会为监督机关,认为系对于约法革命与郭同大起冲突。兹介绍吴王白等之重要主张如下:(一)总裁制仍存在但其额数有增减并须再产生一次;(二)各总裁代行大总统职务使之高高在上不负责任;(三)设一负责机关或用内阁或用政务院总揽一切政务,(四)内阁关于两院联合会负责任,即以两院联合会为行政部之监督机关。按以上所述尚为□□主张,如郭同、高振霄所提之改组案,则更进一步意在设一联合会政府,所谓总裁,所谓阁员,所谓行政委员无不听命于联合会。而联合会之本身无法定人数,无法律根据,此议员中之所以有欲取消此会也。又闻上星期六改组军政府起草委员会在大沙头众议院秘书厅开会,是日讨论者系关于改组之大体主张,而意之所在即欲于不摇动西南根本及不与各省各军之权利生冲突之限度内为适当之改组是也。兹将起草各员所提出之改组大体历举如次:吴宗慈提出:(一)此次改组是否采用责任内阁制?(二)采责任内阁制,总裁制仍否保存?(三)保存总裁制是否以总裁执行约法上大总统之职权?(四)总裁总理等职权是否均对两院联合会负责任?(五)总裁制采寡头独裁制,抑采多数合议制?(六)如采多数合议制,现总裁应否增减其名额?反如何产生之方法?(七)总裁可否兼任总理及总长?(八)总裁所派代表之资格如何规定?(九)各省代表之权限如何规定?(十)国会监督政府之职权应采何种方法?(十一)应否设□□部之阁员?(十二)护法各省议会应否以条文规定令其参□意思于国务会议?白逾桓提出:(一)总裁是否存在？如存在,应赋予以何种职权？(二)应否于总裁下设责任机关取责任内阁制精神？(三)可否以两院联合会监督政府？(四)如何巩固各省各军之基础？王湘提出:(一)政府名称;(二)总裁进退及职权;(三)增设对两院联合会负责任之机关;(四)对于各省各军如何发生密切关系？张知竞提出:(一)是否修改军政府组织大纲,抑另定代行补充条例？(二)草案是否采约法精神,以不动西南根本能容纳各方势力为主旨？(三)指定各派起草员共若干人。刘彦提出:军政府组织大纲第四条、教育及农商二部第五条取消或修改;第六条第二项取消或修改。韩玉辰提出:改组之前提是否将军政府与国务院合二如一,举全国统治权与护法戡乱之职责,全纳进某种机关之内,如所谓国务会议或政务院之类？李载赓提出:(一)代行国务院,依国务院官制组织之对于国会负责任;(二)国务委员由拟行大总统提交国会同意,但总裁不得兼任部长。李建民提出:依照约法组织中华民国统一政府。

30日,改组军政府起草委员会又开会,到二十一人。主席宣布继续讨论28日所认大体各节。先由王湘讨论名称主张,称联省政府,李建民主张用统一政府,覃超主张与郭同,覃振主张用护法政府。白逾桓不赞成联省说,却无定见。汪健刚不赞成联省说,因此次改组认为过渡时间。郭君所说固为正当,但刻下为修正军政府大纲,俟宪法成立再为组织。正式政府亦不赞成护法政府,似宜仍用军政府名义纯为事实的免与约法冲突。吴宗慈主张用联省说。覃振申明应用联省精神,不宜变更名称,并主张于吴宗慈十一条,大体除各省议会参加意思外,并提议将各省农工商教育会亦须参加意思。郭同仍主张用联省说。高振霄主张用救国政府名义唤起全国注意为一时权宜的,以备将来打破东亚军阀主义,俟宪法成立,我国自有名称,当然是中华民国政府。覃振赞成此说,李华林反对之。张知本赞成联省说,因其上加以中华民国,绝不容有分裂的误解,且为永久的性质,何以故在知本管见将来宪法成立,北方卖国诸人及全国军人未必无宪法战争,唯联省政府可以承上接下,且包涵地方自治,有西南先为模范之意。为时四时半,主张付表决。先以李建民统一政府付表决,起立者少数;再以高振霄救国政府付表决,起立者少数;第三以王湘中华民国联省政府表决,起立者多数。主席遂宣布延长时间,先以白逾桓总裁名义存在者付讨论,众呼"无疑义,请付表决",赞成存在者多数。又吴宗慈讨论总裁职权应明白规定,汪建刚亦主此说,王绍鳌反对之,以代行国务院职权曾经宣言当然有摄行大总统职权。为时五点二十分,宋汝梅提出委员规则,问适用何项。吴宗慈请今日延长一点钟至六时散会,赞成多数。张知竞主张对于约法不得少逾分毫,故主张总裁的职权完全行使大总统之职权,依照约法划清权限。讨论至六时始宣告延会。

另一消息云,日来国会内各派议员对于改组案各有主张,汇录要点如下:(一)照霞楼民党议员方面对此案曾开会议,有主张改独裁制者,有主张仍用合议制者,有主张将军府完全改造者,有主张仍留总裁而另组正式内阁者,意见尚未能一致;(二)褚寓方面议决三大纲,甲改组后之总裁代行大总统职权,乙组纤正式内阁代行国务院职权,丙采责任内阁制,内阁阁员对国会负责。据某派观察云,改组军府问题□发生后,党派分歧。现计政学民党中立,各派人数初以民党系为最多,次为中立系,再次则为政学系。唯自各派开始运动以来,中立派人数顿形减少,政学势力日有增加。现在民党政学两派既因主张互异,各走极端相持不下,自以折衷办法为最健全。将来结果不信任案当可无形打消,而已经通过之改组问题将必实现云。

资料来源:《申报》,1919 年 11 月 5 日

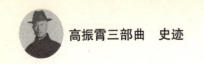

七、军府补选总裁说 熊刘温最有希望

孙光庭冒居主席组织改选总裁
高振霄刘成禺等议员强烈反对

4月30日，两院在省议会开联合会。其公启系只称讨论外交问题，其内容则确系因加选总裁一事，盖自伍秩庸去后已通电声明总裁不足法定人数，军府命令不能发生效力。唐冀赓寒电更力为指斥岑莫等通电，驳覆所援引军府条例第八条，部长得列席政务会议尚可强词夺理。究之总裁原定七人，今已去四存三，终不免予人口。实日昨有某要人条陈岑氏谓，当由两院加选总裁以间执外间悠悠之口，岑韪其议，旋议及加选人数。某要人主张唐绍仪向未就席，孙文已辞职，伍廷芳已弃职，宜选三人以补其缺。至唐继尧自赵藩辞退代表，尚未派人补充，未可认为辞职宜一面催促派代表来粤，以观唐氏后此之动作何如。岑意遂定，并以之电商，陆莫亦均表同意。岑于是邀请两院代议长孙光庭、陈鸿钧到军府秘密筹商，对于补选之人物极费踌躇。以此项人物非有相当资望与实力不可，而在西南人物中实难其人。当时遂议定推举粤桂两督莫荣新、谭浩明二氏，经致电桂军署征求同意。谭浩明覆电力辞，以已为陆武鸣部属陆任总裁，不敢与并肩为词，莫荣新亦同此意。且加选总裁三人中属桂籍者二人大示天下以不公，于是就别方而遴员接替。而及于川督熊克武、黔督刘显世仍未足其数，恰温宗尧自沪来粤，岑以此羁縻而加选熊刘温三人之议，遂决定两院代议长亦在军府内，与岑定策意见一致。30日议题所谓外交问题者，真相不外如是，到时但觅一二议员临时动议，又觅一二人赞成，乃再由主席提付公决大众通过，随即投票公举。而开箱验票完场其所谓总裁三人者，则一如数日前军府内所密定之熊刘温三人。而已余虽未赴议场旁听，然此一幕把戏之做手唱情当不外如是，固可决也。至此次加选之总裁三人中除温氏一人无问题外，至熊刘二氏，则军府之予以此等位置固大有作用夫。总裁虽无实权，但尚是一种庞然大物。以名望论，熊刘尚非其选，唯阅者试闭目一思，今日之西南人物舍此数外，将更有何人可以充数？闻当时谭浩明、莫荣新告辞后颇有建议推举谭延闿，而军府某巨公之主张独坚主熊刘。闻其用意所在，盖以唐继尧现已与军府立于反对地位，唐氏之实力在滇，而势力之扩充范围乃及于川黔二省。故以斯席予熊刘，吸收二人入军府，为铲除唐继尧向来伸张于川黔方面之势力计也。军府据探报，日前唐氏曾运动熊克武通电宣告脱离军府关系,熊不允。从以此推之,则黔省刘氏方面亦当有此,但刘氏态度如何则尚未明。故军府乘此期间以西南最高之位置畀熊刘,冀得利用,其真意之所在又如是。但熊克武在川据军府所接马日来电观之,则现有之四川督军且站足不牢,而刘显世果允受利用与否亦尚一问题也。

另据报载,30日国会在场议员来稿云,先日五十号开会,假两院联合会名义借口外交问题,准备是日改选总裁。30日下午二时半开会,孙光庭冒居主席地位报告,参议员到者三十五人,众议员到者七十六人。请开两院联合会一声未完,而问者纷起,质问:"孙光庭,何人举你为主席?忝不知羞高坐上面,两院无议长联合会不能开,请你下来,我们开谈话会另举临时主席"。孙又申明为第二次联合会,众谓"上次何人开两院联合会,上次多数反对你们几个少数人盗窃名义,当时反对者有陈宗常君等为证",比时人声喧哗,群呼"下来!"董耕云、陈宗常、刘锦孝、周问余、王葆真、何陶、余绍琴、邓元、杨福洲、石润金、刘成禺、杨世杰、李建民、岑述彭、陈堃、毕鼎琛、薛珠、孔绍尧、蔡突灵等数十人皆大呼开谈话会,叫孙光庭下来。于是周庆恩请表决,群谓"表决什么?"周为石行人新置身于五十号者,周仍大呼,众谓"五百元的国士,请你少说两句好",是时韩玉辰与陈国玺跳上座位乱叫乱说一阵,陈国玺叫打,众谓"尔小子经得几个人打?"陈乃抱头而下。孙光庭无法,乃宣告休息。众谓"宣告休息?你也无此权限。请问你孙光庭等三百五十六人之电是那三百五十六人?请答出来暂准在那上面坐一下,答不出来赶快给我滚下来!"孙乃抱头窜往休息室。杨永泰、金兆棪、韩玉辰等面无人色,卜少选、孙光庭又从后台出来,居然又坐在那个高位上。众又大呼"下来!今天绝不能开联合会"。韩玉辰又请表决,周庆恩和之众又大哗,孙光庭总不下来,手中持一纸条说赞成开谈话者七人起立。于是满场大哗,谓"大家不要你表决,你乃当面说谎,实不要脸"。韩玉辰大呼"本席提案说明",一跃上台尚未开口,而大众均围至台上,问他说什么主席。那个座位也有三四人并孙而坐,并大呼孙"不要脸,坐此不动,我们也是主席,人人可坐!"孙不得已,乃说开谈话会,自己想动身起来,尚未离席,刘成禺及高振霄问孙"你到议场连那瓜皮小帽都不取下,怎么配说主席?"孙乃皇然取下就便坐到秘书长的座位,自己承认不能主席。由王葆真、刘成禺说明国会不能分家,不能由少数人玩弄法纪,须想一妥善办法,无论何人想卖国会都是不行。只要自己不卖,谁也不敢轻视。散会时四时半,而五十号的十余人尚不退席。大众怕政系还要取巧,乃由高振霄、张大昕请大众转来直候,至杨永泰等上了汽车,众始散会。此为历来未有之现象,现在多数议员均集一景酒楼商量对付之法。

资料来源:《申报》,1920年5月6日

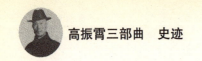
八、力挺孙中山 否认补选总裁

高振霄等力挺孙中山唐绍仪伍廷芳
发通电坚决否认补选总裁非法事实

在粤一部分议员否认补选总裁电（衔略）：慨自我国会南来护法四稔于兹，几经险阻艰难，方足法定人数。近因政潮恶劣，两院议长及大多数议员相率避地，暂离广州，留粤议员只有百数十人。乃参议员孙光庭、众议员陈鸿钧竟敢以一二次之临时主席冒称两院代理议长，窃取议员三百五十六人及三百八十四人名义两次发布通电。又于4月30日攘窃两院联合会之名通告开会阳假外交问题，实谋开非常会议补选总裁。迭经在场多数同人反对，提出诘责。孙光庭自知情亏，俯首无词比，即自承错误，退居秘书长席，改联合会为谈话会。同人等方期孙等悔祸不为已，甚对于大局徐图调和。乃五月四日，孙光庭、陈鸿钧又忽发通告开非常会议补选总裁，同人极为诧骇。查国会非常会议组织大纲第六条"国会非常会议之正副议长就现任两院正副议长内，推定之正副议长均有事故时，得选举临时议长"，今两院之正副议长因一时之政潮与大多数议员离粤，既非议长本身别有事故，非常会议当然不能开会。即以有事故论，亦当选举临时议长方可开会议事，断不能以一二次之众议院临时主席陈鸿钧窃取非常会议议长之位同人等比。即前往则见军人荷枪监视议场，以暴力相威吓。同人睹此暴举，益为心痛，不忍以法律正义竟为威屈。遂根据国会非常会议组织大纲第六条再三质问。而陈鸿钧竟置若罔闻，卤莽灭裂，急以讨论终局。付表决人数尚未点查，径行宣告多数，遽尔发票投票，以一手掩尽全场耳目，甘心为此违法举动补选总裁。同人等职在守法，誓不承认，况伍总裁廷芳始终未有辞职之宣言，孙总裁文、唐总裁绍仪虽从前或一度辞职，或未就职，皆未经国会允许。今忽选举三人，七而加三其数为十，殊与中华民国军政府组织大纲第三条政务总裁七人之数不符。陈鸿钧等此举不独视国会选举职权为儿戏，实为破坏西南之第一导火线。同人等环顾大局，心切忧危，仍再三力争加以苦劝，陈均置不理。同人见其悍然不顾，无可挽回，不得已遂宣告退席。关于此次违法补选总裁，同人决不负责。至派遣军队荷枪监视，唯袁世凯压迫选举大总统时有此恶举。今于护法策源地竟再出此，尤深慨叹。同人等饱经忧患，奔走连年，目击心伤，维持乏术，谨此电闻诉诸全国舆论，即祈谅鉴。在粤参众两院议员：董耕云、陈尚斋、吕志伊、陈宗常、高振霄、马小进、林伯和、唐炳华、郑忾辰、杨树璜、孔绍尧、周间余、陈宏栋、鲁鱼、赖庆晖、于仲铨、吕荫南、段雄、王鸿庞、李国定、刘楚湘、邓元、蔡突灵、陈嘉会、李建民、梁星五、陈堃、陈廷扬、吴道达、岑述彭、谭维洋、杨肇基、黄策成、毕鼎琛、刘锦孝、吴昆、张知竞、张树桐、蔡汇东、周世屏、蒋宗周、薛珠、何陶、张大昕、刘成禺、彭邦栋、王曰俞、杨世杰等叩歌。

资料来源：《申报》，1920 年 5 月 13 日

第八章　反对北洋政府

全国人皆知北京为卖国总汇,不过徐世昌为"柔性的卖国贼",段祺瑞为"刚性的卖国贼"。乃国人对猛虎讲仁慈,对卖国贼请求爱国,真是南辕北辙,倒行逆施。将来岂但山东断送,全国亦将断送。

——节选自高振霄:《德约补签之推测》,《惟民》第三号,1919 年 8 月 24 日

一、提议徐吴斩罪状案

高振霄等提议徐吴斩罪状案通过
林森议长指定高振霄等起草通电

汉口电：传长辛店方面有警，（10）（日）午前五点四十五分南下票车，须迟至午后五时可到。赵杰部豫军一混旅，原拟上驶援宜，佳忽专车返豫，直军亦运回保定野炮陆炮各四尊，靳云鹏佳夜匆匆由汉北上，张克瑶、佳山岳来省。

汉口电：传陈树藩率部万人从白河行抵襄阳属均县地界，与攻郧川军会合。

汉口电：川军佳（9）（日）又由南沱溪退至朱家坡笔架山，距宜昌约五十里，鄂军未穷追。卢金山佳电萧庚（8）（日）晚率部向南岸进攻，川军退却十三里，获敌百余名、野炮八尊，萧复电嘉奖，令速逐出鄂境，如川自退即停追击。但外人佳午得无线电讯，谓东北方面尚有激战，流弹达于城内，唯无死伤。

汉口电：吴庚日到宜，佳日仍返岳。

汉口电：蒋作宾、孔庚佳日乘沅江轮由湘过汉，晚转大福轮赴沪，闻李书城、柏文蔚均同行。

汉口电：盛传萧将改督湘，赵任湘省长；吴督鄂兼两湖巡使；鄂省长不动。

汉口电：吴萧、刘顷会令官银局谓：本巡阅使带兵来鄂，收回失地，克复岳阳，平定大局。本督军维持治安，本省办理善后一切事宜，在在需款。已电财部照王前督前电，加印湖北官票一千万张，并已催迅速赶印在案。兹特令该局迅派员赴部催取回鄂，以济急需。

汉口电：两湖弭兵会佳举熊希龄为正会长，夏寿康副长并通电赞成庐议。

汉口电：张冬电发出后，截至佳止，赞成复电，仅张锡元、周自齐及两湖弭兵会。此外以书面赞成亦有十余人，惟各督无复电，吴赵联衔赞成电，尚观望未发。（以上10日下午八钟）

北京电：太平洋代表颜惠庆、顾维钧、施肇基、王宠惠及伍朝枢，伍如不往，缺席以待，西南出一人已确定，颜定10月4日放洋。刁作谦十一由京赴沪，为先发队，十七放洋。

北京电：顷访外交团悉小幡面交鲁案节略，并无八条。青岛完全交还，由中国改作各国商埠，或中国自开商埠，亦听便。胶济路及附约各矿，中日另商合办方法。青岛等德国建筑，由华当道与日领事磋商处理办法。青岛市政局之组

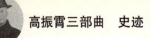
织,须得列国商民同意。日军完全撤退。(10 日上午十二钟)

北京电:潘复与哈达忒公司借法郎一千五百万,九四实交分八利息,以明年 3 - 8 月盐余作抵。附记:如法郎涨价,则按五法郎八十生丁折现还本,其中出入受亏甚大。顷向法使署访问,谓法并无此公司,系中国财政要人借款于政府之化名。(10 日上午十二钟)

北京电:潘复汇五万交沪兵工厂,四万交德厂,二万交巩厂,十万交汉阳厂加工造械弹,昨分别汇出。又发统一会费十万,秋节财政共二千一百余万,不敷三百余万。现将未布号码之元债八债续布两千七百九十万,即可将抵出之票收回变价。(10 日上午十二钟)

北京电:顷访稽核所云,本月放还盐余仅百五十万,中行应拨公债基金百四十万,又偿还特种库券三十万,尚不敷六十万。又本年应偿中签公债及息款八百万,而基金处存款只六百万。(10 日上午十二钟)

北京电:吴佩孚覆中央地方划分权限电已到,谓国体共和,民为邦本。厉行民治,应征求全国公意,绝非三数疆吏所能代表。应请推此旨通电全国,共决正确途径,则中央与民更始之诚,大白于天下。(10 日上午十二钟)

北京电:宜昌战讯,4 日午至五日晚无战事,6 日川军复进攻北岸,卢赵亲自督战,激战一昼夜始退。吴派楚同舰已到宜,十八师马旅亦已出发赴宜。(9 日下午四钟)

北京电:岳州电,吴以川军进逼,而本身又不敢离岳,已处进退两难,意甚焦急。(9 日下午四钟)

北京电:吴俊升电外部,满站俄海关 9 月 1 日,经我封闭,俄人环请启封,如何办理请示。(10 日上午十二钟)

北京电:王瑚覆部,太平洋会宜从实际的权利着想,如改正关税辖免赔款,应列为首要案。其他各省长覆电,空话居多。(10 日上午十二钟)

北京电:财部派李景铭、贾士毅、朱祖鋐为太平洋会随员。

北京电:沈崇勋电训,大连会议完全为共产党操纵,优林退席,所有右党阁员六人总辞职,临时总统尼其沙亦乞退。(10 日上午十二钟)

天津电:天津总商会呈财政部,请免加贴印花。(9 日下午十一钟)

香港电:国会议员九日出席非常会议,约二百人。林森动议先议否认北方发行国库券公债案,通过。叶夏声动议组全院外交委员会研究应付太平洋会议,通过,并定文日(12 日)开委员会。焦易堂、李希莲、高振霄等提议宣布徐勤及吴佩孚罪状案,表决通过,由林议长指定高等十一人起草通电。惟林对北伐案仍主慎重,暂搁置。

香港电:陈炯明因湘告急,拟出师助湘。派洪兆麟先发,许崇智司令部迁回韶关。

香港电:市参事虽发表,又有舞弊起诉案。

香港电:湘讯沈鸿英因吴赵议和改任永州镇使。

香港电:陈独秀辞职虽不准,闻去志已决。(以上10日下午八钟)

滁州电:李兆珍庚(8日)到蚌,今日赴皖接省长任。(10日下午六钟)

芜湖电:李兆珍庚(8日)到蚌,蒸(10日)起程,由浦口乘利济舰来皖,定侵(12日)接事。(10日下午五钟)

资料来源:《申报》,1921年9月11日

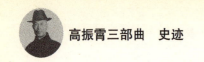

二、宣布徐世昌罪状之通电

高振霄受孙中山先生委任担任起草委员长张凤九任理事
撰写并宣布讨伐徐世昌欺世盗名祸国殃民十大罪状檄文

（衔略）天下之元恶大憝，孰有甚于欺世盗名，祸国殃民者乎？乃伪总统徐世昌竟以瀿瀿小人之心而行其奸诈贪残之术，祸国虐民十年于兹。兹本吊民伐罪之义，再将其罪状胪列于后，愿国人洞烛其奸，急起而共图之。查徐世昌自前清试办新政总督奉天，以赵尔巽任内之公余二千七百余万，大兴土木藉以侵蚀，适其去任，竟反公亏至一千七百余万之多，彼之私产，大半即此，此贪婪殃民之罪一也；及至民国成立，徐氏以亡清宰辅出入于袁世凯之门，兴风作浪，危我共和，又复上计袁氏，嗾使北京之兵变，遗累居民，此残民祸国之罪二也；进袁氏总统时代，徐氏复以清宰之资格一变而为袁氏之国务卿，一朝贿来，便无顾忌，竟于廿一条亡国之约首先签字，此贪利祸国之罪三也；且又嗾使袁氏解散国会，伪造民意，称帝洪宪，幸天眷共和，云南首义，致不至颠覆于袁氏此几希，此欺诈祸国之罪四也；呜呼！袁氏死矣，徐氏若知世间有羞□□□，当应与之□亡，以报知遇；乃不此之讨而反潜居津门，播弄政潮，瞰段祺瑞之不满于黎元洪也，乘机教唆段氏召集督团围困京城，逼黎氏自食其三不之言□遗祸至今，此毁法祸国之罪五也；及黎氏出走，徐又纠合叛督，会议津门，甘为戎首，居然主盟命张勋复辟，拥戴废帝，而复婢颜奴膝，匍匐称臣出入宫禁，自鸣得意，幸此时之段祺瑞尚明大义，马厂誓师，不崇朝而共和恢复，堂堂共和旗帜犹能飘扬于世界，而不亡于徐世昌之手者亦云幸矣，此叛乱祸国之罪六也；夫桀犬吠尧，不失之忠，徐氏即应于失败之后高蹈远游，如夷齐之不食周粟，乃反复鬼蜮，腼然而虚舆段氏委蛇，至民国七年利用冯国璋之大总统代理任满，竟大施伎俩收买段氏之私造国会议员，攘窃总统，继又恐其非法难欺，复窃用约法上之议会选举，冀巩固其伪总统之地位，以至选弊弥漫全国骚然，此盗权祸国之罪七也；昔山巨源谓王衍必误天下之苍生，郭汾阳谓卢杞以出，子孙必无遗类，已视今之徐世昌，殆有过之而无不及，何以言之？徐氏自据为伪总统以来，手订高徐顺济之条约，不知有亡国之惨，吉黑林矿，吉长、四郑、满蒙各铁路，皆为借款之押品，乃零售不足，更思冗卖涂林矿，续借吉会，重订中央路股种种押款外，又复举我护法区内之两广、云贵之铁路为借法钞五万佛郎之抵押品，此犹未足，又以无定价之金库券发行内外，重吾国人之担负，甚至有与某国经济同盟大借三十千万巨款之传闻，果尔，则吾国不待民国十四年早已经济破产矣，观其所为，殆不啻大盗临刑狂饕怒饮，作须臾之快活耳，此拍卖国家之罪八也；查历年各种借款总数不下数千万万，如能用之得当，则国家之元气尚可望其培补，乃徐世昌不惜以亡国借得之款，供给杀人军阀，养为爪牙，而于教育经费竟逾半载而不发，甚至教员等赴院质问，反纵使卫兵殴辱几死，此破坏教育之罪九也；自古丑之不浮，终难饰掩，方□可欺，总必败露，视徐氏就任为总统之时，曾不曰裁减军费、注重文治、顺从民意、力谋统一者乎，胡今历时未几，而竟依仗军阀倒行逆施，当吴佩孚金口决堤淹没鄂人数百万之生命财产之际，罪不容诛，全国声讨，乃徐氏悍然不顾，竟大加奖誉，晋给勋位，即此以例。则伪国务总理靳云鹏致乃弟靳云鹗篦密之电谓，南人难以理喻，惟有杀尽无遗等语，殆亦徐氏有以教之耳。视此嗜杀之惨，似较贼清入关扬州 10 日、嘉定三屠之惨无人道，更有过之。夫此次湘鄂之役，原鄂人自治之运动，有何深仇，竟痛恨之至于此极，此欺世盗名、祸国殃民之罪十也。综此十罪，皆荦荦大者，至于纵容叛兵破坏教育，卖官鬻爵，重征苛敛，殴辱代表，勾结外盗，坐失蒙边，侵吞账款，罪恶更复，擢发难数，以上等等，虽皆徐世昌殃民祸国之恶，然伪总统靳云鹏确亦不能辞其长逢之罪焉，况亡国条约之经其手订者，亦复不少。总之，吾灿烂之中华民国，十年来之祸乱频仍，惨杀浩劫直延至今而犹不已者，无一非徐靳之互相济恶所酿而成，此獠一日不死，国人永无生机，国人一日欲生，应起共诛此獠，邦人君子其昭鉴之。

委员长　高振霄　押

理　事　张凤九　押

资料来源：《北洋军阀史料 吴景濂卷》，P49－52

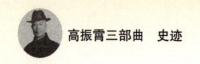
三、宣布吴佩孚罪状之通电

高振霄受中山先生委任担任起草委员长张凤九任理事
撰写并宣布讨伐吴佩孚误国叛国卖国罪于一身之檄文

衔略鉴吾民受国贼之摧残久矣。一残于黎元洪之误国,再残于袁世凯之叛国,三残于徐世昌之卖国,乃不意天未悔祸,更加以人道之贼,为吴逆佩孚者,集误国、叛国、卖国之罪于一身,而推波助澜,日益加甚,其惨无人道,荼毒生灵,如张献忠、李自成所不忍为此,而亦悍然为之,是贼不除,吾民真无唯类矣。查吴逆以鬼蜮之性为禽兽之行,盗名骗世,外欺知而不全之外人,内欺热心爱国之青年,当全国声讨卖国贼时,彼则利用机会讨卖国贼之总理,而拥一卖国贼之总统。党同系以伐异,正春耕而用兵,使直、鲁、豫数千里之人民仓皇奔逃,有麦无收,失其天食,故华北二千余万民之灾荒,吴佩孚实造成之,此该逆为人道之贼者一也;河南、湖北为南北要冲,吴逆欲雄挟据中原,暗唆成慎扰乱豫北,贿买王贼占元之部下焚掠宜武,用为攘夺张本,迨成败,则反攻之,湘鄂自治军与该逆阳许,驱王以冕湘鄂之志士,阴率大军,乘其废弊,讨收渔人之利。不料自治军义勇莫当,该逆以三倍之众战而不胜,乃不惜决沙湖、磁矶、武泰、金口等堤,使武汉各属数百万生灵同葬鱼腹,贻数百年后无穷之祸,此种战略,以世界言,对国际且悬为万禁,以历史言,虽金、元、清之野蛮尚不敢冒万世之不韪,该逆乃公然为之而毫无顾忌,其残忍无丝毫人性,实为中国近世史中绝无仅有之毒物。况湘鄂当秋收之交,驱王运动满望结果,该逆为一己地盘关系,重复引起战争,决水助虐,其农民之被淹者,漂泊以死,即未被淹之区,惊扰流亡误时失业不□,转瞬而全鄂三千五百万人又将等于华北之饿殍,此吴逆为人道之贼者二也;至其空谈国民大会,叫卖庐山面目,对于湖北市民会则摧残之,凡所主张均属愚弄未来之官僚政客,以强奸民意手段为招揽政权之具,司马昭之心路人皆知,而醉翁之意原不在酒,我国民顾可受其愚以自愚。本该逆既无人性,焉知人事,前者对于非法之徐世昌失欢,则称徐菊人同意,又称大总统,对于护法政府骗钦,则认为同志得势又视作敌人,宣誓不为督军乃为太上督军之选阅使,迹其所为,惟利是视,全不知人间有羞耻事,且,知有贼而不知讨其误国之罪,浮于黎元洪,讨贼而反拥护贼魁,其叛国之罪,浮于袁世凯,至于坐拥重兵,作卖国党之护符,朋分卖国金钱,以厚己势,厥罪又浮于徐世昌,况复□□埋□□残民以逞抗自治之

潮流,为人道之蟊贼,种种罪恶,罄竹难书,均属有目共见之事实,传曰,是可忍也孰不可忍也,唯望全国父老昆季一致讨伐协力杀贼,不唯国家之幸抑亦人类之幸也,邦人君子实养图之。

委员长 高振霄 押
理 事 张凤九 押
资料来源:《北洋军阀史料 吴景濂卷》,P45－48

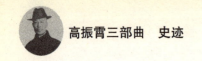

四、广州国会发表对外宣言

高振霄朱念祖等起草广州国会对外宣言
不承认北京卖国代表有代表国家之资格

　　前日国会非常会议对于北廷征收田亩附加税及山东问题直接交涉二事，决议通电严重反对。除反对征收附加税电文业于沁日发出外，尚有反对直接交涉宣言由高振霄、朱念祖等起草，定期今日（29 日）午后二时提出非常会议即可拍发。兹录该宣言如下：人类依正谊以进化，以互助为生存，此天然之通。则今之号称文明国家者，非以群之幸福相互谋乎？自近东问题酿成未有之大战，故有凡尔塞之和约用谋国际之公平，乃诚意未孚。又以远东问题引起太平洋之会议，当倡议之始，吾人力冀获得公平待遇，庶免未来惨剧。乃消息迭传，所有会议情形以各大强国之意思为意思，不容被害者之陈诉。关于太平洋关系间最重要之我国问题中，如最无理由之山东问题及最奇酷之二十一条密约尚不得提出大会以供国际之研究求为公平之解决，则其所传之领土保全、主权独立云云者，均不过暂缓，其武力侵略一变而为经济侵略而已。吾合法政府迭经宣言，不承认北京卖国代表有代表国家之资格。今吾人代表四万万国民正告于世界诸友邦，并请国人注意，不忘者中华民族，一至公无私酷爱和平之民族也，此特性早为世界所公认。此次太平洋会议之种种及已往之条约的、势力的、经济的，凡为国际不平等之解决及待遇，但有碍中华民国之领土及主权之一者，吾人誓死不能承认。若以现状为借口，或与非法代表及北京私人所订各条件有不互相尊重者，吾人除绝对否认外，当相机以图自卫。特此宣言邦人诸友庶几鉴之。

资料来源：《申报》，1922 年 1 月 4 日

五、恢复旧国会中之广东空气

高振霄起草通电国会通过拍发
否认王家襄召集六年国会主张

非常议会之表示，民党要人之谈话自京津旧议员恢复国会，拥黎复出之消息到后，驻粤议员以此等行动不可不发表宣言以正国人视听。爰于 3 日下午二时假座省议会开会讨论此事，结果一致主张反对恢复民六解散之国会。至正式国会已于八年开会，于广州继续法统。同人此时如明白应以法律解决纠纷，当早日来粤列席，不必枝节横生云云。另一消息，昨日下午二时，国会非常会议在省会开议，出席议员一百二十余人。林议长主席议案一件修改省议会议员选举法请愿事件，议长报告，现在请假议员八十余人，应否准假？众议前定限制请假规则，暂行停止所有请假，各员一律通过准假。凌钺临时动议澳门葡兵枪杀华工，灭绝人道，丧失国体，应即咨达政府提起严重交涉以障人权，众赞成通过。丁骞临时动议王家襄自身议员资格业已丧失，犹复在津召集六年国会，我正式国会应即通电否认。电稿经丁骞、高振霄、童杭时、周梦起等起草，众议交付临时审查会修改文字，随提出表决，通过拍发。高振霄临时动议否认王家襄等召集六年国会主张，再由议长及同人具名通电全国以正视听。电稿经高振霄起草，众议与前案一并交付临时审查会审查，随提出表决，通过拍发。张大昕临时提议请咨达政府宣布黎元洪解散国会、徐世昌窃据北京、毁法乱国各罪状，并促正式政府出师讨伐，案议决，交付审查。陈家鼎临时提议应即宣布黎元洪颠覆国宪及任期已满，消灭总统资格，不能再膺重任，案议决，由陈家鼎起草后再行提出大会表决。至此已六点三十分钟，遂散会非常会议。林森等通电附录如下：(一)近日津沪报载王家襄等在津筹备召集续开六年国会，阅之不胜骇异。六年国会经军阀迫令解散后，即移会于广州。民国七年续开常会时一再电催王等到院，而王等于开会后满一个月未到院，又未声明故障，是王等显然甘弃职责。曾经依法解职传人递补，王家襄之议员资格在法律上早已消灭，更何得冒议长而任意鼓簧以愚弄国人。民国六年，国会之分子既依据院法变更，已在广州自由行使职权，复于民国八年续开宪法会议。现在若欲促成宪法，只能继续八年而召集之，万不能任依法解职之分子麕集其间，以招乱法之嫌，国会若自身乱法，将来何能立法以绳人？故宁暂玉碎而岂容迁就以瓦全。况此间不日由两院秘书厅召集续开八年宪会,自无另行召集之必要,开会亦无法定地点,更无集会于京津之必要。民国法系一线,仅延河堪令军阀与政客再事拨弄而紊乱之。试看今日之军阀,其暴横又何减于昔日。今日役使国会集会之人,非昔日首倡毁法之人乎?其所以不惜矛盾,其行为系铃而复解铃者。项庄舞剑,别有用心,回忆民国五年统一曾几何时,即酿出毁法乱国之剧变,覆辙当前,堪再蹈用,特宣言以辨真妄,而维法统邦人君子其庶鉴之。(二)贼祸中国,忧乱频仍,外则辱国丧权,内则残民以逞。推原祸始固由袁氏毁法种此乱因,而推波助澜患无已时者,实由于北京武人不能守法所致。故所共知者也以祸首罪魁叛法,殃法殃民之徒,此全国人所共知者也。以祸首罪魁叛法殃民之徒而忽然大声疾呼曰"尊重法律,尊重民意"。国人若不善忘,则今日所称尊重国会之人即前日迫散国会之党也,今日所谓尊重民意之人即前日违反民意之徒也。前日之毁法欲武力以求逞,今者甲武人仆而乙武人起武。人亦知武力不可恃,又欲假借民意法律以遂其政治上之阴谋。所谓政治,阴质言之,利用一部分已失议员资格之人,如王家襄等,用以谋取总统位置而已,语曰"前事不忘后事之师"。此种人即使遂其阴谋,试问能守法律以组织良好政府乎?吾民苦兵祸久矣,亦知以兵祸吾民者,非今日自称尊重法律、尊重民意之武人乎。指拨武人以图祸团者,非今武人所欲推戴之领袖乎。武人而果悔祸,当立解兵权,听诸法律裁判,庶乎祸乱可已。否则,以武力而主张法律废置,由己取便私图由而效之,其祸乱恐更甚,于今日愿邦人君子实深图之。日来此间迭接旅沪旧国会议员来电主张自由,召集吴景濂亦有开会之通电,是国会问题在今日实有最关重要之焦点。昨据民党某要人谈话云,国会在法律上只能自由集会,若云恢复,已失国会尊严。且国会之能行使职权必须有合法政府为之保障,否则徒存饩羊供武人,官僚之宰制傀儡而已。例如,民国二年未尝无国会而横被袁世凯之摧残,六年又被黎元洪之解散督军团之仇视,即护法南来在岑莫时代亦曾为一度之播荡。故欲谋国会之安存,必须行政首长之为民党领袖。而真能尊重国会者,国会方不致有名无实。若在北方伪政府之下而言恢复国会,无论限于事势之不可能,即幸而恢复矣,不久仍将蹈黎元洪柄政时代之覆辙。在言恢复国会者必以为一经恢复即可解决时局,不知如此胡涂恢复必更陷时局于纠纷而莫可收拾,议员中不乏晨明达谅早已见及于此也云云。另据某议员云,近日旅店津沪之旧国会议员公然通电主张恢复历史上过去之六年国会,且推举前此解散国会之黎元洪继任总统,此种举动业经国会非常会议于江日通电驳斥在案。昨大总统亦以津沪议员之主张为不合,已令秘书处起草宣言书,将其对于时局之政见向国民详细说明,使免入歧途。五维系法统闻该宣言书草稿已于昨日(5 日)提出国务会议,因辞句尚须略加斟酌故未发出,大抵今日可以公布也。另一消息,闻孙氏将于日内开政务会议发出否认通电,又闻孙氏对人言谓召集旧国会极端主张,唯是召集地点应于广州,再选举大总统亦当承认。唯黎元洪复任则绝对否认。盖黎当时以非法解散国会致有护法南来之事,彼以非法而解散之。已否认有国会之存在,而国会乃又拥护之,何以自处我之总统固无所恋栈。然系由非常国会选举,我决拼老命与护法相终始,宁为玉碎不为瓦全,言下极为愤慨,并谓决亲赴惠州与竞存作最后之解决云云,但能否成行尚难预料耳。

资料来源:《申报》,1922 年 6 月 11 日

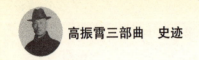

六、时局变动中之粤讯

高振霄张凤九等审查员召开审查会
咨请政府宣布黎元洪徐世昌罪状案

非常会议实黎罪状，吴佩孚请西南统一粤桂内部之状况，昨日（3日）广州国会开非常会议，张议员凤九临时动议以黎元洪违反中华民国临时约法解散国会，主张由非常会议通电宣布罪状，讨论结果金以去年张议员大斧曾提出一建议案，咨请政府宣布徐世昌等各罪魁乱国之罪状，明令出师讨伐以谋国家统一，当时因时机未至故暂从缓议。现张凤九提案与张大斧意思相同，故主张将张案改为决议案。随即指定高振霄、张凤九等七名为该案审查员，于昨日（5日）在秘书厅开审查会，日间即可报告。大会通过咨请政府宣布该案，内容略云：自民国六年宪法会议地方制度开议之初，议员汤化龙等反对地方分权无效，遂勾结北方督军省长在徐州、蚌埠、天津、北京各处会议，谋解散国会，推倒总统，各督军省长联名呈请总统以反对。宪法上地方分权之故，请解国会六年之乱，汤氏倡之。安徽省长倪嗣冲首先称叛，要挟解散国会，总统黎元洪不即行讨伐。奉直鲁豫各省督军相继称叛，黎氏如能命令近畿各军及南方各军讨伐叛贼，尚可救济。乃为引贼入室之计令皖督张勋出任调停，张勋带兵到津，以解散国会为第一条件。黎氏不自振作，甘心破坏约法，允许解散国会。代理总理伍廷芳不允副署，遂免伍总理之职，以非法命令命令非阁员之江朝宗为总理副署非法解散国会之命令。张勋见国会解散，政府不能自立，乘机入都拥前清废帝溥仪复辟。黎氏既不命令国军讨贼，又不能以身殉国，奔走日本使署求一身之保护，弃职辱国，陷国家于无政府之地位。六年之乱，黎氏成之，逮张勋被段祺瑞驱逐，亡清不承认复辟之乱，冯国璋继任总统，不知召集国会，组织政府，反破坏约法、国会选举法，选举非法国会以欺人，与日本订军事协议乃种种丧权卖国之条约，密借日款数万万，倚傍外力以图久存。冯氏之罪，百死不足以塞责。冯氏既死，又以非法国会选举徐世昌为非法总统，窃据北京。如高徐顺济各铁路借款及其他秘密借款不知凡几，丧失种种权利。借得之金钱除饱私囊以外，各叛督争自养兵以侵害护法区域。对于护法政府，曾阳予议和，阴行收买令全国人格破产，不可收拾云云。

某通讯社载吴佩孚致西南要人电，其文如下：苏齐督联合北方各督已确定日内通电全国,请黎元洪复位召集六年旧会,并电徐东海退位,旋经敝处再定决打拍发。西南护法历经艰困,百折不磨。今北方同志既努力于前示天下以大公,南中诸公亦望本所夙愿一致进行,请竞存速奏统一之功水深火热,后此无期爱国爱乡谅有同情,当不以斯言为河汉也,北起南应之期不再特电奉闻,伫候明教吴佩孚沁印。

孙中山此次返省后迭派人及专函邀陈炯明来省共商大计,陈仍未允来顷。自委陈任两广军务督办之令下,以陈氏久未允肯就职,特于昨五号再派居正等多人遄赴惠州谒陈请陈驻节肇庆,以便居中策应两粤军务,惟未审陈果允来否也。石井兵工厂方面日前由杨坤如派出军士三营驻扎夏茅乡,该地与厂相距只三里余。现孙氏方面对于该厂亦严为防范,昨已派出李安邦等率兵数营驻防石井附近,亦隐然有保卫该厂之意。又闻广西自粤军班师后局势已变,现某机关据探报谓,广西治安防务由森俊廷担任维持,已电告陆荣廷请即回桂主持,并请接济大款。故陆即函催杨永泰、杨梅宾速筹巨款,闻已在某埠银号密派苏某、程某将大宗款项设法运往桂平、武宣一带接济溃兵,并号召残余意图大举。陆氏业于昨日由申启程南下,先电杨,转电沈英鸿旅长,李易标速回桂林。杨即密嘱程某赴赣西见李易标,但未悉李允返桂否耳。查李曾充莫正聪团长在顺德容奇驻扎,驻梧防军闻报已严加防缉矣。

资料来源:《申报》,1922 年 6 月 13 日

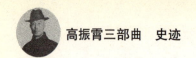

七、非常国会议员忠告黎元洪勿复任总统职电

黎元洪腼然受之复任总统而不辞
高振霄等非常国会议员通电反对

北京黎宋卿先生鉴:

近日直系武人有拥公复职之主张,闻公腼然受之而不辞,天下闻之哑然失笑,初不意有不知人间羞耻事者,至于此极也。稔公生平者,谓公一生为人傀儡,因以为利习与性成,无怪其然,然今所欲问者,则公所复者何职也?六年解散国会之非法命令,公实发之,借曰被迫使然,则匹夫尚不可夺志,况于国家之元首,况被迫程度,刑律固有分析,未可辄为援引,要之违法之罪,公必无所逃。身既为国法之罪人,尚安得有国法上之地位,此公所当知者一也。张勋复辟,公狼狈逃死,事后通电,汲汲于引去,至自比于堕溷之花,难登衽席。国家名器,非可私有。不利于己,则避之若况;有利于己,则趋之若鹜,此公所当知者又一也。六年以来,国家大乱,领土则分崩离析,人民之生命财产,则损失无数,谁生厉阶,至今为梗,公则怡然不以属意,藉天津租界为安乐土,黩货嗜利,面团团作富家翁。公既果相忘天下若此,天下安得不忘公,此公所当知者又一也。藉曰礼义廉耻,非可以相期,然公须知按之国法,公已为平民,今日之事,无所容其觊觎。盖六年秋,公去职后,由冯国璋代理大总统,至八年之秋而任期已满,公之大总统之独立资格,消灭久矣。今日复职,诚不知所复者何职也?道德以施于君子,法律以绳之小人,公纵不言道德,其如法律之若何?及今悔祸,毋与直系武人同恶共济,则一平民之生命财产犹得保全,□此不图,必无卒矣。

丁超伍、丁骞、丁象谦、王谟、王维新、王庆云、王兆离、王家驹、王恒、王猷、王鸿庞、王用宾、王斧、巴达玛林沁、孔昭晟、石璜、石铭、史之照、田桐、田永正、田铭璋、申梦奇、朱之洪、朱念祖、周志均、宋渊源、吕志伊、李希莲、吕荫南、李执中、李文治、李建民、李洪翰、汪汝梅、吴忠仁、吴道达、克兴额、居正、尚镇圭、马君武、林森、张□、张凤九、张景纯、徐可亭、徐邦杰、祝震、程志卓、梁登瀛、刘汝麟、刘峰一、刘裁甫、刘蕊劳、刘雪昭、黄元白、黄汝鉴、黄□元、周震麟、周起梦、叶复元、叶夏声、谢□鸿、谢持、谢良牧、曾昭斌、陈玉麟、陈永箕、卢式楷、卢仲琳、赖德家、焦易堂、傅用平、高振霄、杨声、谭正、童杭时、邹鲁、岑述彭、曾干贞、彭养光、彭邦栋、萧辉锦、陶礼□、毕鼎琛、廉炳华、覃振、窦应昌阳。

1922 年 6 月 7 日

资料来源:上海《民国日报》,1922 年 6 月 14 日《国会议员重要通电》

八、旅沪护法议员指斥吴景濂指使仆役殴辱议员之暴行电

吴景濂集合邀约非法议员及北廷官吏冒称国会指使仆役殴辱议员
高振霄等指斥此种怪剧竟演自命恢复法统之手中外腾笑国体安在

吴景濂集合一部分议员,邀约非法议员及北廷官吏,凑足人数,冒称国会,业经某等一再斥其娇诬之罪,诏告天下,谅为我父老昆弟所共鉴。乃吴于理屈词穷之余,反取倒行逆施,拒绝合法议员出席,则以军务罗列于外;禁制合法议员发言,则以仆役朋殴于内,目前李君烨阳、徐君清和、杨君时傺均以争持法律问题横遭殴辱,此种怪剧,竟演自命恢复法统者之手,中外腾笑,国体安在?某等无状,言之滋痛,诸君子或代表民意,或主持舆论,或服务社会,于是非曲直所在,必有至公至明之评判,以慰人心。顾亭林所为清议若存国不可亡者,诸君子倘亦题之。旅沪国会议员元因培、毕鼎琛、程志卓、黄策成、李希莲、马光晔、许森、时功玖、申梦奇、鲁鱼、高振霄、康汝耜、刘云昭、王曰俞、王宪章、田铭璋、岑述彭、何弼虞、丁惟汾、茅祖权、刘绩学、周起梦、赵清泉、王文郁、方潜、李建民、张凤九、邓天一、林者仁、彭养光、吕荫南、史之照、徐邦俊、周恭寿、凌钺、项肩、乌勒吉、朱宝桢、谭维洋、陈荣广、崔怀广、曾昭斌、孟同和、虞仲琳、朱之洪、石铭、刘汝霖、张秋白、戴维藩、石秉甲、黄埇元、张知本,叩。

中华民国十一年九月六日

　资料来源:中华民国史事纪要编辑委员会编:《中华民国史事纪要(初稿),中华民国十一年(1922)(7－12月)》

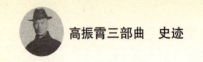

九、旅沪议员反对宪法借款函电

高振霄等旅沪议员发表两通电
反对宪法借款与北方非法政府

国闻通信社云,旅沪国会议员元因培等昨致函驻华各国公使,并电全国各公团,反对宪法借款。兹录函电如下:(一)致各国公使函云(衔略)。敝国不幸,官僚军阀毁法营私以致民敝财竭,向日国人有知敝国非崇尚治法,不足与世界友邦共谋和平幸福者,是以有护法之役,彼时一二友邦不察,尚有借款与非法政府者,以后深得各友邦谅解,不借款与何方面,以增长敝国内乱,国人深为感荷。今者,北方军阀官僚之首领徐世昌虽被驱逐,然合法国会尚未开会,合法政府尚未成立,北京仍是以前状态,所有在北京自称国会之团体乃是一部分议员及许多依法丧失议员资格之人杂凑而成。吾人依据法律绝对否认,尚望各友邦于敝国合法国会未曾集会暨全国真正统一未曾实现以前,仍持现在态度,不借任何名义债款于北京官僚,斯则敝国人民所厚望也。旅沪国会议员元因培、毕鼎琛、程志卓、黄策成、李希莲、马光晔、许森、时功玖、申梦奇、鲁鱼、高振霄、康汝耜、刘云昭、王曰俞、王宪章、田铭璋、岑述彭、何弻虞、茅祖权、丁惟汾、刘荣棠、刘绩学、周起梦、赵清泉、王文郁、方潜、李建民、张凤九、邓天一、林者仁、彭养光、吕荫南、史之照、徐邦俊、周恭寿、凌钺、项肩、乌勒吉、朱宝桢、谭维洋、陈荣广、崔怀广、曾昭斌、孟同和、卢仲琳、朱之洪、石铭、刘汝麟、张秋白、戴维藩、石秉甲、黄埏元、张知本。

(二)致全国各公团电云(衔略)。报载某外人鼓吹宪法借款等语,名称离奇,骇人听闻。某等以为伪会无制宪之权,借款实亡国之具,敢代表真正民意,绝对否认。愿我父老昆弟共鉴之。旅沪国会议员元因培、毕鼎琛、程志卓、黄策成、李希莲、马光晔、许森、时功玖、申梦奇、鲁鱼、高振霄、康汝耜、刘云昭、王曰俞、王宪章、田铭璋、岑述彭、何弻虞、茅祖权、丁惟汾、刘荣棠、刘绩学、周起梦、赵清泉、王文郁、方潜、李建民、张凤九、邓天一、林者仁、彭养光、吕荫南、史之照、徐邦俊、周恭寿、凌钺、项肩、乌勒吉、朱宝桢、谭惟洋、陈荣广、崔怀广、曾昭斌、孟同和、虞仲琳、朱之洪、石铭、刘汝麟、张秋白、戴维藩、石秉甲、黄埏元、张知本。

资料来源:《申报》,1922 年 9 月 17 日

十、旅沪护法议员致函各国驻华公使否认北京国会

高振霄等议员致函各国驻华公使
北京国会失去法律地位宣告否认

旅沪护法议员，以8月1日在北京复会之国会，容纳丧失资格之民六国会议员，失去法律地位，特致函各国驻华公使，宣告否认北京国会。函曰：国会基础建筑于法律，此世界各国所同也。我中华民国惟一最高立法机构之国会（即参议院众议院），于民国六年被当时之大总统黎元洪违宪解散，同年8月，议员前往广州开国会非常会议；至七年六月，依照民国法律开正式会议；至八年九月，又开制定宪法之宪法会议。在民国七年开正式会议时，有一部分议员违犯法，经参众两院分别取消其议员资格，久经宣告。近来此等丧失议员资格者，如王家襄等多人，与国会一部分不守法律之分子，在北京组织参议院众议院，吾人因此等国会实与法律不合，因此等议员既经依法丧失议员资格，在未经下次合法当选以前，无论在何时何地不得再为议员，再组织参议院众议院。因此之故，前8月1日在北京开会之参议院众议院，及预备继续在北京开会之非法分子杂凑之参议院众议院，吾人依照法律实不能承认其为国会，是以吾人虽属议员，然对此不合法律冒充国会之参众两院绝对否认，所有伪国会议决之案及一切行为概属不法行为，不但违反国法，且为未来种无穷之隐患。吾人为敝国永久和平计，为各友邦免除淆惑计，一概不能承认其有效，贵国与敝国素敦睦谊，且向为法治先进国，谨以国会议员资格代表国民公意，奉渎左右，尚祈鉴察。中华民国国会议员刘绩学、王文郁、张知本、杨大实、毕鼎琛、刘云昭、刘汝霖、黄绍侃、程志卓、徐邦俊、史之照、张凤九、乌勒吉、黄埇元、周恭寿、朱宝桢、高振霄、岑述彭、朱之洪、卢仲琳、赵清泉、刘芷芬、茅祖权、康汝粗、林者仁、鲁鱼、时功玖、吕荫南、孟同和、庄怀广、谭维洋、张秋白、李希莲、方潜、元因培、黄策成、马光晔、许森、申梦奇、王曰俞、王宪章、田铭璋、何弼虞、丁惟汾、刘荣棠、周起梦、李建民、邓天一、彭养光、凌钺、项肩、陈荣广、石铭、戴维藩、石秉甲、曾昭斌、张大昕。

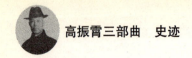

附录:护法议员否认国会之通电

此次北京开会之所谓国会,并非依法继续民六后正式国会,所议各法案,同人业经叠次宣言斥为不合法之集会,否认其一切行为,并力求国会本身为法律上正当之解决。乃本月 18 日,竟有所谓国会闭会之谬举。开会既经非法,闭会尤为滑稽。且黎元洪前在总统任内非法解散国会,促成复辟,今又出席与破坏国会之解职分子,为此不伦不类之闭会,尤为不经。同人对于此种假借国会名义之弄法举动,认为系吴景濂及解职分子王家襄等私人行为。此四十余日之弄法,不适为其谋权利而已,于法律上国会会期任期不生丝毫关系,应予绝对否认。特此布闻,中外咸知,邦人君子,实共鉴之。

中华民国十一年九月二十七日

资料来源:中华民国史事纪要编辑委员会编:《中华民国史事纪要(初稿),中华民国十一年(1922)(7 – 12 月)》

十一、众议院议员北上

众议院议员孙炽昌、陈义、李燕文、潘训初、潘学海、董昆瀛、孔绍尧、刘汝麟、戴维藩、朱宝桢、高振霄等于昨日(14日)晚同乘沪宁路夜车赴宁转车北上。

资料来源:《申报》,1922 年 10 月 15 日

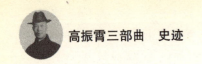

十二、沪人士对于北京政变之表示

高振霄修改宣言通过发表
否认北京伪国会一切行为

连日,本埠各团体对于北方政变之表示已纪本报。昨日,旅沪国会议员已发表宣言,而各方面函电尤多大致主张国民自决,工界中亦有发起救亡大会之举。兹将昨日消息汇录如下:

旅沪国会议员发表宣言。旅沪国会议员通信处于昨日下午三时开会,到会议员二十余人,公推周震鳞主席。凌钺说明理由,当由张知本报告所拟宣言。高振霄主张先须设法择地开会,办法从缓再说。张秋白谓所取步调须遵约法,张知本解释所拟办法与约法并不冲突。次谢持报告粤省战事状况及中山对京事意见,当经刘云昭等详细讨论,末推高振霄将宣言稍加修改,表决通过。次即设法接洽开会地点,俟有头绪再行集会讨论。兹录其宣言于后:曩者黎元洪蛰居津门,无预政局叛人曹锟、吴佩孚利其傀儡矫法拥出,早经我同人暨海内明达痛斥其奸。今曹吴又藉冯玉祥之暴力逼黎出走,以为彼可取而代也,借伪阁摄政为前驱挟解职议员以自重,觊觎非分,情罪益昭。愿我全体国民本主权在民之旨,一致与民贼宣战,同人无状忝代民意大义所在,始终以之谨具所见敢告邦人:(一)召集合法议员择地自由开会,(二)否认北京伪国会一切行为,(三)曹吴私设政府之一切行动国民概予否认,并无纳税义务,(四)南北当局及在野人士凡有阿附曹吴冯者皆视为公敌,凡能声讨曹吴者皆引为良友,消灭一切党派及地域之狭隘私见,右陈诸义系吾人职权所在,责无可辞。至于改造大计及权宜救济办法应就商于国人之前者。当此政局纷乱之时,或暂由合法国会选举有功劳于国家,名望素著者若干人为摄政委员组织。摄政委员会主持政务,或合法国会集会后由同人依法提案,将制宪权及选举总统权公诸全体国民,胥关国家根本,人人与有责焉。

资料来源:《申报》,1923 年 6 月 17 日

十三、反对曹锟贿选

（一）护法议员昨日之紧急会 发表否认贿选宣言

高振霄等护法议员召开紧急会发表宣言
反对北京非法国会公开贿选曹锟伪总统

昨日，国会议员通信处开会，到护法议员一百余人，先公推年长者关棣主席。凌钺报告开会理由，谓北京非法国会公开贿选，竟然产生曹锟为总统，我同人对于时局办法应有一种适当处置，庶足唤醒国人共起讨贼。徐可亭、李希莲、王福缘各有主张，结果决定对内对外发表宣言，当即推茅祖权、张知本、孔绍尧、陈荣广五人为起草员，从事起草。次徐可亭谓，今次在京出席伪选会议员甘冒不韪，注重金钱，选举曹锟为伪总统，应从事调查。先从上海方面着手，将卖身议员五百九十三人由本省在沪员调查，宣布至于在沪而未入京者应电议会及各法团，声明未负国民委托，众无异议。凌钺谓曹锟伪总统既经选出，西南各实力方面意思如何亦为重要，主张推举代表赴浙奉及广东方面接洽。张凤九、李希莲均发言赞成，遂公推凌钺、孔绍尧赴粤，王秉谦、李希莲赴奉，张大昕、茅祖权、阎容德、徐可亭赴浙，于日内分途前往，并催促从速出师声讨后，凌钺复提议公宴西南各省区代表，当即通过，遂散会，时已六时矣。

宣言：本月微日宛平所行伪总统选举会，其出席分子半为议员（如吴景濂等是也），半为非议员（如王家襄等是也），揆诸大总统选举法根本不能成立，应构成紊乱国宪之罪。况公然贿买，秽德彰闻，灭廉耻，毁宪纲，率兽食人，罪在不赦。某等谨依国宪之规定宣告宛平为会选举曹锟之所为于法当然无效，所有同谋盗窃诸犯愿与天下共弃之。特此宣告。国会议员：茅祖权、张大昕、董耕云、王秉谦、孙芳、尹承福、孙品璋、康汝耜、魏笑涛、李曾、王鹤林、孟同和、王田、庄怀广、申梦奇、刘汝麟、王赞臣、张清樾、龚肇新、韩志正、刘云昭、朱宝桢、赵师鼎、樊文耀、邓向山、阎容德、杜汝舟、元因培、刘继武、张敬承、周维屏、赵清泉、凌钺、王文郁、李瑞、谭正、温廷相、王家驹、安宅仁、陈玉麟、叶复原、张效干、马存仁、张景纯、史之照、李瑞棒、王烜、张宸枢、张凤九、黄策成、克兴额、乌勒吉春秀、车桑宰、恩克巴图、博和德、盖广增、王曰俞、李抡元、李国桢、田铭章、王福缘、李希莲、何晓川、王宪章、阎景诗、于溥晓、卢观球、陈福畴、祝震、吴际元、徐宗德、唐容、林者仁、林星辉、陆荣钧、李洪澣、李炳琨、卢一品、胡正芳、徐可亭、何其义、刘安钦、周世屏、梅宝玑、高振霄、关棣、毕鼎琛、鲁鱼、沈维周、陈应昌、孔绍尧、彭廷珍、徐邦俊、刘人炯、张于浔、许镇庚、许森、吴道达、陈荣广、马光晔、谭维洋、张鸿鼎、吕荫南、黄堉元、张秋白、吴忠仁、杨大实、周之桢、赵师鼎、周积芹、田锡恩、李建民、汪征源、石秉甲、梁星五、沈守经、王文庆、程志卓、项肩、吕耀玑、马宗周、杨景文、卢初璜、万葆元、邓维受、赵宣、侯海涛、周起梦、万子杰、贾述尧、朱之洪、傅用平、向作宾、刘锦孝、吴洪煊、徐咸泰、达什多尔、济塔旺、阿拉布坦、杨森、扎布白云梯、巴图、沈殿三、田铭璋、王庆云、张知本等。

资料来源:《申报》,1923 年 10 月 7 日

(二)护法国会议员开会纪 又将发表宣言

高振霄提出对移沪国会应发表宣言当即通过
双十节大世界共和厅庆祝共和公祭殉义先烈

昨(八日)护法国会议员在通讯处开会,到七十余人。先推孙芳主席,凌钺报告赴浙代表。张大昕、茅祖权、阎容德、徐可亭四人于今日晨前往杭州,与浙卢接洽解决时局办法。高振霄提出对移沪国会应发宣言,当即通过。遂推出高振霄、陈荣广、李希莲为起草员,立即起草赶行发展并议决发布通告。议员及各界于双十节上午十时至下午二时在大世界共和厅庆祝共和纪念并公祭殉义各先烈,由茅祖权、张知本草就祭文。又闻各议员以北京国会贿选曹锟实足为国家奇耻大辱,准于公祭时下半旗以志哀云。

资料来源:《申报》,1923 年 10 月 9 日

(三)旅沪国会议员开会纪

高振霄等旅沪国会议员于恺自迩路通讯处开会
推张知本草电促曹吴下台维持约法反对委员制

旅沪国会议员昨日下午三时在恺自迩路通讯处开会,到者高振霄、张凤九、徐邦俊、鲁鱼、张知本、田绍璋、张景纯、张于浔、徐可亭、康汝耜、刘汝麟等数十人,康汝耜主席。徐可亭报告开会宗旨,谓北京政变后时局纷乱,政治应如何刷新,吾人当详加讨论云云;张于浔主张一面惩办贿选议员及曹吴余孽,一面促吴下台。所谓委员制,政府在学理上、事实上面论尚不适宜于目今之中国;鲁鱼主张首先拥讲约法;张知本谓今日开会应讨论目前之政治问题,并非研究制度问

题,须研究切实办法。经众详细讨论后有三种表示:(一)促曹吴下台,(二)维持约法,(三)反对委员制。末推张知本起草电稿,电文如下:各报馆各团体暨全国国民公鉴。冯玉祥于吴佩孚妄动干戈之际宣言停战,民颇予同情,乃讳言革命抗吴而不讨曹,且利用曹锟伪令及余孽委蛇北苑,于政局上毫无表见,殊令国民怀疑。冯既自称国民军,自应顾名思义,愿国民群起促之。

资料来源:《申报》,1924 年 10 月 29 日

(四)反对曹锟贿选

高振霄等未参加贿选议员开会
议决北上致章士钊驱除伪国会

1924 年 11 月 9 日广州大本营代大元帅胡汉民谋为其弟胡毅生作广州市长,是日突然宣布实行市选,并通告本月 17 日为提举人名之截止日期。伍朝枢、谢英伯、林云陔等立即掀起争选市长风波。

北伐军谭延闿部于占领新城后乘胜北进,一举攻克赣州,并向吉安前进。

未参加贿选之在沪议员高振霄、康汝耤、张凤九等 20 余人开会,议决即日北上,向各方接洽解决时局办法,并于次日致章士钊并京津同志电谓:同人公决:(一)贿选分子及伪国会应即驱除;(二)在津设反对贿选议员办事处;(三)同人当陆续北行。

资料来源:《中华民国大事记》,1924 年 11 月

(五)国会议员通讯处之会议

高振霄等不投贿选票之议员召开会议
推定代表向各方接洽解决时局之办法

昨日下午二时,不投贿选票之国会议员在恺自迩路通讯处开谈话会,到者高振霄、张于浔、张凤九、黄埪元、朱宝桢、康汝耤、徐邦俊、刘汝霖、傅用平、鲁鱼、谢持、朱之洪、张鸿鼎、田铭漳、李炳琨、张景纯等二十余人,公推康汝耤主席。首由张凤九发言,云上次同人开会,对于应付时局办法有三种决议。第一,促国人一致倒曹,已通电明白表示;第二,恢复约法;第三,反对委员制。但在前数日观察,似委员制呼声甚高,现在情形,各方一致拥段,而段甚反对委员制,恐委员制不易成立。现在如仍用旧约法解决时局,则国会问题殊有研究价值,再中山先生不日北上与段张等集议解决时局办法,鄙人主张由本处推举代表与中

山先生会商进行办法,请诸君讨论云云。张于浔、朱之洪、张鸿鼎、徐邦俊、张景纯均有表示,最后决定以本日开会议决案分函各处护法同人,即日北上,积极进行并推定代表数人向各方接洽解决时局办法。

资料来源:《申报》,1924 年 11 月 11 日

第九章　高振霄与孙中山

　　手书暨报告国会各情，均悉。兄等间关流离，不堕初志，至可钦佩。文力所及，自必为诸兄后盾，务期合法者战胜非法，统一乃可实现。至继续进行如何，日来已屡与代表诸君接谈，兹不别赘。专此奉复，即颂台祉。

——《孙中山覆高振霄函稿》，1922年9月3日

一、孙中山高等顾问

1912 年南京临时政府成立,孙中山委(高振霄)以高等顾问。翌年,当选为国会议员。

资料来源:《辛亥革命人物像传》

中华民国临时政府成立,孙中山委其(高振霄)为高等顾问,后被选为国会议员。

资料来源:《湖北省志人物志稿》(第一卷),P117 - P119

1911 年 12 月中华民国临时政府参议院

孙中山与高振霄、唐绍仪、曹亚伯等开国元勋合影

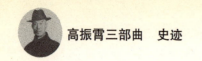

二、五权宪法

五权宪法乃孙中山先生重要政治遗产之一
高振霄张知本等人深入研究提出研究报告

我于民国前十一年辛丑，也就是八国联军攻破北京的第二年，自武汉经上海出国，到日本东京留学。不久，进法政大学研习法律。当时清廷和列强签订了丧权辱国的《辛丑和约》，在日本的留学生，没有一个人不感到悲愤和羞耻，我个人自然也不例外。这时，孙中山先生所领导的革命排满思想在留日学生中占极大的优势，我们湖北籍的学生，大都不知不觉中变成了国父的信徒。

民国前七年乙巳，时序大约是秋天，国父在东京，同乡时功玖（时昭瀛的父亲）、鲁文清两人约我去晋谒国父。在晋谒之前，我想一个革命领袖，一定是满脸杀气，见面就会令人生畏惧之心。但等到真正见了面，国父给我的印象却和我的想象完全相反，他不但不令我觉得可怕，而且非常和蔼可亲，见面后他就对我产生了一股不可抗拒的吸引力。那天，国父穿的是西服，温文儒雅，风度翩翩。国父和我谈话时，首先问我的身世及留日经过，接着对我分析国内外局势，然后讲述他的革命主义和抱负，最后勉励我学成后归国，献身革命大业。"同君一夜话，胜读十年书"，我听了国父半小时恳挚的训示，更了解这两句话的意义。国父的普通话虽然带有浓厚的广东乡音，但每个字我都听得懂。从那一天起，我就正式参加了同盟会，决定了我一生的政治信仰。这虽然是六十年前的往事，但我至今还记得很清楚。我系于民国前六年返国，在返国之前，又见过国父一面，他指示我返国以后，最好在教育界工作。他说，革命党人一定要有高深的学问，有高深的学问才能担负艰巨的革命任务。同时在教育界容易吸收同志参加革命行列。我回国后即遵照国父的指示，前往湖北广济县城，担任中学校长，这是我服务教育界的第一次。广济是革命同志居正、郭泰祺等的故乡。我在该校虽然为时甚短，但也乘机和志同道合的人为国父散播了不少革命种子。到辛亥年武昌起义，那些种子就很快发芽生叶，不过其时我已离开广济到武昌法政学堂教书去了。

当时的革命党人，无论从事什么职业，只是一种掩护，真正的意图在秘密进行革命活动，以期一举推翻满清政府，建立共和政体。所有潜伏在教育界和新军里面的革命党人都有这种抱负，只要国父下一道命令，大家都可以赴汤蹈火，勇往直前。辛亥革命之所以成功,主要的就依赖那种大无畏的精神。至于辛亥革命时我担任武昌军政府司法部长那段历史因与本题无关,在此不拟赘述。不过有一件事我要重复追述一次,就是我的所作所为完全是受了国父于乙巳年秋天在东京对我半小时训示的影响,我想其他的同志也是受了国父的精神感召才不惜牺牲一切的。国父人格之伟大,于此可见一斑。

民国一年,国父接受我们湖北全体同志的请求,率领胡汉民、汪精卫等莅临武汉视察,受到武汉三镇市民空前热烈的欢迎。在欢迎大会上,国父发表了一篇非常动人的演讲,其中有一段提到建都问题,我到现在还记得清清楚楚。国父说:全国有五个地方都有资格成为中华民国的首都,北京、南京、洛阳原为古都,由于历史关系,都可以建都;其次是武汉,因武汉居全国之中心,水陆交通,四通八达,又是首义之区,做中华民国的首都,也属名正言顺;但为了国家未来着想,将首都建立在新疆省内也很有意义。第一,新疆地广人稀,物产丰富,建都以后,再移民实边,可以巩固国防;第二,新疆风光如画,将来从北京修一条铁路直达新疆,可以吸引大量外国人士前往游览,繁荣地方。当时汉口的报纸对上述演讲曾经大幅刊载。那次的欢迎大会是由副总统兼湖北都督黎元洪主持的,他在致欢迎词时,对国父的丰功伟绩,备加推崇。

民国初年,我当选国会议员,在反对袁世凯称帝以及后来的护法之役,我都是遵照党的指示行事。民国七年到广州追随国父,国父知道我是学法律的,于是指示我和高振霄、谢英伯、叶夏声等四人对他创造的五权宪法作深入的研究。我们四人分工合作,将欧美各国及日本的政治制度与五权宪法作有系统的分析和比较,最后由我向国父提出研究报告。我建议将来实施五权宪法时,对于公职候选人应由考试院举行口试,合格以后,才能取得候选人的资格,参加竞选,最后由选民投票,决定他们的政治生命。我建议的考试方法是由候选人对考试委员发表政见,类似竞选演说,由候选人就他准备竞选的职务阐述其抱负和应兴应革的意见。譬如他想竞选某县县长,他就应该对该县的面积、人口、产业、交通、风土人情及政治现况详加分析,再叙述他对该县政治、经济、文化方面的兴革意见和施政方针。考试委员即据他的演说内容,评判优劣,确定他是否为合格的候选人。国父当时对于我的意见颇为欣赏,认为可以采纳,这是我至今感到无上光荣的一件事。

资料来源:张知本:《国父给我的启示》(摘自尚明轩等编:《孙中山生平事业追忆录》)

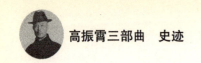

三、巴黎和会派遣欧洲代表之建议案

广东消息云:昨日(12日)军政府政务会议对于参议院议员高振霄提出派遣欧洲代表之建议案。会议良久,结果拟派伍廷芳、孙文、王正廷、汪兆铭、伍朝枢五人为代表,一面提出国会通过,一面通知各国,并拟派张继、李煜瀛两人先行赴欧调查一切,所有代表经费已通电护法各省合力筹备。

资料来源:《申报》,1918年11月21日

四、华盛顿太平洋会议

　　美总统召集太平洋会议一事，关系远东及太平洋问题，至深且巨。我国日受强邻之压迫，北京拍卖主权，国几不国，今此一线生机，正我正式政府独一不二之机会，所有取消不平等之条约，及裁减军备实行民治诸事，尤为我国生死之关系，应请即日开会讨论议决，请政府速派得力代表迅赴列席，实为至要……

（一）国会通过高振霄提请太平洋会议议案

国会通过高振霄等提请议案
派太平洋会议代表并咨孙文

　　汉口电：萧耀南由鄂赴洛，谒吴萧部已到，两团驻刘家庙。

　　汉口电：闻鲁涤平部俭（28日）晚三时向鄂军开始攻击，经三十六旅诱至羊楼峒，激战至艳（29日）午前十一时，湘军败退五里牌以南。王督甚喜，业任孙传芳为前敌总司令，艳夜赴前敌督战，武汉艳日加紧戒严。（以上29日下午九钟）

　　据上海日人某通讯社29日汉口电称，今日午前三时半，在湖北省境羊楼峒，王占元所统近畿第十八师步兵第三十六旅长宋大需部下与湖南省境五里牌第二师鲁涤平部下为局部会战，结果宋旅败退至后方百六里赵李桥之前方。据督军署方面消息，宋旅之败退系欲诱敌入湖北省内之故。午后一时，又由南洋逆袭五里以南，此为湘鄂两军第一次之战斗云云。与上电消息歧异，姑志之以俟后证。

　　香港电：国会议员高振霄等提出请派太平洋会议代表议决案，感日（27日）通过，昨已咨孙。

　　香港电：陈炯明仍驻浔，因黄培桂据邕，未肯缴械，昨令洪兆麟与魏杨熊各部□□限缴械出境。

　　香港电：粤军以沈秦贡等伪降，已决分攻。韦荣昌派代表代达投诚陈，令其赴龙勒令陆所部缴械，恐未易办到。

　　香港电：许崇智俭日（28日）电称，沈鸿英伪降，经令各部合攻，沈已向桂林方面溃退等语。一说沈已退出桂林。（以上30日下午八钟）

　　　　　　　　　　　资料来源：《申报》，1921年7月31日

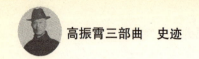
（二）南方当局对内对外之主张

太平洋会议问题关系中国生死存亡
高振霄提出讨论出席会议人选事宜

南方政府成立后,其始仅为广东之独立政府,自克复广西后形势又稍变动。川滇黔湘已一致联合,拟乘机有所发展。兹将当局最近之主张分志如下:(一)对内方面,拟以联省自治为统一之先导,以排除军阀为联治之基本。现桂局渐次大定,湘军援鄂之师亦已发动,南方遂有出师长江之议。前日,孙中山特派胡汉民、汪精卫、居觉生三君赴桂与陈总司令筹商进行大计,而滇黔湘陕四总司令及某某省督军亦均来电表示赞成。大约俟胡汪居三君回粤即可大举北伐,会师武汉。至于军饷问题则已有统一筹饷局之组织,预定在海外华侨方面集款一千万元专为出师统一全国之用。连日,孙中山方面已得南北美洲、南洋各岛等处华侨来电,多主张出师粤中。将领亦莫不跃跃欲试,自告奋勇,请当局速下讨伐令,即陈炯明向主保境息民,不欲勤远略,然自援功成,亦知大势可以发展,拟俟桂局肃清,使移师北向。在民党激烈分子固以此举为不可再缓,即在稳健派亦以时局混沌已甚非,有一次决裂不足求正,当之解决,认为时机已熟。故南方之主战现已趋于一致,而渐入积极筹备中矣。(二)对外方面,南方当局以未经列国正式承认,故对外未有十分效力,近民党各要人拟运动各友邦承认。日前孙中山派叶夏声赴日即为此事,并拟对美国有所要求。盖以日美两国与中国关系较深,必能熟察我国内情,首先表示其态度也。至现时所急起直追以谋对付者,厥为太平洋会议问题。此问题为中国生死存亡所关,其得末固不待论,而遣派代表列席之方法尤不可不郑重考虑。当局之意以为北廷无代表全国资格,此次列席会议应由南方政府派出。唯以事实论,北廷为各国所承认,又非南方口舌所能争者。届时两方代表争执,授东邻以攻击之柄,借口于我国之不统一而取消与会之权利,亦不可不虑。故日前国会议员高振霄提出讨论,多数人士属意伍廷芳,伍亦允担此任。现时所研究者为如何派出之方法,有少数议员主张由南方政府正式遣派,而一般有经验之外交家则不谓然,仍主与北廷会派代表,俾得保存国体也。

资料来源:《申报》,1921 年 8 月 13 日

附录1：华盛顿太平洋会议代表资格的宣言

欧战告终，太平洋及远东为世界视线之焦点。美国大总统发起华盛顿会议，以图解决太平洋及远东各问题，柬请吾国与会。夫远东问题，实以中国为枢纽。而中日"二十一条"，高徐、顺济、满蒙四路密约，及其他秘密协约，制我死命，夺我主权，不废弃之，国将不国。追原祸始，此种条约，实缔结于徐世昌及其党徒之手。以手订祸国条约之人，膺解决远东问题之任，狐埋狐揾，必无所幸。况徐世昌之地位，产生于非法国会，自其去年布告旧法新选，其所取得之伪资格亦已丧失无余。故徐世昌对于中国问题，以道德言，以法律言，均无发言之余地，更无派遣代表之资格。绝非假借纸上政治统一，而可以盗权妄为者。

本政府职权，由法律所赋予，为中华民国正式政府。向来对外交涉，均系秉诸公道，故周旋国际，绝对不受何种缚束。本大总统谨代表政府及中华民国国民郑重宣言：将来华盛顿会议，苟非本政府所派之代表列席与会，则关于中国之议决案，概不承认，亦不发生效力。凡我友邦及我国民，幸共鉴之。

中华民国十年九月五日

资料来源：《孙中山全集》第五卷 P595－596

附录2：致美国国务院函

南方合法政府，为代表中华民国之全国政府，故派遣太平洋会议代表，应由合法正式政府派出。北方非法政府，并无可以派遣代表之权；如由非法政府派遣代表，所议决条件，在中华民国绝对不能发生效力。且北京非法政府之总统徐世昌，由非法国会产生，并由徐世昌承认该会为非法，自行解散，是徐世昌已自行取消非法总统资格。故北京已无代表中华民国之地位，决不能对外发生效力。

据上海《民国日报》1921年9月8日《新政府否认北庭代表》

资料来源：《孙中山全集》第五卷 P596

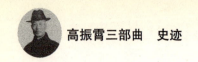

（三）孙中山复国会非常会议文

高振霄提出咨请政府速派太平洋会议代表议案表决通过

孙中山饬外交部妥为筹备并相应咨复国会非常会议查照

1921 年 8 月底

为咨复事：7 月 29 日，准贵会议咨开，议员高振霄提出咨请政府速派太平洋会议代表议决案，文曰："美总统召集太平洋会议一事，关系远东及太平洋问题，至深且巨。我国日受强邻之压迫，北京拍卖主权，国几不国，今此一线生机，正我正式政府独一不二之机会，所有取消不平等之条约，及裁减军备实行民治诸事，尤为我国生死之关系，应请即日开会讨论议决，请政府速派得力代表迅赴列席，实为至要"等语。经于本月 27 日开会议讨论，依法提付表决。大多数表决，照案通过。相应备文咨达，即希查照办理等因前来。查此事政府早已虑及，现正在筹备进行中。准咨前因，除仍饬外交部妥为筹备外，相应咨复贵会议查照。此咨。国会非常会议。孙文。

据上海《民国日报》（民国十年十月十日）《新政府咨复国会非常会议文》条。

注：高振霄提出《咨请政府速派太平洋会议代表议决案》原文未找到（仅在《孙中山复国会非常会议文》中看到部分内容），时间不详，应当在 7 月。国会于 7 月 27 日召开会议讨论此案，表决通过，并于 7 月 29 日将此案咨文致大总统孙文。《孙中山复国会非常会议文》原件未署日期，经考订应在 8 月。非常大总统则于九月五日就出席华盛顿太平洋会议代表资格发表宣言，期间关于代表权问题，美国政府与北京当局曾经有所活动。

资料来源：孙中山：《孙中山全集》，第五卷，P594 - 595

五、国会议员横被抢辱之详情

陈炯明叛变攻取总统府孙中山移驻军舰
叶举抢辱议员高振霄乘船离粤转港赴沪

留粤国会议员,向寓长堤海珠酒店、大市路谢卓英故宅、士敏土厂三处。陈炯明以一陆军总长,既不知有由国会选出之大总统,且称兵谋杀,又宁容留所谓国会议员。故于叛乱之翌午,叛军等由叛将率领蜂拥至议员公寓,一哄而入,翻箱倒箧,大肆搜劫,尽将细软夺放怀中,意犹未餍。复声言尔等议员不去北京国会,留此何为,今日即要勒令尔等离省。某议员答云,我等系护法议员,不当北京议员,且我等复有家小在此,在广州当议员,亦属枵腹从公,岂轻易言离粤,叛将不由分说,但言无钱要你走。后喝令各军士持枪押送各议员下香港轮船,不许携带一物。议员暨家属妇女老幼,各仅穿随身单衣,不名一钱,吞声就道,甫离寓所。该叛军等即尽将各议员箱笼什物家私,用汽车多辆装载,满如山积,呼啸而去。查是役被害者为张大昕、卢元弼、高振霄、陈家鼎、蔡突灵等,并眷属数十人,寄寓者拓鲁生等十数人。抵港后,困顿不可名状。幸总统府谢秘书长适到港,乃为设法代筹旅费,暂救目前。各议员为记者言,吾人自当议员以后,两受暴力解散,两受流离之苦(九年为岑、陆迫散后,在重庆被兵迫走),顾不过为大势所逼,个人身家,仍得安全退去。乃不图在粤反受向称护法之陈逆炯明之直接迫害,至于仅以身免,并受押解之辱。此真自有人类以来所未见之横暴,自有代议制以来所未见遇之浩劫也。此等无法无天之举动,纵有苏、张之舌,实无辩护之余地。

又有某议员,泣述其当日被辱情形,更甚发指。该议员云:余乃北省人,携妻寓某公寓。是日该叛军等到公寓搜劫时,尽将一切凡值银一毫几分者,皆取去。余再三哀恳,留些衣物蔽体,均遭呵斥。云你留得狗命,算你彩数,尚欲留财物耶。余同事某君持一上好皮袍价值百元者,含笑送之,请其勿扰其他对象。某军官怒批其颊曰:谁与你笑,又谁要你送耶。自是无人敢发言,但任其欲如何物便如何物耳。搜掠毕,厉声押令各议员及家眷、妇女、小孩、仆婢出门行。某议员妻仅穿白绸衫绸裤各一,该叛军某官某忽属目及之,即云,你此挎尚新,须换与我。回顾所部兵士由掠得衣物中取旧布挎一条,当堂督令今换下。诸君乎,当时难堪之情状,余实不忍言。使诸君设身处地,其羞愤若何,真有不愿腼然人世者矣。无怪浙江议员祝震老,至三投珠江不死,抵沪即失常性也。彼军如此暴虐,而我国会败类副议长褚辅成尚电恳陈逆之弟陈觉民给费与各议员北上。嗟乎! 与虎谋皮,固已不可,乞恩仇敌,尚复人世间有羞耻事耶!

又国闻通信社,亦有关于议员被抢之纪载。略云:贼军叛乱后,在粤议员因受叶举部下之压迫,纷纷赴沪。据某议员所述,当乱作时,粤军赴国会办事处搜得议员通讯簿,即派兵按图索骥。凡议员寓处之财帛,尽数抢劫一空,仅容孑身逃避,囊空如洗,去留两难。上海方面民党某某二君,筹款汇至香港,分给议员,每人四十元,有家眷者另加川费,始克成行。抵沪后即至恺自迩路国会议员通讯处,拟暂行栖止,因无空屋可住,皆自觅寓舍,情形十分困苦。而某君所宣布被叛军抢劫情形则更为详尽,乃并录之。某君亦一议员。据云:自 6 月 16 日八点钟,余起身出房,呼仆人具盥漱,见同寓高君在后楼梯侧,与某君立谈。余行经其处,闻"枪声""开炮"断续数语,因停足询之。高君(高振霄)云,晚夜三点钟,叶举兵谋叛,攻取总统府及各机关。今总统已移驻军舰。伍博士尚在省公署,不肯迁徙,誓以死殉职守。贼匪则正围攻卫戍司令部,拟夺其械,散其军云。语毕,即登楼去。立谈处,适当拓君房门,拓君闻声开门出,余见诸人散去,顺便步入拓室,续询此事。拓言与高略同。话未已,即有黄衣者三,手提长枪,腰横肩交,皆子弹带,胫里行囊背负雨笠,笠上大书"粤军"二字,昂然入室曰:尔等几个人? 拓君漫应之曰:四十余人。彼亦不再问,即穿房跨出骑楼,向视一遭而去。余乃返室盥漱。三人者旋来,周视余室,见乱书堆案,意若不值一睐者然。有某君与余同住,彼得帐视之,见其方熟眠,遂默然去。入对门蔡君室,蔡急起立,以礼待之。彼若不省也者,蓦然问曰:尔有钱否? 蔡曰:无有。曰尔辈议员,每月数百元,奈何无。蔡曰:诚然,惟因军费挪移国会用款,已积欠五个半月矣,安得有钱。因就衣袋中取出银包倾于台面曰:予所有者,尽于此矣。其数在十二三元,其一伸手攫之;其他一曰可为少留与之,伸手者,遂取其大半而去。予见其去,入谓蔡君曰:此大江湖所谓盗亦有道也。乃未几而仆人来告云,彼辈入田君室,以枪指吓其女人,索逼细软。其女人答云,无有。彼即力引其臂,田君见其无礼,乃谓之曰:尔等无须如此。复语其女人曰:有何物,快出与之,财物细事,辱不可忍也。因尽得其首饰及小儿佩玩等物。复搜其箱箧,悉其所有括之。并湖南某地方公款作邮电费寄入于田君处者,劫掠以去。由是二楼、三楼、四楼五十余室,以次挨搜,至于雇员夫役不得免焉。而有女眷者尤酷。

先是,彼初来时,即入进门大厅。北厅为参议院议员董君所居。董君见其来势汹汹,即呼仆人饷以茶烟。彼见如此,即不能不假装人面,以相支持。俄而有所谓官长者一人来,其一姓赖名永忠字清初,或云字汉初,河源人。余未见其名刺，未知清汉二字孰真孰伪也。又一苏某两人，一阴一阳，一柔一刚，大似从前儒学之对生员者然。赖云，奉陈总司令之命令，保护设员诸君，请即离粤北上开会。苏则横眉怒眼，责赖不应费辞，直云尔等数年衣食住皆取之我广东，乃绝不为广东作事。如孙文免陈总司令职并撤总司令，此乃总统违法，尔等何以不弹劾。今护法告终，奈何犹不速去。今限尔等一小时内离去广州。两人皆满口客话，惟"乌尔阿妈"一语，颇有三几分似广州语，因其每发一言，必有此语，前后陪衬，应用多则练习纯熟故也。董君见其不可理喻，因商之赖某，谓住居数年，一但他往，点检行装，一小时亦万不给用，况有带家眷者，妻拿大小，更为烦赘，可否稍为延缓云云。此本极人情之事，万不料其发生他故。孰知彼闻言即将计就计，欣然答曰：君言亦颇近理，奈我等奉令行事，不能自主，当为诸君请示定夺，请少安勿躁，我即去就来。乃驾汽车而去。千是诸同来者纷纷登楼饱掠一顿。楼上搜尽，乃落下搜董君之室，有一铁箱，开锁稍缓，即三支驳壳，并向董君指逼，连呼"关！关！关！"各人钱财细软，收罄罗净，乃将董君闪缎被面撕下裹之。诸事妥当，请示者适返。此真小说上所谓无巧不成书者矣。彼等入门，董君即指狼藉满地之器物谓之曰：承贵长官盛意，尊重国会，尊重议员，乃今至于如此。欲我等北上开会，离广州，令同人皆两袖清风，一贫如洗，赴港川费，且无有，何论北上。由此地赴港渡，车钱且无有，何能赴港。同人等为国事稍受窘辱，既非自今始，亦当无异言，独为贵总司令之盛德，暨贵军之令誉不能不深致惋惜耳。苏仍忿忿不顾，赖则假意敷衍，谓此事殊大不合，即喝令搜身，当对各喽啰身边取回大元小元（单双等）省票纸数千元，女人首饰则一件无有。彼即持此赃款，请董君处分。董君云此物初为同人所有，余不能处分。今既被掠，何为余所有者，今亦不能处分矣。彼再絮聒，则笑而不理。彼乃取捧大小银两捧与董君，且曰：此足为落港之资乎。其余整者留之，散碎者仍分诸喽啰。又曰：君柜中灰鼠裘，此地买不得，可赠我乎。董君曰：余不肯赠人者惟一命，今且不能定为余有，其他更有何物不可相赠者，弟取之可也。曰但得君诺，不必在此相付，代搬出去，与我可也。因奋身为董君将行李检出。诸喽啰见之，以枪托触其臀。他人之搬行李者，亦皆遭同样之打击，卒不能取出一物。蔡君突灵夫妇，费数小时之力，仅携得一妇人手提之小皮夹。彼见有多人尚守候行装不去，乃佯言曰：今晚定有战事，我等奉令保护诸君在三点半以前，当然无虑。若过此时限，则非力所能及。诸君请先落船，行李交我，我完全负责，随后以汽车送来，万保无虞。同人无可奈何，遂各光身赴港。同人行后，有仆役在后，亲见苏某手持驳壳，押解四大皮箧箱，向西而去。其他箱箧行李，则用汽车送至司令部中去矣。又有某君之仆，19日由省来港云，亲见惠州会馆有皮箱皮箧数百，只平价发沽,然多有因无钥匙将后割开者。既经破损,失其美观,又恐买后仍遭掠夺,故价虽平,买者仍寥寥也。当日同人首先落船者,彼犹派人荷枪押送。迨后彼诈称代送行李,于是大家皆将行李收拾齐整,堆积楼下待运。彼等见此数百箱柜,即亦无心管人。唯有人想携带一草一木出公寓之门者,必遭枪托打击,故各人皆空手落船。彼等见多去一人,即多一度之安心。因物主既去,则彼等可以争得此物也。有某君之仆,着新鞋一对,亦被逼脱下与之。此海珠公寓被劫之实情,为余一人所知者也。又闻住士敏土厂同人来港者言,彼处较海珠公寓尤甚,不特只身出走,多无长衫,至有鞋袜亦脱去者。有某君夫人着绉裤一条,逼令脱下,商之再三,卒不得其允诺,乃于彼所抢诸衣服中拣一旧敝男裤换下与之,始得了事。其他尚多,不胜缕述。因非亲见,故皆略之云云。

当时上海方面,尚有接国会留粤同人之一函,亦述被抢情形。函略云:陈炯明祸粤,逆迹昭著。其军队对于商民,禁止出入,且抢掠奸淫,无所不为。至国会议员对于陈逆并无何仇,奈陈逆下令逐孙大总统之日,竟逐议员出境。海珠酒店、士敏土厂、大市街三处国会议员招待所,陈逆军队,则强逐强掠,所有行李劫去殆尽,欲当押一物,以作旅费来港亦不可得。此等阴毒手段,袁世凯无此专横,即张勋亦无此暴厉。举袁、张所不敢为者而陈逆竟擅行之,实属无法已极(下略)。

呜乎!陈氏之淫威,乃至此耶。总之,此次陈氏叛乱,其所部之陈家军,诚土匪之不若。编者曾晤一旅居羊城之广西人,而熟悉两粤情形者,据其所云,羊城自陈家军叛乱后,其肆行劫掠,与奸淫妇女情形,实为入民国以来广东历次变乱所未有。其凄惨形状,足令人怵目伤心,发指眦裂。即土匪据南宁省会,当入城之际,尚能保守秩序,于公家物业与人民财产,毫不损害,且绝少奸掠之事。不图广东之陈家军竟有此举动,实广西土匪之不如。公论在人,诚不诬矣。

资料来源:鲁直之,谢盛之,李睡仙:《陈炯明叛国史》,中华书局(原书编于1922年8月)

近代史料笔记丛刊

陈炯明叛国史

魯直之 谢盥之 李鍾仙◎著

中山先生亲征录

黄惠龙◎著

中華書局

《陈炯明叛国史》封面

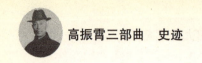

六、国会议员告国人书

长堤海珠酒店士敏土厂谢卓英故宅三处议员住所均被叛军洗劫
高振霄等将身受目睹之事实敬告国人请孙大总统就近严剿盗匪

各省省议会,农工商会、各师旅长、各司令、各团体、各报馆均鉴:陆军总长陈炯明,于 6 月□日,黑夜称兵,谋弑总统,背叛国家。翌晨令杨坤如之副官赖永忠等,率匪军数十人,困海珠国会议员招待所。初时不准出入,继则按房抢劫。直至下午三时,挟❶迫所内各人,即时离去广州,衣服行囊,完全劫夺。及各人出门时,男女身上之长衣、眼镜、手镖[表]❷、戒指零碎等件一概搜括净尽。日暮,该副官等将衣服、银钱册分后,所有书籍、器具等,均用汽车运至杨之司令部。次日,又至士敏土场第二国会议员招待所,亦如前次搜法,且加伤害。两所之同人,仓皇奔走,仅以身免。现在广州市面,每日抢劫,十室九空。似次盗贼行为,袁世凯之叛国,张勋之复辟,莫荣新之祸粤,不忍为不敢为之事,陈炯明之粤军,公然为之。是则陈炯明者,直匪首耳。匪而不肯自认为匪,胆敢饰词通电,谓旧会重集,请孙下野云云。夫孙大总统护法之目的,唯求国会能真正完全自由行使职权,其宣言大公无我,最为明白。该匪首此次叛乱,不但广州所有之公署机关,均被洗劫,近且奸淫女学,烧杀市民,是则张献忠、李自成之流,何得借口法律政治。盖陈炯明前借粤人治粤之名,盗取广东政权,今乃借国会恢复之名,劫掠广州财产。盗匪之面目,自行暴露。除请孙大总统就近严剿外,特将身受目睹之事实,敬为国人告之。国会议员赵清泉、梅宝玑、元因培、彭学浚、陈尚斋、王兆离、邹树声、朱之洪、徐可亭、李执中、周震麟、汪汝梅、陈友青、刘人炯、李建民、邓天乙、高福生、于恩波、丁骞、何陶、田永正、张大昕、高振霄、时功玖、杨大实、蔡突灵、徐邦俊、吴道达、卢元弼、赖庆彭、辉邦栋❸、向作宾、向元均、张光炜、周恭寿、李式璠、董昆瀛、蔡达生、董耕云、王鸿宾、尚镇圭、史之熙、窦应昊、刘峰一、周之桢、乌友三、鲁鱼、魏笑涛、彭养光、孟同和、王宪章、田铭璋、李希莲、关棣、陈纯修、张敬之、张瑞云、李东壁、申梦奇、廉炳华、许森等同叩。

资料来源:鲁直之,谢盛之,李睡仙:《陈炯明叛国史》,中华书局(原书编于1922 年 8 月)

---

❶ 《革命文献》作"胁"字。
❷ 《革命文献》作"表"字。
❸ 《革命文献》作"辉邦棘"。

近代史料笔记丛刊

于胖奸播弄，再误调和，终中毒计，后悔无及。十四省以国会议员凌钺等二百八十人同叩。

国会议员告国人书

各省省议会，农工商会，各师旅长，各司令，各团体，各报馆均鉴：陆军总长陈炯明，于六月删日，黑夜称兵，谋弑总统，背叛国家，翌晨令杨坤如之副官赖永忠等，率匪军数十人，困海珠国会议员招待所。初时不准出入，继则按房抢劫。直至下午三时，挟①道所内各人，即时离去广州，衣服行囊，完全劫夺，及各人出门时，男女身上之长衣、眼镜、手镯(表)②、戒指等件，一概搜括净尽。日暮，该副官等将衣服、银钱瓜分后，所有书籍、器具等，均用汽车运至杨之司令部。次日，又至士敏土厂第二会议员招待所，亦如前次搜法，且加恬害。两所之同人，仓皇奔走，仅以身免。现在广州市面，每日抢劫，十室九空，似此盗贼行为，袁世凯之叛国，张勋之复辟，莫荣新之祸粤，不忍为不敢为之事，陈炯明之尊军，公然为之，是则陈炯明者，直匪首耳。匪面不肯自认为匪，阴敢饰词通电，谓旧会重集，请孙下野云云。夫孙大总统护法之目的，惟求国会能真正完全自由行使职权，其宜言大公无我，

① 《革命文献》作"胁"字。
② 《革命文献》作"表"字。

236

服务明白，该匪首此次叛乱，不但广州所有之公署机关，均被抢掠，而且奸淫女学，烧杀市民，是则张献忠、李自成之流，何得假口次律政治，盖陈炯明前借粤人治粤之名，窃取广东以后，分以借国会恢复之名，劫掠广州财产，盗匪之面目，自行暴露。复谓孙大总统就近严严剿外，特将身受目的之事实，略为国人告之。国会议员赵清嘉、梅宝玑、元图珞、彭学沛、薛兆蓉、王焉周、邹树声、朱之洪、徐可亭、李抚中、周震鳞、任耀、刘人熙、李建民、邓天乙、高福生、于恩波、丁、扬永正、张大昕、高振霄、功久、杨大实、蔡突灵、卢元弼、赖庆彭、席邦栋、向作宾、阿元均、冯恭寿、李式瑶、董昆瀛、蔡达生、董铜云、尚、史之郡、窦应昊、刘峰一、周之桢、乌友三、鲁鱼、魏笑、彭养光、孟同和、王宪章、田铭璋、李裔连、关棣、陈纯修、范静宏、李东煜、申梦奇、屡炳华、许森等同叩。

旅京旧议员王福缘等电（略）

各省民党要人快邮代电②

广东民党陆军总长鉴，铣日执事所部叶举、杨坤如、陈炯

237

《陈炯明叛国史》P236－237

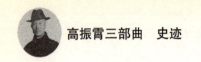

七、旅沪国会议员之两宣言 根据二日会议议决案

高振霄等旅沪议员发表两宣言
声讨陈炯明称兵作乱图覆国本

国闻通信社云:昨日,旅沪国会议员根据前日(2 日)会议议决案发表宣言二通,原文如下:

第二次宣言

民国成立十一年耳,濒于危亡者二次,一曰洪宪之乱,一曰复辟之变,皆以解散国会肇其端,然国会职权揭橥约法非何种强力所能予夺。民国六年,孙大总统率海军南下,各省景从刘建藩崛起,零陵以弹丸之地毅然兴护法之责。厥后虽更多故而再接再厉,诚以护法勘乱,事不容己,道合志同,历久不敝也。乃陈炯明与吴佩孚狼狈为奸,一则藉叛军之暴力麾议员便去,一则分卖国之余润招议员使来。归劫掠者既惨无人道,示优异者尤蔑视人格。举袁世凯、张勋不敢为者而悍然为之,纪纲扫地不有拨反则正气或几息矣。某等忝列议席,民志所托,当沧海横流之会懔,裁胥及弱之痛,矢志讨贼,义无徘徊。邦人君子,其昭鉴之。国会议员杭辛齐、刘人炯、丁惟汾、张知本、彭养光、谢英伯、李式潘、张效翰、方潜、茅祖权、凌钺、谭正、张鸿鼎、关棣、高振霄、覃振、谭维洋、马光晔、彭介石、周运苞、王乃昌、刘芷芬、何弼虞、王宪章、申梦奇、李锜、李建民、田永正、张秋白、田铭璋、许森、邹鲁、凌毅、李执中、廉炳、华项肩、陈荣广、陈尚畲、周震麟、周积芥、李希瑾、李燮阳、岑述彭、吴忠仁、叶复元、邓元、王湘、黄汝鉴、卢促琳、王兽、朱之洪、周世屏、尚作宾、傅用平、王安富、徐可亭、孟同和、魏笑涛、康汝耜、张瑞云、王田、张敬之、陈纯修、李东璧、于洪起、元因培、王□树、宋桢、岁式楷、赖庆晖、蔡突灵、孔梦深、张振枢、丁籍礼、刘荣棠、刘绩学、徐宗德、邹树声、赵清泉。

第三次宣言

国会在粤六年已开常会,并依法选举总统组织政府。法统国纲峙如由岳迁来,北方武人喉使三五不肖冒集国会,拥黎僭位,背义毁法,早为国人共弃。兹复诱令陆军总长陈炯明称兵作乱,图覆国本,扰害一时之秩序。其罪小残破人类之道义,其罪大应由大总统行使国会赋予职权,外僭窃之奸徒,内清反侧之叛徒,澄奠民国,巩固共和于焉。斯赖谨此宣言。国会议员杭辛齐、刘人炯、丁惟汾、张知本、彭养光、谢英伯、李式潘、张效翰、方潜、茅祖权、凌钺、谭正、张鸿鼎、关棣、高振霄、覃振、谭维洋、马光晔、彭介石、周运苞、王乃昌、刘芷芬、何弼虞、王宪章、申梦奇、李锜、李建民、田永正、张秋白、田铭璋、许森、邹鲁、凌毅、李执中、廉炳、华项肩、陈荣广、陈尚裔、周震麟、周积芥、李希瑾、李燮阳、岑述彭、吴忠仁、叶复元、邓元、王湘、黄汝鉴、卢促琳、王兽、朱之洪、周世屏、尚作宾、傅用平、王安富、徐可亭、孟同和、魏笑涛、康汝耜、张瑞云、王田、张敬之、陈纯修、李东璧、于洪起、元因培、王□树、宋桢、岁式楷、赖庆晖、蔡突灵、孔梦深、张振枢、丁籍礼、刘荣棠、刘绩学、徐宗德、邹树声、赵清泉。

资料来源:《申报》,1922 年 7 月 4 日

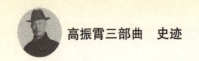

八、旅沪国会议员茶话会

高振霄等商派各省代表谒见中山
表示护法之志丝毫不苟始终不渝

国闻通信社云，旅沪国会议员于昨日下午二时在恺自迩路通讯处开茶话会，到者六十五人，公推杭辛斋主席。先由凌钺报告，略谓自中山先生来沪后，各方颇有前往接洽，报章亦迭见有谈话登载，然俱为私人间之谈话。对于国会同人，尚未有公开言论表示态度。故今日开会，拟推代表前往探询中山先生态度，以解外间之揣度。次，高振霄、刘云昭、李燮阳相继发言，大致赞成凌钺主张，并谓须同人先确定主张，再以此种主张报告中山先生。至同人主张不外始终坚持护法，丝毫不苟。凌钺谓不如先探询中山先生态度，再订办法。众赞成，当由每省推定代表一人，订今日下午二时共往中山寓宅谒见。计推定代表宋桢（直）、田锡章（黑）、谭维洋（皖）、刘荣棠（豫）、曹振懋（闽）、徐可亭（川）、杭辛斋（浙）、刘云昭（苏）、焦易棠（陕）、陈荣广（赣）、彭养光（鄂）、何弼虞（湘）、杨大实（奉）、梁登瀛（甘）、刘芷芬（华侨）、王福缘（吉）、李素（晋）、元因培（鲁）、周恭寿（贵）、李燮阳（云）、谢英伯（粤）、王乃昌（桂）、张凤九（新）、黄策成（蒙）。次，由主席谓同人应发表通电昭示国人，众赞成，当推定杭辛斋、吕荫南、陈荣广、张知本、高振霄等五人为起草员，后由刘云昭、凌钺供给通电材料，略谓任何势利护法之志始终不渝，现在护法前途已有开展，更当力持初衷云。

附录：孙中山氏明晚将宴报界

时间：明晚六时，地点：法租界莫利爱路二十九号孙府。孙中山氏昨致请柬与本埠报界人士定于明日（24 日）晚六时正设宴法租界莫利爱路二十九号孙府餐叙一切亮多盛况也。

资料来源：《申报》，1922 年 8 月 23 日

九、孙中山覆高振霄函稿

手书暨报告国会各情,均悉。兄等间关流离,不堕初志,至可钦佩。文力所及,自必为诸兄后盾,务期合法者战胜非法,统一乃可实现。至继续进行如何,日来已屡与代表诸君接谈,兹不别赘。专此奉复,即颂台祉。孙文。九月三日。

孙中山覆高振霄函稿

注:1922 年 6 月 16 日,陈炯明在广州发动武装叛乱,炮击总统府。孙中山于深夜突围后即登上"永丰舰"指挥平叛。翌日,高振霄等国会议员于广州海珠酒店国会议员招待所遭遇陈炯明叛军抢辱后乘轮离粤转港赴沪。至此,非常国会解散,护法告终,中山下野,革命处低谷。然而,高振霄与孙中山先生之间的患难之情,却愈加深重,对革命充满必胜的乐观主义信念更加坚定。从孙中山覆高振霄的书信中可窥见一斑:"兄等间关流离,不堕初志,至可钦佩。文力所及,自必为诸兄后盾,务期合法者战胜非法,统一乃可实现。"此书信原件现珍藏在台北国民党党史馆。

资料来源:孙中山:《覆高振霄函稿》,1922 年 9 月 3 日

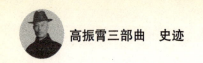
十、旅沪国会议员开会

旅沪国会议员于恺自迩路通讯处开谈话会
高振霄等起草讨伐陈炯明出力各军慰问电

旅沪国会议员于昨日下午三时在恺自迩路国会议员通讯处开谈话会,到者十九人,公推康汝耜主席,其决议事项如下:(一)主席报告前接留粤议员于洪起、高福生等来电询问粤局解决后,中山先生对护法议员之态度。虽曾以私人名义置覆,究应如何处置,请众公决。凌钺主张推派代表前往探询,李希莲主张暂缓。讨论良久,结果推凌钺、张凤九二人持公函前往谒见。(二)张秋白主张对北京彭允彝与教育界冲突应有表示,众赞成,即推张起草(电稿附后)。(三)张凤九提议,此次讨陈出力各军应加电慰,表决一致赞成,即推于洪起、高汉声二人起草电文。(四)茅祖权提议加推通讯处干事,当经众加推茅祖权、张知本、康汝耜、张凤九等四人。(五)国会非常会议余款请康汝耜即往领取作通讯处费用。五时许散会。致全国国民电稿:彭允彝以摧残教育、破坏司法独立交换伪同意票,其为患得患失之小人,不足责。而北京所谓国会嗾警行凶殴及学子,其焰弥炽,其伪益着,此而可忍,国谁与立愿,吾民速起自决,勿令群小犹太我中华民国也。法统维持会。

资料来源:《申报》,1923 年 1 月 25 日

十一、护法议员开会纪 将请中山恢复十一年政府国会原状

汉声动议中山征求组织政府主张各方应积极响应
汉声等致电中山先生请恢复十一年政府国会原状

护法议员昨日开会祝震主席，先由徐可亭报告接洽款项情形，次讨论追悼尚镇圭事件，由高汉声报告国民党及陕西同乡会方面亦在筹办，本处似可与彼等会同办情形。史临川言，尚君少君到沪约再需 5 日，日期最好请定在其到沪之后讨论。结果推高汉声、史临川、张秋白三有为筹备员，假定日期为 11 月 5 日。末，高汉声临时动议以中山发表征求组织政府主张后，各方已有同意者，本处应有表示。当经决定推张知本、茅祖权、高汉声三人为起草员，草电致中山，请其恢复十一年六月十五日以前之政府国会，并由各省推出一二人接洽签名，签毕即发云。

资料来源：《申报》，1923 年 10 月 24 日

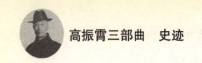

十二、议员通信处开会纪 询问粤省
时局方针 组织旅行团之计议

高振霄等致函广东国会询问时局方针
推谭唯洋等赴粤谒见孙中山面商办法

护法议员通信处昨日下午开会,到者三十余人,樊文耀主席。张凤九动议以今日各报载有大本营议决组织建国政府,结束护法事宜等情,同人等应设法询问详情,以如果此项意旨已经决定,同人亦当自谋办法。当由徐可亭、高振霄等互相讨论,决定一面致函广东国会议员通信处,请就近询问情形即行函复。一面谭维洋以国民党事代表赴粤,即请代表面谒中山先生,并由同人作函托谭君带去。表决通过。许镇庚提议同人久处沪滨,而目下中山先生决志北伐,则同人从事民众宣传以使一般人群知民国历来政治纷乱之责任,当由军阀任其咎戾。故拟组织旅团分向西南各省及奉浙等地演说,或以文字鼓吹,众赞成。惟于经费筹措及组织办法多所讨论,结果仍推谭维洋及徐可亭二人赴粤谒见中山后面商办法云。

资料来源:《申报》,1924 年 1 月 9 日

十三、各界之唁电

大总统中山先生仙逝

高振霄等各界致唁电

（国外电文）

（一）墨西哥加兰吉分部来电：总理仙逝，万分悲哀，并请告孙夫人节哀。驻墨加兰吉分部叩。（删）

（二）秘鲁利马来电：总理是否国葬？何日出殡？乞复。秘鲁支部。（删）

（三）墨国芝省打把周据分部来电：孙夫人暨哲生君鉴，惊悉孙总理仙逝，不胜痛悼。总理手创民国，名流千古，应无遗憾，尚祈节哀。驻墨芝省全体党员叩。（删）

（国内电文）

（一）中华音乐会电：北京铁狮子胡同孙哲生君鉴。尊翁中山先生功在民国，薄海同钦。际此国难未已，正气销沉方期，仰仗大力支柱危局，乃竟积劳成疾，与世长辞。胡天不吊，夺我元勋，惊闻噩耗，同深悼惜。敝会公决，自本日起，除会内停止练习音乐七日外，并于期内会外举凡关于公益性质之娱乐举动亦概不服务，以表哀悼。尚希节哀顺变，为国珍重。上海中华音乐会铣。

（二）菜馆公会电：北京铁狮子胡同孙公治丧事务所公鉴。中山先生逝世消息传来，全沪震惊。昊天不吊，遽殒元勋，民国前途，危险堪虞，特电吊唁以表哀忱。旅沪菜馆公会全体同人敬吊。

（三）复旦大学学生自治会电：北京孙哲生礼鉴。中山先生弃养，普天同悼，希节哀珍重，上慰萱闱。上海复旦大学学生自治会元。

（四）同济大学川同学电：北京孙公治丧处，国是未定，导归先失，噩耗传来，薄海同哀。同济大学四川同学会哀唁。

（五）旅沪护法议员电：北京铁狮子胡同孙哲生先生鉴。文晚闻前大总统孙公噩电，不胜惊骇。孙公手造民国，启迪颛蒙劳身，焦思护法救国，扫历朝之积毒，开东亚之曙光。纺氓受其骈襱，环球钦其学理，而乃未竟全功，大星忽陨，小民共悲慈父，国家顿失长城。先知既没后生，何依瞻念前途，弥深悲痛。愿先生节哀继志，从事恢宏，临电神驰，哀悼不尽。旅沪护法国会议员孔绍光、高振霄、康汝耜、王田、孟同和、朱宝桢、李炳琨、刘汝麟、谭维洋叩元。

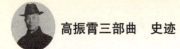

（六）山东旅沪同乡会电：北京铁狮子胡同孙公治丧事务所鉴。国基未固，元勋遽殒，噩耗传来，全国震惊。哀痛之余，谨此电唁。山东旅沪同乡会叩铣。

（七）自由党电：北京铁狮子胡同孙公治丧事务所公鉴。惊电传来，不胜悲恸，孙公为民国国父，我党导师。今遽崩逝，痛悼殊深，除哀唁外，谨本先生未竟之志，为国努力。自由党总部叩铣。

（八）船务栈房工会电：北京铁狮子胡同孙哲生先生礼鉴。惊闻尊翁逝世，民失国父，党失导师，劳动同人尤深悲恸。除随同沪各工团开会追悼外，谨先电唁。上海船务栈房工会叩。

（九）参战华工会电：北京孙公治丧事务所孙哲生先生鉴。尊公指导革命，中途先逝，全国民众悲悼同深。尚冀节哀承志以竟全功，勿使党义不彰邪流障碍，千秋国史倍觉荣光。驻沪参战华工会叩。

又，国民党第一区分部、苏党部、三区十六分部、五区十五分部等均有电唁。从略。

资料来源：《申报》，1925 年 3 月 17 日

孙中山

孙中山，字德明（1866—1925 年），近代民主革命家，中国国民党创始人，三民主义的倡导者，1905 年成立中国同盟会，1911 年辛亥革命后被推举为中华民国临时大总统，尊称其为"中华民国国父"。

高振霄是孙中山先生坚定、忠实拥护者和志同道合的挚友：1905 年追随孙

中山参加中国同盟会；1912年被孙中山委任为高等顾问并于同年批准拟为"酬勋"出洋留学生之一；1913年受孙中山"辛亥革命甲种功臣"嘉奖；1917年6月与孙中山南下广州护法；1917—1925年，孙中山在沪恺自迩路282号建立议员通信处，高振霄坚守到最后；1918年受孙中山邀请在广州对其"五权宪法"进行专门研究并立专著；同年，高振霄报告国会并通过拟派孙文等五人为南方政府代表参加"巴黎和会"；1919年高振霄提出"组织军事委员会行政委员会提案"，为选举孙中山为非常大总统不遗余力；1921年8月收到孙中山致《咨复国会非常会议已饬外交部筹办出席太平洋会议文》；同年9月23日与孙中山一起在广州召开代表会议成立"中韩协会"；1922年9月3日收到孙中山覆信："手书暨报告国会各情，均悉……；1923年4月受孙中山安排赴上海任最大洪帮"五圣山"副山主；1925年3月12日高振霄闻孙中山大总统逝世，致唁电"文晚闻前大总统孙公噩电，不胜惊骇。孙公手造民国，启迪颛蒙劳身，焦思护法救国，扫历朝之积毒，开东亚之曙光……"并在北京参加孙中山国葬。于此，高振霄与一生追随了20年之久的这位亚洲第一共和人、中华民国国父孙中山作最后诀别。

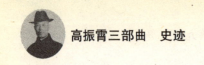

十四、房屋已退租

历经九年风雨屡次集会表示正义主张
高振霄坚守恺自迩路通讯处直至退租

　　国闻通信社云：本埠恺自迩路二八二号国会议员通讯处系民国六年中山率舰南来护法招待议员而设，此后迭经改变，该处均为护法议员通讯机关。前岁，曹锟贿选亦屡次集会表示正义主张。去岁讨贼告成，该处议员均已四散，分赴京郑各处，仅留高振霄一人主持一切。自本年一月起，各方均已无款接济高君，以负担过巨，现以将该处房屋退租，一切暂告结束云。

资料来源：《申报》，1925 年 4 月 3 日

下篇 | 抗日英烈

第十章　洪门首领

高汉声,湖北人,民初国会议员,又是有名的洪帮大爷,清高自赏,贫病交加,颇有骨气的书生本色。

——节选自文强:《军统与汪特在上海的一场争斗》

一、张执一自述

1936 年,高振霄安排共产党人张执一、陈家康(后任外交部副部长)在居住地上海法租界巨籁达路晋福里(巨鹿路 181 弄景福里 10 号)寓所与向松坡会晤,商谈秘密组织支持"救国会"及抗日活动。1937 年高振霄与向松坡介绍陈家康、张执一、王际光、余纪一等共产党人加入洪帮(名义);高振霄与向松坡参与营救沈钧儒、章乃器、邹韬奋、史良、李公朴、王造时、沙千里等"七君子"并为其接风洗尘;高振霄与向松坡同戴笠、杜月笙、黄金荣、张啸林、刘小籁(商会会长)、钱新之(银行界浙江财阀大佬)、刘志陆、朱学范(后任全国人大副委员长)组织"浙江行动委员会"(直属国民党军委会,带有民间性质机构)抗日组织,下设"动员部"和"游击总指挥部",建立上万人的抗日武装。

第九章 重返上海投身抗日救亡运动

(四)抗日救亡运动的蓬勃开展

在党的抗日民族统一战线的指导下,上海地下党做了大量的抗日救亡工作,取得了显著的成绩。

在我党的领导下,北平学生群众于 1935 年 12 月 9 日,掀起了英勇的爱国运动,即著名的"一二·九"运动,并把这种爱国运动推广到了全国各大城市。12 月 19 日上海地下党动员组织上海学生,举行了响应"一二·九"运动的第一次示威游行。12 月 24 日又组织上海各界爱国群众举行了一次大规模的抗日救亡大游行。先是以复旦大学的学生为主,交大、暨南等大学的学生参加,占领了北火车站,要到南京去请愿。我们接到通知,发动各界群众在 24 日清晨集中在南京路大陆商场附近。那天几千人的队伍手挽手地高唱着"义勇军进行曲"等救亡歌曲,在南京路上示威游行。队伍走到北火车站占领了整整一天。当时,火车司机跑掉了,交大的学生就自己动手开火车,开出几站之后,国民党惊慌失措,如临大敌,派军警将路轨拆掉,阻止火车前进。后来火车停在无锡,国民党调来大批军警将学生押送回沪。这一次的大规模游行并要到南京去请愿,引起了上海和南京国民党当局的震惊,把上海的抗日救亡运动,推向了一个高潮,也鼓舞了各界人民群众。《大众日报》有一期封面上刊登了陆璀拿着话筒讲话的照片;还有一期刊载了我用笔名高宁写的关于这次示威游行盛况的一篇报道。

乘着这次抗日救亡运动的高潮，上海地下文委找各界爱国人士商量，成立了上海文化界救国会。党派我和王光环同志到文化救国会去当干事，联系文化界人士。以后各系统的党组织发动群众成立并参加救国会。

　　抗日救亡运动是在北平开始发动的，但在上海各界群众性的救国团体，组织得比较完整。例如，有文化界救国会、工人救国会、职业界救国会、妇女救国会、学生救国会、国难教育社等，遍及各界各业。参加文化界救国会的头面人物有沈钧儒、章乃器、王造时、邹韬奋、李公朴、沙千里、史良等100多人，中间派和较"右"的人也参加了，扩大了团结面。参加职业界救国会的有顾留馨、卢绪章、吴树立、王纪华、沙千里。参加学生救国会的有陈伟达（前任天津市委第一书记）、邓垦（前任武汉市副市长）、何功伟（后来是烈士）。参加国难教育社的除陶行知外，有王公乐、张劲夫、刘季平、戴伯韬等。妇女救国会成立最早，有史良、沈兹九、胡子婴等头面人物。妇女救国会成立（1935年12月21日）时，举行过支持学生爱国运动的示威游行。妇女界这次在南京路上的示威游行，被认为是上海自"五卅运动"以来最盛大的群众性活动。12月27日文化界救国会召开成立大会，发表了第二次救国运动宣言，提出"停止内战""开放民众组织、保护救国运动""释放一切政治犯、共赴国难"等主张。接着成立了大学教授救国会和各大学救国会等。到1936年纪念"一·二八"四周年时，正式成立了上海各界救国联合会。2月间，职业界救国会、国难教育社相继成立，都加入了各界救国联合会。5月，全国学联、全国救国联合会也在上海成立。

　　救国会的组织机构是设一个理事会，由各界知名人士参加，理事会下设办事机构——干事会。理事会中多数是非党人士，干事会中多数是党员，也有非党员。上海各界救国联合会的干事会中，有王文清（即王纪华）、顾留馨、陈伟达、项淑珍（即向枫）、姜平（即孙兰）和我等人。我是代表文救会参加的，事实上"各救"干事会没有个头头，我是召集人。

　　上海各界救国会成立以后，在党的领导下，发动了几次大规模的群众性抗日救亡示威游行。

　　一次是1936年纪念"三八节"，举行了反日大示威，参加的男女群众一万多人。开始是刘立明、王灿芝（秋瑾的女儿，她的丈夫是国民党市党部的负责人之一）等召集妇女界在四川路青年会礼堂开会，内容大概是讲节育运动等。救国会发动了各界群众一万多人站在礼堂外面，高吼反对他们宣传节育，并由妇女救国会的史良上去主持会议，号召组织抗日救亡的大示威，把节育运动引到抗日救亡的轨道上去。一万多人的队伍从四川路经南京路、西藏路、爱多亚路往南市冲去。队伍行进时，和法国巡捕发生冲突，被打伤了一些人。史良、沈兹

九、罗琼、韩学章等带头游行。

另一次是 1936 年纪念"五卅运动"，救国会组织了几千人在天妃宫侨总商会的礼堂内外集合。开会后，浩浩荡荡的队伍开向闸北五卅公墓，在纪念碑前举行仪式。沈钧儒、李公朴、王造时等都发表了演讲。纪念仪式结束后，队伍才解散。

再一次是纪念"九一八"。游行队伍在十六铺一带集中后，经过民国路到达老西门时，受到国民党军警的冲击。那次史良、王造时都被打伤了。

还有一次大规模的群众性活动，是为鲁迅送殡。孙夫人、蔡元培、沈钧儒、章乃器等参加。万把人的队伍从胶州路万国殡仪馆出发，经过静安寺、海格路、徐家汇到万国公墓。这次悼念鲁迅的活动，实际上是一次群众性的抗日救亡示威游行。

这几次大的活动斗争，进一步促进了人民群众抗日民主的觉醒，逐步锻炼了队伍，揭露了反动派的面目，打击了国民党的反革命气焰。

1936 年 11 月，国民党当局以"支持工人罢工，扰乱社会秩序，危害民国"的罪名，逮捕了"救国会"的沈钧儒、章乃器、邹韬奋、李公朴、沙千里、史良、王造时，是当时有名的"七君子"之狱。这是国民党制造的"爱国有罪"、镇压爱国运动的罪恶阴谋。我们党在全国发动了大规模的向国民党抗议和营救"七君子"的运动。党组织要求我动员张志让、潘震亚出面工作，接着发动了"救国入狱"运动。这个运动，以孙夫人为首，何香凝、胡愈之、张志让、潘震亚、沈兹九、彭文应、潘大逵等各界知名人士都参加了，联名向江苏高等法院提出声明，如果"救国有罪"，大家都愿入狱，同国民党进行针锋相对的斗争。当孙夫人等去江苏高等法院时，我们组织了上千人去北站欢送。还组织了各界群众代表到苏州去慰问"七君子"，抗议国民党倒行逆施。当时大公报的女记者彭子冈和高等法院吵得很凶，表现很坚决。这个运动，声势很大，同国民党反复斗争的结果，终于在 1937 年 7 月底迫使国民党释放了"七君子"，以胜利告终。

除了上述抗日救亡运动之外，救国会曾组织学生到青浦、松江等地下乡去宣传，发起了民族资本家也赞助的提倡国货、抵制日货运动，还组织了歌咏队教唱救亡歌曲，举行音乐会来动员群众参加救亡运动。吕骥、沙梅、孙慎等都是歌咏救亡活动的负责人。

上海地下党领导了抗日救亡运动，抗日救亡运动的蓬勃发展，又促进了党的思想和工作的转变。

1935 年 1 月扩大的中央政治局会议（遵义会议），胜利结束了"左"倾路线在党中央的统治，在最危急的关头挽救了党。党的抗日民族统一战线方针的实

"七君子"（右起邹韬奋、李公朴、沙千里、沈钧儒、章乃器、史良、王造时）

行,使上海地下党逐步适应形势发展的要求,组织和领导了上海各界人民的抗日救亡运动。从上海各界人民的抗日救亡运动中,上海地下党也接受了过去"左"倾路线的严重教训,在思想上、工作上都有了新的转变。这时不再像立三路线、王明路线时期那样搞盲目斗争,三个人喊些"左"的口号,几十个人就示威,搞一些得不到群众拥护的"飞行集会",而是充分利用公开的、比较合法的形式,成立各种群众性的抗日救亡团体,把各界人民组织起来,形成团结一致的群众力量,同国民党对外妥协投降、对内反共反人民的行为进行持续的斗争,把反动当局搞得又臭又孤立。斗争胜利了,又鼓舞了人民群众的胜利信心。

当时的抗日救亡运动,除了做上层人士、中间阶层的工作以外,还做广泛的具体的群众工作:不仅做大学生的工作,而且还做中学生的工作;不仅做知识分子的工作,而且也做工人群众的工作。我当时就专门联系光华、正风、兴亚等几个中学,做中学生的工作,同时还跑几个工厂做工人群众的工作。

当时复旦、交大、暨南等大学行动起来了,可是沪江、圣约翰、震旦等教会学校都不怎么动。于是教会学校就成了我们工作对象了。特别是后来在解放战争中,积累了一批有生力量,这些学校也变成进步的了。

再就是深入群众,做难民工作。在日本侵入上海的时候,南京、闸北的难民,以及浙江、江苏沿海一带的难民,都集中在上海的租界里。当时在租界里有一些进步组织和一些旧的关系,还有佛教方面的关系,通过这些关系去做难民的工作。佛教界的赵朴初就是经过做难民工作,同我们党建立关系的。

还有一项工作就是把青年组织起来,组成战地服务队、流亡宣传队,做抗日救亡工作。"八一三"打起来了,我们就组织这些团体出去,做大量的移民工作,有意识地选派一些骨干带队,上海文化界、电影界组织了宣传队、演剧队,转移集中到武汉。郭沫若领导的政治部三厅,也有计划地组织了一些官方的抗敌宣传队、抗敌演剧队。当时上海组织了十多个这样的团体,沿途做抗日救亡工作。同时还在一些军队中编了好多战地服务团、服务队、流亡宣传团,数量很多。

更有重要意义的是动员职工、难民参加江南、江北的新四军。实际上是为开展抗日游击战争和建立抗日游击根据地而扩大武装。当时动员了大批的知识分子、技术人员和职工、难民等到江北、苏北、江南、皖南等地去参加新四军,为充实新四军的各种人才、骨干力量,起了重要的作用。

(五)利用帮派组织开展抗日工作

在上海期间,我们还利用上海的帮派组织做了一些争取群众、扩大武装的工作,我因此同洪帮头子向松坡进行了一些接触。

1936年夏天,我正在"上海文化界救国会"做干事工作,许澄宙前来找我。许在武汉参加共青团,曾受过我的领导。1934年他在武汉因散发传单被捕,进入反省院,同我关押在一起有半年之久。这时他正住在上海法租界巨籁达路晋福里一个亲戚家。这个亲戚叫高汉声,是湖北辛亥革命老人,曾任北洋政府时代的国会议员,后来南下附和孙中山,因不愿向孙中山"宣誓",同孙中山闹翻了,长期住在上海作"寓公",搞"洪帮",成为上海有名的洪帮头子之一。我到高家找许澄宙,认识了高汉声。经过我同高谈话,他表示愿意协助我们党做工作。从高的谈话中,我知道其中有个最大的洪帮头子叫向松坡(号海潜),也是辛亥老人,原来是孙中山在长江一带搞革命的社会力量的支柱。向曾组织部队反对北洋军阀,失败后,到日本投靠孙中山,由孙中山布置到上海搞洪帮运动,成为上海最大的洪帮五圣山的"龙头",并且拉高汉声任五圣山的副头目。

在我认识高汉声不久,同我一道搞学生工作的陈家康(解放后曾任外交部副部长),被党组织分配去搞工人运动。当时上海工人中洪帮分子很多,他为了利用洪帮身份去接近工人,曾要党通知我,介绍他同高认识,打算通过高认识向松坡,参加洪帮。高汉声为陈家康介绍了另一个洪帮头子李凯臣(此人后来在抗战时跟汪精卫当汉奸,任伪长江航务局长。日本投降后,被国民党捕逮,死在狱中),陈家康便参加李凯臣的"山头",利用洪帮的名义去活动工人。我有时去高汉声家,争取他为我们做工作,在洪帮头子中宣传抗日反蒋。

1937年抗日战争爆发,向松坡积极表示抗日,高汉声便要介绍我同陈家康去见他。经党组织同意后,我们便同向松坡见了面,谈得很好,他表示愿意秘密协助我们党工作,我们就推动他支持"救国会"活动。当救国会"七君子"被释放出狱后,向松坡在家公开宴请他们,表示支持救国会的活动,扩大救亡运动的声势(当然,向松坡也想借此在政治上露一手,以扩大其政治资本)。当时,上海"青帮"头子杜月笙、杨虎等是支持蒋介石的,我们能动员洪帮的最大头子向松坡支持救亡运动,起到了扩大我党领导的救亡运动的政治影响的作用。

抗战于 8 月 13 日在上海打响之前,党中央由延安派刘晓、刘长胜同志到上海,原来的上海"临时工作委员会"改为江苏省委,由刘晓任省委书记、刘长胜任副书记。"八一三"抗战开始以后,江苏省委便成立了省军委,由新从延安到上海的张爱萍任军委书记,我和陈家康参加军委工作。我们一道开会,研究如何利用"合法"作掩护来争取掌握武装,准备游击战争。特别是要利用洪帮的关系,争取"拿名义",组织部队。

恰好这时高汉声告诉我们,说向松坡已经进行"拿名义",准备组织游击队。于是我同陈家康请高汉声带我们去见向松坡。从向的口中,了解到戴笠于"八一三"之后到了上海,找到青帮头子杜月笙、黄金荣、张啸林,也找了向松坡,还找了商会会长刘晓籁、银行界江浙财阀头子之一的钱新之等人。他们一道开了会,商讨的结果,组织一个"江浙行动委员会",直属国民党军委会,但又是带民间性质的机构,下设"动员部"和"游击总指挥部",杜月笙为主任委员,上述各人(包括向松坡)再加上在野军人刘志陆(刘是早年跟随孙中山搞部队的老军人,长期失意,这时戴笠利用他是旧军人的关系,也把他拉进来了)等人为委员,并以刘志陆为游击总指挥。在总指挥部下设几个支队,每个支队 1500 人;每个支队分设三个大队,每个大队须满 500 人。杜月笙的青帮负责成立两个支队,向松坡的洪帮分担一个支队,上海商会分担一个支队。向松坡提名的洪帮小头目何行健(号天风)为第一支队长,杜月笙提名的朱学范(解放后曾任邮电部部长)、陆京士(朱、陆当时系杜月笙的青帮头目,国民党黄色工会的负责人)为第二、第三支队长,商会为第四支队。戴笠还调来一个别动队的老部队为第五支队,情况不清楚。这些支队的名义,都冠以"别动队"的名字,向松坡当时就诉苦说:杜某人有钱,可以花钱收买人当兵,杜当时以百元或 50 元作为"安家费"到各难民所去招兵;向某是穷光蛋,要别人去卖命,没有钱哪能一时招到 1000 多人?对我们说,我们能动员多少人就拿多大的名义,以"洪帮"身份出现,由他给我们作掩护,一切由我们做主,他绝不过问。考虑到当时我们也不可能动员很多力量,表示可给我们一个大队的名义,向松坡立即同意,并由何行健"委令"为"别动队第一支队第三大队",大队长王际光。王的真名叫任铁峰,原是福建游击区的军事干部,失败后逃到上海,由张爱萍交给陈家康带来见我,由我介绍给何行健。何行健是当时上海的政客,北伐时曾在北伐军队第四军代理过副官长,对邓演达很佩服,常在我们面前吹嘘他怎样跟邓演达一道工作,如何受邓信任。通过高汉声的关系,何行健当时也向我们表示愿意为我们工作。何成立"支队部"时,还给我们介绍过一个参谋和一个书记官。参谋是四川人,黄埔八期的,曾任蒋军连长,后来脱离军队,在上海闲居,同四川一些革命知识分子常来往,所以参加了救国会的活动,成为救国会会员。后来去了延安,进了抗大,不知下落,连他的名字也忘记了。书记官即曾任浙江省委统战部长的余纪一,当时名叫俞华,被任命为中尉书记官,同时也给了我一个上尉书记官的名义,以便随时去与他们联系。当时还给了我一个月的薪水——80元,用作动员新兵的活动经费。

在刚组织"别动队第三大队"时,向松坡曾一再嘱咐我们,必须以"洪帮"的面目出现,以免暴露身份。他提出要我们的干部取得"洪帮"身份,学点"洪帮"知识。考虑到如果我不带头,就很难说服其他干部,于是经过张爱萍同意后,由陈家康和我带领王际光等队长和分队长十多人,去向松坡家里举行入"帮"仪式,称向松坡为"大哥"。向松坡赐陈家康和我为"心腹大哥",其他如王际光、余纪一等为"老三""老五""老九"不等。事后,向松坡对我开玩笑说:"这只是一个形式,你们这些革命党人不会相信这一欺骗人的落后玩意的,你们只会相信马克思。"向松坡当时找了另一个人,向我们讲了最简单的洪帮"规矩",即所谓的"海底",讲完就完事了。这些东西,我们以后谁也没有记住。

我们在动员新兵时,因为要经常出入南市的中国界,没有通行证不能活动,便由何行健为我们办了十多张国民党"上海警备区"的"通行证",分给一些常出入南市的人,我、王际光、余纪一等人都领过。我们动员的新兵除一小部分是当时救国会系统的工人、学生、职员以外,大部分是从各难民收容所动员的,因为当时很多进步分子在各难民收容所负责。俞华等人有一次在南市一个难民收容所,为了争夺新兵,国民党的人(可能是"青帮")勾结国民党的警备部队借口俞华是"冒充"的,予以逮捕,我去找向松坡保了出来。在这个时期,为了便于动员工作,我同陈家康常到向松坡的住宅进进出出,随到随走,来往得很密切。向家来往的人很多,也很复杂,一般人都认为我们是向的亲信,同乡关系,丝毫没有注意我们的政治作用和政治背景。这大约是8月底到9月中旬,以后向松坡就离开上海去武汉了。

洪帮所动员的第一大队、第二大队,由于我们当时没有力量,也没来得及去进行工作,所以对那里的情况不清楚。在朱学范所组织的第三支队里,有个姓朱的湖南人,原是救国会的会员,本来让我派人去进行工作,我当时没有力量派人,所以也没有进行什么工作,以后就散掉了。

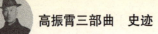

我们只抓紧做了第三大队的工作。大队长王际光,另有陈家康派去的一个姓林的支部书记,协助王际光进行工作。三个中队长和九个分队长都是进步分子,有的是党员,有的是接受党领导的救国会会员,完全控制在我们手里。不仅"别动队总指挥部"没有派人过问过,何行健的支队部也没有过问过这个大队的内部事务。在该大队组成之后,在南市黄土坡集中,准备开往上海近郊闵行镇一带的梅农垄时,我还到该大队去检查过工作,并到何行健的"支队部"住了两天(同余纪一在一起)。我检查工作后即返回法租界,同陈家康一道找张爱萍汇报过。后来我在乡间挨了雨淋,患了重感冒,卧床十多天,等我病愈时,日军已经打到上海周围,这时国民党军队已经溃退了。这个"别动队第一支队第三大队"的大队长王际光和那个姓朱的书记,集合了中队长和分队长十多人,丢掉部队自动逃走了,部队也就散了。后来才知道,王际光等十多人到了南京,找到八路军驻京办事处的叶剑英参谋长。因为王丢掉队伍开小差,被开除了党籍。王以后又到八路军驻武汉办事处,也没有被接受,后来就不知下落了。

这时董必武同志已经到了武汉,通过其他人带口信,让在上海的武汉人速回武汉。我征得党组织同意,应召而往,于10月底乘英国船到南通附近的天生港,起岸步行,到九江才又乘船,于1937年年底回到武汉,找到董老,同党组织接上了关系。

第十章　重返武汉

我同上海正风女中教员叶尚文和叶的朋友、刚出狱不久的骆何民(解放战争时期在上海被国民党杀害),一道从上海租界乘英国船到南通县的天生港。由于叶、骆两人所带路费不多,不够买招商局的船票,我就只好陪同他们步行,在路上走了两个月,到九江才乘船返回武汉。

到武汉后,我到八路军驻武汉办事处找到董必武同志,汇报了我在上海这一段时期的工作情况。董老告诉我说,我的党组织关系早已转到,并且仍要我同已经来汉的洪帮头子向松坡进行联系,以便利用他,以及洪帮的关系,开展某些工作。董老说,向松坡、高汉声这些帮会头子,他在辛亥革命时就熟悉,孙中山先生以前闹革命就依靠华侨、留学生,以及帮会。华侨捐钱,留学生出知识,帮会出人力。我们党当然不会依靠帮会,但是,有群众的地方我们都要去做工作,去争取群众。我们如果能把帮会利用得好,是可以起到一定作用的。如果能够住在向松坡家里,就去住在一起,以便了解一下他的活动情况,对他进行一些工作,并利用他起一些掩护作用。

我遵照董老的意见,去找到了向松坡。向松坡问我住在什么地方,我说住在江边一个小栈房里。向即要我搬到他家去住。这样,我便在向家住了一个多月。其间,我曾在一个深夜秘密带向松坡到董老家深谈了一次。末了,董老对向松坡说,以后如有事商量,可先找我谈,由我把情况转达。

这时陈家康也早到了武汉。他本来离开上海比我晚,但他一直乘船,反而比我先到。陈家康这时在八路军办事处工作,也有时去向松坡处聊天,对向进行一些教育工作。

同向松坡往来的,多为武汉的帮会头子。广西派军人也常到向家拉拢他,辛亥革命中首义的湖北老人也常去找他。戴笠曾拜访向松坡一次,当时我出去了,返回时看到了名片,向即对我说,戴笠这个特务头子带一帮人来应酬他,未及多谈就匆匆走了。向也去拜访过戴笠和康泽。拜访戴和康时,向还带了一个上海商人张国瑞去,张国瑞这时也住在向家。这是一个搞投机生意的商人,一时可能非常富有,一时又可能穷得一无所有。在向家,我认识了向的一个洪帮长兄金龙章,这是上海、武汉一带的洪帮头子,这时正在搞"游击队",他的名义是什么司令。武汉沦陷后,金龙章成为华中一带的伪军头子,曾秘密派人同我新四军联系,后被日军给整垮了,逃到新四军五师,为我军做争取伪军的工作,解放后在湖北任参事。我还认识了当时任国民党铁道部某司司长兼平汉路局局长的韦以(号卓民)。他曾任上海交通大学校长,也是向松坡的洪帮弟兄,为了送青年去延安,我曾几次托他代弄去西安的火车票。

1938 年春天,向松坡便到吉林活动去了,整个抗战时期便再没有接触,彼此也没有通过消息。在向家住了一个多月,就在向离开武汉之前,大约是 1938 年二三月间,当时的湖北省委书记郭述申找到我,分配我到刚成立不久的"湖北战时乡村工作促进会"担任干事,借以掩护我党各界开展农民的工作。一直到1938 年 8 月武汉快要沦陷的时候,省委又决定让我带"乡村工作促进会"数十人去鄂北,参加了"鄂北特委"。约在 1939 年年初,湖北省委撤销,鄂北改属河南竹沟镇的中原局领导,在鄂西北成立"鄂西北区党委",我开始为候补委员,分工担任对国民党军队的"联络工作"。直到 1939 年的秋天,国民党李宗仁的"第五战区"开始反共,中原局乃指定我离开鄂北,代表鄂北去延安参加党的第七次代表大会。但到了竹沟中原局报到后,中原局通知我说,党的"七大"暂不召开,分配我去李先念的新四军豫鄂挺进支队政治部任联络科长,随朱理治、任质斌等 1000 多人南下鄂中。党中央要豫鄂挺进支队改为纵队,我又成为新四军豫鄂挺进纵队政治部联络部部长。

原中央统战部副部长张执一抗日时期在上海地下革命工作期间曾受到高振霄的掩护和营救。1936 年,高振霄安排张执一、陈家康(后任外交部副部长)

张执一

与洪帮首领向松坡会晤,秘密组织支持"救国会"的活动。1937 年,高振霄与向松坡介绍张执一、陈家康、王际光、余纪一等共产党人加入(名义)洪帮,通过洪帮的名义组建游击队,积极开展抗日运动,扩大抗日民族统一战线的政治影响。

资料来源:湖北文史资料《张执一自述》,1988 年第二辑,总第二十三辑

二、读《张执一自述》有感

高汉声向松坡张执一策划洪帮抵制青帮
以开展抗日运动扩大抗日民族统一战线

张执一同志是汉阳人,原名张谨唐,改名张忍。1935 年从国民党湖北省监狱出来后,为表示对共产主义事业、对共产党的信仰矢志不渝,定名执一。这个名字形象地表现了他毕生的追求探索,如实地概括了他奋斗不息的革命生涯。他是一名久经考验的优秀党员。

执一同志出身贫寒。父亲张勤,8 岁帮人家放牛,年轻时好习武术,为人豪爽。执一同志 7 岁入私塾读书,个性酷似父亲,少年时浑身是劲,听了一些武侠故事,粗读了几本剑侠小说,曾立志长大了当一名侠客,去干路见不平、拔刀相助、杀富济贫的行当。

1925 年,14 岁时,听到从武汉返乡的青年学生谈"五卅运动",谈孙中山领导国民党与共产党合作闹革命,启迪了他的智慧,打开了他的眼界,把他引向另一条生活道路,他放弃了当侠客的迷梦。这是他的思想转向革命的最初萌动。

1926 年夏秋之交,北伐军攻克武汉,在湖北城乡开展了大革命运动。在汹涌的革命浪潮冲击下,他的思想发生质变,开始投身于群众革命的行列,参加青年运动和农民运动。次年 4 月加入中国共产主义青年团,1929 年转为共产党员,从此,这位名副其实的共产主义战士,同旧世界、旧制度、旧观念实行最彻底的决裂。

他长期从事党的地下工作,坚持秘密斗争,学生时期,为了选择工作环境和条件曾一再转学堂。1932 年 9 月担任共产主义青年团湖北省委书记,并参加中国共产党武汉特别委员会的工作。10 月,因叛徒的出卖而被捕。在狱中,对敌斗争坚决,他的诗集《行踪吟草》记述了这段生活:

我行我素不稍挠,阔步昂头入蒋牢。
恶衣粗食身外事,高歌怒目对屠刀。
决心暂不惜吾头,临死何期命尚留。
几度鬼门关上走,阎王"防赤"怕多收。

出狱后,他到上海,接上了党的关系,主要在知识分子中秘密活动,联系文化界人士,做统战工作,与许多爱国的、倾向革命的文化界人士广交朋友,参加

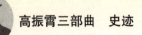

了上海文委左翼联盟、文化救国会、各界救国联合会等等我党领导的左翼群众团体的活动。

由于蒋介石在上海与"青帮"头目杜月笙、杨虎等紧密勾结,利用帮会势力反共,执一同志经党组织允许,曾与上海"洪帮"头目高汉声、向松坡交往,策划"洪帮"抵制"青帮",以利开展抗日运动,扩大抗日民族统一战线的政治影响。1937 年 10 月执一同志被派回武汉,参加湖北战时乡村促进会,开展农村抗日运动。不久,由中共中央南局分配到敌后豫鄂边区新四军第五师,仍然发挥他的特长,开拓党的统战工作和策反工作。1945 年再次到中共上海局,继续做统战与策反工作。

由于解放战争节节胜利,敌强我弱的形势迅速转换,敌军阵营均动荡不安,军政头目人心惶惶,纷纷寻求出路。形势对我党扩大革命力量十分有利。上海局不失时机地成立了策反委员会,派执一任书记。

策反委员会通过各方面的关系,在国民党军政人员中发展内线联络,工作很有成效。蒋介石的军队总共只有三个伞兵团,其中的刘农峻伞兵团毅然率部起义;重庆号军舰、20 余架飞机及五十一军等也先后起义;此外,还炸毁了上海江湾地区的一个大军火仓库;弄到蒋军的作战计划、绝密军用地图以及一些重要的文件等,及时地为解放战争取胜提供有利条件。

执一同志的"自述",从他所经历的某些方面,具体地介绍了抗日战争和解放战争时期,我党开展统一战线的情况。用生动具体的历史事实,说明在战争年代,统战工作对于瓦解敌人、削弱敌军战斗力,壮大自己,推动战争的胜利发展,避免作战地区的破坏,减少战争对人民的伤害,起了很大的作用。同时说明,战场上的形势好转,又为统一战线开辟了良好的前景,提供了实力保证,推动了统战工作的顺利进行。统一战线和革命战争紧密配合、相得益彰。这些史实,可以帮助读者理解毛泽东同志把统一战线列为三大法宝之一的战略思想和方针政策,提高和统一战线原则政策的认识,增强继续做好此项工作的自觉性。在"自述"一书中,介绍了我党历史上运用统一战线政策的许多经验教训,有的在当前工作中还可以借鉴。

执一同志的"自述"还通过他接触到的社会各方面,反映了我党历史上受"左""右"倾机会主义路线的影响,给革命事业造成的损失,以及纠正错误路线的经验,对读者学习和了解党的历史,很有参考的价值。

执一同志在做党的秘密工作期间,不仅与学生、知识分子、文化界人士、工人、农民有广泛的联系,还由于革命的需要,与蒋介石的军政人员,以及帮会头目等三教九流之徒,也有许多接触。《自述与回忆》中从执一同志接触到的一些侧面,反映了 20 世纪 30~40 年代湖北、上海的社会状况,可以帮助读者了解我党当时制定的一些重要战略策略的社会和历史背景。

执一同志坎坷一生,诸多折磨而豁达大度。他平易近人、诲人不倦。他交友广泛,团结同心同德经世济民的志士,为革命贡献其聪明才智,促进党和人民事业的胜利。建国后,他励精图治、卓越贡献。他病中赶写"自述"写到建国之前,因患不治之症,于 1983 年 3 月与世长辞,终年 72 岁。

执一同志长期从事党的秘密工作,阅历深,见识广,斗争经验丰富,实为当代风流人物。"自述"的内容丰富,文字朴实、生动、流畅,许多地方引人入胜。我怀着对执一同志的敬意,满腔热情地向读者推荐遗作的诗集"行踪吟草"和"自述与回忆"。认真学习作者的思想作风品德修养,定能获得丰富精深的教益。

资料来源:何定华:《读＜张执一自述＞有感》(摘自湖北文史资料《张执一自述》,1988 年第二辑,总第二十三辑)

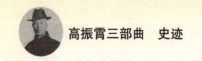

三、在革命工作中运用帮会关系的片段资料

在帮会方面，主要对象是帮会上层人物，其中较为突出的有高汉声、王次宾、谭道南、邱子佩、姚文成等人。高汉声是湖北人，早年在日本追随孙中山进行民主革命活动，袁世凯窃国时期，曾任国会议员，思想上倾向无政府主义。在上海，他曾建立"五圣山"，是洪帮头领。

毛泽东同志早在第一次国内革命战争时期分析中国社会各阶级的情况时，就指出："还有数量不小的游民无产者，为失了土地的农民和失了工作机会的手工业工人。他们是人类生活中最不安定者。他们在各地都有秘密组织，如闽粤的'三合会'，湘鄂黔蜀的'哥老会'，皖豫鲁等省的'大刀会'，直隶及东三省的'在理会'，上海等处的'青帮'，都曾经是他们的政治和经济斗争的互助团体。处置这一批人，是中国的困难的问题之一。这一批人很能勇敢奋斗，但有破坏性，如引导得法，可以变成一种革命力量。"20世纪初，帮会势力渗透到社会各阶层，帝国主义和国内反动派曾利用这股势力为巩固他们的反动统治服务。另一方面，由于帮会成员以游民无产者为主体，在进步的政治影响下，也存在同情革命甚至为革命出力的可能。据我了解，中国共产党成立以后，在各个革命阶段，曾运用过帮会关系或通过与帮会有联系的人士进行革命工作。现追忆若干片段，供研究中国近现代革命史和社会史的同志参考。

（一）

第一次国内革命战争到第二次国内革命战争时期，有一段时间，我在中共北京市委工作。当时工作的一个方面，是由胡鄂公（又名胡南湖，当过北洋政府教育部次长）联系和团结一些早年曾追随孙中山，配合孙中山做过帮会工作的人士，其中有吴景濂（辛亥革命后一度任众议院议长）、张伯烈（曾任众议院副议长）等。他们当时在政治上、社会上都有一定地位，比较了解反动派的内幕，且不易为反动当局注意。这些人自辛亥革命失败后，对时局悲观失望，认为我们青年共产党员，朝气蓬勃，把革命前途寄托在我们身上。因此，当我们进行革命活动时，尽量为我们作些掩护，不时把各方面的活动情况告知我们。

胡鄂公在我党政治主张影响下，与李大钊建立了关系，并与苏联驻华使馆官员加拉罕往来频繁，后来加入我党，表现很好。他与杨度的私交很深，在他的影响下,杨度曾与李大钊秘密见面,胡是杨度加入共产党的引路人。1927年4月,杨度从奉系军阀方面得知张作霖将不顾国际惯例,搜捕住在东交民巷苏联使馆的李大钊,他立即通知胡鄂公,胡鄂公马上告知李大钊。可惜李对这个消息未引起重视,以致被捕牺牲。

1929年,胡鄂公奉组织之命调到上海,参加由中共党员戴湘云负责的上海互济会工作,以后又参加反帝大同盟,成为其中的积极活动者,同时运用帮会,做了不少工作。这时候,杨度已是中共党员,也在上海,根据党的指示做帮会工作,为杜月笙聘的高级顾问。他曾想利用帮会在太湖地区的力量组织武装斗争,但是没有成功。由于杜月笙在法租界公董局和公共租界工部局内有很多门徒,我们通过杨度了解帮会的组织情况和活动情况,同时对杜月笙也起了些影响。杨度在1931年年底逝世,曾留言儿子杨公庶、杨公兆,要他们继续在我党的领导下做革命工作。后来,胡鄂公根据杨度嘱托,把杨公庶、杨公兆介绍给我们。当时,杨公庶任清华大学秘书长,把清华大学校长翁文灏介绍给我们,为党的工作的开展创造了有利条件。

(二)

1927年,热河察哈尔地区有个帮会头子黄子和(又名黄守中),在当地势力较大,他手下有个重要帮手宋兰坡。中共党员毛俊(当时任北京电话局工程师,解放后曾任北京电话局副局长)、张祝堂派了耿顺清、张纪根两同志去联系宋兰坡、黄子和,想利用他们掌握的帮会力量,组织一二千人的游击队。由于种种原因,没有搞起来,但在热察地区打下了一定的组织基础。到1933年5月,冯玉祥在我党影响下,在张家口组织民众抗日同盟军,这部分力量都参加了,黄守中任军长。

20世纪30年代,上海有个叫宋启荣的,与浙江嵊县帮会有联系。此人曾为我党上海地下机关工作,公开身份是淞沪警备司令部的密探,秘密掩护过我党机关,提供过重要情报。1929年李立三同志来沪,为其同乡所知,向敌人告密,此事正落在宋的手中,他及时向党组织作了汇报,使立三同志得以脱险。

1937年"八一三"抗战后,日军侵占上海。正当他们忙于清理战场,对闸北、南市许多物资还顾不上掠夺之际,我们派宋启荣配合有关方面,抢运了一些物资支持抗日部队。1947年,原国民党空军军官刘善本驾机起义,飞赴延安后,其在沪家属受到国民党特务严密监视,生活来源断绝,我们利用宋启荣对刘家接济。

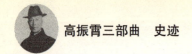

（三）

在第二次国内革命战争和抗日战争时期，上海地下党通过多方面关系和各种渠道了解各方情况。在帮会方面，主要对象是帮会上层人物，其中较为突出的有高汉声、王次宾、谭道南、邱子佩、姚文成等人。高汉声是湖北人，早年在日本追随孙中山进行民主革命活动，袁世凯窃国时期，曾任国会议员，思想上倾向无政府主义。在上海，他曾建立"五圣山"，是洪帮头领。王次宾，安徽人，是杨虎的把兄弟，其父曾追随孙中山参加民主革命。他在上海开有鸦片烟行，社会上一般都认为他既反共又反蒋，实际上他是同情革命的。我们曾利用他表面上的落后色彩，有些政治活动让他出场，作为掩护。谭道南，湖南人，与直系军阀吴佩孚有交情，曾任汉冶萍铁路局局长。抗战期间，他与日伪周旋，有时周佛海送些生活费，"和平军"的头子也极力拉拢他，上海极司非尔路七十六号特务万里浪与他有联系，他们都想通过他寻求政治退路。由于有如此众多的社会关系，人们奉承他为"交际博士"。在我们与他联系后，他提供了不少情况，还动员了一些人为我们工作。邱子佩，湖北人，在上海山东路开设新昌报关行，帮会上层人物常在他那里聚会，谭道南就经常住在那里，因此，我们利用邱进行一些政治活动。姚文成，湖北人，旧知识分子，曾在上海组织洪帮山堂，在高汉声影响下，为我们工作。还有徐朗西，是帮会有名人物，也为我们作过些掩护工作。由于这些帮会人物有着多方面的联系，特别是在日军和汪伪盘踞下，可以起到特殊的作用，使我们的政治活动，可以根据需要，深入到各个方面。

1935 年春，上海地下党在王明路线危害下，几乎被摧残殆尽。吴大琨、梅达君等同志通过赵朴初与上海著名人士关炯之，以及青帮人物闻兰亭等的联系，出面推动佛教界组织了"和平护国法会"，借此进行抗日爱国宣传。同年冬，又建立了"上海慈善团体联合救灾会"（简称"慈联会"），主任是南京政府赈济委员会负责人许世英，董事有王一亭、闻兰亭、关炯之等。闻、关在赵朴初的影响下，对在这一团体内工作的我党同志比较支持，为上海抗日救亡运动的发展创造了一定条件。

1937 年，"八一三"淞沪抗战爆发后，赵朴初即着手在慈联会之下筹建"救济战区难民委员会"，会所设在云南路三十五号仁济堂内，由屈映光任主任，关炯之、闻兰亭等任副主任，赵朴初任收容股主任。1938 年，赵朴初又推动成立"慈联会难民教导委员会"，日常事务委托由我方人员组成的教育组负责。1938—1940 年，利用闻、关提供的经费和场地，先后共办了四五十个难民收容所，收容难民五十万人次。后来黄金荣、杜月笙门下的帮会人员一部分离开上海,滞留在沪的,大多转投闻兰亭。我们进一步利用闻的社会影响,成立由赵朴初负责的难民教育核心(即星五聚餐会)和难民军校、难民无线电训练班(新四军中的报务员、通讯员有不少是从这个班毕业的)等,深入开展难民工作,教育、动员难民参加我党领导的各种抗日武装力量和上海工厂、码头的革命斗争。在党的教育下,许多难民后来成为新四军的骨干,有的成长为党的重要干部,为新四军和我党干部队伍的发展作出了贡献。

1943年,日伪方面鉴于闻兰亭在工商界的影响,极力拉其下水,担任伪"商业统制总会"理事长。在统制总会之下,日伪设立了三十来个经济机构,我党派同志渗入做工作。闻在我党政策感召下,提供了这些机构的组织情况和活动情况,使我党比较详细地及时了解了敌伪经济活动。后来,派去的同志被捕,是由闻出面保释。抗战胜利之际,新四军一度准备开进上海,闻曾向有关同志表示支持。

与此同时,对帮会下层分子,我们也争取他们为抗日和革命做些有益的工作。当时福州路有个帮会头目杨安青,在我们的影响下,他利用其在码头和海关、轮船上的关系,为我们传递过一些宣传品,做过交通。还有一个姓白的帮会分子,在公共租界开茶馆,兼卖牛肉汤和葱油饼,手下有许多门徒。在他管辖范围内,流氓之间发生纠纷,都到他那儿"吃讲茶",由他进行调解。当时永安、先施公司店职员中有不少是他的人,每当店职员与资本家斗争,掀起工潮时,他往往出面斡旋,因此两公司都聘他为顾问,定期给他报酬。但在暗中,他是同情革命的,做过一些工作,有时也接济革命者。

(四)

1938年,党派林钧、缪尚清等同志到川沙、江阴一带,开展革命工作,组织人民武装,利用当地的帮会力量,后来在沪西、浦东、崇时、启东、江阴、吴江等地组织了"华东人民武装抗日义勇军"(也有叫 xx 抗日会的,简称"武抗")。1939年党又派王啸琴在无锡荡口一带组织了一支三百余人的抗日队伍,当地帮会头目邓本殷曾响应党的号召,率领部分门徒参加。同时,缪尚清还利用帮会关系,派梅光迪和朱松寿到江阴、常州一带建立了两支抗日武装,各有二百余人,分别由梅、朱指挥。后来邓、梅、朱三支队伍合起来七百余人,改编为"江南抗日义勇军"(简称"江抗"),邓本殷任总司令兼一路司令,梅光迪、朱松寿各为一路司令。当时党派杨进同志化名陈达协助邓本殷工作。后来邓的直属队伍中有几个头头犯了纪律,受到党的处理。邓不习惯我们严密的组织纪律,自动离开了"江抗"。1939年,党把江抗三支队伍先后交给在江南的军事部门领导,整编后

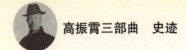

仍称江南抗日义勇军。

　　1938年年底，因工作需要，任天石同志奉党的指示，到常熟一带，组织抗日武装，动员部分帮会成员参加，组成"民众抗日同盟军"，简称"民抗"。同时，在党的影响下，顾复生在青浦组织抗日游击队，也称为"民抗"，也有当地一些帮会成员参加。

　　鉴于帮会人员情况复杂，对革命的态度各各不同，因此，我们针对不同的对象，采取不同的策略和方法，争取大多数，使工作得以顺利展开。抗战胜利后，杜月笙一度有不少物资被扣在海关，杜让手下人送礼通关节，不料海关监督张勇年及其属下不买账。杜无奈之际，要求通过我们的关系帮忙。当时我们考虑到，杜有一定的社会影响，可以答应他的要求，同时希望他在政治上能对我们有所表示，杜也承诺了。经过我们的工作和疏通，这些物资顺利地回到杜的手中，杜对此甚为感激，以后也做了些有利于我们的事。另一方面，对于顽固的帮会分子，我们给予警告或惩戒，对于极少数反动分子，在必要时，则坚决予以打击。

　　解放前，在各个革命阶段，我们运用帮会关系，进行不同形式的革命斗争，在组织武装、收集情报、运送物资等方面取得了一些成果。这些成果的获得，除了同志们的努力外，最根本的是党的政策的正确和政治影响的深远。这个工作在整个革命斗争史上仅仅是一个方面，但认真加以总结，对研究现代史和党史是很有帮助的。

　　　　　　　　　资料来源：吴成芳：《在革命工作中运用帮会关系的片段资料》

附录：抗日战争时期帮会的分化

"九一八"事变之前上海仅有五圣山等少数洪门山堂在活动，这些洪门帮会在上海青帮势力的压制下很难有所作为，对社会的影响甚小。"九一八"事变后，特别是 1932 年日寇挟持清朝废帝溥仪成立伪满洲国之后，洪门帮会"前辈志士，以国土丧失，民族意识消沉殆尽，洪门团体仍有再行组织之必要，长江各埠纷纷倡议，尤以海外各埠及南洋群岛诸志士，咸主张严密组织，加紧团员训练，为政府后援"。地处长江口的上海洪帮在全国民众高涨的抗日浪潮的影响下，抓住机遇以唤醒民族意识为号召，既提高了自己在社会上的声誉又扩充了组织的实力。一些新的洪门山堂在上海纷纷开立，不少还采取了社团的形式。他们大多为国民党所控制，在动员洪帮群众抗日救亡方面起了一定的积极作用。

五行山山主汪禹丞在开山不久鉴于上海地区洪门团体互不联络影响不大的情况提议筹建一个洪门联合团体。这一主张很快得到了五圣山等 30 多个洪门团体的赞成和支持。汪禹丞和姜豪还专为此事上门与徐朗西商议，拟请徐出面领导洪门联合组织。徐朗西表示赞成整顿洪门，成立联合组织，但不愿意出面担任领导职务。经过多方努力，"洪兴协会"于 1936 年在上海老西门关帝庙召开成立大会。五行山、五圣山等上海 30 多个洪门团体各推代表 5 人出席。大会选举理事、候补理事 30 多人，监事、候补监事 20 多人，其中有汪禹丞、向海潜、程壮、姜豪、张子廉、王知本、郑子良、毛云、陈培德、白玉山、王铁民、龙清泉等。其中汪禹丞和向海潜被同时推举为协会的理事长。洪兴协会的含义是"同心协力、复兴洪门"。同年 12 月该协会获得国民党上海市党部的许可。洪兴协会每月召开理监事会议一次，由各洪门团体头目来交流情况，联络感情，消除隔阂，据说此后洪门帮派之间的互相打斗再无发生。另一方面洪兴协会理事长向海潜常派人到上海电车公司、棉纺织厂、怡和洋行等工厂企业中去向在帮工人"讲演洪门革命的故事和反对日本帝国主义的侵略"，进行团结抗战的宣传。1937 年 11 月日军占领上海后，洪兴协会被迫中止活动。

"抗战胜利后复会。这时，汪禹丞已病故，向松坡仍为会长，会所设于威海卫路的正诚社内。"

1937 年七七卢沟桥事变发生后，中国人民开始了全面的抗日战争。在全国抗日浪潮的推动下，寓居上海的洪门五圣山总山主向海潜于 7 月 21 日致电北平宋哲元委员长暨二十九军全体将士，表示声援。电称"君等抗战，忠勇激发，无忝于我民族英雄之本色，今者政府态度坚决，人民万众一心，前线士气，必益

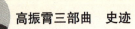

涨起,杀敌图存,千钧一发。海潜韬晦沪滨仍愿本总理反清复明精神,率海内素以保障民族为职志之在乡健儿,请缨政府,群起与彼周旋,粉身碎骨,亦所弗辞,谨布衷忱,用以互勉"(申报1937年7月24日)。次日向海潜又直接致电蒋介石,表示"潜虽不才,愿以在野之身,统率海内健儿,与暴日一决生死,一息尚存,义无反顾,悲愤待命,无任屏营"。据向海潜等帮会巨头宣称,"有群众数十万人,听候点编指挥"。

1940年夏,军事委员会人民动员委员会在重庆正式成立,人动会推杜月笙、杨虎、杨庆山、张树声(洪门长白山主)、向海潜、韦作民、田得胜(重庆仁字号袍哥老舵把子)7人为常委,连同戴笠、张钫、李福林、梅光培共有11名委员,戴笠为主任委员。

1937年"八一三"上海抗战爆发后,中共江苏省委军委研究决定,要利用"合法"作掩护,"特别是要利用洪帮的关系,争取'拿名义',组织部队",开展抗日游击战争。经中共地下党与洪帮五圣山首领向海潜商量征得向的同意后,中共干部张执一又通过上海青洪帮头目徐朗西等人的关系与国民党特务头子戴笠谈判,最后商定由中共负责组织苏浙行动委员会别动队第一支队第三大队(《杨帆自述》,P291)。第三大队组建时张执一等人根据向海潜的建议,经中共江苏省军委书记张爱萍同意,率队长、分队长等十多人去向家参加了入帮仪式(《湖北文史资料》第23辑,P98)。

　　资料来源:邵雍:《中国秘密社会·第六卷·民国帮会》,福建人民出版社

四、洪门"须弥山"帮主邱子佩之子谈洪帮大爷高汉声

洪帮首领高汉声上海建立五圣山
支持孙中山革命掩护地下共产党

在中国各个革命阶段中,帮会也参与积极作用。帮会之一为洪帮(又称洪门),帮内以兄弟相称,帮首称大哥。洪帮势力范围是长江上游,如四川的"哥老会",而后逐渐蔓延到长江中游湖南、湖北等地。而上海则以青帮为大,帮首称"老头子",下属是徒弟,即师徒称呼。其势力范围以上海为中心,代表人物有黄金荣、杜月笙、张啸林、顾竹轩(江北大亨)。闻名国内的"大世界"是黄金荣在黄楚九破产后购来的。如今的逸夫舞台(旧称天蟾舞台)是江北大亨成立的。青帮的势力在上海大于洪帮。蒋介石、杨度(原袁世凯手下六君子之一,后成为地下党员),以及原民革中央主席朱学范都参加过青帮。杨度、朱学范利用帮会身份掩护地下党员,起到了积极作用。回溯到辛亥革命前,孙中山在 1905 年在海外联合黄兴、宋教仁等重要人物在日本东京成立"中国革命同盟会"。之前在 1895 年广州起义失败后又在 1911 年 4 月发动"黄花岗起义"。在这些武装斗争中,洪门力量起着重要作用。致公党原是海外华侨组织的洪门,后由司徒美堂老人主持。孙与司徒美堂相识得到洪门对革命行动的大力支持。

先父也是洪门"须弥山"帮主,同时代著名的帮派有向松坡所领导的"五圣山"。高汉声是有名的洪帮大爷,曾任民初国会议员,早年在日本追随孙中山进行民主革命活动,随后回上海建立"五圣山",是帮会首领。

洪门中著名人士徐朗西在辛亥革命中贡献颇多。他原是陕西人,在日本留学时参加同盟会。1910 年回国从事推翻清政府革命活动。南京临时政府成立后,孙中山委任徐朗西为北伐临军前敌总指挥。无论在辛亥革命还是北伐战争中,洪门人士参加武装斗争都起到特定作用。

谭道南(湖南人)与直系军阀吴佩孚有私交,曾任汉冶萍铁路局局长。抗日战争中与日伪周旋。伪上海市长周佛海时常送点生活费给谭。"七十六号"是日伪的特务机关,原在吉斯菲尔路(今称镇宁路),特务头子万里浪也常与他联系。由于有如此多的社会关系,人们奉承他为"交际博士"。在抗日战争中和第二次国共合作期间,地下党员通过多方面的关系和各种渠道了解当时时局和情况。先父邱子佩(丘)与高汉声、向松坡都是湖北人,丘在上海山东路开设新昌

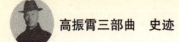

（公）报关行,帮会上层人士都在那里聚会,谭道南常住在那里。因此,我们利用邱子佩进行一些政治活动,如:掩护地下党员,通风报信。

注:上述材料摘自《旧上海的帮会》第24页,朱学范题签,吴成芳撰。另注:本人知悉些点滴情况予以添加修改。

综合:上述这些帮主的事迹或活动,有些是查资料得悉,但徐朗西、高汉声、谭道南三位老人,我在童年和少年都见过。徐伯伯晚年信道,住在上海海格路(今华山路)。儿时曾随先母及陈家姆妈(陈中孚太太,陈留学日本"东京帝国大学",在日本参加同盟会进行推翻满清政府活动)去拜访过。老人家束发成髻,盘膝而坐。宅内大花园,常年铁门紧闭很少见客。解放胜利后,谭伯伯的长子毕业于东吴大学,工作不久即失业。他全家三代五口住在我家山东中路金隆街48号二楼约两个多月后迁走。而陈苍柏是留德医学博士,故终年穿西装,手中拿着一个"司的克"即手杖。陈士渠上将是他的侄儿,在抗日战争中就隐居在我家二楼转弯一个房间,比较隐蔽。

先父已于解放前两年病逝。某日,我的义父也是先父帮内拜把兄弟金稚襄带来两位中年客人,问我"二毛,你还认识我吗?"我摇头不知。适时我已经读高中,直到后来,客人常来,方知金是地下党员且直属中央公安部,后任上海市政协委员。他有专车接送,身份不同于一般政协委员。另两位,一位是民政局局长黄序周,另一位是铁路局的刘局长。黄序周后调任湖北被选为全国人大代表,而刘局长调至何处,本人不详。

总之,帮会在革命活动中都起到一定作用。直到解放以后,帮会被取消,而致公党虽存,但性质已改变成为八个参政党之一。

2011年(辛卯)3月

资料来源:网络资料

《旧上海的帮会》封面

国民党特务严密监视，生活来源断绝，我们利用宋启荣对刘家接济。

三

在第二次国内革命战争和抗日战争时期，上海地下党通过多方面关系和各种渠道了解各方情况。在帮会方面，主要对象是帮会上层人物，其中较为突出的有高汉声、王次宾、谭道南、邱子佩、姚文成等人。高汉声是湖北人，早年在日本追随孙中山进行民主革命活动，袁世凯窃国时期，曾任国会议员，思想上倾向无政府主义。在上海，他曾建立"五圣山"，是洪帮头领。王次宾，安徽人，是杨虎的把兄弟，其父曾追随孙中山参加民主革命。他在上海开有鸦片烟行，社会上一般都认为他既反共又反蒋，实际上他是同情革命的。我们曾利用他表面上的落后色彩，有些政治活动让他出场，作为掩护。谭道南，湖南人，与直系军阀吴佩孚有交情，曾任汉冶萍铁路局局长。抗战期间，他与日伪周旋，有时周佛海送些生活费，"和平军"的头子也极力拉拢他，上海极司非尔路七十六号特务万里浪与他有联系，他们都想通过他寻求政治退路。由于有如此众多的社会关系，人们奉承他为"交际博士"。在我们与他联系后，他提供了不少情况，还动员了一些人为我们工作。邱子佩，湖北人，在上海山东路开设新昌报关行，帮会上层人物常在他那里聚会，谭道南就经常住在那里，因此，我们利用邱进行一些政治活动。姚文成，湖北人，旧知识分子，曾在上海组织洪帮山堂，在高汉声影响下，为我们工作。还有徐朗西，是帮会有名人物，也为我们作过些掩护工作。由于这些帮会人物有着多方面的联系，特别是在日军和汪伪盘踞下，可以起到特殊的作用，使我们的政治活动，可以

· 24 ·

《旧上海的帮会》第 24 页，吴成芳撰

五、律师公会讨论李时蕊身后问题

上海律师公会召集代表开联席会议

推高汉声等组织李时蕊治丧筹备处

名杂师李时蕊,号决山,安徽英山县人,在沪执行律师职务十余年,近因息病,服药无效,于前日逝世。昨在公共租界新重庆路二一九弄十六号门牌寓所成殓,于下午一时出殡,灵柩暂厝皖北庄,本埠政商法学各界领袖亲往执绋者计有百余人之多。事后,上海律师公会召集本市各团体代表在法租界贝勒路辣斐德路五七二号会所开一联席会议,并讨论李君身后问题及筹备追悼等事。出席代表褚慧僧、高汉声、谭焕章、龚春圃、龚醒斋、乐俊伟、向松坡、宝晓东、方冠英、刘襄亭、俞锺骆、陈志□、李泉源、秦绍丞、孙霁青、王竹如、李铭、黄朴平、周亚南、沈钧儒、成舍吾、张拱辰、唐尧钦、范粹甫,公推褚慧僧主席,数继先纪录,开会如仪。兹将议案录下:主席报告,李决山先生一生经过热心公益事宜,并遗下二子四女。除长子玉林已经至自立外,余尚未成人,并于以后教养均成问题。同人等与决山生叨至好,觉有商议表彰之必要,并报告叶琢堂君接洽盛荪案,应付决山先生之公费。经过情形请众讨论如何办法及表扬追悼等事,兹将议决办法录下:应予组织治丧筹备处,以律师公会、安徽同乡会、安徽公学及友好等公同组织。律师公会推定谭毅公、俞锺骆、汤应嵩、沈钧儒、赵祖慰为筹备员,至友方面,推定褚慧僧、在伯奇、余大雄、成舍吾、向松坡、谭焕章、高汉声、周亚南、龚春圃、唐尧钦、范粹甫、李泉深、宝晓东、方冠英等,订本星期日下午二时在律师公会召集第二决筹备委员会,议毕散会。

资料来源:《申报》,1936 年 3 月 20 日

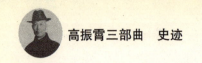

六、李烈钧等追悼孙伯兰

革命先进孙伯兰病终沪寓
高汉声李烈钧等筹备追悼

　　革命先进孙伯兰先生于本年 3 月病终沪寓，一般友好为纪念其一生功勋与德教，特由李烈钧、吴佩孚、朱庆澜、何成浚、陈调元、王法勤、徐朗西、谢远涵诸人发起追悼，并成立追悼会筹备处。事务方面，推杨南公、樊自觉、高汉声、吴绍基、陈子光诸人担任，此外尚有不少团体参加。闻已决定本月 30 日上午十时假福煦路河北同乡会举行大会追悼，届时当能车水马龙，当极一时哀荣也。

资料来源：《申报》，1936 年 8 月 19 日

七、各界噪声

耆绅闻兰亭等斥资创办中国胃肠科斗病院
高汉声等海上名人出席开幕式极一时之盛

　　中国胃肠病院。耆绅闻兰亭等斥资创办中国胃肠科斗病院，择静安寺路五八七号大厦内三〇二号为院址。延胃肠专门医师张俊英等分任诊务，规模宏大，投备周至。昨日开幕，海上名人到者有黄金荣、闻兰亭、袁礼敦、刘绍奎、高汉声等二百余人，跻跻跄跄，极一时之盛。闻全日就诊病人有三十余号，以胃病居多。

资料来源：《申报》，1941 年 4 月 5 日

八、洪门会招待头山

中华洪门联合会筹备会愚园路会所举行

高汉声等参加讨论该会成立大会之日期

中华洪门联合会筹备委员会于昨日下午二时在愚园路会所举行第二次筹备委员会会议,李炳青、高汉声、陈亚夫、白玉山、许凤翔、李凯臣、周拂尘等四十余人讨论该会成立大会之日期,并成立设计委员会,推进大会成立后之会务。同时,该会于昨行特假金门饭店茶会,招待日本□宿头山满翁之公子头山秀三氏,中日名流莅会陪席,颇为踊跃。席间由该会委员长李炳青致欢迎词,旋由头山致谢,对中国洪门历史与意义颇表钦佩,且对该会进行联合工作尤极赞仰,尽欢而散。

资料来源:《申报》,1943 年 4 月 6 日

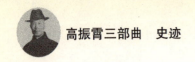

附录:洪帮相关资料

1. 洪门的创立及早期发展

当现代人被荷马史诗一样的洪门传说感动之后,会更强烈地希望探究史诗中的洪门在历史上的真实始末。它究竟起源何时何地? 由何人发起?

明末清初,清兵入关,各路义士纷纷揭竿而起,洪门帮会就是在此种条件下诞生的。

当时出现了一个影响颇为广大的民间秘密结社,该社"拜天为父,拜地为母",因而称之为"天地会"。天地会会员们对内互称"洪家兄弟"、"洪家"或称"洪门"。史学界公认的是,天地会以"反清复明"为宗旨,天地会的传说,均与朱明王朝相关,这是可以确定的。因而,可以说天地会称"洪门",其"洪"字具有怀念朱明王朝的含意。此即"洪门"名称的起源。而反清义士洪英、郑成功、史可法等历史人物,便成为洪门中精神承存的先祖

相传,创立洪门的始祖为明末清初义士洪英。洪英又名殷洪盛,山西平阳府太平县人。崇祯四年(1631 年)中进士。洪英贤明练达,慷慨好义,与当时名人顾炎武、黄宗羲、傅青主、王夫之等都有交往。洪英所收门生众多,其中最得意的五位门生,即蔡德英、方大成、马超兴、胡得帝、李式开,被洪门后人尊为"前五祖"。崇祯十八年(1645 年)即顺治二年五月十三日,洪英战死于芜湖西南六十里的三汊河。

而洪门的另一位精神领袖是郑成功。作为一位伟大的民族英雄,他的英名铭刻史碑,但其英勇抗清,创立洪门的业绩却鲜为人知。郑成功不但被后人传为洪门的创始人之一,还被洪门后人尊奉为武宗。郑成功于永历十五年(1661 年)九月,在"金台山明远堂"举行了开山立堂仪式。金台山明远堂,即为郑成功创立洪门组织的起点。

2. 洪门举义与太平天国

可以说,天地会在一定意义上成为太平天国的前驱力量。由于天地会的斗争吸引了清政府的视线,在数年之中拜上帝会得以顺利发展,直到 1851 年,清政府才发现洪秀全等人的秘密活动。在太平天国革命中,天地会还在很大程度上为太平军提供了后援力量。

3. 辛亥革命中的洪门

如果说在太平天国革命运动中,洪门天地会起义起到了前驱后援的配合作用。在辛亥革命中,洪门则责无旁贷地成为资产阶级民主革命的同盟军。

活跃于两湖及长江上游等地的"哥老会",成为洪门的主要组织力量。当哥

老会参与到孙中山所领导的革命运动中时,洪门哥老会的斗争历程才发生了性质的转变。在洪门天地会的分支中,还有一支延续下来较大的一支力量,那就是"三合会"。

可以说,1908年以前,辛亥革命的前期,孙中山在南方发动的多次武装起义,大都是依靠洪门会党,主要是三合会与哥老会发动的。

1895年在香港成立兴中会总部时,孙中山得到了会党首脑人士郑士良、朱贵全、丘四等人的积极协助配合,因而在会员中,会党分子(洪门成员)占百分之三十一。

为了更好地团结洪门力量投入革命,孙中山亲自加入洪门,亲在五祖像前发三十六誓,愿遵守洪门二十一条例,二条禁令,一切仪规依会内要求施行,并被封为"洪棍"。"洪棍"为洪门中元帅之称,因此洪门中人皆称孙中山为"孙大哥"。

为了统一洪门思想和组织,孙中山亲手为致公堂拟定新章程《致公堂重订新章要义》八十条。通过新章程,孙中山将资产阶级民主革命的思想注入了洪门,并对洪门原有的封建落后的等级排列制度进行了改革,提出"所有堂友无论新旧,其有才德出众者,皆能受众公举,以当本堂各职"。新章程的积极作用还有,其一,从组织上统一洪门。其二,统一了洪门宗旨,提出"以驱逐鞑虏,恢复中华,平均地权为宗旨"。其三,提出解决经费的办法,要求"各埠堂支,须一律认捐重建公堂楼宇经费,额捐银一元为底,多而益善"。"每一会员须缴纳注册费美金二元"。

孙中山亲自加入洪门并对洪门进行的一系列改革,使海外洪门更加关注国内的革命斗争,成为辛亥革命强大后援。

孙中山与洪门筹饷局部分同志的合影

直接参与策划与领导武昌起义的团体之一共进会,就是一个以洪门成员为

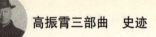

主,具有洪门秘密结社色彩的革命组织。主要成员中除了同盟会员外,大多是洪门系统中各地哥老会、孝义会、三合会、洪江会的首领。"共进会"的含义为,"以会党做基础,再联合各党各派,共同团结,向前迈进"。

资料来源:《中国旧社会帮会丛书——洪门》

4.美洲致公堂支援辛亥革命

致公堂是国内天地会系统在海外的分支。太平天国运动失败后,"其余党复以海外为尾闾,三合会独盛,盖以此故,其后统名为致公堂。全美国十余万华人中,其挂名籍于致公者,殆十而七八"(梁启超《新大陆游记》第 182 页)。19世纪 60 年代,美国有了致公堂的组织名称(吴景超《唐人街:共生与同化》第 171 页)。在加拿大,最早的致公堂于 1876 年建于奎斯纳尔溪溪口。((加)魏安国等:《从中国到加拿大》第 41 页)。致公堂是华人移民在美洲被排挤、被歧视的情况下为了维护自己的利益而组织起来的,目的是"欲和睦梓里,遵大道以生财,妥诸同人,效居奇而乐利"(《加拿大致公堂章程》)。正因为美洲致公堂具有互济互助的性质,受到了海外华人的欢迎。至 19 世纪末加拿大的洪门组织统一为致公堂,有堂所 20 余座,会众多达 2 万。在美国,致公堂分堂遍布各地,并在旧金山建立了美洲致公堂总堂。

1903 年 11 月 24 日,孙中山为了在海外华侨中开展革命工作,在檀香山国安会馆加入了洪门,被封为"洪棍"。1904 年 4 月孙中山抵达美国旧金山时被美国海关扣留,旧金山致公堂盟长黄三德等人闻讯多方奔走,办理交涉,才使孙中山登岸。鉴于致公堂"散漫四方,未能联络一气,以成一极强极大的团体",孙中山向黄三德提议实行全美洪门会员总注册,藉以加强联系,筹集资金。从 5 月 24 日至 9 月 28 日,黄三德陪同孙中山前往沙加免度、洛杉矶、纽约等地,"演说洪门宗旨,发挥中国时事;各埠同人始如大梦初觉,因知中国前途",致公堂"实有其责"。1905 年 1 月孙中山为致公堂重订新章,宣布"以驱除鞑虏,恢复中华,创立民国,平均地权为宗旨"(1905 年 8 月 20 日,孙中山和黄兴在日本东京成立了中国同盟会,以"驱除鞑虏,恢复中华,创立民国,平均地权"十六字为政治纲领)。

资料来源:邵雍,《中国秘密社会·第六卷·民国帮会》,福建人民出版社

5.民国时期的上海洪帮

1916 年,曾在辛亥革命时期担任过安徽安青统一会会长的青帮大字辈赵德成自北京南下上海居住,广收门徒。同时又与红帮太华山山主文枝广以及杨庆

山、刘克斌等人协力整顿在沪的洪门帮会,被推举为西陵山香长。杨庆山在湖北跟随向海潜秘密参加驱逐北洋军阀王占元的行动,事为王占元察觉后于 1916 年潜逃来上海。杨到上海后加入太华山,充坐堂大爷;次年秋,接替文枝广充龙头大爷。1920 年冬,江苏南京洪门栖霞山首领黄云亭赴上海活动,结识杨庆山,旋将栖霞山交给杨掌管。20 年代中期,又有青帮大字辈阮慕白在上海与向海潜、杨庆山、李炳青等人结拜弟兄。李炳青及其副手白玉山在民国初年都在南京英商和记洋行做工头,后在上海开终南山,分任大龙头、龙头。此外,向海潜等人曾在 1923 年在上海开立洪门五圣山。1924 年,湖北人龙襄三至上海谋生,后成为洪门大成山至道堂首领。一时间洪门山头林立,共有"峪云山""栖霞山""春宝山""九龙山""终南山""群英山""乾坤正气山""十龙山""后复明山""乾坤山""五行山""大同山""中华山""新华山""后太华山""五圣山"等大小二十多个山头,而其中影响最大的首数"五圣山"(向海潜为"五圣山"总山主,高汉声为"五圣山"副山主)。

资料来源:胡训珉、贺建:《上海帮会简史》

6. 中国洪门五圣山副山主高振霄在对日抗战中的英烈往事

高振霄(1881—1945 年),湖北房县人,一生颇有名士气节,上海各界尊称他:"清高自赏,颇有侠骨义气的洪门老大。"早年办报宣传反清革命思想,同盟会员、辛亥革命元勋,中华民国政府成立后,被孙中山先生任命为高等顾问,又当选国会议员,1912 年追随孙中山先生,参加二次革命历次讨伐袁世凯、护法等战役。

1923 年,高振霄奉孙中山先生之命令抵达上海,随后 1932 年参加中国洪门五圣山负责联络洪门各山堂,洪门一致响应反对北洋军阀。

抗日战争爆发卢沟桥事变发生后的 7 月 21 日,中国洪门五圣山山主向松坡、副山主张子廉、副山主高振霄及五圣山仁文堂主朱卓文、义衡堂主梅光培、礼德堂主明德、智松堂主向松坡、信廉堂主张子廉共同致电声援北平宋哲元和二十九军全体抗日将士。电报全文"君等抗战,忠勇激发,无忝于我民族英雄本色",向山主同时表示愿意"率海内素以保障民族为职志之在乡健儿,请缨政府,群起与之周旋,粉身碎骨,亦所不辞。"第二天向山主又致电文蒋中正委员长表示:"潜虽不才,愿以在野之身,统率海内健儿,与暴日一决生死,并称有洪门兄弟数十万人,听候点编指挥。"洪门五圣山各堂立即着手整顿洪门会众,准备参加对日抗战。

日伪对高振霄恨之入骨,企图以高官厚禄为诱饵,让高振霄加入汪伪政权,

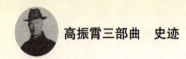

甚至不惜开出了"上海市长"的高价但均遭严词拒绝。

　　1943年某日一名日本驻上海官员,带了一大箱装有金银珠宝的厚礼前来拜访,又说是奉"皇军和汪主席之令恭请高先生出山,做一些事。"高振霄不亢不卑地拒绝大声说道:"钱财身外之物,我不能要,请带回去! 我年岁已高,不想出山做事,各位请回去吧!"

　　1945年3月高振霄又接到日伪"邀宴",众人都劝他不要去赴会,但洪门老大高振霄仍执意前往参加宴会。席间日伪头目"威逼利诱"不成竟在酒中下毒,高振霄返家后毒发身亡,遗体被中国洪门五圣山及上海洪门社团、各界爱国人士安葬于万国公墓。一代的洪门,一生热爱中华民族的伟人,光荣地威升了,留下千古话题,令后人缅怀高副山主忠义精神!

资料来源:铜章(台湾),洪门联盟

第十一章　上海抗战
策反委员会委员

精忠报国

　　——1945 年 3 月 23 日，高振霄被日军毒杀，蒋介石题词匾"精忠报国"。1945 年 9 月抗战胜利后，国民党中央特派蒋经国赴上海"接收敌伪财产"工作时将词匾转送高振霄遗孀沈爱平女士。

一、"孤岛"时期的军统局策反委员会

"八一三事变"后上海沦陷为"孤岛",不仅有日本军队的野蛮统治、蹂躏,还有汪伪政权的庞大特务机构威胁、追杀,形势异常险峻。由日军豢养的上海汪伪特务总部"76号"被称为"歹窟"或"魔窟"。大量共产党秘密组织、爱国团体及抗日机构相继被破坏,许多共产党人和国民党爱国人士被杀害。就连国民党"肃反工作"军统局高级骨干、与戴笠即将结为亲家的国民党上海区区长王天木,也投降了汪伪政权。国民党上海市地下党部的张小通被汪伪特工逮捕后,被他们十分残忍地肢解几大块并以硝酸毁尸,抗日活动举步维艰。蒋介石闻讯后大为震怒,特派时任"忠义救国军"总部政治部主任文强,前往上海租界担任国民党抗日策反委员会主任委员,高振霄出任其策反委员会委员,与日军和汪伪政权展开不屈斗争……

(一)策反委员会在危难中建立

1939年8月,潜至上海法租界领导国民党方面地下抗日斗争的国民党中央组织部副部长吴开先,在给国民党中央的报告中说:"汪逆恐怖政策,日益加厉",因此请求中央"速派妥员来沪主持肃反工作,鼓励民气,坚强阵线。否则阻碍甚多,工作不易开展"。

就在这前后,专门在上海"孤岛"主持这种"肃反工作"的军统局高级骨干、即将与戴笠结成儿女亲家的军统局上海区区长王天木,竟也投降了汪伪,不久还当上了汪伪"国民党"中央委员及"和平救国军"总指挥!

蒋介石闻讯大为震怒。鉴于国民党党、政、军各方面潜伏于上海租界中的抗日地下机构人员不断被汪伪汉奸拉下水,他严令戴笠尽快扭转局面,并且要实行有力反击、对汪伪汉奸队伍进行策反。

于是,时任忠义救国军总部政治部主任的文强临危受命,被派往上海租界担任军统局策反委员会中将主任委员,兼任戴笠的代表出席刚建立起来的上海敌后工作统一委员会,并兼任忠义救国军驻沪办事处处长。

此时的上海租界,尽管属于租界当局管辖,但已成为日本侵略军占领的沦陷区中的"孤岛"。日伪宵小之徒仗着军事上的进展,在租界横冲直撞,嚣张已极。租界当局则畏敌如虎,有的甚至为虎作伥,治安状况十分糟糕,对于中国共产党和国民党派往租界从事情报、锄奸、策反等抗日地下工作的机构、人员,租界当局不但不予支持,反而视为招灾惹祸的赘疣,必欲除之而后快。因此,在租界进行抗日活动举步维艰。

就在文强假扮商人辗转赴上海租界路途中, 1939 年 8 月 28 日,汪精卫在上海沪西公共租界极司菲尔路 76 号(今万航渡路 435 号)召开了所谓"中国国民党第六次代表大会"。9 月初,汪伪特务头子丁默邨、李士群便在这里设立了特工总部。到 1940 年 3 月汪伪政权在南京举行所谓"国民政府还都典礼"仪式粉墨登场时,"76 号"已发展成一个功能完备的庞大特务机构。他们采取收买、敲诈、绑架、暗杀等各种手段,拉拢和发展汉奸势力,重点打击国民党的地下抗日机构,镇压一切爱国团体和爱国人士。据当时任汪伪司法行政部部长的罗君强于 1969 年病故前写于上海市监狱中的回忆称,76 号特工总部主要是"对蒋帮特务中统、军统进行残酷的斗争,当然,对中共方面也不会客气的。"他曾亲闻李士群在一次会议上高呼:"左手消灭蓝衣社! 右手打倒 CC 团!"国民党上海市地下党部的张小通被汪伪特工逮捕后,曾被他们十分残忍地肢解几大块并以硝酸毁尸。因为汪伪特工总部的各种暴行劣迹,其所在地区当时被人们称为"歹土","76 号"被称为"歹窟""魔窟",汪伪特工则被称为"沪西歹徒"。

文强到达上海后,先到设于法租界的忠义救国军驻沪办事处接头。这里是原忠义救国军交通站负责人萧焕文的家。萧焕文是湖南湘乡人,与忠义救国军代理总指挥周伟龙(前军统局上海区长兼忠义救国军驻沪办事处处长)是同乡。与萧交谈后,文强决定推荐其担任忠义救国军驻沪办事处处长,并致电重庆军统局本部;同时因感到萧不尽可靠,他的住处及行踪均对萧保密,很少发生横的关系。由于这种警惕,使他后来免掉了一场劫难。

(二)绑架与策反

文强在上海英租界南京路跑马厅租了一幢两楼一底房屋,以杜月笙开设的金子交易所为掩护,作为策反委员会办公处,开始了紧张的工作。策反工作刚刚开展,就差点儿因一次意外绑架事件而夭折。这年年底的一天,文强独自到南京路上去买帽子。不料,刚走出商店,他即遭到绑架。

绑架者中的一人是"八一三"抗战时文强参与组建的抗日别动队何天风支队的参谋主任李燮宇。李燮宇一伙把他带到了沪西百乐门酒店一个房间。进去后,文强才知道主使者是丁锡山。丁锡山原是在"八一三"淞沪抗战前已被判死刑的刑事罪犯,被文强等人提议保释出狱,让他召集江湖上的匪盗团伙戴罪立功加入抗战行列。1938 年春夏间,丁锡山曾受日伪南桥维持会长李天民引诱,率队投降日伪,编为浦东保安队。但他很快又设计诱杀了李天民及日军代表,率部反正,编为忠义救国军驻浦东地区的第八支队,他任队长。1939 年 10 月,丁锡山被已降日的原别动队上司何天风骗至上海,在日伪威逼利诱下,他再次率队降日,编为日伪和平反共建国军第十二路军,丁锡山任中将司令。

文强到上海后,已将丁锡山列为策反对象,尚未来得及与之接触展开工作。丁锡山布置手下人绑架文强,原来是为了给他的结拜大哥何行健(号天风)报仇。何天风原在"八一三"抗战时是别动队第一支队队长,后来做了忠义救国军第二支队队长、淞沪指挥部指挥,后叛变投敌,当上了汪伪反共救国军第二路司令。就在几天前圣诞节凌晨,何天风与汪伪特工总部第一处处长的陈第容(陈明楚)一起步出沪西愚园路惠尔登舞厅时,突遭军统局行动人员开枪制裁。这一制裁行动是由陈恭澍领导的军统局上海区负责的,与文强的策反委员会无关,但因都是军统,丁锡山就把账算到文强头上了。

文强明白原因后,趁丁锡山不备,夺过其放在桌上的一支手枪逼住丁锡山,并以抗日大义对这伙人进行开导。正在僵持中,房门外闻声走来两个穿长衫马褂的老人。一个是龚春圃,湖南平江人,曾任吴佩孚手下的监务统领;另一个是高汉声,湖北人,曾任民国初年国会议员。两人都是上海红帮头领,已被文强举荐为策反委员会委员。他们一看这屋里情景,忙推开堵在门口的几个喽啰,进门问明缘由后,指着丁锡山的鼻子将其臭骂了一通。丁锡山痛哭流涕表示悔过。其他喽啰见状,也纷纷跪下求两位大哥宽恕。

文强将缴到手的那支手枪交给了高汉声,又对丁锡山作了一番规劝。最后,高汉声与龚春圃两人护送文强安全离开了百乐门酒店。

文强以后又通过各方渠道对丁锡山继续进行策反。但遗憾的是,文强尚未见到成效,就奉命撤离了上海。此后,丁锡山在绍兴率部反正,但因被内部的人出卖,部队遭到日军拦击,丁锡山被汪伪特别军事法庭判处无期徒刑,后由旧部周士熊等在苏南地区新四军支持下武装劫狱救出。抗战胜利前后,丁锡山不愿参加反共内战,投奔苏中解放区,并成为中共特别党员,任苏浙边区游击纵队司令员(化名丁旭文)。在他率部由海路到奉贤县秘密登陆时,不幸被国民党重兵围剿,丁与所部 14 人壮烈牺牲。

(三)"孤岛"生死搏斗

汪伪当局为了破坏军统局策反委员会,对策反委员会负责人文强展开了一系列捕杀行动。一次,文强接到一个湖南籍医生的电话,约他去四马路湖南餐馆吃饭。湖南餐馆是他常去的地方,他喜欢在那里同湖南籍的黄埔同学或同乡会面。可是那天刚好他有另一个重要约会,便打去电话告之不能赴约了。后来他才知道,原来那天汪伪特工设下了埋伏,要在那里抓他,幸好他没有去。又有一次,文强应龚春圃之邀到锦江川菜馆去共进晚餐,龚并报告最近的南京汪伪动态。共餐的还有高汉声和龚春圃的一个侄子。他们坐在二楼特设的一间被女老板董竹君称作"特别间"的雅座(专供文人雅士、各界名流用餐,国共两党的抗日地下工作者常以此作为谈话场所),忽听店伙计一声惊呼,只见有人影从窗外闪过,向文强开枪射击。幸好文强有所警觉,在伙计惊呼之时迅速闪身躲到桌下。后来文强才知道,那天店伙计凭着经验判断,那个打黑枪的家伙是日本人,故出声报警。幸好每当"特别间"有特殊客人用餐时,女老板董竹君都要派出店伙计在过道上巡视,加以关照,否则,文强很可能已倒在日本间谍的枪口之下。这位热心而又细心的女老板,为革命和进步事业暗中做了多少工作,连她自己也记不清了——在她晚年所著回忆录《我的一个世纪》中就只字未提此事。

还有一次,文强得到副官报告,说是军统局上海区区长陈恭澍来电话约他到英租界沧州饭店见面。他感到有些蹊跷,因为陈恭澍与他会面是在法租界巨籁达路曹汝梁工程师家里,且有固定日期,而那天既不是例行会面日期,地点也不对。但副官说电话里确是陈恭澍的声音,于是,文强如约去了。为防不测,他没有直接到约定的房间里去,而是先请饭店的一个女招待替他去那房间里问"苏先生到了没有"。女招待进去后,就听屋里的人厉声反问她:"谁叫你来的?武先生怎么没来?"文强一听不对赶紧逃离了饭店。

1940年11月7日,军统局南京区区长钱新民叛变,使地下抗日工作人员遭到逮捕和杀害。文强与钱新民并未发生横的关系,因此策反委员会暂未受到影响。但他仍提高警惕,经常变换住处,采取"狡兔三窟"的策略,在英租界跑马厅路,法租界拉都路、霞飞路、英租界静安寺路100弄及静安寺路统一里等地,均安排了秘密住处。他从不进舞场,也不大宴宾客,以免引起注意。对身边工作人员,甚至临时雇佣来做家务的"娘姨"佣人,他都经常以先祖文天祥的《正气歌》《过零丁洋》等诗篇中的名句进行民族气节教育。

尽管形势如此险恶,文强领导的策反委员会仍然千方百计开展了一系列工作,先后对汪伪政府军委会委员、参军处参军长、和平建国军第三集团军总司令唐蟒,汪伪军委会委员、开封绥靖公署主任刘郁芬,汪伪武汉绥靖公署参谋长罗子实,驻苏州的伪军军长徐文达,驻无锡的伪军师长苏晋康,驻浦东的伪军师长丁锡山等进行了策反攻心,冒险同这些人物秘密约谈,晓以利害,申明大义。就连那个曾在"八一三"抗战中与文强在别动队共事、叛变投敌后当上了汪伪军委会委员、苏皖绥靖总司令和第二集团军总司令的杨仲华,也因伪军内部争权夺利的矛盾,又回头与文强建立了秘密联系。

（四）神秘字条报警

但是，在日伪的破坏打击下，策反委员会又有两处秘密交通站遭到了突袭搜查，会计主任马仁湛和一位上校科长左券也相继失踪。一时间，策反委员会人心惶惶，风声鹤唳，文强经常早上出门时不知晚上能否平安归来。

一天，译电员程秀华从国泰照相馆取回一封信。该处是策反委员会的一个转信地点。这封信是一张奇怪的字条，大意是说，汪伪 76 号总部万里浪手下特工已受命捕杀文强，并告知文强手下已有人落网，被逼着招供文强下落，但他们宁死不屈，一位被打断了腿，另一位被活活打死了。现在汉奸们已重金悬赏，要于本年双十节前将策反委员会一网打尽。字条没有署名，一时无法判断是谁所写，有人怀疑会不会是日伪特工故意制造混乱的恐吓信。文强却认出这是一个名叫金浪涯的青年的笔迹。

原来，金浪涯是"八一三"抗战时参加别动队的爱国学生，后在忠义救国军总部政工队从事抗日宣传工作，是个活跃分子，在抗战戏剧演出中担任过导演，因而与担任政治部主任的文强常有来往。金浪涯写得一手漂亮的行书，文强十分欣赏，对他的字迹比较熟悉。字条中提到的万里浪，本是上海一大学生，四川合川人，原名张杰，在军统局上海区第四大队任副队长，1939 年 11 月叛变投敌，当上了汪伪特工总部第一处长，后任伪军委会政治部保卫局局长。

金浪涯的这张字条，不仅使文强知道了失踪的马、左二人的情况，而且得悉了有关汪伪特工总部的下一步阴谋。文强据此对秘密交通站和有关人事安排都作了调整，一切以安全为重。在继续苦斗中，他们都更加增添了信心和勇气。

金浪涯怎么会得知江伪特工总部要加害于文强？原来，金浪涯在 1940 年 7 月到上海，打算通过在《上海译报》工作的一位朋友张启明（寄寒）投奔新四军。不料，当金浪涯投信到张启明租用的邮箱后，即遭到日本宪兵队会同法租界捕房的逮捕。原来，张启明已被通缉，那信箱已被控倒，金浪涯成了自投罗网。但因他当时无党无派，刚到上海，也没有什么活动，关了 50 多天后获得释放。在狱中，金浪涯见到了当年在忠义救国军第一支队政训处同事的曾铁如（又名曾刚），知道他曾受过电刑折磨，但仍坚持抗日立场。

出狱后，金浪涯碰见了原在忠义救国军任军需的韩志强，得知韩志强等人已投靠了汪伪特工总部，在万里浪手下作恶。他便有意与韩志强等人多接近，打探情况。韩志强又引了比金浪涯早几天出狱的曾铁如来见而。曾铁如出狱后，日本人逼迫他就范，专门派了汉奸监视其行动，但他对日伪阳奉阴违，虚与委蛇，暗中继续帮助抗日力量，并与文强有联系。经多次与韩志强一伙周旋，金

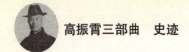

浪涯得悉他们正打算要加害于文强以向日本人邀功,金浪涯即通过曾铁如设法给文强投书报警。

(五)军统上海区区长陈恭澍的叛变

1939年冬至1941年年底太平洋战争爆发之前,这两年左右时间是策反委员会在上海"孤岛"与日伪进行较量的艰难时期。

由于日伪特务机关的疯狂活动,国民党派驻上海租界的各秘密机关相继遭到破坏,尚在"孤岛"的国民党地下组织,除去军统局中央会计机关外就只剩下文强领导的军统局策反委员会、陈恭澍领导的军统局上海区和吴开先领导的上海敌后工作统一委员会(上海统一委员会于1942年3月遭到破坏,吴开先等被捕)了。

从1941年年初开始,汪伪特工总部与日本宪兵队联手,对潜伏在上海的抗日地下工作人员展开了"地毯式"大搜捕。汪伪特工总部为了破获策反委员会,动员全部特工,以重金悬赏,从50万元增加到150万元,限在1941年双十节前解决文强,或暗杀,或绑架均可。

1941年11月初的一天下午,文强正准备去巨籁达路曹汝梁工程师家。这是一处转信地点,也是他与军统局上海区区长陈恭澍定期接头的地点。

文强刚要出门,军统局上海中央会计室女会计员蒋志云突然跑来,报告了惊人消息:"苏固叛变,一网打尽,外舅下落不明……"

文强大惊,苏固即陈恭澍的化名,外舅指中央会计室主要负责人昝肇武,是戴笠的亲信。文强马上想到,陈恭澍的叛变,必将给军统局在上海的地下工作造成极大破坏。幸好蒋志云来得及时,否则他也将落入汪伪特工的罗网之中。他急令副官李锡年将蒋志云立即送到浦东乡间秘密据点隐蔽起来(以后又为她购好船票安全送离上海返回大后方)。随后,文强又派出两个警卫人员,在跑马厅寓所周围巡视警戒,其他人马上连同所有文件一齐转移。因为平时文强已经布置好了应变措施,几分钟后,这里便只剩下了一处空房……

这一事变发生在10月29日夜至次日晨。军统区上海区地下机关被汪伪特工总部破获,上海区区长陈恭澍等主要干部悉数被捕。陈恭澍很快就叛变投敌。陈恭澍原是与文强同期的黄埔军校第四期入伍生,曾是中共党员,大革命失败后投向了国民党,成为戴笠在北方从事情报、行动工作的"四大金刚"之一。当时上海区是军统局外勤单位中最大的一个,在两年时间里进行了100多起暗杀汉奸的活动,汪伪特工总部第三行动大队队长赵刚毅、机要室副主任钱人龙,与日本勾结的上海帮会头目俞叶封、汪伪上海特别市长傅筱庵等,都死于他们之手,另有数十名日本现役军官也被他们暗杀。此外,他们还配合国民党军事行动进行了破坏日军军事设施、焚毁军需物资等行动。一时间,上海滩的汉奸们惶惶不可终日。

陈恭澍叛变后,国民党在上海的抗日地下机关所剩无几,文强领导的策反委员会便成了汪伪特工总部的最大心病。陈恭澍为捉拿文强邀功请赏,想尽办法,还亲自带着汪伪特务到曹汝梁工程师家,将其全家老小捕去,严刑逼供,追问文强下落,但因曹汝梁根本不知文强身份,故毫无结果。曹汝梁直到抗战胜利后才获得自由。

(六)定计挫敌谋

在获知曹汝梁全家被捕后,文强又得知另一交通站包缠虹家也被搜查,包家女儿被捕。此处地点陈恭澍并不知道,但其手下的直属交通员萧淑英,即萧老头萧焕文之女,曾送过一次重庆发来的电报到该处转交文强。文强据此判断,萧淑英也叛变了。

在陈恭澍被捕叛变约半月后的一天,文强忽然收到已被汪伪逮捕3个月的忠义救国军驻沪办事处处长萧焕文投于一处无内部组织关系的转信地点的信,称他已被汪伪释放,有紧急情况面告,约文强在锦江茶室会面。萧老头在信中还向文强表白被捕后只是假投降,忠心报国之心并未改变,并且提出要继续以前工作,要求文强补发给他这段时间的活动经费5万元。文强与参谋长沈忠毅和副官李锡年商量,沈、李都力劝文强不要赴约。但文强认为不去见面,就无法知道萧焕文的真实情况,遂决定如约前去。为了确保安全,他们作了周密的部署。

锦江茶室是董竹君在开设锦江川菜馆之后增设的一处分店,位于上海华龙路法国公园附近。在约定时间,文强的副官李锡年先到了茶室,见萧焕文一人坐在约定位里的茶桌边等候,附近没有发现其他可疑人物。李锡年便将其挟持出门上了小汽车。一上车萧焕文就被蒙上了眼睛。汽车飞驶而去,中途转了几个弯,换了两次车牌照,才到达法租界吕班路东方药物研究所。这是文强的又一处秘密据点。

萧焕文见到文强,顿时如瘫痪一般,不由自主跪倒在地。文强软中带硬,连劝带逼,桌上摆着准备好的5万元钱,说明是要补发给萧焕文的3个月活动经费,但要他交代日伪阴谋,否则即将他就地制裁。萧焕文只得将他如何向日伪献计,放出他来"招莺引凤"捉拿文强的阴谋全部招供,并谈到陈恭澍也参与策划了这一阴谋。萧焕文说完后,痛哭流涕,一再叩头请求恕罪,赌咒发誓要重新

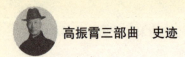

做人。

在这之后不久,文强又得到一张神秘字条——他一直以为这又是金浪涯写来的,但是最近据金浪涯回忆,他并未写过这张字条。这张字条究竟是何人所写,已成为难解之谜。这张字条报告:汪伪特工总部派出已叛变的萧焕文及其长女萧淑英,前往安徽广德忠义救国军总部,图谋利用萧淑英与忠义救国军代理总指挥周伟龙的旧情,策动其投敌。文强得报后,急电通知了重庆军统局本部,重庆派人在萧氏父女二人刚入境时就将其扣押起来。

大约就在处理萧焕文事件前后,文强曾约金浪涯与曾铁如两人见过一面,议定计捕韩志强、张兴雄等汉奸的办法。后来金浪涯与曾铁如佯称随韩志强回韩的金华老家去玩,将韩志强、张兴雄及韩的姘妇等3个汪伪特工诱至金华。到达后,金浪涯即按照文强的吩咐打电话通知了军统局浙江站站长童襄,童襄当即派人将韩志强等逮捕。

鉴于陈恭澍叛变后策反委员会特别是文强面临的险境,戴笠电令文强撤出"孤岛"回重庆。

文强离开后不久,太平洋战争爆发,日军侵占了上海各租界,沈忠毅与策反委员会落人日伪之手⋯⋯

资料来源:何蜀:《"孤岛"时期的军统局策反委员会》(摘自《文史精华》,2001 年 12 期,总 139 期)

二、遇险上海滩

文强正在全力对付丁锡山，忽然听到其中一个叫："文先生，发生了什么事情？"我一看，救我的人来了。这两个人是洪帮中地位很高的人，一个是高汉声，是湖北人，北洋军阀时候的国会议员；另一个龚春圃，也是洪帮大哥。他们帮会论辈，那些小喽啰一见他们辈分高，就双腿发抖。高汉声跑到丁锡山跟前，"啪啪啪"照着丁锡山就是几个耳光，说："你今天想把文先生怎么样呢？你这个家伙忘恩负义，那时候让杜月笙把你保出来，就是文先生说的话，不是文先生说了话，你早就被枪毙了。他是你的救命恩人，你今天怎么还对付他呀？你这身汉奸皮呀，只有文先生说一句话才脱得下来。"丁锡山跪在两个人面前，流着眼泪，也说不出什么道理来……

我从上海撤退，一路收容在上海作战的部队，最后到南京的时候，南京已经变成一个空城，蒋介石召集军事会议，问所有到会的将官："谁个出来守南京？"这些将官都不吭声，这个任务太重了，我们的主力部队在上海已经消耗殆尽了，到达南京的部队已经是不堪一击的残兵。蒋介石一看，只有一个人站出来了，就是唐生智。唐生智是北伐时第八军军长，后来当了一个方面军的总司令，在武汉他的力量差不多发展到40多万人了。唐生智那时是军事参议院的院长，他说我出来打。他说："我们的首都不能随便放弃。"蒋介石说："好，这个任务就交给你。"其实唐生智自己手边也没有什么部队。日本军打到苏州的时候，很快就把南京包围了，同时封锁长江，一点都没有退路了。唐生智也没有办法抵抗了，只好向浦口撤退。

胡宗南的部队在浦口，把唐生智接跑了，其他的部队还是撤退不了，守在南京最后的部队打得更惨了，南京被日本人杀掉的俘虏就有三十多万，这里边包括老百姓。南京失守了。日本方面在休整，我们也休整，差不多有两年，没有发生激烈的战争。

1941年，给我派了一个任务，让我担任国民政府军事委员会驻上海策反委员会主任委员和忠义救国军上海办事处处长，我已经是少将。具体的任务有两个：一是对付日本人和汪精卫，一是代表戴笠驻上海，主要搞情报工作。

我带着一个副官，一个译电员，从温州动身到上海。刚一上船，没走多远，说是船只一律要检查，就把我们的船扣留了。我们搭乘的这条船是运牛皮的，温州宰牛很多，牛皮运往上海。几天过去了，由于天气热，牛皮味道散发出来，搞得满船臭烘烘的。船上有100多人，淡水吃光了，海水又不能饮用。大家都急得要命。我更着急，我在枕头里还藏着一个密码本呢！日本人上船检查了一通，什么也没检查出来，就走了。我找到船员问问情况，他问我是做什么的，我说是做生意的，"这样扣押下去，走又走不了，什么时候能到上海呀？还活得活不得啊？"

我向船上的旅客做工作，说："我看上船检查的日本人中，有一个翻译，我们看看要不要跟这个翻译沟通一下，第一问问这条船为什么被扣留？第二请他跟日本人通融，我们又没有犯什么法，为什么扣押我们这些人？如果需要花几个钱，我们大家凑几个钱，送点礼物给那个翻译，必要的时候，给日本人也送点礼。"旅客们纷纷说我说得有道理，我们不能在这里等死。

我说："我去跟翻译谈谈，如果需要拿钱，希望大家帮助一点，有钱出钱，有力出力。我们这100多人要平平安安到达上海。"

第二天，日本人又上船检查，日本人走在前面，翻译走在后面，我一拍翻译的肩，他一惊，回头一看："你拍我干什么？"

"你是个中国人，也做点好事啊。你看把我们关得这样久，放也不放，船上吃的没有了，淡水没有了，我们死路一条啊。我们还不晓得什么原因把我们关在这里？"

翻译左右看看，小声讲："这个船长是个白俄，我们要扣留他。"

我说："船长你们已经扣留了，为什么要我们在这里受苦受难呢？"

"你讲的也有道理，我去跟日本人讲讲看。"

我看这个翻译还有点爱国心，就拼命地说："你也是中国人嘛，做点好事吧。"

他答应了："好吧，我明天帮你们去说。你们不要乱来，日本人知道了不得了。"

天又亮了，日本人上船检查，那个翻译偷偷把我拉到一边："我昨天跟日本小队长讲了，小队长的意思是这条船被扣留了，要搞另外一条船送你们走。"

"你们不是皇军吗？搞条船都搞不来啊？"我问。

"要打电报到上海去调。"

又过了四五天，翻译又找个机会悄悄跟我说："你们恐怕要花几个钱，并不是我要钱，是要给日本人送点东西，不送东西也可以，拿出些钱来。"

我说："我们不但要给日本人送礼，对你也要酬谢一番，我们大家都商量好了。"

我跟大家一商量,凑了七八百块钱,我塞给翻译:"这些钱都交给你,你自己留下一些,其余的送给日本人。把我们平安地送到上海,我们就感激你了。"他还推脱几下:"我不要,不要。"我拿出一些钱硬塞在他的口袋里。

就这样,我们好不容易到了上海。这是我第二次到上海。

第三战区司令长官顾祝同,派了一个少将专员冯作仁代表第三战区驻上海,顾祝同要我到上海后跟冯作仁联系,说他熟悉情况,可以帮助我。我一到上海,就去找冯作仁。我跟他接头时,给了他一张我的名片。但是,没过一个月,他就被捕了,被日本人杀害了。我给他的那张名片落到了日本人的手里,日本人知道我到了上海。

过春节的时候,我在报纸上看到发生了皖南事变,新四军的政治部主任袁国平是我的同学,陈毅也是我的朋友,还有张云逸,他们平安不平安呀?我很关心这些人,感到国民党很坏,打起内战来了。

搞了半年之后,日本人知道我在上海活动,汪精卫也知道我在上海活动,日本人和汪精卫特务机关"76号"要抓我,他们手里有我的照片。"76号"的头目是章乃器介绍来的五六个学生中的一个,原来是忠义救国军的大队长,后来当了汉奸(抗日战争胜利时,以汉奸罪被处决了),他知道我到了上海。我派人打进了"76号"(现在这个人还活着,80多岁了)。他送出一个消息,说"76号"有人认出了我照片,一定要在"双十节"抓到我。开始是悬赏50万美金,后来慢慢增加,从100万一直加到200万。有两次把我抓到,我又跑掉了。为了安全起见,我是"狡兔四窟",有四个住的地方,在英租界,法租界,德租界都有。

因为活动的关系,我经常到锦江饭店去吃饭,与董竹君认识了。一次,我约几个客人在锦江饭店吃饭,不知怎么被日本人知道了。我正在餐桌边的时候,日本人在走廊上隔着窗子,对准我举枪,董竹君突然发现走廊上有日本人正准备冲着我开枪,她急中生智,把走廊的门"啪"地掀了一下,日本人吃了一惊,不知道发生了什么事情,胡乱地打了一枪,跑掉了。我坐在桌旁和客人说话,子弹从我的头上擦过去!

我成立了一个策反委员会,我自己是策反委员会的主任委员,下面有个参谋长,叫做沈忠毅,是浙江人。他当过杭州警官学校的指导员,黄浦第三期的。开始我们是平起平坐,后来我当了少将,他给我当参谋长。参谋长下面有一个管人事的,还有个搞宣传的,这两个人都是大学生,外文很好,都在浙江警官学校做过事,很可靠。

我在静安寺路有一处房子,是我在策反委员会办公的地方。这个地方我平常不大去,就是那个参谋长沈忠毅带着妻子住在这里,还有一些工作人员。我有时去一下,就跟他们说要小心,不要到外面去跳舞,不要乱花钱,不要出去,在屋里一人一天写一篇文天祥的《正气歌》,然后在家里三四个人打打扑克打打麻将都可以,不要打输赢,自己要爱惜自己,上海这个环境是很危险的。后来他们把《正气歌》读得很熟了。

虽然成立了一个机关,但是在上海很难把局面打开。我在上海跑马厅那个地方有一幢房子,表面上是一家黄金交易所,我自己是黄金交易所的老板,邻居们看我整天坐着汽车,神神气气的,还以为我真的是做黄金交易的。有一天,我的参谋跟我说:"你高高的鼻子,挺像个外国人,你坐在汽车里,脸总是向前看,谁跟你说话也不理,从侧面看上去人家以为你是个外国人。你要是换一顶新一些的帽子,就更像外国人了,外国人不会戴你那样的旧帽子。"

"哦?"我拿起礼帽一看,哎呀,我这个礼帽戴了三年了,应该换一换了。我在上海这个环境里,应该买个漂亮一点的。我平时出去都带着保镖坐汽车。这天就自作聪明,心想跑马厅这个地方一出去就是上海的南京路,出去没有几步路就有大商店。我想,我今天出去就不带保镖了,也不坐汽车,我自己跑到百货商店,买顶帽子就回来。我把问题看得太简单了。

我跑到一个百货商店卖礼帽的地方,说:"拿一顶礼帽我试试看。"一戴,很好。卖帽子的人把我的旧帽子装到盒子里,我说:"旧帽子我不要了,买一顶新帽子就够了。"老板说这个盒子你拿回去,新帽子不戴的时候装进去,省得落灰,我想也对,我就戴着新帽子,拎着盒子走出大门。

刚一出门,突然蹿上来四条大汉,猛地一边两个把我胳膊往后一翻,摁倒了。哎呀,我想,糟了,自己不应该来冒这个险。我定睛一看,汽车里还坐着两个人,其中有个人我认识。我说:"你是李参谋吧?"这个李参谋是原来别动军的一个支队参谋长。他看着我笑:"你还认识我啊?我们有一年多没见面了,还是搞别动军的时候见过面的,我们见面不容易呀。你到上海,怎么不通知我啊?今天哪,我们也是遇到你的,请你上我们的汽车,到上海浦西饭店走一趟,我们的头头在那儿等你!"

他看我不理他,又说:"我现在不是别动军的参谋长了,我是浦东丁锡山国民爱国军的参谋长了。"

我一想这个事情很坏。

车门打开,把我推进去了。我在车上说:"李参谋,我们当年搞的部队是为了抗日,你现在越走越远了,你走到了哪条路上去了?"

他说:"我走到哪条路上去了?我们是得到汪先生支持的。"

"汪精卫是什么人你们很清楚,你们应该大义灭亲。我们中华民国只有一个政府,汪精卫又成立了一个政府,那是汉奸政府,你投靠汪精卫,不应该呀。"

他"嘿嘿"两声:"我们这些人,地上的蚂蚁一样,那些大人物都投靠汪精卫,我们是哪里有饭吃就到哪里去。"

"你现在把我弄到哪里去?"

"到愚园饭店,我们的头头要和你见面。"

我一看他的汽车还是防弹的,说:"你这个汽车倒是保险。"

他很得意的样子,说:"这是日本人给我们的。"

车到了愚园路,经过愚园饭店,不停车,转了一个圈,向沪西开了。沪西是日本人和汉奸的世界,我说:"李参谋,你不是说丁锡山要和我见面吗?愚园饭店到了,为什么不进去啊?"

他说:"改变了,不到愚园饭店了!"

"那到什么地方去?"

他回答:"到沪西,百乐门饭店!"我想糟糕了。

到了沪西百乐门饭店,车门打开,把我抓了出来。说:"你上楼,我们的头头要见你。"我只好听他们的。上了二楼。门一打开,就把我推了进去。我一看,是一间很大的房子,里面坐着一个人,是汪精卫手下的一个汉奸师长。这个人坐在沙发上,左边有个小凳子,前面是一个圆桌。他抬起头看了我一下,说:"文将军,你还认识我吗?"我说:"我认识你丁锡山,没有杜月笙把你保出来,你活不到今天。你是杀人越货的海盗,你今天想把我怎么样哪?"

丁锡山手在圆桌子上一拍:"你们这边的人,把我们的一个师傅杀掉了!"

他讲的师傅,叫做何天风,是个支队长。他说:"现在是一个抵一个吧,要拿你抵何天风的命。"

我叫骂:"何天风当了汉奸,犯了国法,应该镇压!你现在干什么?你也当了汉奸了!你就是今天把我抓到,把我整死,会有人来替我报仇。你知不知道啊?你是汉奸!你是自己往死路上走啊!"

他一听我骂他,一下子就掏出手枪,在桌子上一拍,狞笑着说:"我看你究竟有多大的本事,你对我还是这样神气?"我一想,这个家伙是一个海盗,跟他讲这些话也没有用,他把我抓住,一定是送给日本人,我这条命就没有了。我跟他大概隔一丈远的样子,我是练武的人,我有我的一些办法,我一个箭步蹿到桌子前,那个手枪到我手里了,我一下子搋住他,用手枪抵着他的头,说:"今天究竟是你死还是我死?你把我弄死了,你也活不成!"

他的那些徒子徒孙们"呼啦"一下五六支手枪都对着我,我说:"你们要开枪,我先把你们这个头头打死!"他们那些家伙不敢开枪,眼睁睁地看着我用枪

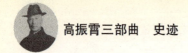

抵着丁锡山的头。

忽然,外面走进来两个人,喊:"你们想干什么?"

这两个人很神气,手一挥,把屋子里的其他人轰走了。我正在全力对付丁锡山,忽然听到其中一个叫:"文先生,发生了什么事情?"我一看,救我的人来了。这两个人是洪帮中地位很高的人,是我那个策反委员会的委员,一个是高汉声,是湖北人,北洋军阀时候的国会议员;另一个龚春圃,也是洪帮大哥,是吴佩孚手下的少将监务官,是个将官,也是策反委员会的委员。他们帮会论辈,那些小喽啰一见他们辈分高,就双腿发抖。他们一进来之后,看见我拿着手枪跟丁锡山在那里斗,高汉声跑到丁锡山跟前,"啪啪啪"照着丁锡山就是几个耳光,说:"你今天想把文先生怎么样呢? 你这个家伙忘恩负义,那时候让杜月笙把你保出来,就是文先生说的话,不是文先生说了话,你早就被枪毙了。他是你的救命恩人,你今天怎么还对付他呀? 你这身汉奸皮呀,只有文先生说一句话才脱得下来。"

文强

丁锡山跪在两个人面前,流着眼泪,也说不出什么道理来。过了好一会儿,才支支吾吾地说:"我对不住你们。我看他们把我的师傅杀掉了,我要替师傅报仇。"

龚春圃又打了丁锡山几个耳光:"你报什么仇啊? 何天风自己当了汉奸,不当汉奸能杀了他吗? 你的救命恩人是文先生,你这个家伙简直是莫名其妙!"

我一看这种情况,就一边把手枪交给龚春圃,一边大骂丁锡山。我对他们两位说："我很感激你们，丁锡山呢，我还要跟他说几句话。"

我说："刚才他们两个讲得很对，你就是不明大义，只晓得报仇，跟着汪精卫你想做大官，你这条路走错了。你如果今后好好干，我可以把你这个汉奸的名义刮下来。杀日本人杀汉奸，并不是没有路，有路你自己不走。"我把丁锡山骂了一顿，他跪在地上磕头："文先生，救我的命，救我的命。"我说："你呀，今天是这两位救了你，他们不来呀，你不死在我的手里，恐怕我就死在你的手里了。"

高汉声已经是六七十岁的人了，他过来揪了我一下，我明白他的意思，是要我赶快脱离这个险境，如果日本人知道了就没有活命了。高汉声喊："丁锡山！赶快让你的部下好好把文先生送上汽车，跟我们走，有一点不对，你这个家伙就活不成了！"

丁锡山连连说："就这么办，就这么办，不知道送到什么地方去？""到了车上我们会说的。如果文先生出了问题，你也活不成！"

丁锡山就喊他的手下把我送上汽车，到了愚园路英租界路口，我们下了车。高汉声另外叫了一辆汽车，我们脱险了。在车上，他们两个人对我说："今天好危险，我们不晓得你被绑架了，我们是以洪帮的身份，来做丁锡山的工作的，没想到把你救了。好危险哪，丁锡山是个最坏的家伙，我们身上都出了一身冷汗。"

戴笠给我拍来电报，说上海太危险，要我注意。我回了一封电报，"为国牺牲，义无反顾"。

我在霞飞路开了一家照相馆，两个照相的都是我的人。一次，打进"76号"的内线到照相馆来送消息，说"76号"把我的照片放大，由一些特务拿着，在租界的出口处，日夜盯着我的汽车。当时，处境很危险。晚上10点以后我才敢出去活动。

有个叫左券的，过去是个科长，湖南大学毕业的。这时他把科长辞掉，带着妻子到上海来找我，非要跟着我干不可。我说既然你来了，就搞宣传工作吧。我这里本来没有什么宣传科，因为他来了，因人设事，成立了一个宣传科。他是个湖南人，妻子是上海人。左券来了没两个月，突然失踪了。他妻子也不知道他到哪里去了。

我说："你至少知道一点动静啊？"她说一点也不知道，他早上出去就没有再回来。

我问"76号"内线，有没有抓住一个姓左的？回答也是不知道，说如果抓来，我们一定会知道的。我又问在日本人那里的内线，内线告诉我，日本人抓了一个姓左的，这个人很刚毅，受尽了酷刑，什么也不说。嘴里不知念什么，后来

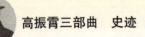

有人告诉日本人,说这个姓左的念的是文天祥的《正气歌》。不到两个月,左券被日本人活活地打死了。我们追认他为烈士。

我在静安寺的房子里请了一个娘姨,我问她:"你家里是干什么的呀?"

她说:"我是宁波人,我的丈夫是当兵的。"

"当兵的? 在哪里当兵? 是在国民党里当兵呢? 还是在汉奸那边呢? 还是在日本人那边呢?"

她说:"在汪精卫那一边。"

"那你到这边来工作,你丈夫知道不知道呢?"

"知道。我写信给他说,我在这里,是做生意买卖的,对我们很好。"

"你的丈夫到过这里没有?"

她说:"没有,他是宁波乡下人。"

她还认识点字,有一天,我跟她讲:"我出钱送你的小孩上学,把她当成我的女儿一样。你呢,谨慎一点,就不要出去了。"

她说:"开始我不晓得你们这里是干什么的,后来我看清楚了,你们是重庆派来的高级官员,你们不是做生意买卖的。"

我说:"你看清楚了吗?"

她说:"看清楚了,那个参谋长是代替你负责的,他的妻子也很好,是杭州人,对我们很好。"

我说:"我们是为了抗日,救国救民嘛,我们住在这里表面上看起来是个家庭,实际上不是个家庭。"我问这个娘姨在上海几年了? 她说:"我家里到上海做娘姨的,我是第一个。"当时,宁波娘姨是第一等,上海娘姨是第二等,第三等是江北娘姨,她说我们宁波娘姨的待遇都比较高。我说:"送小孩读书都是我花钱,你还有什么困难,随时告诉我,我会关照下属多给钱给你。"

一天,忽然闯进来五六个人,娘姨一看他们来头不对,就赶快把文件、账目藏起来。他们抄家什么也没有抄出来,这个娘姨很机警,趴在我窗子上喊:"我们这里来了流氓,抢东西!"巡捕房里马上就来人了。那五六个日本人看到来了巡捕,就逃掉了。如果不是这位娘姨叫来了巡捕,那些日本人只要一掀里屋的门帘,账目名册之类的东西都在里面,好险呀! 巡捕问娘姨:"你喊叫什么?"

她说:"这几个流氓看来像日本人,所以我就报警了。"

这个娘姨很机警,后来我奖励了她一笔钱。

巡捕刚走,我刚好来到这里。我不晓得发生了什么事情,只感觉屋里的气氛很紧张,参谋长不在,会计科长也不在。娘姨出来了:"哟,你怎么回来了,你回来就不要再出去了。看来日本人在外面还有探子。你出去把你抓起来不得了。"娘姨说:"我带你到隔壁的一家去躲一躲。"

我问:"参谋长呢?"

她说:"参谋长没回来,不晓得到哪里去了。"

我告诉娘姨:"你站在窗子边注意着,如果参谋长回来,你就赶快从窗子上丢衣服下去,让他不要进来。"

资料来源:文强口述,刘延民撰写:《文强口述自传》

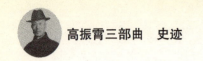

三、军统与汪特在上海的一场争斗

抗日策反委员会委员高汉声,湖北人,民初国会议员,又是有名的洪帮大爷,清高自贵,贫病交加,颇有骨气的书生本色。

汪精卫公开投降日本侵略者,正在紧锣密鼓地筹组南京汪伪汉奸政权之际,国民党军统特务头子戴笠亲自出面,于 1939 年 12 月,在浙江金华召集过一次 5 省特务头目参加的"北山会议"(又称东南五省会议)。这次会议把正准备傀儡登场的汪伪汉奸政权和驰骋江南抗日前线的新四军,看成是两颗眼中钉,自谓要进行"夹攻中的奋斗",非要把这两颗"钉子"拔掉不可。

北山会议期间,文强是忠义救国军的代表,又是被指定的五省大会的秘书长。在会上,大特务赵龙文、周伟龙等认为,京沪杭三角地带我们必须牢牢地控制住,既不容日汪所占据,也不能让新四军渗透利用茅山山脉作抗日根据地。为了对付此"夹攻中"的任务,首先就要利用上海租界作掩护,然后才能使国民党方面的党、政、军、团、特、工商各界的头面人物立住脚,使其有用武之地,以应付非常局面。否则四分五裂,力量分散,即使不亡于日汪也会亡于共产党之手。议来议去,戴笠便提出了建立一个"上海统一委员会"(以下简称统委会)的主意,实行所谓一元化的领导,蒋介石对戴笠的建议自然是没有不批准之理。

1940 年夏,文强在忠义救国军任政治部主任,忽然接到戴笠自香港转来一电,大意是说:"为布置东南统一行动到港,公推(杜)月笙为上海统一委员会主任委员,一如苏浙行动委员会推举其为主任委员的运用相同;吴开先代表上海市党部、吴绍澍代表上海市三青团、杜月笙代表上海市工商各界、蒋伯诚代表与军委会之联系,本人(戴笠自称)代表军统,已在港成立。经校长(指蒋介石)指定的五人委员会,实际上能到沪者只有吴、吴、蒋 3 人,请兄代表本人驻沪出席统委会议。对两吴可若即若离,对月笙驻沪代表徐彩丞可多多接近。本局任务另有规定再告,望于接电后,遴调可靠人员为助,克日前往上海报到……"文强接电后,仅仅知道五人委员会的一些情况,究竟军统对内对外不知将作何规定?于是又去电请示。3 天后复电到来,指示要"文强取道上饶赴第三战区长官部晋谒顾祝同长官请示机宜。"同时又在这通来电中,规定"文强为对内对外代表军统的联络负责人,在统委会之下,成立对日汪进行收集情报和策动反正的机构,任命文强为主持这一策反机构的少(中)将主任委员,委员名单及工作计划另拟呈核。经费可向统委会具领,不足之数,由局拨发。策委会工作开展后,注意甲、乙两种情况之上报是要"等语（军统局的所谓"甲、乙两种情况之上报"，是指对待战区长官部、统委会等上级机关，只能以公开的一套上报，而有关内部组织人事，以及极关重要的机密情报等，则只专报戴笠，也就是报蒋介石了）。文强自得到复电指示后，暂将忠救军政治部主任一职，交给秘书罗静芳代行，于6月中旬离开了广德。

文强深知军统局特务机关与外间的合作关系，向来是表里不一致的，里面的一套是真，外面的一套是假。这时的第三战区长官部已由皖南之屯溪迁移到赣东之上饶，当文强见到顾祝同时，顾首先向文强说："雨农（戴笠的字）已自渝来电，知道你要来。上海策反委员会的成立，是必要的，也是适时的。既是在战区管辖范围之内，也是统委会的中心任务，与本战区情报部门有密切联系配合的必要"。文强对顾以"老师"尊称，并表明一切听从指挥，按戴笠来电的指示，死死守住表里两套的原则，装作对顾唯唯听命的样子，顾自然是很高兴的。顾对上海统委会抱有很大的希望，他说："上海市区在本战区管辖之内，又是在江苏省省区之内，上海有租界地可利用，只要租界不失，戏是好唱的。江苏省仅仅在江北尚保有一小块不毛之地，江南山地无多，现保留在国军之手的地带，又有新四军的盘踞渗透，被他闹得三边（指苏南、皖南、浙西连接地带）不安。正在准备大动手术来割掉这颗疔疮（暗指发动"皖南事变"对新四军下毒手），此事我已与雨农详为筹谋过，今日且不多谈。你今后代表雨农驻上海，多与长官部通情报，凡能搜集到的日汪情报，希望系统地寄我一份，如有紧急情报，则从约定的密电中告知。现任松江专区行政督察专员平祖仁，是我向江苏省府指派的，代表长官部与统委会联系。另外委派王文甫为少将军事专员，到沪的任务是收集日汪和新四军方面的情报，希望多多予以协助，他是雨农推荐的，与你（文强）是黄埔四期的同学。另外本部高参室主任卢旭中将，是我的老友，足智多谋，希望见面多多谈谈今后的联系配合工作……"

卢旭是顾祝同身边的阴谋家，在长官部顾祝同的亲信辈中，称卢为"卢毒"，是个自以为跑红而不得好评的人。文强尚未到高参室，卢即先到了文在忠义救国军驻上饶办事处的住处。他说："奉长官命来看老哥，在广德有周伟龙代总指挥通消息，在上饶有郭履洲总队长通消息，今将在上海又有文兄通消息，真是消息灵通通四海，不愁奸逆不倒台……"他谈得哈哈大笑，对文如见故人，反倒使文有话而不欲多谈。于是卢又滔滔不绝地谈到什么："东南肘腋之祸非日非汪，而是新四军之不能听命，正如八路军在西北、华北不能听命一样。墨公（顾祝同字墨三）旰食宵衣，日以为虑"。又说什么："日、汪尚可拉通关系化敌为友，新四军则绝无拉通为友的可能，江西十年剿共的经验是如此，委座、墨公悬为座右，亦谆谆以教部属和门生，文兄看法如何？"文答复说："高论言之有理，长官割疗开刀之策，想系卢公所献，分属军人小卒，一切听命而行。此次去沪任务，重在对日汪收集情报及进行瓦解之策动活动，尔后希望多从这方面赐教"。文强寥寥数语，满想结束谈话，不料卢认为文的答复有点官样文章，微有不悦之色。他最后与文强约好密电本乃告辞而去。第二天，文到高参室去回拜，卢不在室，乃留下一纸条，告以俟到沪后从电报中聆教。

文强一行，由上饶折返浙西，取道金华、缙云、丽水、温州之线到上海。在温州为了办理出海手续，停留了两周。经东亚旅社老板介绍，决定乘意大利商轮，乔装商人打扮，将多本密电码本拆散，藏在一对芦花枕头里，以为可万无一失地前往上海了。不料登轮开航出海，刚到温州洋面时，忽然出现一艘日本炮舰，拦截检查。结果，将船长（意大利人）扣押，电台没收，连同商轮也被押送到镇海，停泊海中，不许靠岸。如此羁押一月，日日都有日军官兵登轮搜查，船上淡水已断，商轮上满载出口的生牛皮，被暑气蒸发恶臭，且长了黑壳虫，满船爬行飞舞，与文强随行的副官、译电员等，在惊恐万状中均惶惶不安。文强本欲将两只藏有密码本的枕头抛入海中免祸，既恐到沪无密本可用，又恐枕头为日军所得，反而弄巧成拙，几费筹思，乃下决心与枕头共存亡，并将枕头从译电员手里取作为自用之物。为日军当翻译的华籍人员，多少还有些同情无辜旅客，从他的口中知道，商轮并非意大利的，轮船上悬挂的意籍旗帜是假的，船长也是白俄冒充的，轮船是中国商人的。不料由于有白俄作船长，日本人反怀疑与赤俄（苏联）有关，因此予以扣押抄查……旅客们明了被扣的原因后，才敢推举代表向日方交涉，向日人和翻译送礼行贿，不知说了多少好话，才将这只被扣的商轮连同旅客货物转押到舟山群岛，改乘日轮，将旅客们送到上海。文强一行饱受虚惊，一个多月的失踪，引起了多少人的猜疑。

8月初，文强等人辗转到上海，首先要办的事是以军统代表的身份，对外与有关各方建立合作关系。当时，上海统委会的主任委员杜月笙尚在香港，CC派的三号人物吴开先代理统委会主任委员。此人望之不似人君模样，军统人员对他是嗤之以鼻的，何况吴不知藏在租界的什么地方，文强也懒得去打听。好在早有戴笠密令指示，找吴不如先找杜的代理人徐采丞。徐在上海号称杜的"外交部长"，果然在黄金交易所找到了他，此人风度翩翩，儒雅可亲，常识丰富，很像一位大学教授，不愧为大流氓集团中难得的人物。他对文说："吴开老办党多年，上海人是久仰的。今日上海情况复杂万分，极难应付，听说上海党部大批开老的部属，一闻汪伪登台，他们就带着市党部的档案名册去献礼求官，谅先生早有所闻。杜先生不能亲到上海，命我代为照料，当然尽力而为，戴先生与杜先生的交情,我是深知的,以后如有用得着我的地方,请不要客气。"弦外之音,他对吴的分量是秤得准的,也是抱怀疑和否定态度的。文闻其言,对吴未加可否,只是要徐转达吴,说文某已来沪报到了。接着徐又问文:"我听说戴先生派到上海的单位很多,天天都在暗杀汉奸日寇,敌伪谈虎色变,是令人称快的,也是令人生畏的。请注意安全为重。最好是能有一个头,免得群龙无首。我听开老说,文先生是代表雨农先生的,那么,有头了,我以后也就有所仰仗了。"文答复说:"希望对军统方面的,事无巨细,请都来找我。戴、杜精诚合作无间,"八一三"苏浙行动委员会的合作,戴先生推举月老为主任委员;这次统委会扩大的合作,又是戴先生建议最高当局任命月老为主任委员,这是众望所孚,开老不过副其名,真正打开局面,还得仰仗于先生哩!"这次的谈话彼此间是真诚坦白的,文在沪一年多,始终与之保持良好的关系。恰巧这年的隆冬,沪特区行动队长蒋安华策划绑票,受害者是杜月笙的门徒,徐究不知是日汪特务所为,还是渝特所为,对此案摸不到头绪,文即一揽子承担下来,说无论是哪方干的,都要查个水落石出。果然很快破案,命沪特区区长陈恭澍出面向徐赔礼道歉,严办部属,陈又央求文强千万不要报给戴老板知道。这一槌在徐的面前打响了,以后也就无往不利,加深了戴、杜之间的勾结。

吴开先听说文强到了上海,便口头通知到浦东大楼开会,口头通知的大亨是著名的米蛀虫万墨林,此人既是杜家的杂务总管,也是吴开先在租界上赖以打通关系的帮会总管。开会的那天晚间,文强是带着忠义救国军驻沪办事处长萧焕文和萧的儿子萧张权一道去的。到会的有蒋伯诚、冯有真、陆鸿勋、万墨林,和其他的男女青年数人,看来是业务会议的性质。五人委员会的人物到场的只有吴、蒋两人,冯有真是中央通讯社驻上海公社的社长,陆鸿勋是中统特务头子徐恩曾的留美同学,万墨林是杜月笙方面的代表。吴开先对戴笠一向是敬鬼神而远之,对文强当然不会例外。文强则守口如瓶,不吐真言,对上饶之行则言之甚详。吴将话题转到军统打杀日汪的所谓"铁血爱国英雄主义",大为吹嘘了一番。最后他一本正经地宣布了文强早从戴笠密电中知道的几件事:例如五人委员会的名单、杜指定的对外代表是徐彩丞、联络交通总管是万墨林,等等。他又说到对日汪的情报搜集和策反工作,说:"我是外行,就完全依靠雨农先生的运筹帷幄,更重要是靠文兄拿出办法来。统委会每月办公费只有2万元,准备以四分之一交文兄开支。以后联系见面都不容易,请与墨林大哥约订"等语。这次开会,事实上是对文强一个人的见面会。散会时,万墨林悄悄地告诉文强:以后的联系和送文件,请到我开设的八仙桥米店找某某某副经理就行。这次会,是文强报到后的第一次会,也是最后一次会,因为未过8个月,吴开先、万墨

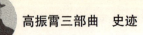

林都被捕而投降汪伪了。在这8个月的过程中,文拟过一份敷衍场面的"情报策反计划书"和"京沪杭三角地带有关日伪军的驻地兵力调查表"。而真的一套则径报军统局。吴以"卓见苤筹"四字批示,按月拨付5000元经费,但连续不到4个月就中断了。文强也没有去查问原因,因军统局按月另有经费汇来,或由杜月笙自港拨付,这些情况,对吴自然是讳莫如深的。

当年策反委员会真正的一套内容是如此安排的:

1. 策委会的组织和主要人事

主任委员(少将)文强。

委员蒋群(名君养,江西人,日本留学生,民国元年曾充任国民党元老李烈钧的秘书,是相当有名的政客);

委员高汉声(湖北人,民初国会议员,又是有名的洪帮大爷,清高自赏,贫病交加,颇有骨气的书生本色);

委员唐蟒(湖南浏阳人,日本留学生,1926年北伐军中最早的高级政工人员,是南京汪伪政府中的军事参议院院长、湖南省政府主席);

委员(少将)罗子实(江西人,保定军校第一期毕业,历任黄埔军校各期的教官、队长,充任过忠义救国军参谋处长、代参谋长,汪伪政府的军事参议院中将参议、武汉绥靖公署参谋长);

委员(少将)龚春圃(湖南湘阴人,充任过北洋军阀时期的监务统领,与国内洪帮头面人物有交情,也极熟悉汪伪内情);

委员(少将)胡醉天(浙江台州人,保定军校二期毕业,历任黄埔军校各期军事教官、忠义救国军总参议等职);

委员罗宝(号效植,湖南邵阳人,一直在上海过白相人的生活,熟悉帮会内情,也熟悉汪伪某些内情,与戴笠是黄埔第六期的同学关系);

委员(少将)萧焕文(湖南湘乡人,警官出身,当年充任忠义救国军驻上海办事处处长)。

2. 委员会之下设办公室,组织人事安排如下

少将主任委员文强,驻会办公;少将参谋长沈忠毅(江苏人,黄埔军校第三期毕业,在国民党军队中充任政工干部多年);上校秘书袁耿光(湖南宁乡人,新闻记者出身,充任忠义救国军《革心日报》总编辑);上校参谋组长沈忠毅(兼);上校宣导组长左券(湖南邵阳人,复旦大学毕业,历任忠义救国军支队政训室主任、总部政治部科长等职);上校总务组长傅荣(湖南宁乡县人,黄埔军校第四期毕业,充任军统局各特警班政治教官、政训组长等职);少校会计员马仁湛(江苏人,军统会计训练班毕业,充任忠义救国军军需处会计员多年);上尉电台台长某某某(忘记姓名);中尉副官李锡年;少尉交通顾名芳、萧淑英、张含英;少尉译电员程秀华、陈萍、傅霞英。

3. 派出的外勤策反专员姓名、驻地

少将专员罗子实,以委员兼任,先驻南京,以后驻武汉;少将专员胡醉天,以委员兼任,驻杭州;上校专员楼亦静,驻无锡;上校专员张辛慈,驻苏州;专员朱亚雄,驻南京;专员邱仰山,驻浦东。

4. 策反计划和活动的 3 点说明

(1)当年拟订的策反计划,是以汪伪汉奸头目及日军卵翼下的皇协军(即"和平救国军")部队为主要策动瓦解对象。当年军统局对待这一工作,是采取多途分头进行的。只许发生纵的关系,避免发生横的关系。拟订计划实施,是以京沪杭三角地带作中心,而且不忘"夹攻中的奋斗"这一原则,把新四军列为与日汪同等重要的假想敌。从力量对比和消长来说,只要能多拉一分日汪的力量加入到重庆方面来,便等于抑制了新四军的一分力量。到了 1944 年以后,由于第二次世界大战在非洲、欧洲战场的胜利结束,在远东的中国战场也起了大变化,不论日军如何凶暴顽强,总归已是强弩之末了。文强等人在拟订计划时,即殷切期待这一天的到来,事实上,对日汪拉与打的两手,已经开始重拉而不重打了。除了汪精卫没有被拉动之外,连陈公博、周佛海等巨奸都已被拉得倒向蒋介石的一边。在抗日战争快将结束的那段时间里,早已形成了蒋日汪合流,夹击中共与八路军、新四军的局面。

(2)策委会的工作重心,从一开始就注意京沪杭三角地带,大致是一年后,策反的对象多如牛毛,于是就发展到遍地铺开一把抓。例如在苏北的李长江部队、杨仲华部队,原来就是蒋介石方面的地方部队,投汪后又策动了过来;西北军系统的刘郁芳、孙良诚等部,驻在开封、苏鲁豫边区,也策动过来了;还有驻武汉的叶蓬部队、驻广州的招桂章部队,甚至还有"满洲国"的王家善等部队,也都策动过来了。蒋介石的所谓"曲线救国"的政策,大有由曲而直线发展的趋势。照戴笠的说法,这叫做"一通百通,千通万通,无所不通了"。

(3)拉与打的两手同时进行,这是蒋介石对日汪斗争的基本手段,军统局是坚决执行这一政策的。自从上海沦陷后,被军统特务打手所组织的大小行动队先后暗杀的汉奸,连同日军人员在内,共计 400 余人。这一数字是根据军统向蒋介石请领奖金的名单计算出来的,军统的内部刊物《清白家风》上曾登载过。军统局对待投敌的特务喽啰,同样是采取暗杀的手段,戴笠的口语叫做"杀鸡儆猴"。据文强所知道的有:忠义救国军第一支队长何行健投汪伪后,被暗杀于上海百乐门舞厅门口;军统广州站站长李式曾投汪伪后,被暗杀于澳门中央酒店门口。后来投汪伪的越来越多，杀不胜杀，这些人便成为蒋日汪合流的媒介。上海策委会只管策反和情报的搜集；打的任务在上海归陈恭澍负总责，长江三角地带其他地区，则由各地行动队去干。忠义救国军所组织的行动队、行动大队、行动总队，以及由郭履洲负责的便衣混成总队等等，也是配合打的行动的。

吴开先被捕前不久，发生了平祖仁和军统南京站站长钱新民的被捕事件，外间议论纷纷，即怀疑是平祖仁被捕后的连锁作用，也怀疑到钱新民被捕后的牵连，统委会和策委会都感到人人自危。嫌疑特别重的是平祖仁，他在淞江专区以当行政督察专员为掩护，实际上是为第三战区长官部搜集情报。平的为人非常活跃，对国民党所属党、政、军、团、特以及工商各界，他都要去钻一钻。所以大家一听到平失踪的消息，便都认为平是一个靠不住的人，等到吴开先、万墨林一被捕，"十九不离平"的谣传更是不胫而走。说来平的被捕，几乎无法查明究竟是日本特务机关干的呢，抑或是汪伪特务机关干的？截至文强于1941年12月离开上海为止，也不曾查得明白。至于外间怀疑是钱新民被捕而引起的连锁作用，则完全是无根据猜想。因为钱与统委会从来不发生组织的人事上的关系，这一猜疑不久就被澄清了。

究竟吴等被捕的原因何在呢？根据军统潜伏在汪伪特务机关"76号"的密报查明，是吴开先的亲信沈守良干的。沈又是怎样的一个人呢？在上海尚未沦陷时，只要出入过上海市国民党党部大门的，就可看到经常担任门卫的沈守良，此人八面玲珑，确实是个颇为机灵的白相人，被吴视为亲信。吴代理统委会主任后，只想到亲信当门卫可靠，却没有想到充当过门卫的这个年轻人，早已暴露目标，成为日汪特务的猎获物。吴本人嗜赌如命，每天16圈麻将，如同段祺瑞嗜棋一样，不可一日无此物，而吴似乎对沈特别怜爱照顾，每天抽头，总是多分一些给沈。本来沈一向谨守岗位，很少外骛，但等到手边上活动款子多了，便学着油头粉面，经常出入于茶楼、酒馆、舞场。"76号"的汪伪特务对他盯梢已久。文强曾暗示吴应注意防范，特别要求亲信行为检点，吴拍着胸膛说："吴某不做亏心事，半夜敲门心不惊……"令人听了啼笑皆非。统委会本来就是一座空架子，万一吴被捕，这空架子也就拆了台。文强当年最担心的是八仙桥米店，策委会的人员与统委会联络，曾经与万墨林打过不少的交道，唯恐万墨林被捕而受株连。于是就采取了一些必要的防范措施，特别是有意无意地警告吴、万两人，万一被捕，决不能供出军统方面的人来，否则，"请注意傅筱庵、张啸林的下场"（傅是汪伪上海市长，张是准备降日的与黄金荣、杜月笙齐名的大流氓头子，都被军统暗杀）。不知是威胁性的警告起了作用，还是由于万墨林保存了一些江湖义气,从整个策委会的关系来说,是没有受到吴、万被捕任何影响的。万曾间接托人带口信给文强说:"要千个放心,万个放心!"看来,他说的是真话。

吴开先被捕后,文强从潜伏人员的密报中得知,是由原中统局的两个特务头子丁默邨、罗君强陪着吴到南京去见汪精卫的。驻南京的日本特务头子影佐祯昭,把这看成是一件了不起的大事,对外宣称是重庆国民党组织(副)部长吴开先投降,引得南京大小汉奸弹冠相庆。以后日汪以招鸾引凤之策,将吴释放回渝,目的在诱降蒋介石,企图进行中日停战的和平谈判,只因时机过晚,日本败局已定,使吴无所成就而已。

"屋漏何堪连夜雨,行船又遇打头风。"这两句话,正是上海统委会、策委会以及军统在上海的组织机构总垮台的写照。

统委会因吴、万被捕而垮台是可以想见的事;吴开先投敌前后,又祸不单行,潜伏在上海的军统特务几乎被日汪特务机关一网打尽。南京站站长钱新民在南京路被汪伪特务丁燮林绑架而去;上海特区区长陈恭澍,因人事股长桂某某投敌拥汪,交出了组织名册,在陈指挥下的两个行动大队,凡名册上有名的,一个不漏地被汪伪特工捕获,区里面的工作人员当然也成了瓮中之鳖,沪特区被捕的共有100余人。陈恭澍平日自称硬汉,他是前军统上海区区长王天木投敌拥汪后,特别自平津区的岗位上南调的。谁料到他一被捕,还没有见到汪精卫的面,就先见到了军统一批已经投敌的大特务,如傅胜蓝、钱新民、廖公劭等,这些家伙对陈大摆老资格,在他们的威胁利诱下,陈竟无耻地说出"对汪先生和平救国反共早有体会,蒋先生、汪先生都是为了救国大计,识时务者为俊杰,两先生的救国主张,当然是汪先生英明"等等一派胡言。陈投敌拥汪不久,为了爬到更高的汉奸官位,他向汪建议,要在京沪杭三角地带成立对付新四军的"清乡整肃委员会",由日、汪合力有计划地"清剿",只有使新四军无立足之地,三角地带才能确保,才能高枕无忧。陈还在1941年10月前后,编写出版了一本名《蓝衣社内幕》的小册子来揭军统的老底。

忠义救国军驻沪办事处处长萧焕文,全家老少共计7口,全部被捕。他有3个女儿,名淑英、玉英、杰英;2个儿子,名复权、张权(张权在策委会作交通,早于半年前就失踪了);另有2人是大女儿淑英的儿子、妍头。萧焕文一家,除了办忠救军的事外,他的女儿、儿子、外孙都是军统沪特区的交通员,其中以杰英为总交通,全家的收入是很可观的。尽管萧杰英对军统潜伏在上海的许多特务的住地原先并不全知,特别是电台人员,几乎是绝密的不让任何人知道,但无论怎样绝密,总瞒不了她这个总交通,所以她一被捕降敌,军统沪特区的人员就被一网打尽了。萧氏一家既为日汪立了这样的大功,因而也就受到了特殊的宠遇;汪伪特工还要萧焕文想尽心计来诱捕文强等入网。此计不成,他就自请带着大女儿淑英到广德忠义救国军总部去策动该军代总指挥周伟龙归顺汪伪,许以军政部长的高官。不料被我们的潜伏人员密报泄漏了"天机",待萧到达广德总部时,重庆早有来电,立即将其父女两人扣押解渝,一直关押到戴笠坠机死后,才释放出来。萧出狱后,还暗中大骂文强不讲乡谊,使他父女坐牢四五年,深悔不该去广德钓"大鱼"云云。

军统在上海苟延残喘的漏网单位,打的一套全部崩溃;拉的一套,尚存在的是以文强为首的策委会。另外有一个由军统局派出的名曰"中央会计室"的小组织,这个室只有男女两人,男的称"娘舅",名郑肇武,浙江江山人,原是戴笠家里的长工,粗识文字,经多年培养,一直管金柜;女的自称为"外甥女",湖南邵阳人,是军统局临澧特警班的高材生,名蒋志云(后逃台湾任"国大代表"),她以在上海法学院念书作掩护,担任出纳,跑银行取款,为军统所属各单位送经费。他们的住址只奉命批准让文强一人知道,地址在静安寺路静安别墅某号。据蒋志云告知,这座三层楼的西式房子,特别幽静,是戴笠抗战前在上海金屋藏娇的香窝。上海沦陷后凤去楼空,才利用作了军统的"中央会计室"。郑肇武从来没有暴露过目标,在上海还蹲得住;蒋志云东藏西躲,在沪特区总部垮台后,侥幸远逃到香港,在戴笠的眼中,是受到另眼相看的。

1941年秋,军统在上海的组织被日汪一网打尽,只留下策委会这一组织幸存,戴笠深感情势严重,从重庆发电报给文强,限令立即通报全体工作人员,说什么"委座得报仁弟及全体爱国志士,坚贞卫国,出死入生,党国柱石,民族精英,前赴后继,杀敌致果,以竟全力。特电嘉慰,望一日一电,报以平安……戴笠转奉某电"等字样。文强明知是假传"圣旨",在当日危急情况下,为了稳定人心,也只得以假乱真,向部下们作了传达,并立刻代表大家写了呈复电稿拍发:"转奉某电谨悉,此间情势紧急,深蒙鞭勉,万一不幸,为国牺牲,义无反顾"等语。文强将戴笠假传"圣旨"的来电,强令工作人员读熟背诵,悬为座右。还亲自用楷书,抄写文天祥《正气歌》多份,分送给工作人员,规定不许去娱乐场所,宁可在室内以麻将牌为戏。这里特别要提到一位可敬的爱国宁波保姆,她是雇用来的,机关的人都称她作陈妈。1941年秋,会计员马仁湛,公余好学,请准入上海法学院半工半读,不料被汪伪76号的特务发觉,将其逮捕,并闯入静安寺路统一里某号机关查抄,目的在搜捕文强、沈忠毅诸领导人,适逢文已转移,沈夫妇外出,正当彼等闯入查抄时,陈妈沉着应付,眼捷手快地将机关人员薪饷名册抛入已被特务查抄过的门帘夹缝中,使查抄者一无所获。否则这本账簿落入日汪特务之手,将不知会酿成如何的灾难?陈妈平日只知同居者是重庆来的客商,并不知有其他内情,如此出于爱国仇敌的义行,是应该称颂不忘的。

同年11月下旬,也就是在文强发出"一日一电报告平安"的复电后不到一周,又接到戴笠的来电,指示文强"于接电后,取道金华或香港来渝报到,并发表文为湖南缉私处处长,以慰赉劳。遗缺由文保荐忠贞资深同志接替。"文强遂即复电保荐原策委会参谋长沈忠毅升充主任委员。这时因统委会早已垮台,沈接替后,便成了只受局本部的单线领导关系。

文强在沪乔装商人,搭荷兰商轮芝丹沙尼号于12月3日抵港。原计划搭5日飞渝班机,在港的军统特务骨干王新衡、连谋等坚留迟一班飞机再走,殊不知正遇到了珍珠港事变的发生,日军对香港、马尼拉、新加坡同时下手,战火横飞,太平洋战争揭开了序幕。文强因此困居港九,欲行不得,期将匝月。一直延到12月底,英国驻港总督郭洪量打着白旗向日军投降后,文才混在难民中,与连谋等一行逃到长洲岛,以后经澳门、石岐、三埠、高要、梧州、柳州、桂林等地,为时近两月,才飞抵重庆向军统局报到。

说起珍珠港事变的发生,并非偶然,日军部署囊括太平洋的战争,早在事变前的两个月,文强在上海搜集的日方情报中,就已发现了蛛丝马迹。例如于1941年11月上旬,搜集的一份有关日军动态的情报资料中,探悉到如下大意的语句:"日对东亚圣战胜负决之于英美而非渝宁(指蒋汪),将以必死木机一举歼米(即美,日人对美鄙视之称谓),以珍、马、星、港为讨伐之的。"当年文强审核这一情报时,几乎全然不解其意,且深责日文翻译者,文理不通,自作聪明,望文思义,全不可解。后来,经过一番研究分析,肯定日本将有异动,而且判断到异动将发生在太平洋地区,而非中国境内,遂将此情报报送在重庆的戴笠。后来文强抵渝报到时,戴笠提到此事,十分感慨地说:"收集情报资料难,分析判断更难,你自沪报来的有关珍珠港事变的情报,我们半信半疑,老头子则认为是谣传,不足为信。我们通知英美方面,更嗤之以鼻,绝不相信。事后,他们又认为我们的情报确实,认为日本人用木制自杀飞机向美国太平洋舰队作同归于尽的偷袭,连偷袭的目标都暴露出来了,还有什么理由不相信呢?"文强笑着说:"做事后诸葛亮容易,做事先诸葛亮难,我在沪得到这样天书似的情报,不得不报,诚没有想到会有如此痛定思痛的教训。"

文强在辗转返渝途中,已料到珍珠港事件发生,上海租界必将落入日军之手,赖以作掩护的铁栅,将不起作用,沈忠毅接替文强以后环境就更危殆了。文强到渝与毛人凤见面后,毛即惋惜地说:"上海本局的工作,真正被一网打尽了,阁下辛辛苦苦建立起来的策反委员会的工作,也全部垮了,沈忠毅被76号的特务诱捕下狱了。假如老兄不走,也许还能多支持一些时日,但是76号的大小特

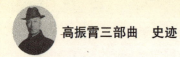

务,来自忠义救国军的为多,他们守在租界的十字路口,宣称一定要在大双十节前将文某抓到,戴老板是不能不考虑到阁下的安全的。"

文强接着又问沈究竟是如何被捕的,株连的范围广不广？毛接着又说:"问题出在沪特区电台上,陈恭澍投敌拥汪后,电台也被76号所搜查并利用上了。他们被迫与中央联络台呼唤,请求发给经费,以便继续效忠工作,决不二心,并约定要沈忠毅于某日某时,手持雨伞一把,立于南京路某处相候,以便与电台人员恢复组织关系……我们过于相信受过训练的报务人员,不疑有他,才指定沈按约定的联络办法前往相晤,沈就是如此而落入敌手的。"抗日战争胜利后,沈被释放出狱,经查明,沈虽受尽非刑拷打,在狱中被折磨了5年,却始终坚贞不屈,视死如归,经受了一次生死考验。

资料来源:文强、沈忠毅:《军统与汪特在上海的一场争斗》(摘自《文史资料存稿选编》精选)

四、刺汪宋案判决全文

刺汪精卫宋子文案终判决
高汉声曾因误供遭到牵连

　　余立奎、张玉华、贺坡光等刺汪刺宋及妨害秩序一案,业经首都地方法院审理终结,并于本月 19 日判决余立奎共同连续杀人未遂,处死刑,褫夺公权终身。关于过失致人于死部分免诉,其他部分无罪;张玉华、贺坡光共同连续杀人未遂,各处死刑,褫夺公权终身,其他部分无罪;胡大海、周世平共同连续杀人未遂,各处有期徒刑 12 年,褫夺公权 7 年,其他部分无罪;刘书容、卢庆麒共同连续杀人未遂,各处有期徒刑 7 年,褫夺公权 7 年,其他部分无罪;项仲霖、李怀诚共同杀人未遂,各处有期徒刑 5 年,擭夺公权 5 年,其他部分无罪,手枪一支没收;胡昌平、张国屏、徐瑶英无罪。该项判决书已于今(24)日由该院分送各被告及律师等,兹探录其事实及理由部份如下:

　　事实

　　余立奎(即李自安,亦即李石如)原属军人,因失业加入在逃王亚樵等所组织之暗杀团体,分布京沪一带,专刺中央重要人员藉以泄愤。民国二十年七月二十三日上午七时许,侦悉前财政部长宋子文赴沪,偕同党徒分持炸弹手枪往上海北站东大楼下掷击,误将随行之秘书长唐腴卢击毙,宋因卸帽趋避北首柱后,并经术士开枪还击始获脱险,旋由路警护登大楼,分别报告段局督队前往,余等均弃枪潜逃。

　　民国二十二年至二十三年,上海先后缉获暗杀团龙林、唐明、李楷、彭光辉(即张玉成)等,余立奎即随王亚樵避居香港,与胡大海(即胡其昌)、郑益坚等仍续筹进行方法。民国二十三年七月,华克之由沪往港,密议在南京组设晨光通讯社,派华克之为社长,张玉华(即张四明,亦即张思敏)为经理,贺坡光(即贺少茹)为编辑,孙凤鸣(即孙凤海)、刘书容(即刘钟琥)为记者,作为暗杀之掩护机关。同年九月,晨光社成立,华克之复往香港与王亚樵、胡大海、周世平等商议,拟于五中全会时由孙凤鸣实施行刺,王出六轮即左轮手枪一支,交华带回应用。同年十二月,中央开会,由张玉华、贺坡光送孙凤鸣至中央党部图刺蒋委员长未成,孙即赴沪,华克之于是时又往香港报告行刺失败,并筹划以后步骤,由王亚樵与余立奎、周世平、胡大海等商议决仍继续进行,唯实施之人一时未定。

民国二十四年一月，众议再予孙凤鸣一机会，并拟召孙赴港予以指斥。而晨光社张玉华自华去港后，恐孙凤鸣不能肩此重任，特往江西德安邀郭专忠来京，藉作孙之替代。嗣因港方召孙，乃于三月间率孙郭赴港，在琼崖商会四楼受王余等训导，孙即表示决毅。越二日，张孙郭二人又往老明台一号王妾蔼英家讨论，到场者王亚樵、余立奎、华克之、问世平、胡大海诸人，时胡大海会提议用手枪不如用炸弹，华克之提议晨光社请派张志韩主持，并无结果。

同年五月间，王余等又在丰富台十九号商议派周世平趋视孙凤鸣是否已具决心。周于五月杪北上，六月杪回港报告，晨光社人员工作努力，孙凤鸣尤具决毅，惟经济极窘，并称张将来港报告工作及经济情形。八月张玉华将行刺手枪交谷梓峰（即郭子峰）送藏知情之卢庆麒家，旋即取回，同时张又抵港厉成和道郑益坚家，声述经济窘态，王余等虽表示援助，第未获圆满结果。同月，前行政院长汪精卫辞职，蒋委员长自汉飞京，贺坡光复送孙凤鸣赴会场暗杀，卒以遇蒋委员长时神情过于紧张未能下手，而罢。经卢庆麒以此电告事前往沪暂避之各职员回京，孙凤鸣亦由京返沪，而社中经费早竭，华张等于春间曾招项仲霖来京活动，津贴留住社中，但常因专赴镇，迨孙返沪后，项始回社，项之旧交李怀诚时来聚谈，均与闻机密。

同年十月间，华克之以中央将开六中全会，于二十二三日由沪带孙凤鸣来就与张贺等商议，决于六中全会开幕摄影时实施，又因前两次失败系目标专注重蒋委员长一人，决定首先对蒋，其次对汪，如均不得下手，则予以大骚动。犹恐担任实施之孙凤鸣意志不坚，临时或有疎虞，复于同月二十八日晚，由华克之发起开谈话会，华张贺刘项李孙均在座，除刘未发言外，余均对孙加以励导。孙满口承允，誓不生还，并经项贺分别往领记者出入证，结果由贺领得于十一月一日晨偕刘书容送孙至中央党部，将出入证交孙，藉以入场。迨是日上午十时，中央党部举行六中全会开幕典礼，全体中委在会议厅门首摄影，分立前后排摄影，毕，后排各委先转自大门入厅，前排各委最后始能转入。汪院长适在前排，孙凤鸣即自摄影机旁人击中突然跃出，向汪院长连放三枪，击中左颧骨、左臂及背部三处，幸无生命危险。孙凤鸣被卫士击伤获送医院疗治无效身死。枪亦当场获截。华张贺刘项李诸人均于事前离京，华克之并由沪转港报告行刺经过之后，张玉华、贺坡光、刘书容、项仲霖、李怀诚、卢庆麒等先后在上海丹阳镇江等处缉获，余立奎等在港亦深感不安。

同月二十二三日，余立奎、胡大海、周世平等先后在港被获，并于胡大海所携带郑益坚手提箱内搜出各处寄往密函多件，一并带往香港中央巡理府讯问。于手提箱中发现胡昌平（即胡长明）、张国屏（即继蕃）之通讯地址，先后往福州、合肥等处拿获。十二月一日,逸出许志远(即许致远,亦即徐园)之妻徐瑶英(即许姚莹亦即徐瑶影)受其夫友胡之明嘱托往法租界霞飞路上海银行支取香港沪款,亦被缉获。除张贺刘项李卢六人由中央常务委员会决议送经江苏高等法院第五分院检察官侦查终结,诉请同院刑庭论知管辖错误移送审判到院外,其余六人由首都警察厅先后准香港政府引渡,暨各处捕获解送本院检察官提起公诉,本院以该两案案情牵连特予并案审判。

理由

本件应分四部分,论断如次:

(甲)关于余立奎刺宋部分

按上海北站东大门内大楼下,于民国二十年七月二十三日上午七时许确有由京赴沪之前财政部长宋子文被暗杀团体分持炸弹手枪掷击,因卸帽趋避北首柱后,由卫士开枪还击,始获脱险。而当时随行之秘书长唐腴庐误被击中,伤及左胁、右腰、左臂等处,越时身死。业经中外各报登载甚说,并经被告余立奎提出当年七月份之上海新闻报一册为证。日秘书长唐腴庐之伤痕复经主治医师温干臣亲往香港中央巡理府供明,由该府制成笔录,于引渡时转由首都警察厅函送附卷。兹所应审究者,即被告余立奎是否为该暗杀团体内实施杀人之共同正犯是已。

查该被告于当日衣白色长衫,携带手枪,与王亚樵等前往上海北站大楼下,分坐南首二三两柱柱旁。迨宋子文及随行之唐腴庐经过该地,共同举枪射击及指挥用炸弹抛掷,计四枚中爆发三枚,一时烟雾覆漫。被告及各党徒先后弃枪逃逸,宋氏亦经路警护登大楼。不独当时在场护卫之路警赵心忠、陆有才等到案如此供述,即张玉华于就获后在宪兵司令都及江苏高等法院第五分院公判中亦称"刺宋子文的事听华克之说过,主要分子是谢文达、余立奎、华克之,领导者是王亚樵,至余立奎如何行刺,我不知道"。而王仁山在香港巡理府又称,1934年(即民国二十三年)遇余立奎于王亚樵家渠住永兴街十号四楼,我曾按址访之,王自称为暗杀大王,余亦自夸其最得意者为暗杀宋子文一专等语,足证被告在场实施,已属众证俱确。

虽路警赵心忠等之结构与在香港中央巡理府供述情形微有不符,其说明当日北站大楼下之柱数亦与新闻报上所刊登者有南北各四柱与各三柱之差异,然自民国二十年七月迄今,已历五年之久,该处大楼又因二十一年"一·二八"战争被毁,然证人等以越时过久,致陈述上稍有讹误,自属情所难免,要不能以此而即认为有重大之瑕疵。况该证人等当日在大楼下避居之处为南首第四柱后,为北首第四柱后,以不同之地点观察,其言之发生差殊亦不足怪。盖此案重要之点在各行凶者之面貌持征及举动状态,不在极细微之第几柱旁,及大楼上开有几柱,此即所谓须在该处着限者是也。诚以警察官佐之侦察犯人,重在人像指纹,故比对于被告面貌,靡不深印脑海,即令经年累月亦不至绝无印象。

观该证人等于民国二十一年十二月间在淞沪警备司令部察看相片,竟能于十五张中指出被告无误,则其当时确系目睹被告,于此已堪认定。加以被告在港就获以后,该证人等前往香港质证,在未经讯问以前,即令其分别前往维多利亚监狱内已排列之十人中辨认,谁为被告,均能指明不爽。纵该二人中有一人指认时间较反,要亦由于记忆力强弱所致,自不能以其有一人记忆力较差而即认为不足采信。

如谓该证人在维多利亚监狱内指认被告曾与律师串通,而当时令指认之各人犯中,只被告一人留须,实不难于辨认。亦系被告片面供述并无确切证据提出,当无采信余地。矧据当时主持辨认事务之慕非 Jimsthy Murphy 在香港中央巡理府供称,辨认是在维多利亚监狱中举行,在新入口处及旧间之过屋道中 Chancery 弄侧(即在断头台之下)。余见证人在监狱外,余人监时,彼等由一警官看管于辨认场上,令逃犯(即被告,下仿此)与其他九人排列一行,此乃极佳之辨认方法。因各人皆甚相似(七人连被告在内),有须二人,下颔亦略有胡髭,余敢言其他各人皆极似逃犯,其衣服、头发亦均与逃犯相同。七人留较长之发如逃犯者,其余则为普通短发。在彼等指认之前,曾请梁君为翻译,余请其向逃犯说明辨认之目的,谓有二指定之证人前来为 1931 年(即民国二十年)6 – 7 月间在上海某案指认人犯。在召第一证人以前,虽曾问该逃犯欲换衣否,但彼并未易衣,彼立于该行从右数起第八位。余乃离开监狱,自过这外带陆有才入内辨认。余除呼陆之姓名外,并未与之谈话。在是晨举行辨认以前,亦从未与证人等晤面。当该逃犯听闻之下,由翻译人翻译,余询该证人"汝能指认此行人中,有何人与 1931 年 7 月在上海发生之事件有关系者一?",该证人于是开始审视,在该行人前面往来几数次,再往其背面察看,于此者继续不停。至五六分钟之久,该证人立于该逃犯与第五人之前细察第五人一二分钟,然后注视逃犯,即指定为彼,其指认可称满意。余又询"此行中,汝犹识得别人否?",据答"第五人似颇面熟",当由他道带出交付警官。看管在召第二证人(指赵心忠)以前,将逃犯易第七位,并改穿第六人所着之裤。余乃复往带第二证人迨返时,见逃犯已改立于第五位之位次上,该证人于领会余嘱其辨认犯人之意旨后,立即趋往该犯前,毫不迟疑将其指出,并未再指他人等语,可知证人等供述各节均系当时实情,并无丝毫虚伪。而被告辩称"与律师勾通"及"各人犯只其一人留须"等词,益足证明其为空言狡饰。

虽据被告供称民国二十年七月十四日晚间，曾在广州泰康路68号房主李华家晚餐，有李之表亲刘直元在场，且经其前往香港证明，足证被告当日人在广州决无在沪行刺之事云云。然查刘直元到港作证，系由谭泽林前往请托，并非出于该证人之本意。且其供述时间极为含混，只称"我未特别注意有荔枝时所遇之生人，仅能模糊记得日期，是在荔枝会中遇见逃犯"等语。用谓荔枝时间为期甚长，自废历一月至六月之期间内皆有出售，则该证人所称荔枝会者，究系何月何日，殊难忆测。纵其后又称"我有一次在李华家过大暑节，见该犯独居室内，并无其他女人"，唯该证人于供述之时并未说明年份，则该大暑节是否在民国二十年已不无疑问。即其最后对于年份上忽下一肯定之词为1921年，但此种事后追加之语是否出于忠实，实属无凭，认定殊难予以采信。至二十一年时被告曾在上海组织救国决死军，参加十九路军作战，其相片各报均有登载，上海文庙亦有陈列赵心忠等系京沪路路警，属于公务员之一。在沪战时决无不看报之理，如该警等于五年内认识被告，在沪战时距宋部长被刺仅隔数月，当更能认识明确。且宋部长遇刺，悬赏有数万之巨，何以不于阅报后即行报局缉捕，而领此巨大赏额。殊不知路警服务系在各该管车站及路线带，不能轻易远离。上海文庙有无被告相片陈列，在该证人未必定能目睹。况据赵心忠等陈述，彼等当日曾因车站被毁而参与沪战工作，并无闲暇看报，则其未能目见被告相片，亦非无此事实，更难以此而希图推翻证言。

他若被告辩称"该证人等在香港法庭供述谓系四十余岁留须之人首先枪击，但依沪报所载，据宋之卫士云，乃四青年人开枪。可见该证人谓我枪击之语实非当时实情"，本院查该被告所呈之上海新闻报册关于卫士所述情形，因称"当时东大门口人数众多，而开枪者似只有青年四人"云云，然据宋氏自己对新闻记者所发表之谈话则称"据予卫队所见，至少有凶犯四人开枪，或尚不止此数"，足证该证人等所谓青年四人原非确定之词，观其上文"似只有"三字，及宋氏所述之"至少有""或尚不止"等语气，已不难想见。且查淞沪警备司令部卷宗，亦载明两次所捕获人犯已不止四人，而其中并有年岁在中年以上者，如张玉成、刘文成、刘刚等。乃被告以报载不确定之词冀图推翻赵心忠等之有力证言，尤难认为可信。若谓该证人之举动不似当路警者，恐彼等当时并未在场。唯查当年7月25日报载两路警务段长之呈文，确有警长赵心忠（报载误为赵忠心见被告所呈之新闻报）之名，可知该证人等均系路警，并曾在场护宋无疑，则被告抗辩各节显非事实。

再查被告所称刺宋凶犯龙林、张玉成、李松得、孙启俊等，当时供说共犯人数计有十人左右，并未述及伊名，当可证明无共同杀人之事实。经本院说核淞

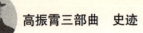

沪警备司令部龙林等杀人案原卷,关于供认刺宋人数,各人均不一致。有称王亚樵、龚春圃、龚湘舲、李松得、刘刚、唐明、龙林、高汉声、邱季良、张玉成十人(见民国二十二年六月二十六日张玉成、李松得等在公共租界巡捕房供);有称孙凤海、许忠德、系文福、孙文德、梁贵馨、周茂文、尹清林、李宝元、陈凤初、孙启俊等十人(见民国二十五年十一月十四日孙启俊在淞沪警备司令部侦查队及同年十二月八日周茂文在淞沪警备司令部供);有称许忠德、梁桂馨、孙文德、陈凤初、周茂文、孙凤海、孙逸元、李宝元等八人(见民国二十五年十一月四日及同年十二月八日李宝元在淞沪警备司令部供);有称里面有李宝元、孙启俊、周茂文、孙凤海、梁桂馨、孙文德、孙逸元、许忠德、尹清林九人,外面有华克之、王亚樵、陈诚、张四明等四人(见民国二十五年十一月十四日尹清林在淞沪警备司令部侦查队供);有称孙凤海、陈凤初、孙文德、孙文福等各持手枪到车站内,王亚樵、张四明、华克之、陈诚、尹清林在车站外(见尹清林于同年十二月八日在淞处警备司令部供);有称据龚祥林说北站刺宋事是他们做的(见民国二十三年十月十八日龙林在淞沪警备司令部供)。人数既有多寡,姓名亦极参差,然究甚所以有多寡参差之殊者,无非以该团组织过大。当时实施人犯之人数姓名未必各人尽能详悉,纵能详悉,未必据实陈述,且亦不能必其绝无遗漏,此种他人在另案消极之供词实难以之为被告有利益之证明。

上述证人赵心忠等证言既非不实,而被告所提出之反证复又不能成立,其为参与实施情节尤属显然。本院自未便任其饰词狡赖,惟查该被告与王亚樵等共同杀害宋子文,竟误将唐腴庐击毙,实系打击错误,应负杀人未遂及过失致人死之责任。但其犯罪日期在民国二十一年三月五日以前,除刺宋部分出于预谋不能因大赦而减免其刑外,其过失致人死之最重本刑为二年以下有期徒刑,依法应予赦免。

资料来源:《申报》,1937 年 4 月 28 日

附录:安那其学会

时景梅九、王亚樵、高汉声、陈群、何天风及京沪各大中小学一部分员工,亦于此际成立"安那其学会",以无政府主义相号召,发行刊物,从事宣传。唯参加此一组织的人员大多尚空谈,无实际,放荡不羁。亚樵深感此辈不能起积极作用。乃征得一部分主张较为激烈者的同意,在该会中分成小组,专司暗杀。该小组在江浙战争时期,曾利用机会,助卢永祥倒齐燮元,刺杀上海警察厅长徐国梁,又在上海北站行刺宋子文,以及国民党六中全会开会时,行刺汪精卫等等。所有这些行动均是"安那其学会"暗杀小组所为……

资料来源:《合肥文史资料第三辑—王亚樵》

第十二章　抗日英烈

　　呜呼,老成凋谢,耆硕云亡,国方多难,闻击鼓而追怀宿将,天胡不愗,读觅碑而痛失元良。

——节选自《大学生》(南京)期刊,《悼高汉声先生》,1945年

一、追悼革命元勋高汉声

辛亥革命起义元勋高汉声一九四五年三月二十三日逝世
高风硕德足资楷模四月十四日淡水路关帝庙召开追悼会

高汉声先生为辛亥革命起义元勋,曾被选为国会议员,任安襄郧荆等处招抚使,高风硕德,足资楷模,于 3 月 23 日逝世,今日在淡水路关帝庙闻会追悼。

资料来源:《申报》,1945 年 4 月 14 日

二、鄂省忠烈人员 中央分页褒扬

忠烈高汉声颇著勋劳
行政院题颁"忠贞体国"

本报汉口 21 日电:鄂省顷奉中央颁令,褒扬本省忠烈人民一批:(一)房县高汉声,早岁参加同盟,抗战期间任策反委员,颇著勋劳,经行政院题颁"忠贞体国"匾额。(二)麻城人民胡朱氏,以死拒敌,经内政部题颁"贞烈可风"匾额。(三)京山徐向氏,事姑至孝,在抗战期间,曾率子星夜引导国军脱险,经国民政府题颁"矢志柏舟"匾额。(四)嘉鱼县徐采青,愤敌侵略,服药殉国,经内政部明令褒扬。

资料来源:《申报》,1947 年 8 月 22 日

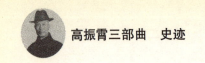

三、悼高汉声先生

　　公望高山斗，品重圭璋，赞翊共和，树勋猷于江汉，抚绥黎庶，宣威德于荆襄，护法统而名垂不朽，伸民权而会集非常，洵匡时之柱石，为建国之栋梁……

　　维

　　中华民国三十四年四月二十五日，同人等谨以清酌庶羞致祭于高公汉声先生之灵曰。呜呼，老成凋谢，耆硕云亡，国方多难，闻击鼓而追怀宿将，天胡不慭，读觅碑而痛失元良，有不同□欢惜，共感凄苍者乎！伏维我。

　　公望高山斗，品重圭璋，赞翊共和，树勋猷于江汉，抚绥黎庶，宣威德于荆襄，护法统而名垂不朽，伸民权而会集非常，洵匡时之柱石，为建国之栋梁，功成身退，志洁行芳，马仗波精神矍铄，郭令公杖履徜徉，方翼寿享期颐，星辉南极，讵乃禅参领悟，佛证西方，此足见夙根独厚而余泽方长者也。同人等或钦楷模，或共梓桑，剑挂徐君，望树云而泪陨，笛闻向秀，歌薤露而神伤，缅典型兮宛杜，念遗爱兮难忘，允宜乎秋血食，聊贡一瓣心香，尚飨。

　　资料来源：《大学生》（南京）期刊，1945 年出版，第 2 期第 11 页。上海图书馆收藏的编号是 J–0803 胶片。

類外表的身體形狀與精神能力或精神活動的關係，但是他的結論卻是否定的。凡抱學者的分析人類的性格遂以身體的形狀來於空想。可是身體的形狀與精神的能力的關係不能說絕無，尤其是精神病患者與其身體構造確實有關係，反過來說：將以為的傾向，肥大型的人必為狂藥性，而事實上並不盡然。總而言之，民族的外形的身體構造與內在精神（文化）是有著關係的異（根本上）是沒有的，由此可得下面二結論第一，民族的精神能力（文化）是以生活上諸條件所制約為歸屬第二，由於民族的精活上諸條件所制約，故不能確定民族即本質上（能力）的差異。

悼高汉声先生

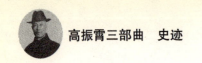
四、沈爱平回忆与夫君高振霄抗战中的几件往事

往事一

抗日战争爆发时,汉声已是近 60 岁的老人了。南京政府考虑到他是同盟会、国民党元老,德高望重,又年事已高,安排他退居敌后。但汉声执意不肯,并寄信给家说:"无国哪有家,为拯救中华,驱逐日寇,视死如归"。

往事二

一天,汉声回家后心情非常低落,我问他为什么?他对我说:"我送出去的一批人(指共产党地下工作者),被日寇羁押了。日寇喝令痛打,要求这批人招供,他们都不肯招供,日本人下令吊打!并审问:你们是从什么地方来的?是上海来的吗?最后,终于有人说,'是高汉声喊我们来的'。众人听后马上将吊着的人放了下来。日本人说,'为什么不吊打了'?有人说,"是好人,是煤炭厂里的工人,释放他们吧,不用绑了,请他们吃完饭后赶快放掉……"

往事三

汉声接到一封信后焦急地对我说:"是张执一的来信,说最近天气很冷,要我送他一件新的马裤呢衬绒袍子。"接着说:"最近,我又送出去了一批人(是一批共产党青年干部),这批人先到芜湖与张执一会合,我再想办法帮助张执一带这批人一起去延安革命根据地"

往事四

1938 年的一天,一群全副武装的日军官兵公然闯入家里大肆搜查,并将高振霄强行带走。在日军兵营里严刑拷打,威逼高振霄供出和他接触过的共产党及进步人士和爱国志士的名单及住所。夫君坚贞不屈、至死不渝,在各方的努力下,三周后才被保释。在保释期间,日本宪兵司令部监控夫君所有行踪,并要求夫君随传随到。

往事五

一天,日本驻上海头目带领日本随从一行十几人,抬着一大箱钞票还有大量的金银珠宝,放在汉声面前,请汉声出面为他们帮忙做事。汉声答道:"非常对不起,我年事已高,不能替贵国做事,请把钞票及首饰全部带回去!"汉声接着说:"全中国人民都是我的父母和兄弟姐妹,金钱对我来说,视如粪土,没有任何意义,它生不带来,死不带去,我绝不会为这些龌龊的钞票和金银首饰丧失一个中国人的尊严和良心。我要是收了你们的钞票,我将会成为一个卖国贼,遗臭万年!我要做一个清清白白之人,我就是死也要死得对得起祖国,对得起人民,绝不落骂名!"

往事六

1945年3月的一天,日本军下最后通谍,再次威逼汉声出任上海市长,并为其设宴。汉声义正严词道:"中国的土地岂能容得侵略者横行,中国的事情岂能听从侵略者安排!"在场的日军官兵气急败坏,大发雷霆后,暗示日军特务在酒中投毒。

汉声回到家后,觉得腹部胀痛,他清楚地知道,日本人对他下了毒手。我要请医生,却被他拦住。汉声向家人交代了几件事:第一,不准请医生;第二,不要通知任何人;第三,焚烧了所有资料包括他生前写过的大量文章、图片等;第四,留下遗训,告戒家人"远离政治,莫入官场"。三天后,汉声于1945年3月23日盘腿打坐,紧闭双目,静静地离开了人世。在上海殡仪馆入殓时,只有我及两个幼小的女儿及汉声生前的几个好友资助成殓。上海各界人士闻讯后,奔走相告,沉痛哀悼,在汉声逝世21天后于4月14日上海淡水路关帝庙召开追悼会,并将他的遗体安葬于上海万国公墓。

往事七

20世纪70年代初"文革"期间,江青组织"中央文革专案组"分别组成"李先念专案调查组"和"张执一专案调查组",先后多次来沪调查李先念、张执一曾在上海"被捕写自白书""叛变"一案。我出面当场作证,讲出当时事实真相:"李先念、张执一确实是被汪伪特务出卖告密后被日本人抓捕并受尽折磨和毒打。当时李先念、张执一两位革命领导人一直是坚贞不屈、视死如归,最终是由夫君汉声出面利用洪帮等关系将他们保释。不存在自首、变节、叛变的行为。"当时"中央文革专案组"伙同"造反派"要抄家逼迫我签字,我义正词严的说道:"我讲述的事实你们为什么不信,为什么非要我相信你们的言语,你们所写的东西,我是不会签字画押的,要抄家除非你们从我身上踩过去。"

（口述,略有修改）

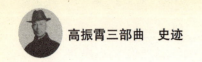

五、沈爱平致李先念、张执一的两封信

1. 致李先念信

先念副总理：

我接受先夫高汉声的遗嘱。由于他临终之前，叮嘱我一定要我把他被日寇逮捕后遭受百般折磨和丧殁等经过情况向您如实禀报。因为他与您很早就是莫逆之交，是志同道合、亲密的革命战友。过去您在上海被汪伪特工告密后被捕并关押在日伪军监狱里，汉声利用特殊身份关系将您保释并筹备大量抗日急需的棉衣、药品等物资，租用两艘大船派人将您和物资安全护送至苏北革命根据地。当时我家居住上海巨鹿路 181 弄景福里 10 号，您曾多次光临寒舍，与汉声一起探讨革命与时局，我记忆犹新。

1937 年"七七卢沟桥事变"，日军开始全面向我国进犯。同年 10 月，上海沦陷，成为孤岛。时至 1938 年正月十一日，夫君高汉声在寓所被八个身挎匣子炮的日本官兵所围并对寓所里外进行翻箱倒柜，大肆搜查并威逼利诱……但是，夫君坚贞不屈，宁可殉身，誓死不做叛徒，不做亡国奴。最终，高汉声被日本人用皮鞭打得皮开肉绽、血流如注、浑身是伤，可谓体无完肤、惨不忍睹。高汉声宁死不屈、坚强意志可见一斑。高汉声被捕二十天后被保释，似乎甚暂，但是，在其释放后的四年时间内，行动受到限制，必须是随传随到日本司令部。日寇诡计多端，始终没有放弃过对高汉声监视，威逼、利诱使其招认口供，特别关注的是共产党和爱国志士的名单。高汉声最终被日本人活活毒死，在上海殡仪馆治丧大殓时，家无长幼，承革命志士、诸亲友资助成殓。祭奠时，人们纷纷跪地不起，哭声不绝、悲痛至极……

先念副总理，今天，我国已成为世界上社会主义强国，这是由于千千万万个革命先烈流血牺牲所至。我感到安慰，先夫高汉声的热血没有白流。愿夫君在九泉之下瞑目安息吧。

敬祝您身体健康。

未亡人高汉声遗妻：沈爱平敬呈

1978 年 10 月 29 日

（信略有修改）

2. 致张执一信

执一：亲启

我时常想念您，一直不断地打探您的工作地址。终于，我在报纸上知道您在北京工作，所以我才给您写信，缘于您与先夫高汉声是莫逆之交。您曾携夫人常来我家拉家常，一起探讨革命与时局，我记忆犹新。

抗战时，您曾写信给汉声："初到芜湖，天气很冷，冻得吃不消，需要御寒的外套"。汉声看到后焦急万分，甚至连饭都吃不下去，马上把他自己一件灰色马裤呢长袍送给了您。汉声被日寇逮捕到日本宪兵司令部受到严刑拷打，被审讯道："侬一班人呢?"高答"没有一班人!"高被逼供严刑拷打得痛不欲生。汉声对我说："这次我可能性命难保，别无选择! 接着，继续对我说你一定要记住，有机会一定要给先念同时给执一兄写信，告诉他们我是怎样被日寇抓并且如何受刑，一定要实事求是地真实地告诉他们，这算是我临终的遗嘱，这样我的血就没有白流，革命一辈子无憾，死也瞑目了"。

请回我信，则我慰矣。因为我今年已 79 岁了。

敬祝您身体健康。

愚沈爱平上

1979 年 1 月 4 日

（信略有修改）

附　录

高风硕德　足资楷模

——节选自《申报》,《追悼革命元勋高汉声》,1945 年 4 月 14 日

一、高振霄年表

1881 年

10 月 7 日（中秋节），高振霄出生在湖北省房县汪家河村一个书香门第的家庭，居长，取名"振霄"。

明朝洪武初年，高氏先祖由山西洪洞县大槐树村迁居湖北，高氏祖上籍称"山西大槐树人"。

其曾祖父、祖父高凤阁、父亲高步云三代单传。高凤阁原住房县汪家河，以教私塾为生，饱学经史、工于楷书。

高步云继承父业，学识渊博，为人耿直，处世恭谨，声誉卓著，名播省内外。先教私塾，在当地就馆，后受聘于武汉和北京等地教书育人。辛亥革命后不久，病故于武汉。安葬在房县汤池西坡（现温泉附近）。

高振霄的母亲袁太夫人，清咸丰九年十月初四（1859 年 10 月 29 日）巳时出生，卒于民国八年三月初八日（1929 年 4 月 17 日）巳时。袁氏出生于汪家河望族，贤淑有德，生育五子二女。五子依次为：高振霄（字汉声）、高振汉（字剑韬）、高振声（字贤九）、高振亚（字东屏）、高振东（字一超）。

高振霄元配夫人汪氏，房县汪家河人；夫人沈爱平（1900—2003 年），原籍江西，长居上海。高振霄和沈爱平膝下二子二女：高兴国、高兴庭，高正和（退休，现居上海）、高正坤。孙子、孙女：高中强（中国工商银行乌鲁木齐分行）、高中自（中国农业银行总行），高淑云（中国人民银行新疆人民银行学校）、高淑霞（中国工商银行乌鲁木齐分行）。外孙、外孙女：王琪珉（上海主任律师）、王琪珍（上海教师）、王琪玮（退休）、王琪琼（上海教师）、杨晓坤（西安唐城宾馆）。

1882 年

周岁生日家宴，按民俗传统抓阄，高振霄抓到了一支巨笔。

1884 年

祖父开始以木架支托祖传汉砖在堂屋，教高振霄在汉砖上蘸水练习书法。

1885 年

高振霄按照《永字八法》的要求习字，同时开始接受诗教。

1886 年

高振霄随父迁居房县城关镇，在房县城关镇塾馆启蒙。

1888 年

高振霄继续在塾馆读书,开始练习对句。

1889 年

高振霄回汪家河祭祀,听祖父讲述化龙神话。祖孙俩观景对句:汉诸葛,驻军马,观桃园长望西川;费长房,骑化龙,经茅坪显圣下店。

1890 年

朋友到高宅拜访,随口出题:"房陵县童生九岁。"高振霄现场对句:"紫禁城江山万年!"

张之洞于武昌营房口都司畔创建"两湖书院"。

1891 年

祖父与父亲在房县城关镇塾馆讲授《诗经》与房县民歌,高振霄耳濡目染,加深了对家乡民族文化的了解。

1892 年

祖父向高振霄讲述高氏源流与迁徙房县故事。

1893 年

高振霄听家人讲房县的流放故事,领会《吕氏春秋》。

1894 年

高振霄在房县城关镇读书。

1895 年

高振霄继续在房县城关镇读书。

1896 年

春,高振霄在房县城关镇,一边读书,一边协助父亲授徒。

秋,高振霄随父高步云至武昌经心书院求学,假日到江汉书院、晴川书院与两湖书院参观。

11 月 27 日,高振霄四弟高振亚(字东屏)出生。

1897 年

春,高振霄考入两湖书院就读。

1898 年

高振霄在两湖书院闻戊戌事变发生,对清廷彻底失望。

1899 年

高振霄继续在两湖书院读书,阅读进步报刊。

1900 年

夏,唐才常组织"自立军",以汉口为中心起事。8 月 21 日,高振霄愤然目睹唐才常等就义惨状。

在朔课之史学月考上，高振霄以一篇《东晋南宋之兵何以能强说》一举夺得了最高奖。

沈爱平出生，原籍江西，后居上海。

高振霄五弟高振东(字一超)出生。

1901 年

高振霄在两湖书院就读。冬，适吴禄贞留日归鄂，任湖北新军营务处帮办，兼任湖北军事学堂教习。高振霄在武昌小朝街寓所与吴会面。

1902 年

高振霄继续在两湖书院就读。冬，喜欢阅读《苏报》开辟的"学界风潮"专栏文章。

1903 年

高振霄就读之两湖书院改为"两湖文高学堂"。

高振霄参加武昌花园山聚会外围活动，阅读《湖北学生界》(后更名《汉声》)、《猛回头》与《警世钟》等革命书籍。

1904 年

7 月 15 日，两湖文高学堂改制为"两湖总师范学堂"。

8 月，高振霄与党人游，谈天下事，深痛朝廷腐败，决计以改造时局为己任，图推翻暴政、振兴中华之伟业。

同年，高振霄参加科学补习所外围活动，正式取字号为"汉声"，以表华夏子孙，以示中华之声，立志反清排满，推翻帝制。

1905 年

春，高振霄为高氏宗谱书写"振兴中华，福利民众"，告诫高氏子孙要"牢记民众福利，努力振兴中华"；后闻季弟喜添长子，又特家书恭贺并再次明确高氏宗谱。

8 月 20 日，中国同盟会在日本举行正式成立大会，同盟会设总部于日本东京，国内有东、南、西、北、中五个支部，国外华侨中有南洋、欧洲、美洲、檀香山四个支部，共二十四个分会。同时，改组《二十世纪之支那》杂志为《民报》，作为同盟会机关报。10 月出刊的《民报》发刊词中，孙中山第一次提出了"三民主义"，即民族主义、民权主义和民生主义。孙中山把民族主义解释为"驱除鞑虏，恢复中华"，民权主义是指"建立民国"，民生主义的内容就是"平均地权"。

9 月，高振霄加入中国同盟会(民国三十六年即 1947 年 8 月 22 日《武汉日报》)，从事反清活动。

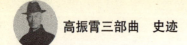

1906 年

春,高振霄参加余诚筹组的同盟会湖北分会活动。

6 月,孙中山派法国革命党人欧几罗上尉赴湖北考察革命组织,高振霄参加日知会圣约瑟堂操场上欢迎欧几罗的演讲活动。

同年,高振霄于两湖总师范学堂肄业(胡香生《凌霜傲雪春催　人间万象新——辛亥报人朱峙三农历新年记》记载:"1907 年正月初八,在家闻两湖总师范学堂已开除予之同学高振霄等 6 人")。

注:两湖总师范学堂变迁及高振霄就读情况:

1890 年至 1903 年为两湖书院,1903 年至 1904 年为两湖文高学堂,1904 年至 1911 年为两湖总师范学堂。高振霄于 1897 年至 1903 年在两湖书院就读,1903 年至 1904 年在两湖文高学堂就读,1904 年至 1906 在两湖总师范学堂就读并肄业。

1907 年

1 月 7 日,丙午之狱发生。

7 月,高振霄与张振武于武昌黄鹤楼道小学任教(《辛亥首义百人传·张振武》,中国社会科学出版社,2011 年 9 月 1 日版)。

1908 年

7 月,郑江灏在汉口创办《湖北日报》,作为共进会言论机关,高振霄担任编辑,报社还有李介廉、王伯森、董祖椿、杨宪武等。

1909 年

春,向炳焜(字炎生)根据当时湖北宜昌地区群众膜拜石龙求雨之事件,创作了一幅新闻漫画并题诗,经高振霄编辑,刊登在《湖北日报》上。

这幅画画的是一石洞,洞有鳞甲化石,即指宜昌古迹,被当地群众视为神物供奉,今求雨不应,乃借此"龙"讽刺湖广总督陈夔龙(字筱石),似龙非龙。其题句为:"这石龙,真无用,低头伏处南山洞,镇日高高拱不动,徒劳地方香烟奉。虽有王爷撑腰也是空,勿怪事事由人弄。"此诗不仅将陈夔龙庸碌无用刻画得入木三分,还指控了为之撑腰的干岳丈庆亲王奕劻,政治色彩十分浓厚。

这幅新闻漫画画意虽然比较隐晦,但配上一定的题词后,矛头所指,一目了然。

湖广总督陈夔龙看后,恼羞成怒,将报纸撕碎。

接着,该报又刊载《中国报纸于官场有特别之益》一文。因陈妻拜庆亲王为干父,陈是借庆亲王奥援,做到督抚的。此文的插画、题词、论文,皆挑了陈氏之眼。适金鼎(湖北巡警道)来见,陈夔龙向金鼎说:"湖北日报讨厌得很!"金为迎合意旨,即将《湖北日报》封闭,并逮捕经理郑江灏与作者向炳焜。

5月19日,高振霄创办《扬子江小说报》(月刊),主编胡石庵。该刊由汉口中西日报馆出版。第一期为32开本,第五期为24开本。主要栏目:图画、社文、小说、文苑、词林、杂录。目前上海图书馆藏有第二至五期(《中国近代报刊名录》第152页)。

1910 年

7月,高振霄于湖北公立法政专门学校毕业(《辛亥武昌首义人物传》(上册))。

10月,高振霄与谢石钦、郑江灏、黄丽中、董祖椿、李福昌、单家燨、康建唐、向炳焜等发起创办德育会,强调"天下兴亡,视民德兴替","应修私德以完人格,重公德以结团体"。会长以下的职员均于每周开会时公举,以推行"德育"为掩护从事革命活动。希望通过个人道德人格的完善,社会公德团体的塑造,来实现团结和强国的目的(王进、杨江华主编《中国党派社团辞典》,中共党史资料出版社,1989 年版)。

冬,高振霄促成德育会与共进会合并,并成为共进会会员及骨干(贺觉非、冯天瑜:《辛亥武昌首义史》,1985 年版,第93页)。

是年,郑江灏、向炳焜创办《政学日报》(刘望龄:《黑色·金鼓——辛亥前后湖北报刊史事长编》,湖北教育出版社,1991 年版,第223页),高振霄任编辑。不久,向炳焜勾勒了似虎形之猫的漫画,发表在《政学日报》上。漫画上的题词为:"似彪非彪,似虎非虎,不文不武,怪物一条。因牝而食,与獐同槽,恃洞护身,为国之妖。"深刻地揭露了张彪是不伦不类的吃人魔怪,同时又以"与獐同槽,恃洞护身"的诗句,喻讽张彪借以飞黄腾达的衣食父母张之洞("獐恃洞"谐音)。张彪原是张之洞亲随,娶张之洞婢女为妻,正是在张之洞的卵翼庇护下,张彪顽固继承其反动衣钵,与革命为敌,成为人人咀咒的"国妖"(朱峙三:《辛亥武昌起义前后记》,《辛亥首义回忆录》第三辑)。该报因此被封。郑江灏和向炳焜遭逮捕,后迫于舆论压力郑江灏得以释放,向炳焜则被拘到武昌起义才得出狱(《中国近代报刊名录》第247页)。

1911 年

1月,向炳焜与郑江灏被捕期间,高振霄与谢石钦、黄丽中等开始筹办《长江日报》,并刊登广告:《长江日报》"业经规定章程,招收资本",开办经费由在汉浙江籍资本家沈某暂行垫付(刘望龄:《黑色·金鼓——辛亥前后湖北报刊史事长编》,湖北教育出版社,1991 年版,第225页)。向炳焜与郑江灏获释后,《长江日报》正式创刊,高为编辑(《辛亥武昌首义人物传·上册·向炳焜》第

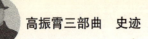

221 页;《武昌起义档案资料选编(中)·向炳焜事略》第 140 页)。

2 月 13 日(宣统三年正月十五),高振霄创办《夏报》,编辑人彭义民。《夏报》系同情革命的进步报纸,编辑部设在汉口歆生路,发行所在汉口河街。该报以"提倡实业、增进文化"为宗旨,强调言文化务求忠实,主张力求正确,记载要求详悉,材料尽可能丰富,消息力争敏捷。当时有"颇敢言,允为后起之秀"之称,为汉口"四大报"之一(《民立报》,1911 年 10 月 8 日)。

胡祖舜在《六十谈往》中说,这四大报中,老者为《中西日报》,次为《公论日报》,《大江报》为后起,《夏报》尤为新创。"中西"号为商业报纸,为王华轩等筹集创办,天门人胡石庵及浙人凤竹荪、赣人余慈舫先后主其笔政。"公论"为江汉关文案之黔人宦诲之所主办,时有官报之目。"大江"为鄂人詹大悲、湘人何海鸣等所创办,鄂人宛思演、查光佛、梅宝玑等尝预其事,盖一革命集团也。《夏报》为谢某、蒋某等所经营,颇敢言,允为后起之秀,特未若"大江"革命色彩之浓厚耳。

3 月,郑江灏创办《政学日报》,高振霄任编辑(《湖北省志人物志稿》(第一卷)。

8 月 10 日,《夏报》载当地驻军三十一标三营管带萧国斌虐待士兵及兄妹通奸消息。萧率兵三十余人捣夏报报馆,殴打主编彭义民,制造了轰动武汉三镇的"夏报案"(刘望龄:《黑色·金鼓——辛亥前后湖北报刊史事长编》,湖北教育出版社,1991 年版,第 239 页)。

9 月初,高振霄会同刘复基、蔡济民等,经多方调停、斡旋,使共进会和文学社两组织间消除隔阂,最终实现联合。

9 月下旬,高振霄参加"共进会和文学社联合会议",商定起义后筹建湖北新军政府,终成为武昌起义的核心组织与领导机构。

9 月底,《夏报》被萧国斌率兵捣毁后,萧怀疑该文为部下胡祖舜所写,乃派兵监视,胡遂以新闻记者名义上告鄂督瑞澂。瑞澂不得不派人查办,《夏报》得以暂时维持。不久,终因直言被禁(《民立报》,1911 年 10 月 8 日)。

10 月 2 日,《夏报》转载了上海某报的报道:汉口某照相馆为革命秘密机关,当局闻风潜派侦探,分途伺隙桢馆。"桢馆"即革命党人李伯桢(又名李白贞)所开设的照相馆——写真馆。

10 月 5 日,即农历八月十四日夜,李白贞照相馆发生了黑影闯入案,印证了《夏报》报道属实(李伯桢:《李伯桢事略》,《武昌首义档案资料选编》(中),湖北人民出版社,1982 年版)。

10 月 10 日(辛亥年八月十九日),武昌起义爆发日。

当夜目睹地方流氓地痞趁火打劫，有的民族极端主义分子残杀无辜旗人孺妇，高振霄见状心急如焚，道："义军举动，以文明为要……如果不及时制止城中的滥杀无辜，就是攻下楚望台，占领总都督署，也会遭到广大城镇居民、百姓、商人甚至国际舆论之反对和谴责，将会引起更大的国际纠纷和流血冲突，更难有武昌起义之最终胜利。"他即与张振武、陈宏诰诸君商定，成立临时执法处及设稽查队，并推举程汉卿为执法处长。高振霄与张振武等连夜起草《刑赏令》及《军令八条》，遍贴全城，规定："军队中上自都督，下至兵夫，均一律守纪律，违者斩。"并与张振武等组织稽查队，亲自率领稽查队沿街巡逻，维持秩序，安定人心，有效整肃了社会秩序。后将《刑赏令》及《军令八条》面陈黎元洪都督正式颁布。

10月11日（辛亥年八月二十日），武昌首义爆发第二日。高振霄与袁国纪等首入都督府参谋战事。与蔡济民、张振武、李作栋等商议建立军政府，他建议："立即通知谘议局正副议长和驻会议员前来开会商议建立军政府。"下午会议推举黎元洪为湖北军政府大都督。

10月12日（辛亥年八月二十一日），武昌首义爆发第三日。军政府成立"招纳处"。高振霄负责政、学两界，吴醒汉负责军界。三天内招纳文武志士四百余人，推荐给新政府任用。"招纳处"后改中华民国鄂军政府集贤馆。集贤馆至11月底止，云集武昌的各类投效人员有一万人之多。

10月13日（辛亥年八月二十二日），武昌首义爆发第四日。高振霄与费矩、袁国纪等组设并主持筹组民政部，编写简章，颁布文告，管辖民政最急事务，草拟并颁布新政府文告。

10月14日（辛亥年八月二十三日），武昌首义爆发第五日。清晨，高振霄一行来到蛇山，看到有一百多兵士饿昏了，睡倒在蛇山上下。大家将他们扶起，慢慢的用稀饭来喂。有人说街上不是有油条饼子，你们怎么也不会吃呢？有一个断手兵士说："我腰中没有铜元，我们绝不敢吃民间一点东西。"当时听者闻之大家都哭起来了。高振霄感慨道："这是他们'牺牲精神'第一着可爱。"

10月15日（辛亥年八月二十四日），武昌首义爆发第六日。军务部执法科成立后，高振霄与陈宏诰等调充该科调查，主办军案。高振霄以人道为本，废苛刑，申军法，惩奸治军。

10月16日（辛亥年八月二十五日），武昌首义爆发第七日。高振霄与程汉卿深入禁闭犯人，对其告诫以慰其心。数百禁闭犯人皆有悔意，自云："如使当前敌，虽死无恨"。后遂一律送交游击队长金鸿君收留，分别编入队内助战。

10月20日（辛亥年八月二十九日），武昌首义爆发第十一日。高振霄介绍

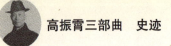

崇阳知事茹用九任集贤馆副馆长。

10月25日（辛亥年九月初四日），武昌首义爆发第十六日。军政府成立"各部总稽查部"。高振霄与蔡济民、谢石钦、牟鸿勋、苏成章、梅宝玑、陈宏诰、钱守范等为军政府总稽查。负稽查各部、各行政机关及各军队之责，兼任临时督战指挥各事。1912年年初改为纠察司。

注：当时总稽查部位于军政府开始创建的内务、外交、军务、理财、司法、交通六部之上，该部可以直接干预各部行政并负责处理特殊任务。凡重要会议和人事安排，推选重要职员，例由上述八位总稽查负责召集，形成一种特殊地位。通过总稽查处，各级政权被控制在革命党人手中。

11月26日（辛亥年十月初六日）上午，武昌首义爆发第四十八日。稽查长高振霄骑马与稽查队队员到卢沟桥下首巡查，见一个女子跪在一个伤兵面前，眼泪汪汪将橘子剥开往士兵口中送。那兵士仰天长叹，死活不吃。高振霄下得马来，抱着兵士，问他为甚不吃东西。士兵说："先生！我打败了仗，也快死了，省一点东西给别人吃罢！"高振霄再也抑制不住内心的悲愤，潸然泪下，挥着战刀，大声呼喊："快派救护队将伤病员送到后方救护！"并拿出身上仅有不多的铜元交给身边的士兵，说："快去街上买些食物来……"

11月27日（辛亥年十月初七日），武昌首义爆发第四十九日。袁世凯的北洋新军攻占汉阳，汉阳失守，武昌危急。湖北军政府召开紧急会议商议对策，一些人在会上公然建议放弃武昌，退走南京。高振霄与张振武、范腾霄等人强烈反对，决心与城共存亡，并举荐王安澜为奋勇军统领，招襄郧老兵坚守武昌。

11月28日（辛亥年十月初八日），武昌首义爆发第五十日。稽查长高振霄与总监察刘公、军务部副部长张振武率稽查队沿街日夜巡逻，维持秩序，稳定军心。

11月29日（辛亥年十月初九日），武昌首义爆发第五十一日。高振霄与程汉卿代表军政府及大都督赴青山抚慰江西等军队，使军心大振。

12月1日（辛亥年十月十一日），武昌首义爆发第五十三日。湖北军政府与袁世凯签订停战协议。

12月2日（辛亥年十月十二日），武昌首义爆发第五十四日。湖北军政府与袁世凯正式停战。高振霄与张振武、蔡济民等革命党人、辛亥志士、知识精英及广大官兵经过五十三天艰苦鏖战，于第五十四天迎来了停战。

同年，高振霄、蔡济民、牟鸿勋、谢石钦、苏成章、梅宝玑、陈宏诰、钱守范等八人，被当时报纸称为辛亥革命"八大金刚"，又称武昌首义"八大金刚"。报纸上曾经出现过《八大金刚》章回小说，以喜闻乐道的形式宣传其丰功伟绩。同时,高振霄与董必武在武昌首义后在湖北都督府共事。

同年,高振霄被选中华民国鄂军都督府参议员,与邢伯谦、王国栋等任庶务会计。

注:高振霄上述参加武昌首义的活动来源摘自《武昌起义档案资料选编》(上中下卷)《辛亥武昌首义人物传》(上下册)、《武昌起义有三件可纪念的事》(《新湖北》第一卷第二号·国庆纪念号,1920年10月10日)等。

1912 年

1月1日,南京临时政府成立,孙中山就任中华民国临时大总统,后委任高振霄为其高等顾问(《辛亥革命人物像传》)。

1月16日,高振霄加入民社(张玉法:《民国初年的政党》)。

2月,高振霄回房县城关镇西街购住房五栋。

4月9日,高振霄等武昌首义功臣在武昌受到孙中山及随员胡汉民、汪精卫等接见,同时受到武汉三镇市民空前热烈的欢迎。

5月9日,民社与统一党、国民协进会、民国公会、国民党(潘昌煦组建)五政团合并为共和党,高振霄与章炳麟等均加入共和党(张玉法:《民国初年的政党》)。

5月26日,湖北各界假汉口大舞台开救国会成立大会。到会者一千余人,公推黎本唐为主席报告开会宗旨,都督府代表高振霄、吴道南及各界志士相继演说,大抵反复详言借款关系存亡之故,尤以高振霄君所言为最扼要(《申报》,1912年5月31日)。

6月16日,高振霄与孙武、张振武、邓玉麟、陈宏诰、谢石钦等,在汉口歆生路前花楼口发起成立开国革命实录馆,"开馆储贤,从事撰述,编成国史,昭示将来"。谢石钦为馆长,苏成章为副馆长,总纂王葆心,调查长康秉钧,专职调查员6人。高振霄与蔡济民等89人担任义务调查(蔡寄鸥:《鄂州血史》)。

6月底,共和党与同盟会发生激烈冲突,并充当袁世凯的御用工具,共和党内部分化成为"新""旧"两派。"新派"以原民社成员高振霄与张伯烈、郑万瞻、刘成禺、胡鄂公、时功玖等人为中心,展开同共和党"旧派"的斗争(张玉法:《民国初年的政党》)。

7月,高振霄首造中华民国十月十日国庆节——"双十节"。(高振霄:《举市若狂的双十节》,《惟民》第十号,1919年10月12日)。

8月16日,张振武和方维两人,在北京被袁世凯阴谋杀害。高振霄会同刘成禺、时功玖等愤怒声讨,要求惩治凶手,同黎元洪、袁世凯展开不懈的斗争。

8月25日,高振霄在北京湖广会馆参加国民党合并成立大会,国民党正式宣告成立。孙中山、黄兴、宋教仁等9人为理事。

12月22日,彭楚藩烈士灵柩回籍安葬,高振霄与黎元洪等前往祭奠。武昌彭烈士楚藩灵榇于本月二十三号运送回籍安葬,特于二十二号在烈士祠开吊。高振霄与黎副总统、夏民政长、各司师局处所领袖、各机关团体代表及各老同志均身着素服,臂缠黑纱前来祭奠(《申报》,1912年12月30日)。

同年,高振霄经北洋政府稽勋局批准列为"酬勋"出洋留学人员之一,后因时局及资金等因未成行(《辛亥武昌首义人物传(上册)》)。

同年,《汉口小志》刊登:"詹大悲、何海鸣、查光佛、宛思寅、高汉声等都是享有盛名的近代武汉'报人'"。(《汉口小志》,1912年)。同时称:"他的文笔,是非常畅达的"(《中国近代报刊发展近况》,第479-480页)。

同年,高振霄任安襄郧荆等处招抚使。安襄郧荆指的是湖北省的安陆、襄阳、郧阳和荆门这一带(《申报》,1945年4月14日)。

1913年

4月14日,高振霄与张知本、牟鸿勋、郑权槐、洪元吉、郭肇明、吴棣、宗离、周之翰、董玉墀等10人,被增选为中华民国国会第一届候补参议员(《申报》,1913年4月16日)。

5月29日,共和党与统一党、民主党三党在北京共和党俱乐部合并为进步党,高振霄等属进步党成员(张玉法:《民国初年的政党》)。

6月3日,北京政府稽勋局嘉奖高振霄为"辛亥革命甲种功臣"(《武昌起义档案资料选编(上)》)。

6月9日,高振霄、牟鸿勋等竞争鄂省内务司长,苏成章被荐教育司长(《申报》,1913年6月9日)。

6月22日,高振霄与进步党中原共和党民社派之张伯烈、郑万瞻、刘成禺、胡祖舜、彭介石、胡鄂公、梅宝玑等及原统一党之黄云鹏、吴宗慈、王湘等共四十余人联合发表《共和党独立之露布》独立宣言,以第三党自居,即新共和党。新共和党在国会两院占有五十余席位。高振霄为新共和党成员(张玉法:《民国初年的政党》)。

同月,高振霄参加黄兴、蔡济民、季雨霖组织的改进团,以"改进湖北军政,继续努力进行革命事业"为口号,从事讨黎反袁活动(贺觉非:《辛亥武昌首义人物传》)。

7月,高振霄声援江西李烈钧、安徽柏文蔚、湖南谭延闿、广东陈炯明、福建孙道仁、四川熊克武、上海陈其美等各省都督组织"讨袁军",公开讨袁,史称"二次革命"(郭寄生:《辛亥革命前后我的经历》,《辛亥首义回忆录》第一辑)。

1914 年

1 月 10 日,袁世凯解散国会。

7 月 8 日,孙中山为推翻袁世凯专制独裁统治、建立真正的民主共和国,在日本东京成立了中华革命党,后在湖北成立中华革命党湖北支部,高振霄参加中华革命党。(皮明庥:《武汉近百年史 1840—1949》,《中华革命党汉口起事夭折》,1985 年版)。

1915 年

4 月,受孙中山之派,田桐、张孟介在汉口负责中华革命党务,在汉口英租界佛英里十六号、杏初里六号成立了中华革命党地下机关。高振霄与詹大悲、向海潜、潘康时、黄申芗、蔡济民、胡石庵等在汉口筹划反袁运动。(皮明庥:《武汉近百年史 1840—1949》,《中华革命党汉口起事夭折》,1985 年版)。

9 月 29 日,谢石钦在湖北教育会组织召开湖北请愿会,高振霄与会并发表演说(《申报》,1915 年 10 月 5 日)。

1916 年

2 月 6 日,高振霄参与中华革命党湖北支部武昌南湖炮兵营策动发难事件,后失败。(皮明庥:《武汉近百年史 1840—1949》,《中华革命党汉口起事夭折》,1985 年版)。

8 月 1 日,国会复会,参众两院议员在北京众议院举行开会仪式,称为国会第二次常会。到会参议员 138 人、众议员 318 人。黎元洪致祝词。依据《临时约法》规定的《总统选举法》,大会确定由黎元洪继任总统,补行大总统就任宣誓仪式。高振霄出席会议。

1917 年

2 月,原韬园派的丁世峄与原丙辰俱乐部的马君武、温世霖等,因不满段祺瑞对德外交合并成立民友社。高振霄与孙洪伊、汪乃昌、彭介石、王湘、林森、谢持、马君武、居正、田桐等为民友社(以"照霞楼"为本部)中坚。史称拥护孙中山派(张玉法:《民国初年的政党》)。

6 月,张勋逼黎元洪非法解散国会。

7 月,高振霄追随孙中山从上海乘舰艇南下广州护法,号召全国人民为恢复《中华民国临时约法》和国会而斗争。

7 月 19 日,孙中山抵广州,邀请国会议员来粤召集国会以决定大计。

8 月 25 日,高振霄参加孙中山在广州召开的"护法国会"(又称"非常国会"或"国会非常会议")。孙中山当选为中华民国海陆军大元帅,高振霄被选为非常国会参议院议员(1917 年 8 月—1922 年 6 月)(徐友春主编:《民国人物大辞典》)。

8 月 27 日,高振霄参加非常国会第一次会议,通过"成立护法军政府"。

9 月 10 日,高振霄在广州参加孙中山就任海陆军大元帅就职典礼。

同年,孙中山特派高振霄在上海法租界恺自迩路二八二号(今黄陂南路与金陵中路交叉处),设立国会议员招待处,负责通讯联络南下护法议员。从此,高振霄奔走于沪穗之间,充当这个联络处的"掌门人"。

1918 年

10 月 28 日,高振霄与丁象谦、居正、张知本等国会议员在参议院联署《惩戒宋议员汝梅案》(《申报》,1918 年 11 月 4 日)。

11 月 12 日,高振霄提出参加巴黎和会"派遣欧洲代表之建议案",拟派伍廷芳、孙文、王正廷、汪兆铭、伍朝枢五人为代表参加巴黎和会,军政府政务会议讨论通过此案(《申报》,1918 年 11 月 21 日)。

同年,高振霄与张知本、谢英伯、叶夏声等在广州对孙中山"五权宪法"(立法院行使立法权、司法院行使司法权、行政院行使行政权、监察院行使弹劾权、考试院行使考试权)进行专门研究并撰述专著。由张知本向孙中山提出研究报告,后由叶夏声提交《五权宪法草案》(张知本:《国父给我的启示》)。

1919 年

1 月 8 日,非常国会两院议员于东园开谈话会,高振霄提案:请两院依法速选总统(《申报》,1919 年 1 月 16 日)。

1 月 18 日高振霄提出组织选举会案,将军政府改为护法政府(后来国会通过宣布改组军政府为中国合法政府议案。非常国会真正到了"民党重新兴盛时代",与孙中山领导的"正式政府"和衷共济,共同进取)(《近代史资料》,1980 年)。

1 月 26 日,闽陕湘鄂联合会四省两院议员及各军代表开会,高振霄报告自 1 月 22 日以后,所致中外各团体申明:北方破坏和平进攻闽陕鄂西情形之文件,拟函由林森、赵世钰交涉军政府支援援闽粤军总司令陈炯明(《申报》,1919 年 2 月 12 日)。

2 月 11 日,南北议和会议代表陆续赴沪,高振霄等鄂籍国会议员通电不增南方代表(《申报》,1919 年 2 月 11 日)。

3 月 18 日,高振霄联署广东鄂籍议员通电各报馆,声讨方化南,为蔡济民昭雪(《申报》,1919 年 3 月 18 日)。

3 月 27 日,高振霄与林森等国会议员致书唐少川:预祝南北和谈必收圆满之结果(《申报》,1919 年 3 月 27 日)。

3月29日下午,高振霄会同两院议员,在长堤照霞楼会集讨论南北分治、选举总统与旅沪议员回粤制宪等时局三问题(《申报》,1919年4月6日)。

4月19日,高振霄参加旧国会两院联合会,提出裁撤参战军,应通电全国一致主持之动议。获通过后,高振霄与张知本、王乃昌、白逾桓、吕复被指定为起草员(《申报》,1919年4月27日)。

4月22日下午二时,于广东旧参众两院联合会上,一致通过了高振霄与张知本拟定的主张裁撤参战军之通电,并用联合会名义拍发(《申报》,1919年4月28日)。

5月11日,高振霄与李文治通电唐绍仪,阐发"法为国本,西南兴师血战两年,皆为此根本问题。直接护法,间接即为对外"的思想主张(《申报》,1919年5月11日)

6月13日,高振霄联署致电上海和平会议,谴责章士钊"漾电"违法(《申报》,1919年6月13日)。

7月23日,巴黎和会外交失败各处罢市罢工震撼全国。高振霄等国会议员限定政府三日内明白答复国民大会要求护法政府三事:(一)下令讨贼,(二)取消中日一切密约,(三)任伍廷芳兼任广东省长(《申报》,1919年7月23日)。

7月底,高振霄与梁冰弦、区声白等在广州创办《民风日刊》,后改成《民风周刊》,高振霄担任主编(《报业志》)。

8月10日,《民风周刊》合并为《惟民》周刊,此刊是珠江流域最早出现的新文化刊物之一。编辑发行所在广州南朝街十人团总部,后迁到广州东堤荣利新街。高振霄在首刊发表《息争论》《国内大事纪要》(《惟民》第一卷第一号,1919年8月10日)。

8月17日,高振霄发表文章,指斥安福系破坏教育计划等(《惟民》第一卷第二号,1919年8月17日)。

8月24日,高振霄发表《德约补签之推测》、《日本商人又在湖南殴打学生》等文章,声援五四运动(《惟民》第一卷第三号,1919年8月24日)。

8月31日,高振霄发表《王揖唐偏要来议和》、《和议原来如此》、《美参院将修正和约》等文章,反对"南北和谈"北方总代表王揖唐(《惟民》第一卷第四号,1919年8月31日)。

9月3日,国父孙中山函复高振霄,勉坚持护法(台湾"国史馆":《中华民国重要史事检索》)。

9月7日,高振霄以援鄂左军代表身份与西南各军代表联署《护法各省靖国军代表坚持护法救国宗旨通电》(上海《民国日报》,1919年9月21日,《西南各

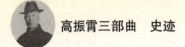

军代表表示决心之通电》)。

同日,高振霄发表《社会主义与我》和《一周纪事》。在《社会主义与我》一文中称布尔什维克"大约人类真正幸福"(《惟民》第一卷第五号,1919 年 9 月 7 日)。

9 月 14 日,高振霄发表《西北政府都要封禁报馆》、《美院修改合约之内容》等文章(《惟民》第一卷第六号,1919 年 9 月 14 日)。

9 月 21 日,高振霄发表《救国同盟团非根本救国者》、《日本人赞成分治分立》等文章(《惟民》第一卷第七号,1919 年 9 月 21 日)。

9 月 28 日,高振霄发表致美国总统威尔逊文章:《敬告威尔逊》(《惟民》第一卷第八号,1919 年 9 月 28 日)。

10 月 5 日,高振霄发表《最黑暗的川广女界》和《一周纪事》(《惟民》第一卷第九号,1919 年 10 月 5 日,此期仅找到目录,内容暂未找到)。

10 月 6 日下午二时,高振霄出席旧国会两院联合会,发言力挺"撤回总分代表一案"(《申报》,1919 年 10 月 13 日)。

10 月 12 日,高振霄发表《靳云鹏登台之由来》《举市若狂的双十节》等文章并提及:"记者(指本人)为首造此节之人。"(《惟民》第一卷第十号,1919 年 10 月 12 日)。

同日,豫军军事代表周维屏、驻粤代表张文超致电高振霄,声讨北方政府议和总代表王揖唐十大罪状(《惟民》第一卷第十号,1919 年 10 月 12 日)。

10 月 24 日,高振霄参加两院联合会,审议"盐运使更换与国会经费事略"等;张知本提出不信任岑春煊总裁之案,高振霄等则以此案彰明无审查必要,要求尽快表决(《申报》,1919 年 10 月 26 日)。

10 月 27 日,在两院会议上,高振霄以鄂军代表身份就改组军政府发表三点意见:(一)以往政治运用之谬误。即以前之内阁制、总统制两说,均趋重对人的多,故结果多不良善。(二)法律相对的失效。因前军政府改组之始,大纲上的条文少,限制责任上便得互相推诿互存私见。(三)政府须容纳多数的民意。必使各省各军及各省议会熔作一炉,行使护法救国的意思(《申报》,1919 年 11 月 3 日)。

10 月 28 日,高振霄提出《关于组织军事委员会行政委员会的提案》(上海《民国日报》,《旧国会中之新议案》,1919 年 10 月 28 日):

第一条　本委员会以代行国家最高职权,至完全国权恢复为宗旨。

第二条　本委员会分军事、行政二股。

第三条　委员由两院议员互选若干人,委员长即以两院院长充之。

第四条　委员会、国会负国务院之责任。

第五条　委员会议决事件许军政府总裁署名行之。

第六条　委员会办事条例另订之。

第七条　本会至约法有效或宪法完全有效之日废止。

提出者：高振霄

10 月 28 日下午三时，高振霄以"改组军政府起草委员会"委员身份在众议院秘书厅开会，高振霄与郭同提出军府改组案，意在设一"联合会政府"，所谓总裁，所谓阁员，所谓行政委员无不听命于联合会（《申报》，1919 年 11 月 5 日）。

10 月 30 日，在改组军政府起草委员会会议上，高振霄主张将"军政府"名称改为"救国政府"（《申报》，1919 年 11 月 5 日）。

11 月 10 日，参议院咨选议员高振霄请通令各省确定教育计划，迅予恢复原有经费并增筹经费建议案文（《军政府公报》，1919 年）。

12 月 5 日，在非常国会议员中，民友会（社）分大孙派、小孙派、共和派三派，高振霄、王湘等为共和派中坚，极力维护孙中山的领导地位，时为广州护法军政府的中坚（《申报》，1919 年 12 月 5 日）。

12 月 9 日，高振霄就广州制宪联署《旧国会鄂议员通电》，谴责政学会议员（《申报》，1920 年 12 月 9 日）。

12 月 20 日，政务会议通告各省，准参议院咨选议员高振霄提出请通令各省确定教育计划，迅予恢复原有经费并增筹经费建议案，希查照办理电（《军政府公报》，1919 年）。

同年，高振霄在《人报》发表文章《英雄革命与平民革命》。

同年，史料记载：高振霄还担任鄂军代表、援鄂左军代表、"改组军政府起草委员会"委员等职。

1920 年

2 月 9 日，高振霄等国会议员在广州参加制宪会议，联署《旧国会鄂议员通电》，谴责政学会少数议员缺席导致制宪停顿（《申报》，1920 年 2 月 9 日）。

4 月 30 日，在两院联合会上，孙光庭冒居主席组织改选总裁，高振霄与刘成禺等议员强烈反对（《申报》，1920 年 5 月 6 日）。

5 月 4 日，国会非常会议召开，补选三总裁。面对非法推选陈鸿钧为临时议长的行为，高振霄以湖北参议长身份首先退席抵制（《申报》，1920 年 5 月 9 日）。

5 月 13 日，高振霄等部分议员力挺孙中山、唐绍仪、伍廷芳，发通电坚决否认非法补选的总裁（《申报》，1920 年 5 月 13 日）。

8月24日,高振霄在上海国会议员通讯处(恺自迩路二八二号)出席旧国会议员谈话会并发言:"以有关国会事件,非开会公决不生效力,此种办法无论有无图利,未经开会决不承认等等。"(《申报》,1920年8月25日)。

9月15日,高振霄与胡祖舜、范鸿钧、张知本、曹亚伯、白逾桓等在上海成立旅沪湖北自治协会并创办《新湖北》刊物(《湖北的几种进步刊物》)。

9月20日,高振霄发表《自治与自由》《爱尔兰的一少年》《汉冶萍的危机》等文章(《新湖北》第一卷第一号,1920年9月20日)。

10月10日,高振霄在"国庆纪念号"纪念武昌首义十周年专刊上发表《武昌起义有三件可纪念的事》等文章(《新湖北》第一卷第二号,1920年10月10日)。

11月6日,唐继尧致电高振霄等上海各省军驻沪代表,呼吁合力一心共济时艰(上海《民国日报》,1920年11月14日,《唐总裁不渝救国初衷》)。

11月27日下午三时,高振霄参加旅沪各省自治联合会筹备会,协商组织自治联合会(《申报》,1920年11月28日)。

11月29日,国会议员高振霄等117人致电刘显世谓:"……务肯仍任联军副司令,与唐公共策大计,早就总裁之职,以西南局势,翼达护法目的。"(韩信夫等编:《中华民国大事记 第一册 第一卷至第十二卷》,1997)

同年史料记载:高振霄还担任湖北参议长、驻沪军代表等职。

1921 年

3月24日(阴历二月十五),子嗣高兴庭出生。

4月7日,高振霄在广州参加林森议长主持召开的国会非常会议,通过《中华民国政府组织大纲》,选举孙中山为非常大总统。《中华民国政府组织大纲》是高振霄原提案《组织军事委员会行政委员会草案》的继续与发展,为孙中山当选非常大总统制定了法律依据。

5月5日,孙中山正式就任中华民国非常大总统。

同月,高振霄担任起草委员会委员长,与理事张凤九等11人撰写讨伐徐世昌、吴佩孚檄文。宣布徐世昌欺世盗名、祸国残民等"十大"罪状,以及吴佩孚集误国、叛国、卖国之罪于一身的讨伐檄文——《宣布徐世昌罪状之通电》《宣布吴佩孚罪状之通电》。

7月27日,国会议员高振霄等提出请派太平洋会议代表议决案获通过(《申报》,1921年7月31日)。

7月29日,高振霄以非常国会参议院参议员身份向非常国会提交议案,咨请政府速派代表参加太平洋会议。要求借助太平洋会议,取消日本灭亡中国的

"二十一条",收回德国在山东的权益,并修改和废除其他一些侵害中国主权的不平等条约。当时,中国有志之士对华盛顿会议投入了极大的关注和热情,并寄予了很大希望,甚至将太平洋华盛顿会议视为"中国生死存亡之关键"、中国收回主权的绝佳机会。

8月12日,高振霄参加国会非常会议讨论通过北伐案。

8月13日,高振霄提出讨论出席太平洋会议人选事宜,多数人士属意伍廷芳,伍亦允担此任(《申报》,1921年8月13日)。

8月底,孙中山致高振霄《咨复国会非常会议已饬外交部筹办出席太平洋会议文》。文云:

为咨复事:7月29日,准贵会议咨开,议员高振霄提出咨请政府速派太平洋会议代表议决案,文曰:"美总统召集太平洋会议一事,关系远东及太平洋问题,至深且钜。我国日受强邻之压迫,北京拍卖主权,国几不国,今此一线生机,正我正式政府独一不二之机会,所有取消不平等之条约,及裁减军备实行民治诸事,尤为我国生死之关系,应请即日开会讨论议决,请政府速派得力代表迅赴列席,实为至要"等语。经于本月27日开会议讨论,依法提付表决。大多数表决,照案通过。相应备文咨达,即希查照办理等因前来。查此事政府早已虑及,现正在筹备进行中。准咨前因,除仍饬外交部妥为筹备外,相应咨复贵会议查照。此咨。国会非常会议。孙文(《国父全集》)。

9月9日,高振霄与焦易堂、李希莲等提议宣布徐世昌、靳云鹏及吴佩孚罪状案,经国会非常会议出席议员约200人表决通过(《申报》,1921年9月11日)。

同月,高振霄参加林森动议国会非常会议,通过"否决北方发行国库公债案";高振霄参加叶夏声动议组织全院外交委员会以研究应付太平洋会议亦获通过(丁旭光:《护法时期的林森与广州国会》)。

9月23日,高振霄在广州与各界人士代表丁象谦、朱念祖、谢英伯、蔡突灵、汪精卫等数十人在当地图书馆召开发起人会议,发起成立"中韩协会"并任该协会委员(康基柱:《近代史研究》——《"中韩互助社"述评》,1998年第3期)。

9月27日,高振霄与朱念祖、谢英伯、汪精卫、丁象谦、张启荣、蔡突灵、金檀庭、金熙绰、朴化佑、孙士敏等在广州文德路图书馆正式召开"中韩协会"成立大会。"中韩协会"《宣言书》谓:"我中韩两国以历史上地理上之关系,休戚与共,唇齿相依者垂数千年……爰是集合同志,组织斯会,相与提携,共相扶助,持正谊于人类,跻世界于大同,寸本亲善之精神,用求互助之进步。"

同月,高振霄与丁象谦、朱念祖等草拟"中韩协会"组织简章,经委员会通过八条如下:本会为中韩两国人民之组织,故定名曰'中韩协会'(第一条);本会为谋中韩民族之发展,以互助为宗旨(第二条);本部暂设于广州,上海各处得设支部(第三条);入会人以男女国民为限,并须有普通知纳、正当职业,再经会员二人以上之介绍,始得入会(第四条);会费除发起人自行任担外,会员费分特别、普通两种,依其人之志愿定之(第五条);会务设毕术、议事、干事、文书四部,每部得互选主任一人、副主任二人,其章则另定之(第六条);本简章如有未尽事宜,依议事部或发起人之提议得修正之。"(《民国日报》,1921年10月4日)。

10月3日,高振霄与张凤九起草的《宣布徐世昌罪状之通电》《宣布吴佩孚罪状之通电》已报告大会,出师北伐箭在弦上(《申报》,1921年10月3日)。

10月13日,高振霄在广州参加国会非常会议。会议决定赴广西取道湖南出兵北伐(魏志江:《论大韩民国临时政府与广东护法政府的关系》)。

12月29日,高振霄与朱念祖等起草广州国会对外宣言——"反对山东问题直接交涉宣言",不承认北京卖国代表有代表国家之资格,不承认国际上有碍中华民国之领土及主权不平等之解决及待遇。并在国会非常会议通过后发布(《申报》,1922年1月4日)。

同年史料记载:高振霄还担任起草委员会委员长、"中韩协会"委员等职。

1922年

3月10日,参议院审查委员会委员、主席高振霄等审议广州国会议员提出之"废止新刑律第二百二十四条"一案,于14日通过(《申报》,1922年3月19日)。

同月,高振霄四弟高振亚(字东屏)自广州世界语学校毕业后,任广东省政府科员,10月转任光化县。

6月3日下午二时,高振霄在广东参加非常国会会议,一致主张反对恢复民六解散之国会。高振霄与丁骞等起草"王家襄议员资格丧失"通电,表决通过拍发;高振霄动议并起草"否认王家襄等召集六年国会主张"通电,表决通过拍发(《申报》,1922年6月11日)。

6月4日,高振霄得知叶举在广州实行戒严,忧心忡忡,在醉仙居酒楼喝得酩酊大醉,奇遇沈爱平。

6月5日,高振霄与张凤九等审查员召开审查会,审查通过黎元洪、徐世昌罪状案,并咨请政府宣布该罪状案,再次明令出师讨伐以谋国家统一(《申报》,1922年6月13日)。

6月6日,高振霄题写了"视民如伤,侠骨柔肠"八个大字的条幅,赠予沈家。

6月7日，高振霄等非常国会议员发表通电，忠告黎元洪勿复任总统（上海《民国日报》，1922年6月14日，《国会议员重要通电》）。

6月16日，陈炯明亲信叶举在广州发动武装叛乱，炮击总统府。孙中山于凌晨突围后即登上"永丰舰"指挥平叛。

同日，高振霄与蔡突灵、张大昕、卢元弥、陈家鼎等数十名国会议员于广州海珠国会议员招待所（长堤海珠酒店）遭陈炯明叛军抢辱（鲁直之、谢盛之、李睡仙：《陈炯明叛国史》）。

当日下午，被炮火惊醒的沈爱平，听说高振霄等国会议员遭受凌辱，立即赶赴议员公馆，公开对驱赶议员的官兵宣称，她是高振霄的家属，誓死要与高振霄一同乘船赴港。

6月18日，高振霄偕同沈爱平与部分护法议员乘轮离粤转港赴沪。

同月，高振霄以"旅沪国会议员"身份，在上海国会议员通讯处（恺自迩路二八二号）继续从事护法活动。

7月3日，高振霄等旅沪国会议员发表声讨陈炯明称兵作乱、图覆国本第二次、第三次宣言（《申报》，1922年7月4日）。

第二次宣言——民国成立十一年耳，濒于危亡者二次：一曰洪宪之乱，一曰复辟之变。皆以解散国会肇其端……

第三次宣言——……兹复诱令陆军总长陈炯明称兵作乱，图覆国本，扰害一时之秩序。其罪小残破人类之道义，其罪大应由大总统行使国会赋予职权，外僭窃之奸徒，内清反侧之叛徒，澄奠民国，巩固共和于焉……

7月25日，高振霄等旅沪国会议员所组织法统维持会在尚贤堂开成立大会，发表宣言誓坚持护法废黜奸邪（《申报》，1922年7月26日）。

8月22日下午二时，高振霄在上海恺自迩路通讯处出席旅沪国会议员茶话会，商派各省代表谒见中山。高振霄等起草通电，略谓任何势利护法之志始终不渝，现在护法前途已有开展，更当力持初衷云（《申报》，1922年8月23日）。

8月24日，孙中山在法租界莫利爱路二十九号孙府设晚宴，邀请高振霄等部分旅沪国会议员与上海报界人士餐叙，一切亮多盛况也（《申报》，1922年8月23日）。

9月3日，孙中山先生覆高振霄书信："手书暨报告国会各情，均悉。兄等间关流离，不堕初志，至可钦佩。文力所及，自必为诸兄后盾，务期合法者战胜非法，统一乃可实现。至继续进行如何，日来已屡与代表诸君接谈，兹不别赘。专此奉复，即颂台祉。孙文"（中国国民党党史馆藏亲笔原稿049/317）。

9月6日，高振霄等旅沪护法议员发表通电，指斥吴景濂指使仆役殴辱议员之暴行(《中华民国史事纪要(初稿)》,1922年(7－12月)》)。

9月16日,高振霄联署旅沪国会议员致函驻华各国公使并电全国各公团,反对借款与北方非法政府(《申报》,1922年9月17日)。

9月24日下午二时,高振霄等旅沪国会议员在上海恺自迩路通讯处开谈话会,研究应否派代表与孙中山先生接洽及经费管理等事宜(《申报》,1922年9月25日)。

9月26日,高振霄联署旅沪国会议员致各国驻华公使并电全国,否认北京国会效力(《申报》,1922年9月26日)。

10月14日,高振霄随众议院议员同乘沪宁路夜车赴宁转车北上(《申报》,1922年10月15日)。

11月6日,大总统令,任命高振霄为政治善后讨论委员会委员(《申报》,1922年12月9日)。

12月24日,中华民族自决会发起人筹备会公举高振霄等五人负责筹备一切事宜(《申报》,1922年12月30日)。

同年史料记载:高振霄还担任参议院审查委员会委员、审查委员会主席;黎元洪、徐世昌罪状案审查员;政治善后讨论委员会委员等职。

1923年

1月9日,大总统令,授予高振霄二等嘉禾章(《申报》,1923年1月12日)。

1月24日下午三时,高振霄等在上海恺自迩路通讯处开旅沪国会议员谈话会,高振霄与于洪起起草致讨伐陈炯明各军慰问电(《申报》,1923年1月25日)。

同月,高振霄与沈爱平走上红地毯。

2月1日下午三时,中华民国国民自决会在西门勤业女子师范召开预备会,高振霄被公推为审查委员(《申报》,1923年2月2日)。

3月,孙中山以"洪棍"(洪门元帅)身份与高振霄交谈振兴上海洪帮事。

4月4日,高振霄等介绍约翰沙斐尔入谒张阁(张绍曾),欲取道新疆遣返土耳其被杨增新拒之(《申报》,1923年4月4日)。

同月,上海最大洪门(洪帮)组织"五圣山"在上海宣告成立(《浙江文史资料选辑》,第10辑第101页)。"五圣山"结义的宗旨是反对北洋军阀及国外列强。总山主向松坡,字海潜。副山主高振霄,字汉声。

高振霄与沈爱平一同迁居上海法租界巨籁达路晋福里(巨籁达路181弄晋福里10号),晋福里整座楼群共八栋、高三层,主要用做洪帮活动场所。

6月16日下午三时,高振霄在上海恺自迩路通讯处参加旅沪国会议员会议,起草并修改《旅沪国会议员发表宣言》,表决通过。宣言说:"凡能声讨曹吴者,皆引为良友。消灭一切党派及地域之狭隘私见,右陈诸义系吾人职权所在,责无可辞。"(《申报》,1923 年 6 月 17 日)。

7 月 27 日九时,高振霄在上海恺自迩路通讯处参加旅沪国会议员谈话会,高振霄被推为起草员。会上,高振霄等相继发言,对于护法彻底的研究,互相讨论,非达到实行护法目的不已(《申报》,1923 年 7 月 29 日)。

10 月 7 日,高振霄在上海恺自迩路通讯处参加护法议员紧急会议,联署护法议员发表宣言,反对北京非法国会公开贿选曹锟伪总统(《申报》,1923 年 10 月 7 日)。

10 月 8 日,高振霄在上海恺自迩路通讯处参加护法议员会议。高振霄提出对移沪国会应发宣言,并被公推为起草员,于双十节上午十时至下午二时,在大世界共和厅庆祝共和纪念并公祭殉义各先烈,准于公祭时下半旗以志哀云。又闻各议员以北京国会贿选曹锟,实足为国家奇耻大辱(《申报》,1923 年 10 月 9 日)。

10 月 18 日,国会议员尚镇圭疾终沪寓。高振霄等护法议员为其发起筹备追悼会,19 日在国会议员通信处决议订期追悼,23 日筹备追悼事宜(《申报》,1923 年 10 月 22 日)。

10 月 23 日,高振霄在上海恺自迩路通讯处参加护法议员会议。(一)关于讨论追悼尚镇圭事宜,先由高振霄报告国民党及陕西同乡会方面亦在筹办,本处似可与彼等会同办情形。会议推高振霄等为筹备员。(二)高振霄动议以孙中山发表征求组织政府主张后,各方已有同意者,本处应有表示。会议推高振霄等为起草员,草电致中山,请其恢复十一年六月十五日以前之政府国会,并由各省推出一二人接洽签名,签毕即发云(《申报》,1923 年 10 月 24 日)。

10 月 27 日,高振霄为尚镇圭追悼会起草通告,张秋白撰拟祭文(《申报》,1923 年 10 月 27 日)。

11 月 18 日下午一时,高振霄在上海尚贤堂商科大学礼堂参加国会议员同志会,当选宣传干事(《申报》,1923 年 11 月 19 日)。

同年史料记载:高振霄还担任"中华民国国民自决会"审查委员、"五圣山"副山主等职。

1924 年

1 月 8 日下午,高振霄在上海恺自迩路通讯处参加护法议员会议。高振霄等致函广东国会询问时局方针,推谭惟洋、徐可亭代表赴粤谒见孙中山面商办法(《申报》,1924 年 1 月 9 日)。

1月20日，高振霄在广州参加孙中山主持召开的中国革命党（国民党）第一次全国代表大会，参与制定"联俄、联共、扶助农工"三大政策，将旧三民主义发展成为新三民主义，促成实现第一次国共合作。

4月1日，高振霄在上海恺自迩路通讯处参加国会议员会议，当选文事组干事（《申报》，1924年4月2日）。

10月28日下午三时，高振霄在上海恺自迩路通讯处参加旅沪国会议员会议，推张知本起草通电，促曹吴下台、维持约法、反对委员制（《申报》，1924年10月29日）。

11月9日，高振霄与康如耡、张凤九等二十余名拒绝参加曹锟贿选的在沪议员召开会议，议决即日北上，向各方接洽解决时局办法，并于次日致章士钊并京津同志电谓——同人公决：（一）贿选分子及伪国会应即驱除，（二）在津设反对贿选议员办事处，（三）同人当陆续北行（《中华民国大事记》，1924年11月）。

11月10日下午二时，高振霄等不投贿选票之国会议员在上海恺自迩路通讯处开谈话会。决定：以本日开会议决案分函各处护法同人，即日北上积极进行并推定代表数人向各方接洽解决时局办法（《申报》，1924年11月11日）。

同年，讨伐曹锟告成，上海恺自迩路二八二号国会议员通讯处议员分赴京郑各处，仅留高振霄一人主持一切。

1925年

3月12日，闻孙中山逝世，高振霄联署《旅沪护法议员电》致电孙科吊唁孙中山。附唁电：

北京铁狮子胡同孙哲生（即孙科）先生鉴。文晚闻前大总统孙公噩电，不胜惊骇。孙公手造民国，启迪颛蒙劳身，焦思护法救国，扫历朝之积毒，开东亚之曙光。纺氓受其帡幪，环球钦其学理，而乃未竟全功，大星忽陨，小民共悲慈父，国家顿失长城。先知既没后生，何依瞻念前途，弥深悲痛。愿先生节哀继志，从事恢宏，临电神驰，哀悼不尽（《申报》，1925年3月17日）。

3月19日，孙中山灵柩由协和医院移至中央公园（今中山公园）社稷坛前殿，从24日起，举行公祭。

4月2日，孙中山灵柩移往北京香山碧云寺金刚宝座塔内安放。高振霄赴北京参加孙中山先生公祭和国葬。

4月3日，上海恺自迩路二八二号国会议员通讯处历经九年风雨、屡次集会表示正义主张，由于各方均无款接济高振霄，以负担过巨，不得已于此日将该通讯处房屋退租。这标志着恺自迩路二八二号国会议员通讯处即"广州南方护法政府驻沪办事处"关门歇业，"掌门人"高振霄引退，旅沪国会议员的护法活动一切暂告结束(《申报》,1925年4月3日)。

6月11日,继上海发生五卅惨案后,汉口又发生了英帝国主义者屠杀我国同胞惨案。高振霄与章炳麟联名发出《为汉口英租界惨案唤醒全国军人》的通电。通电一方面义正辞严地谴责声讨英帝国主义屠杀我同胞的罪行,提出"迅速收回租界市政","使水深火热之民早登衽席"的主张;另一方面指出惨案频发,是由于"频年军界内争,置外患於不顾,故英人得伺隙而起",矛头直指国内军阀混战,揭示了帝国主义趁机肆虐的根源。通电掀起武汉广大市民罢工、罢课、罢市运动,在国内外引起强烈的反响(章念弛:《章太炎与五卅运动》)。

同年,高振霄发表《我之大同观》,强调:欲达大同,先除异小,以个人进步,来互助精神、排除障碍、改造环境、脚踏实地、再接再励,行见人同此心、心同此理,极乐世界就在此方寸中也(《几弗提》)。

1926年

2月22日,高振霄与章炳麟(太炎)、徐绍桢、冯自由等受孙传芳邀请专程赴南京商议时局问题。当日晚间,孙传芳在总司令部为高振霄与章炳麟(太炎)、徐绍桢、冯自由等设宴洗尘(《申报》,1926年2月27日)。

2月24日午,前南洋第九镇同人沈同午、杨建时等一百余人在沈氏私邸欢宴高振霄与章炳麟(太炎)、徐绍桢、冯自由等,下午一同赴玄武湖游览(《申报》,1926年2月27日)。

4月18日午12时,高振霄与章太炎等各界名流在上海四马路一枝香参加国民外交协会第二次同志聚餐会,会后当选出版股干事(《申报》,1926年4月19日)。

4月18日下午三时,高振霄在上海长浜路陆家观音堂斜对过庆国公学参加华侨教育协会第七届干事会,当选华侨教育协会会员(《申报》,1926年4月20日)。

4月25日午后三时,高振霄参加国民外交协会评干联席会议。高振霄与黄介民等起草对内对外宣言,对于军阀及帝国主义者加以警告(《申报》,1926年4月26日)。

5月5日午后三时,反赤救国大联合召集干事会,主席章太炎缺席,严伯威代表高振霄提出关于宣传应行事件案(《申报》,1926年5月6日)。

1927年

4月12日,发生"四一二"事件,高振霄表示极大愤慨,自此淡出政坛。

6月8日,高振霄与李宗仁等在南京丁园参加蒋介石庆祝北伐胜利宴会(《申报》,1927年6月11日)。

7月15日,汪精卫宣布"分共","第一次国共合作"最后破裂,高振霄退出政界。

同年,高振霄母亲袁太夫人由湖北来上海,宋庆龄与蒋介石、宋美龄等亲自到码头迎接,蒋介石尊称高振霄为老师。

1928年

10月20日,高振霄与李宗仁、张难先等组织在武昌首义公园设灵公祭刘公。

10月21日,高振霄与李宗仁、张难先等在武昌宾阳门外卓刀泉御泉寺南山之阳举行公奠刘公典礼。

11月23日,高振霄在武昌首义公园参加蔡济民公祭典礼。高振霄报告蔡济民事迹,张知本主祭,李宗仁代表国府致祭(《申报》,1928年11月28日)。

1929年

3月,国民政府农矿部宣布成立汉冶萍公司清算委员会,高振霄为委员,限令自本月起煤铁矿厂资产由该委员会接管。高振霄直接参与汉冶萍公司之"实业救国"运动,实践其"振兴中华,福利民众"的宏远大业。

6月,高振霄在南京参加孙中山先生安葬(迁葬)南京紫金山中山陵园活动。

1930年

2月8日,国民政府教育部规定:每年3月12日孙中山总理忌日植树。

3月12日,高振霄参加种植纪念孙中山树木活动。

1931年

秋,高振霄闻"九一八"事变,怒火中烧。

秋冬时节,高振霄与参加辛亥革命武昌首义的老战友黄申芗在上海滩重逢。

1932年

高振霄与王亚樵、景梅九、陈群、何天风等成立"安那其学会",以无政府主义相号召,发行刊物,从事宣传(《合肥文史资料第三辑—王亚樵》)。

高振霄四弟高振亚(字东屏)任平汉铁路副局长室秘书。

1933年

11月,高振霄得知陈铭枢领导的福建事变发生,赞赏其抗日主张。

1934年

1月,福建事变失败,陈铭枢等流亡英国,高振霄深表同情。

1935年

8月,高振霄得知中共《八一宣言》,赞赏并投身救国会运动。

10 月初,张执一任上海各界救国会干事,参加学运、军运和兵运工作。在鲁迅逝世的追悼大会上,张替鲁迅先生扶灵。

注:1927 年至 1935 年近 10 年期间,高振霄退出政界先后赴汉冶萍公司从事"实业救国"运动,或在上海法租界巨籁达路晋福里(巨籁达路 181 弄晋福里 10 号)以洪帮大佬及上海"寓公"身份与爱国民主人士、社会贤达交集从事爱国救国运动(张执一:《张执一自述》,《湖北文史资料》,1988 年第二辑,总第二十三辑)。另:高振霄在上海,以灵学治疗法,悬壶于市(《中国近代报刊发展近况》,第 479 页至 480 页)。

1936 年

2 月,高振霄加入上海各界救国联合会。

3 月 20 日,高振霄在上海法租界贝勒路辣斐德路五百七十二号会所,参加组织上海著名律师李时蕊治丧事宜的律师公会联席会议(《申报》,1936 年 3 月 20 日)。

同月,高振霄会同向松波、汪禹丞等洪门大佬将"五圣山""五行山"等三十多个洪门团体联合成立"洪兴协会",取义"同心协力,复兴洪门",并在上海老西门关帝庙召开成立大会(邵雍:《中国秘密社会·第六卷·民国帮会》,福建人民出版社)。

5 月,张执一(后任中央统战部副部长)在上海通过黄申芗、许澄宙结识高振霄,后成为世交。

6 月,高振霄安排共产党人张执一、陈家康在居住地上海法租界巨籁达路晋福里(今巨鹿路 181 弄晋福里 10 号)寓所与向松坡会晤,商谈秘密组织支持"救国会"的活动,并通过洪帮的名义组建游击队,以洪帮的名义组织工人活动,宣传抗日。至此,高振霄与向松坡所率领的上海洪帮组织成为帮助共产党抗战的一支重要组织力量,高振霄寓所成为共产党抗战的一个重要据点(张执一:《张执一自述》,《湖北文史资料》,1988 年第二辑,总第二十三辑)。

7 月,张执一经当地党组织负责人刘晓(江苏省委书记)、刘长胜(江苏省委副书记)、张爱萍(上海军委书记)等允许,与上海洪帮头目向松坡与高振霄联系并联合,积极开展抗战运动,扩大抗日民族统一战线社会影响(张执一:《张执一自述》,《湖北文史资料》,1988 年第二辑,总第二十三辑)。

8 月 19 日,高振霄与李烈钧、吴佩孚等发起筹备革命先进孙伯兰追悼会(《申报》,1936 年 8 月 19 日)。

8 月 30 日上午 10 时,高振霄与李烈钧、吴佩孚等在福煦路河北同乡会举行孙伯兰追悼会(《申报》,1936 年 8 月 19 日)。

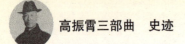

9月,高振霄创办洪门报纸《群众社》,宣传抗日。

11月23日上午,沈钧儒、章乃器、邹韬奋、史良、李公朴、王造时、沙千里等7位救国会的领导人(即"七君子"),以"支持工人罢工,扰乱社会秩序,危害民国"的罪名陆续在住宅被捕。

同年,高振霄、沈爱平与张执一及其夫人两家人时有来往,共同探讨革命与时局。

1937年

4月3日,国民党控制的江苏高等法院正式起诉"七君子"。

4月28日,刺杀汪精卫、宋子文案在扑朔迷离六年之久后最终判决,高振霄曾因被误供(1933年6月26日张玉成、李松得等在公共租界巡捕房供)遭本案牵连,终脱干系(《申报》,1937年4月28日)。

5月,宋庆龄找到高振霄,希望利用高振霄在国民党内的地位与关系,以及洪帮的影响,参与营救"七君子"。

同月,高振霄找到蒋介石,质问他:"爱国难道有罪吗? 如果爱国也有罪,那么你把老夫也抓到监狱里去好了。"

6月,经高振霄斡旋,向松坡介绍陈家康、张执一、王际光、余纪一等共产党人加入洪帮(名义)(张执一:《张执一自述》,《湖北文史资料》,1988年第二辑,总第二十三辑)。

7月,高振霄与向松坡同宋庆龄、何香凝、胡愈之、张之让、潘震亚、沈兹九、彭文应、潘大逵等,营救上海抗日"救国会"当时闻名全国的"七君子":邹韬奋、沈钧儒、章乃器、李公朴、沙千里、史良、王造时等。

7月21日,高振霄会同向松坡等致电声援北平宋哲元委员长暨二十九军全体将士。电称:

君等抗战,忠勇激发,无忝于我民族英雄之本色,今者政府态度坚决,人民万众一心,前线士气,必益涨起,杀敌图存,千钧一发。海潜韬晦沪滨仍愿本总理反清复明精神,率海内素以保障民族为职志之在乡健儿,请缨政府,群起与彼周旋,粉身碎骨,亦所弗辞,谨布衷忱,用以互勉(《申报》,1937年7月24日)。

7月22日,高振霄与向松坡等又直接致电蒋介石,表示:"潜虽不才,愿以在野之身,统率海内健儿,与暴日一决生死,一息尚存,义无反顾,悲愤待命,无任屏营"。据当时帮会巨头宣称,"有群众数十万人,听候点编指挥"(邵雍:《中国秘密社会·第六卷·民国帮会》,福建人民出版社)。

7月31日,"七君子"被释放。高振霄与向松坡等在家公开宴请上海抗日"救国会""七君子",为其接风洗尘,公开表示支持"救国会"运动,扩大救亡运动声势。

8月,高振霄与向松坡同戴笠、杜月笙、黄金荣、张啸林、刘小簌(商会会长)、钱新之(银行界浙江财阀大佬)、刘志陆、朱学范(后任邮电部长)组织"江浙行动委员会"(直属国民党军委会,带有民间性质机构)抗日组织。下设"动员部"和"游击总指挥部",又称"别动队",建立上万人的抗日武装(张执一:《张执一自述》,《湖北文史资料》,1988年第二辑,总第二十三辑)。

9月,上海沦陷。南京政府考虑到高振霄是同盟会、国民党元老,德高望重,又年事已高,安排他退居敌后。高振霄执意不肯,并寄信给湖北家人说:无国哪有家,为拯救中华,驱逐日寇,视死如归。

10月,汉阳铁厂、大冶厂矿西迁。未能搬迁的设施就地炸毁或沉入江底。

同月,日军占领上海后,向海潜离沪到后方组织洪帮抗日,高振霄留在上海滩接手洪帮"五圣山"山主,继续与倭寇周旋。

注:向海潜离沪到后方组织洪帮抗日。向先到武汉活动,后进入万县,最后到重庆。在四川袍哥范绍增(八十八军军长)等人的帮助下,"五圣山"在四川扩展开来。首先,向海潜将礼字袍哥、副总社长廖开孝,仁字袍哥、军统骨干罗国熙,原二十军中将、副军长夏炯转入"五圣山",然后通过这些洪帮首领将重庆的仁、义、礼各堂袍哥全部转入"五圣山"。这样,"五圣山"成为全国势力最大的洪门山头。向海潜在重庆也十分活跃,常到洪门弟兄集中的党政机关和企业访谈,鼓励弟兄们全力抗日。他还派人到湖北组织抗日游击队,以便深入敌后打击日军。

11月,张执一写信给高振霄说:"初到芜湖,天气很冷,冻得吃不消,需要御寒的外套等等"。高振霄得知后,立刻派人把自己喜爱的一件灰色马裤呢长袍送给张执一。

同月,高振霄派人到芜湖与张执一会合,护送一批共产党青年干部去苏北革命根据地。

12月,高振霄营救张执一。

1938 年

1月,高振霄通过洪帮关系护送一批共产党地下工作者赴延安,途中因奸细告密,地下工作者不幸被日寇抓捕并遭毒打,后由高振霄安排"线人"营救。

2月10日(农历正月十一日),由于高振霄多次护送、营救共产党地下工作者遭日军嫉恨,是日被日军抓捕。日军威逼、毒打高振霄招供共产党和爱国志士的名单及住所未果。

3月2日,高振霄被捕20天后被保释。在保释期间,日本宪兵司令部要求

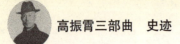

其随传随到。

1939 年

5 月,汪精卫来到上海筹建伪政权,高振霄代表"五圣山"旗帜鲜明表示反对。

8 月底,汪伪国民党中央执行委员会特务委员会特工总部即"76 号"成立,周佛海任特务委员会主任委员,丁默邨任副主任委员,李士群任秘书长。高振霄为"五圣山"立"铁规",告诫兄弟要提高警惕,防止被拉下水。

9 月,面对国民政府军事调查统计局(简称"军统"),上海区区长王天木等纷纷叛变。蒋介石下令在上海成立国民政府军事调查统计局抗日策反委员会,文强为主任委员,高振霄为委员。高振霄留沪联络伪方军警掩护后方工作人员,颇著辛劳(1947 年 8 月 22 日《武汉日报》)。另,文强称道:"委员高汉声湖北人,民初国会议员,又是有名的洪帮大爷,清高自赏,贫病交加,颇有骨气的书生本色。"(文强、沈忠毅:《军统与汪特在上海的一场争斗》)。

11 月,高振霄备家宴欢迎文强走马上任。

12 月,文强被日伪和平反共建国军第十二路军司令丁锡山绑架到沪西百乐门饭店。正值危难之际,高振霄与龚春圃破门而入。高振霄冲到丁锡山面前"啪啪啪"扇了几个耳光,指着丁锡山的鼻子骂道:"你这个忘恩负义的家伙,那时候让杜月笙把你保出来,是文先生说的话,如果不是文先生说了话,你早就被枪毙了。你这身汉奸皮呀,只有文先生说一句话才脱得下来,你这个为日本人卖命的汉奸,早晚会死在日本人的手中"。接着高振霄喝令丁锡山立即派车,与文强一起离开险境(《文强口述自传》)。

同月,高振霄与文强、龚春圃及其侄等在上海锦江川菜馆"特别间"的雅座(专供文人雅士、各界名流用餐,国共两党的抗日地下工作者常以此作为谈话场所)共进晚餐,讨论最近南京汪伪动态。正值餐间,忽听店伙计惊呼声(提前约好的报警声),发现有日本人从窗外开枪射击,幸好听到伙计的报警声,高振霄与文强、龚春圃等躲过一劫(何蜀:《"孤岛"时期的军统局策反委员会》)。

1940 年

9 月 16 日(中秋节),高振霄花甲大寿。国共两党政要代表、上海各界名流及至亲好友纷纷前来祝贺。高振霄将收到的全部贺礼捐赠给由于战争造成无家可归的难民及孤儿。

冬,高振霄智斗日军特务头目影佐祯昭。

1941 年

4 月 4 日,高振霄与黄金荣等参加耆绅闻兰亭等创办的中国胃肠专科病院开幕式(《申报》,1941 年 4 月 5 日)。

12 月,在高振霄等策反委员的策反下,驻浦东伪军师长丁锡山率全师起事抗日。后来丁锡山加入共产党,在解放战争中牺牲。

同月,文强撤离上海,高振霄依然坚守上海继续与日伪抗争。

同年,高振霄与文强等领导的"策反委员会"先后对汪伪政府军委会委员、参军处参军长、和平建国军第三集团军总司令唐蟒,汪伪军委会委员、开封绥靖公署主任刘郁芬,汪伪武汉绥靖公署参谋长罗子实,驻苏州伪军军长徐文达,驻无锡伪军师长苏晋康,汪伪军委会委员、苏皖绥靖总司令和第二集团军总司令杨仲华等策反成功(何蜀:《"孤岛"时期的军统局策反委员会》)。

1942 年

春,高振霄先后营救并送出中共中央派往延安学习深造的 12 名共产党青年干部等大批抗日志士。

夏,第五战区司令长官李宗仁驻扎在湖北老河口,高振霄在上海欣闻儿子高兴庭、儿媳孙运英在湖北老家喜添长孙,特备 400 元大洋并委托李氏部属送至老家贺喜。

深秋,李先念化名抵沪,被汪伪特工告密被捕并关押在日伪军监狱。高振霄利用特殊身份关系将其保释并接到家里养病,后又筹备大量抗日急需的棉衣、药品等物资,租用两艘大船派人将李先念和物资安全护送至苏北革命根据地(《房县志》,中国文史出版社第 671,672 页))。

1943 年

4 月 5 日下午二时,中华洪门联合会筹备委员会在愚园路会所举行第二次筹备委员会会议,高汉声与李炳青、陈亚夫、白玉山、许凤翔、李凯臣、周拂尘等四十余人参加。会后于金门饭店茶会,招待日本头山满翁之公子头山秀三氏,中日名流莅会陪席,颇为踊跃(《申报》,1943 年 4 月 6 日)。

9 月 6 日晚,汪精卫政权最高军事顾问柴山兼四郎,密令手下的宪兵队长冈村少佐,在百老汇大厦毒死了不听话的"76 号"特工头子李士群。高振霄以李氏为反面教材,进一步开展策反活动。

9 月 14 日(中秋节),高振霄委托四弟振亚(字东屏)在房县城西家中,召开全县东、南、西、北四个片的高氏宗谱联宗会,除东片未到外,其他三个片达成共识:将高振霄为高氏所续字派"振兴中华,福利民众"作为高氏宗谱。

冬季,汪精卫政权的最高军事顾问、日军特务头子柴山兼四郎,密令手下的宪兵队长冈村少佐带领十几个日本随从,抬着一大箱钞票与金银首饰,送到高振霄家里,企图收买高振霄,让其出任汪伪政府上海市负责人,遭到高氏断然

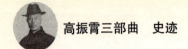

拒绝。

1944 年

春夏之交,高振霄配合打入汪伪的爱国将领唐生明开展策反工作。

1945 年

春节,高振霄以"五圣山"的名义进行募捐,将所募的衣物与食品通过国际红十字会,送到上海的各个国际集中营。另一方面通过国际友人披露集中营真相,争取国际舆论支持。

3 月 20 日,日军驻沪最高头目再次威逼高振霄出任上海市长伪职,并为其设宴,高振霄义正严词拒绝。他说:"中国的事情岂能听从侵略者安排!"日军头目恼羞成怒,暗令特务冈村在酒中投毒。

3 月 23 日凌晨,即日军投毒第三天,高振霄不幸逝世。高振霄在弥留之际,向家人交代了四件事:一、不准请医生,二、不要通知任何人,三、焚烧所有资料(包括生前写过的大量文章、图片等),四、留下遗训"远离政治,莫入官场。"

4 月 14 日,逝者"三七"祭日,上海社会各界人士,不顾日伪特务的白色恐怖,纷纷齐聚淡水路关帝庙,为"革命元勋、抗日英烈"高振霄举行隆重的追悼会。同日,《申报》披露《追悼革命元勋高汉声》消息,赞高振霄"高风硕德,足资楷模"。

4 月 25 日,逝者"五七"祭日,南京、上海社会各界人士再次举行高振霄祭奠活动。有文章《悼高汉声先生》曰:

呜呼!

老成凋谢兮硕云亡,国方多难追怀宿将,天胡不憖痛失元良,公望高山斗共感凄苍。

赞翊共和品重圭璋,护法统名垂不朽,伸民权会集非常,匡时柱石建国栋梁,功成身退志洁行芳。

精神矍铄杖履徜徉,寿享期颐星辉南极,禅参领悟佛证西方,夙根独厚余泽方长。

或钦楷模或共梓桑,剑挂徐君树云泪陨,笛闻向秀薤露神伤,型兮宛杜爱兮难忘,乎秋血食一瓣心香。

5 月 10 日,逝者"七七"祭日,延安发来挽联,追祭高振霄。联云:

赤胆忠心守孤岛,视死如归,是辛亥功臣本色;

单刀赴会斗顽敌,以身殉国,为中华民族争光。

接着,由家人、国共两党、上海社会各界人士及高振霄生前好友,将高振霄的遗体安葬于上海万国公墓。

同月,南京国民政府行政院院长宋子文为高振霄亲笔题匾,额曰:"忠贞体国"。后来,这块匾被运到高振霄的湖北房县城关镇西街的老宅,在堂屋悬挂。

9月,国民党接管上海,蒋经国赴上海"接收敌伪财产"工作时,特地将蒋介石所题"精忠报国"匾额,转赠给高振霄遗孀沈爱平。

10月,国民政府授予高振霄"民族英雄、抗日烈士"称号并将烈士证书、奖章等交高振霄子高兴庭。

20余年来("文革"期间墓地被毁),每逢高振霄祭日或清明,总有许许多多知名或不知姓名人士前往高振霄墓碑前献花致哀,祭拜先辈。

新中国成立后,宋庆龄曾多次诚邀高振霄遗孀沈爱平女士赴京参政,均被婉言谢绝。

李先念、张执一曾多次托秘书寄钱、物给高振霄遗孀沈爱平女士,以感念高振霄抗日战争时期的搭救与抗日爱国行动。

"文革"期间,高振霄遗孀沈爱平家中遭到"造反派"清洗,高振霄生前部分资料及照片遭毁。与此同时,江青"文革专案组"分别组成"李先念、张执一专案调查组"专门来沪调查李先念、张执一在上海"被捕写自白书""叛变"一案。高振霄遗孀沈爱平出面作证讲出当时事实真相,为李先念、张执一洗冤。

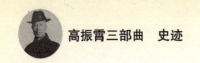

二、高振霄大事略

年份	内容
1881	湖北省房县汪家河出生
1886	迁居房县城关镇（在塾馆启蒙）
1899—1912	在武汉求学，并从事反清革命活动
1899	随父高步云至武昌"经心书院"求学
1904	就读"两湖总师范学堂"
1905	为高氏宗谱书写"振兴中华，福利民众"
1905	同盟会会员
1908—1909	《湖北日报》编辑
1909	创办《扬子江小说报》
1909	会同创办《长江日报》
1910	湖北公立法政专门学校毕业
1910	创办德育会
1910	共进会会员
1911	创办《夏报》
1911	《政学日报》编辑
1911	发起武昌首义
1911	筹建湖北军政府
1911	筹建湖北军政府民政部（内务司）
1911	湖北军政府军务部执法科调查
1911	筹建集贤馆（招纳处）

1911	保卫阳夏之战
1911	辛亥革命总稽查（武昌首义八大金刚）
1911	都督府参议
1912	参与建立南京临时政府
1912	先后参加民社、共和党、共和党新派
1912	首造"双十节"（1912 年 10 月 10 日为中华民国诞生日）
1912	发起成立开国实录馆
1912	南京临时政府国会候补参议员
1912	孙中山高等顾问
1913	先后参加进步党、新共和党
1913	辛亥革命甲种功臣
1913	参加"改进团"及"二次革命"（反黎讨袁）
1915	在武汉参加"护国运动"
1917—1922	在广州（海珠国会议员招待所（长堤海珠酒店））参加"护法运动"
1917—1925	"非常国会"（护法国会）参议员
1917—1925	"民友社"及"南方政府"护法中坚
1918	提出"巴黎和会"议案
1918	研究起草"五权宪法"
1919	鄂军代表
1919	援鄂左军代表
1919	创办《惟民》周刊（主编）
1919	反对"南北和议"北方总代表王揖唐
1919	声援"五四运动"
1919	"改组军政府起草委员会"委员

1919	提出《关于组织军事委员会行政委员会的提案》(七条)
1920	湖北参议长
1920	上海各省军驻沪代表
1920	筹备旅沪各省自治联合会
1920	创办《新湖北》
1921	提出"华盛顿太平洋会议"议案
1921	孙中山复高振霄书信(一)——复国会非常会议文
1921	起草委员会委员长(起草"讨伐徐世昌、吴佩孚"檄文)
1921	讨伐徐世昌、吴佩孚
1921	组织"中韩协会"
1922	孙中山复高振霄书信(二)
1922	不堕初志 至可钦佩(孙中山题书)
1922	声讨陈炯明兵变
1922	乘轮离粤转港赴沪
1922—1925	在上海国会议员通讯处(恺自迩路二八二号)以"旅沪国会议员"身份继续从事护法活动
1922	组织"法统维持会"
1922	筹备"中华民族自决会"
1922	被授予大总统嘉奖——二等嘉禾章
1923	反对曹锟贿选
1923	"中华民国国民自决会"审查委员
1923—1945	洪帮"五圣山"副山主(上海)
1925	孙中山逝世高振霄致唁电
1925	上海国会议员通讯处(恺自迩路二八二号)退租

1926	筹备"国民外交协会"
1926	华侨教育协会会员
1929	汉冶萍公司清算委员会委员
1936	在上海高振霄寓所"法租界巨籁达路晋福里"（钜鹿路 181 弄景福里 10 号）同向松坡、张执一、陈家康等秘密组织抗日活动
1937	介绍张执一、陈家康、王际光、余纪一等共产党员加入洪帮（名义）
1937	组织"苏浙行动委员会"抗日组织
1938	被日军抓捕关押 3 周后获保释
1939—1945	上海抗日策反委员会委员
1941	营救文强
1942	营救李先念
1943	日军驻沪头目携重金"登门拜访"被拒绝
1945	威逼高振霄出任上海市长被拒后,日军酒中投毒
1945	临终给家人遗训"远离政治 莫入官场"
1945.3.23	被日军毒杀,享年 65 岁
1945.4.14	上海淡水路关帝庙召开追悼会,追悼革命元勋高汉声
1945	安葬上海万国公墓
1945	高风硕德 足资楷模(摘自《申报》)
1945	匡时柱石 建国栋梁(摘自《大学生》(南京))
1945	忠贞体国(宋子文匾词)
1945	精忠报国(蒋介石题词)
1945	国民政府授予高振霄"民族英雄、抗日烈士"称号,颁发烈士证书、奖章等

附录:高振霄主要活动路线图

1881 年房县汪家河出生。

1881—1886 年房县汪家河童年。

1886—1899 年在房县城关镇求学。

1899—1912 年在武汉"经心书院"、"两湖总师范学堂"、"湖北公立法政专门学校"就读、办报并参加武昌首义。

1912—1913 年在南京参与建立中华民国临时政府。

1917—1920 年在广州当选国会参议员,坚持护法并担任《惟民》主编。

1920—1921 年以国会参议员身份在上海创办"旅沪湖北自治协会"和《新湖北》月刊。

1921—1922 年以国会参议员身份在广州继续护法。

1922—1927 年以旅沪国会议员身份在上海继续护法,开立洪帮"五圣山"、担任"五圣山副山主"。

1927—1929 年淡出政界,实业救国。赴武汉汉冶萍公司担任"清算委员会委员"。

1929—1937 年在上海做"寓公",并与社会贤达内谴国贼、外争国权。

1937—1945 年在上海以"洪帮首领"及"抗日策反委员会委员"身份从事"抗日反汪"斗争。

1945 年在上海被日寇毒杀。

参考文献

1. 中国人民政治协商会议湖北省暨武汉市委员会等. 武昌起义档案资料选编[M]. 武汉:湖北人民出版社,1981.

2. 辛亥革命武昌起义纪念馆. 辛亥革命人物像传[M]. 武汉:武汉大学出版社,1993.

3. 贺觉非. 辛亥武昌首义人物传[M]. 北京:中华书局,1982.

4. 杨玉如. 辛亥革命先著记[M]. 北京:科学出版社,1958.

5. 贺觉非,冯天瑜. 辛亥武昌首义史[M]. 武汉:武汉大学出版社,2006.

6. 蔡寄鸥. 鄂州血史[M]. 北京:龙门联合书局,1958.

7. 湖北省地方志编纂委员会. 湖北省志人物志稿[M]. 北京:光明日报出版社,1989.

8. 张难先. 湖北革命知之录[M]. 北京:商务印书馆,民国35(1946)版.

9. 胡祖舜. 辛亥革命在湖北史料选辑[M]//六十谈往. 武汉:湖北人民出版社,1981年版,第56页.

10. 李明伟. 清末民初中国城市社会阶层研究(1897—1927)[M]. 北京:社会科学文献出版社,2005.

11. 皮明庥. 近代武汉城市史[M]. 北京:中国社会科学出版社,1993.

12. 皮明庥. 武汉近百年史 1840—1949[M]. 武汉:华中工学院出版社,1985.

13. 史和等. 中国近代报刊名录[M]. 福州:福建人民出版社,1991.

14. 长江日报新闻研究室. 武汉新闻史料·第一辑[M]. 武汉:长江日报社,1983.

15. 李新. 中华民国史第一编全一卷[M]. 北京:中华书局,1981.

16. 中华民国史事纪要编辑委员会. 中华民国史事纪要(初稿),1983.

17. 陈国安. 1911—1912:辛亥首义阳夏之战[M]. 武汉:湖北人民出版社,2006.

18. 张玉法. 清季的革命团体,中央研究院近代史研究所,1982.

19. 张玉法. 民国初年的政党[M]. 长沙:岳麓书社,2004.

20. 徐友春. 民国人物大辞典[M]. 石家庄:河北人民出版社,1991.

21. 秦孝仪. 国父全集[M]. 近代中国出版社,1989.

22. 中国社会科学院近代史所等. 孙中山全集[M]. 北京:中华书局,1981.

23. 丁旭光. 孙中山与近代广东社会[M]. 广州:广东人民出版社,1999.

24. 胡训珉,贺建. 上海帮会简史[M]. 上海:上海人民出版社,1991.

25. 赵宏. 中国旧社会帮会丛书:洪门[M]. 北京:团结出版社,2006.

26. 中国人民政治协商会议湖北省委员会文史资料研究委员会编. 湖北文史资料:1988 年第 2 辑,张执一自述. 总第 23 辑[M]. 武汉:中国人民政治协商会议湖北省委员会文史资料研究委员会,1988.

27. 何蜀. "孤岛"时期的军统局策反委员会[J]. 文史精华,2001(12).

28. 何蜀. 从中共高干到国军将领:文强传[M]. 广州:广东人民出版社,2008.

29. 文强口述,刘延民笔录. 文强口述自传[M]. 北京:中国社会科学出版社,2003.

30. 全国政协文史资料委员会. 文史资料存稿选编精选(1 - 10)[M]. 北京:中国文史出版社,2006.

31. 汤锐祥. 护法运动史料汇编[M]. 广州:花城出版社,2003.

32. 谢振民编著,张知本校订. 中华民国立法史(上下册)[M]. 北京:中国政法大学出版社,2000.

33. 邵雍. 中国秘密帮会·卷 6·民国帮会[M]. 福州:福建人民出版社,2002.

34. 广州市地方志编纂委员会. 广州市志[M]. 广州:广州出版社,1998.

35. (清)黄式度修. 汉口小志[M]. 南京:江苏古籍出版社,2001.

36. 李新,韩信夫,姜克夫,朱信泉等. 中华民国大事记[M]. 北京:中国文史出版社,1997.

37. 中国人民政治协商会议合肥市委员会文史资料委员会. 合肥文史资料第三辑(王亚樵)[M]. 中国人民政治协商会议合肥市委员会文史资料委员会.

38. 彭勃. 中华监察大典(人物传)[M]. 北京:中国政法大学出版社,1990.

39. 中国人民政治协商会议湖北省委员会. 辛亥首义回忆录[M]. 武汉:湖北人民出版社,1980.

40. 中山大学学报编辑部. 辛亥革命论文集[M]. 中山大学学报编辑部,1981.

41. 中国人民政治协商会议上海市委员会文史资料工作委员会. 上海文史资料选辑第五十四辑[M]. 上海:上海人民出版社,1986.

42. 邱远猷等. 中华民国开国法制史(辛亥革命法律制度研究)[M]. 北京:

首都师范大学出版社,1997.

43. 李金河. 中国政党政治研究(1905 - 1949)[M]. 北京:中央编译出版社,2007.

44. 教育部. 中华民国建国史[M]. 国立编译馆,1991.

45. 林家有. 看清世界与正视中国"孙中山与世界"国际学术研讨会论文选集[M]. 天津:天津古籍出版社,2005.

46. 戴逸. 中国近代史通鉴[M]. 北京:红旗出版社,1997.

47. 武汉大学历史系中国近代史教研室. 辛亥革命在湖北史料选辑 革命家张振武[M]. 武汉:湖北人民出版社,1981.

48. 湖北省社会科学院历史研究所. 湖北简史[M]. 武汉:湖北教育出版社,1994.

49. 中国社会科学院新闻研究所《新闻研究资料》编辑部. 新闻研究资料[M]. 北京:中国社会科学出版社,1989.

50. 李家璘. 北洋军阀史料 吴景濂卷[M]. 天津:天津古籍出版社,1996.

51. 汕尾市人物研究史料编纂委员会. 汕尾市人物研究史料 陈炯明与粤军研究史料[M]. 汕尾市人物研究史料编纂委员会,1993.

52. 鲁直之,谢盛之,李睡仙. 陈炯明叛国史[M]. 北京:中华书局,2007.

53. [韩]裴京汉. 从韩国看的中华民国史[M]. 北京:社会科学文献出版社,2004.

54. 胡适:《新思潮的意义》.

55. 康基柱. "中韩互助社"述评[J]. 近代史研究,1998(3).

56. 杨天石. 中韩爱国志士的早期联系[J]. 史学月刊,2007(3).

57. 白寿彝. 中国通史(修订本)[M]. 上海:上海人民出版社,2004.

58. 刘昕. 辛亥武昌首义人物像传[M]. 武汉:武汉大学出版社,1993.

59. 邵雍. 中国秘密社会·第六卷·民国帮会[M]. 福州:福建人民出版社,2002.

60. 湖北省房县市编纂委员会. 房县志[M]. 北京:中国文史出版社,1991.

61. 金正明. 明治百年史丛书[M]//朝鲜独立运动Ⅱ,东京:原书房,1967.

62. 闵石麟. 中韩外交史话[M]. 重庆:东方出版公司,1942:34.

63. 陈锡祺. 孙中山年谱长编[M]. 北京:中华书局,1991.

64. 狭间植树:《孙文与韩国独立运动》,《青丘季刊》第4集,1990.

65. 森悦子:《关于中国护法政府对大韩民国临时政府的正式承认问题》,《史林》第76卷第4号,1993.

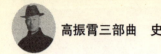

66.石源华,金俊烨主编:申圭植闵弼镐和韩中关系(韩文版)[M].首尔.罗南出版社,2003.

67.马义:《韩国临时政府史略》,载韩国国家报勋处编《韩国独立运动史资料集》中国篇,1988.

68.赵琬九:《韩国临时政府奋斗史》,《韩民》第 1 卷第 5 期,1941 年 6 月 15 日.

69.高振霄 百度百科:http://baike.baidu.com/view/226196.htm? fr = ala0_1

70.《申报》,1912 – 1928.

71.《协和报》,1913 – 1917.

72.高振霄.《惟民》周刊(第一号至第十号),1919 年 8 月 10 日—1919 年 10 月 12 日.

73.高振霄等创办:《新湖北》月刊(第一号至第三号),1920 年 9 月 20 日—1920 年 11 月 15 日.

74.胡香生辑录,严昌洪编.朱峙三日记(1893—1919)[M].武汉:华中师范大学出版社,2011.

75.李穗梅主编,李兴国,曾舒慧撰稿.孙中山与帅府名人文物与未刊资料选编[M].广州:广东科技出版社,2011.

76.章太炎.章太炎全集[M].上海:上海人民出版社,2014.

77.高中自,王琪珉.辛亥功臣高振霄史迹录[M].北京:知识产权出版社,2011.

后 记

　　2011 年,正当纪念辛亥革命胜利百年之际,笔者与王琪珉先生编著的《辛亥功臣高振霄史迹录》付梓发行。此书在《参考消息》等媒体屡登热书排行榜,得到了读者的好评。一天,笔者接到武汉科技大学张继才教授电话,他兴冲冲地告诉我,找到了我祖父高振霄 1919 年及 1920 年在广州、上海创办的《惟民》《新湖北》杂志上发表的《息争论》《自治与自由》等 5 篇文章。张老师接着说"您祖父是一个非常了不起的历史人物,他一生中做过许多不平凡的事,发表过许多重要文章,我们今天看到的仅仅是冰山一角"。通话后,我立刻从出书的喜悦中转身,发动家人、朋友、同事,奔赴全国各地,包括北京、上海、广州、武汉、南京、成都、香港、台湾等各大图书馆、历史档案馆,开展所谓"地毯式寻找高振霄当年足迹"活动。果然应验了继才老师的话,在浩如烟海、碎如瓷片、尘封百年的历史资料中,查阅到许多有关祖父的珍贵历史资料及他曾发表有价值的文章,这使我又有了编撰《辛亥功臣高振霄史迹录》升级版的冲动。

　　在一次幸会中,经知名历史传记作家裴高才先生指点迷津,我与琪珉兄幡然醒悟,三人一拍即合。经过三年多时间的收集资料、商讨、创作,终于在纪念抗日战争 70 周年的今天,献上了我们京、沪、汉三地作者共同编著,以高振霄先生"首义金刚""护法中坚""抗日英烈"三个里程碑为题材,以《史迹》《文集》《传记》"三维一体"的历史丛书——《高振霄三部曲》薄礼。

　　感谢历史的眷顾,感谢祖父在天之灵的佑护,感谢冥冥之中的因缘果律,感谢家人、朋友、同事们无私的奉献与帮助,我们终于在历史的干路上找到了"岔路口",并在此岔路口上找到了通往历史的"支路",在此支路上挖掘出高振霄这个了不起的大人物、大英雄。从历史碎片信息到《辛亥功臣高振霄史迹录》付梓,再到《高振霄三部曲》问世,经过了"三级跳",属于高振霄的那段被尘封了百年的原生态,从不为人知到鲜为人知,再到今天全面、立体、系统的人人皆知。在这个于情为祖尽孝,于理为史补遗,于性为喜而为,于义弘扬正义、传播社会正能量的过程中,笔者曾悲愤过、激动过、喜悦过、纠结过,直到后来我的心智逐步趋向成熟和理性。

2013 年 1 月 5 日,上海电视台"往事栏目组"在制作《洪帮大佬的传奇往事》节目现场末尾时,主持人张巳记者问作为嘉宾的我:"您祖父生前很早就为家人写下了高氏宗谱'振兴中华、福利民众'八个字,最终又给家人又留下了临终遗训'远离政治,莫入官场'八个字,您对这十六个字的含义,是怎样理解的?"我稍停顿片刻道,记得孙中山先生在 1912 年南京民国开国典礼后答党人与记者的提问时说过:"同志们,你们大家问我为什么要革命,我的回答是,革命是暴力,革命是要流血、牺牲的,革命为的是不革命!"这是一个革命家对革命的诠释。我祖父百年前就写下了"振兴中华、福利民众"八个字作为高氏宗谱,告诫子孙后代要"牢记民众福利,努力振兴中华"。这同时表明中国人民在 20 世纪要经过"振兴中华"四代人,100 年的英勇奋斗就是为了振兴中华;在 21 世纪再经过"福利民众"四代人,再 100 年的不懈努力就是要福利民众。中国人民通过"振兴中华、福利民众"八代人,用 200 年的奋斗努力,正如今天政府为中国确定的"两个一百年"的奋斗目标,实现中华民族伟大复兴的中国梦。后来祖父在被日军杀害临终前给家人留下遗训"远离政治,莫入官场",如同他百年前曾在《息争论》中写道:"周武伐纣,放马归山,武为止戈,永久不用"。或许这就是那一代革命家对政治、官场、革命的解读,或许这就是一个革命家从事革命、政治、官场的感悟和境界,或许这就是祖父为我们后人留下重要的精神、文化遗产吧。

　　2014 年 3 月 6 日,乌鲁木齐晚报发表了《汉声铿然历史中——孙辈著书再现辛亥功臣高振霄一生传奇》整版文章。记者蔡俊女士在电话中采访笔者时说,《辛亥功臣高振霄史迹录》书中提到,在文革时期,我的家庭因祖父这段历史遭受到迫害,笔者为了洗清这段"屈辱史",锲而不舍地在挖掘这段历史真相,这让她很感动,她说"高先生,当您的书出版后,当您祖父的光辉英雄事迹告白于天下时,您的心情一定会如释负重,或者一定会有一种莫大的成就感吧"。其实,也有学者曾说过:"我们作为历史研究者,有愧于高振霄老先生"。我想说的是,随着找到祖父的历史资料越来越多,看到祖父的历史足迹越来越清晰,崇拜祖父传奇式人生与高贵精神之心也越来越强烈。恍然间,我感到了释然和平静。历史距我们越来越清晰,越来越真实、越来越亲近了,与初始那种"读史读到伤心处"的感受迥然不同。

　　知道的有限,不知道的无限,知道的不一定正确,不知道的不一定不存在。我们的人生与认知究竟有限,过去的事就让它过去吧……

　　此书得到了专家学者章开沅先生、田鹤年先生、冯天瑜先生、皮明麻先生、严昌洪先生、涂怀章先生、梁华平先生、马勇先生、陈炜先生、阎雪君先生的高度肯定和深切关怀。对此,笔者表示衷心的感谢。特别要表示衷心感谢严昌洪老先生在病榻中，不顾疾病缠身，花去大量时间、付出诸多精力为新书排查问题，解读真知，字里行间充满着真诚、爱心及对历史的敬畏、尊重与责任，令人感动和敬佩。

同时，衷心感谢书法家李树琪先生、王希坤先生、陈炜先生、张铜彦先生、宋雷先生赐墨宝，特别要感谢铜彦先生为本书封面题写"高振霄"墨迹，为书锦上添花。

衷心感谢专家学者涂文学先生、李卫东先生、侯杰先生、郭世佑先生、张继才先生、刘昕女士、何广先生、张士伟先生、白雪林女士、何蜀先生、孔祥宇先生、杨树润先生、陶跃进女士、廖有明先生、魏革军先生、陈齐堃先生、袁先行先生、于占泳先生、李劲先生、付顺先生、龚文宣先生、范振斌先生、牟丕志先生对书及其人物、作者的肯定和好评。

衷心感谢湖北省委统战部、十堰市委统战部大力支持；衷心感谢我的家乡湖北房县领导及父老乡亲沈明云先生、刘清涛先生、张永平先生、孙希伟先生、李如玖先生、张贤东先生、何春政先生、姜照辉先生、罗华科先生、邹清斌先生、姜照辉先生、王琼女士、高传炳先生、高传福先生等大力支持。特别要感谢房县老领导王启刚先生、何儒方先生、罗正保先生、孙希伟先生以及罗华科先生、高传炳先生及房县志编纂委员会各位同仁们早期为编撰高振霄人物传及高氏宗谱做出贡献，为树立高振霄历史丰碑功不可没。

衷心感谢在辛亥革命时期、护国护法时期、抗日战争时期与祖父同舟共济的先辈后裔孙中山曾孙孙必达先生，董必武女儿董良翚女士，黎元洪孙黎昌晋先生，吴殿英曾孙吴欢先生，蒋作宾子蒋硕忠先生，涂思襄之子涂怀理先生，张难先孙女张鸣歌女士，李西屏女儿李若男女士，张澄清女儿 张义忠 女士，熊十力外孙徐祖哲先生，吴醒汉孙吴璐先生，邓玉麟孙邓中哲先生，李绍白孙女李有志女士，李烈钧孙李季平先生、李季名先生，李根源孙李成宁先生、孙媳李筱松（李济深女儿），曹亚伯重孙曹钟申先生，张治中孙张皓霆先生，卫立煌孙卫智先生，文强子文定中先生的关心与支持。

衷心感谢国家图书馆、北大图书馆、上海图书馆、湖北图书馆、复旦大学图书馆、南京档案馆、广东中山图书馆、天津图书馆、成都图书馆、台湾党史馆、台湾图书馆等提供宝贵资料。

衷心感谢人民政协报编辑贾晓明，北京青年报记者曾鹏宇，人民出版社编辑陈佳冉，上海电视台导演王亚飞、记者张巳，乌鲁木齐晚报社长杨大鸣、记者蔡俊，人民大学主任张丁，湖北画报记者柯文翔，金融文坛主编闫星华、副主编

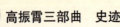

卜桂梅、主任栾晓阳等媒体报道宣传。衷心感谢中山纪念馆馆长萧润君、主任黄建敏，成都成华区图书馆彭红梅女士的大力支持。

衷心感谢我工作单位领导与同事赵剑辉、孙建平、张方、陈典友、蔡钊、王赤红、范原辉、檀树荣、程平、张泽岩、倪丛容、李阳、刘光仿、彭俊宏、王欣、毛南、申晏伶、苏丹、刘晶、宋帅、韩彤琪、王晓宁、姚沛年、魏尧、王琰、高松、敖鹏宇、高鹏、吴靳锋、尹威威、孙正乐、曹玉磊、丁辉、王晓酉、刘江涛、肖宇、吴永昕、赵姗姗、宋庄、杨雪洁、张志峰、刘彤光、廖鹏、臧义武、樊柏山、王学哲、梅绍因、王晓康、孙丽丽、马东明等大力支持和无私帮助。

衷心感谢湖北同仁、朋友章跃进、周昌才、任前尧、方念庆、陈年红、肖建国、冀兵、马成斌、郭冬冬、徐国锋等大力支持和无私帮助；广东同仁、朋友李沛强、罗志良、莫宏庆、吴荣宝、李彤、李兴国等大力支持和无私帮助；上海同仁、朋友华建兴、佟梅、胡宪、夏忠奂、屠浩敏、陈小敏、向华明、江妹蓓、陈玉琨等大力支持和无私帮助；四川同仁、朋友任健、夏斌、曾华、王卫等大力支持和无私帮助；天津、内蒙、江苏同仁、朋友毕林祥、陈军、李旭华、李毓坤、王建铎、程立国、汪宁浦、李杰、张心瑜等大力支持和无私帮助；新疆同仁、朋友：韩亚庚、齐明、程志坚、王立冬、王伟、王纯、陈湘英、谢玫等大力支持和无私帮助。

衷心感谢我的姐姐淑云经常帮助我认真仔细审阅书稿，更正书中出现的纰漏，特别是2014年9月3日，当她在新闻联播中看到政府公布第一批300名抗日英烈名录后，立刻从新疆打来电话关心申报祖父抗日英烈一事，激发了我的热情并对此事有了主心骨；2013年春节回新疆老家过年，与哥哥中强一起观看了刚刚由上海电视台拍摄祖父高振霄《洪帮大佬的传奇往事》电视片，兄长连续看了三遍还嫌短，口中不断称道：不错！不错！不错！兄长的鼓励给了我坚持不懈的创作动力；妹妹淑霞每当谈起祖父这段往事时，逢人赞口不绝地称道："中自哥是我们高家的功臣！……"每当作品有新进展，我都第一时间与妻子刘萍及在国外工作的女儿华原、女婿华恩（Ryan）分享，他们都是称赞有加，女儿更是顶赞：老爸厉害！老爸加油！特别令人感动的是，耄耋之年的兴政叔叔从上海打来电话道："中自侄儿，书我收到并仔细阅读，非常好！你与琪珉外甥为我们祖上做了一件了不起的大好事，我向你们表示真诚的感谢和致敬！"此刻，我感到无比的幸福与温暖。在此，我要向我的家人、亲人们给予的理解、支持、奉献表示衷心感谢；对长辈兴政、兴民，兴鹏、婉华、安华、正和等叔叔姑姑们的理解、支持表示衷心感谢；对淑云、中强、淑霞、刘萍、正贤、希伟、中柱、中良、中华、中建、清云、中丽、琪珍、琪玮、琪琼、晓坤、慧琳、蒲慧、高潮、高翔、高峰、高卫、高彬、高燕、国武、韩健、王晓璐、方闻、陈涛、陈渊、华原、华恩（Ryan）、寒玉、周翔、迪娜、华兵、孙前、于培、于丹、高嵩等亲人们的理解、支持、奉献表示衷心感谢。

衷心感谢我的老师、同学、朋友苏秀英、李钧、唐恒志、陈洁、陈虔、吴宗利、邓凤玲、唐疆、陈晓东、谭路远、孙继军、季勤、刘萍、杨绍棋、林鸿生、赵雪涛、高丽、石红、刘文华、刘边、黄中、卢静仪、张勇、郑积新、张海涛、郝风林、李俊福、张宁、陈亚才、尹志东、李京、于玉华等大力支持和无私援助。

我还要衷心感谢那些我未曾谋面或素不相识却在查询有关资料中或学习中得到过帮助、支持的学者、老师、同事、朋友们。

最后我还要特别感谢参加《高振霄三部曲》创作的各位仁君。裴高才先生学识渊博、古道热肠、学风严谨、文笔独到；王琪珉先生高屋建瓴、德艺双馨、厚重内敛、谦和包容；毛南君青年才俊、求真求是、持之以恒、融会贯通；王辉君德才兼备、恪尽职守、精益求精、配合默契，使得我们的团队与作品相辅相成、相得益彰！他们每个人的真诚与敬业都让我感动，是我学习的榜样。在这里我再次向他们每个人表示深深的敬意和衷心的感谢！

另外，《辛亥功臣高振霄史迹录》书中有一些错误与瑕疵，我们发现后及时在新书中已作了修正，曾给读者带来了麻烦，在这里表示歉意。由于水平有限，新书不免还会出现错误之处，敬请诸君批评指正，本人表示衷心感谢。

高中自

2015 年 3 月于北京